Allgemeines Gleichbehandlungsgesetz
Basiskommentar zu den arbeitsrechtlichen Regelungen

Christiane Nollert-Borasio
Martina Perreng

Allgemeines Gleichbehandlungsgesetz

Basiskommentar
zu den arbeitsrechtlichen Regelungen

4., überarbeitete und aktualisierte Auflage

Bibliografische Information Der Deutschen Bibliothek
Die Deutsche Bibliothek verzeichnet diese Publikation in der
Deutschen Nationalbibliografie; detaillierte bibliografische Daten
sind im Internet über http://dnb.d-nb.de abrufbar.

4., überarbeitete und aktualisierte Auflage 2015
© 2006 by Bund-Verlag GmbH, Frankfurt am Main
Herstellung: Birgit Fieber
Umschlag: Ute Weber, Geretsried
Satz: Dörlemann Satz, Lemförde
Druck: Druckerei C.H. Beck, Nördlingen
Printed in Germany 2015
ISBN 978-3-7663-6345-9

Alle Rechte vorbehalten,
insbesondere die des öffentlichen Vortrags,
der Rundfunksendung
und der Fernsehausstrahlung,
der fotomechanischen Wiedergabe und der Speicherung,
Verarbeitung und Nutzung in elektronischen
Systemen auch einzelner Teile.

www.bund-verlag.de

Vorwort zur 4. Auflage

Liebe Leserin, lieber Leser,
Seit fast neun Jahren ist das AGG nun in Kraft. Die vorausgesagte Klageflut ist immer noch nicht eingetreten. Dennoch ist die Rechtsprechung inzwischen umfangreich: in einer Vielzahl von Verfahren musste immer wieder Rechtsklarheit geschaffen werden. Vor allem die Merkmale Behinderung und Alter waren immer wieder Gegenstand von höchstrichterlichen Entscheidungen. Das Alter wird nach wie vor in vielen Regelungen als Differenzierungsmerkmal herangezogen, so dass eine Klärung in Bezug auf gesetzliche Kündigungsfristen und Altersbefristungen genauso erforderlich war, wie Entscheidungen in Bezug auf Lebensaltersstufen in Tarifverträgen, Altersgrenzen für das Ausscheiden aus dem Arbeitsverhältnis oder Altersgruppenbildung in Sozialplänen. Bei dem Merkmal Behinderung stand die Diskriminierung bei der Einstellung durch Verstoß gegen einschlägige Schutzvorschriften im Vordergrund. Aber auch Verfahrensfragen wie etwa Auskunftsansprüche über andere Bewerber oder der Beweiswert von Statistiken haben die Gerichte beschäftigt. Die Neuauflage enthält eine umfangreiche Dokumentation der Rechtsprechung und will insbesondere Betriebsräten und anderen Praktikern, wie auch den Betroffenen selbst einen schnellen Überblick über die bestehenden Handlungsalternativen ermöglichen.

Die Autorinnen

Vorwort zur 1. Auflage

Mit Art. 3 GG, der über die zivilrechtlichen Generalklauseln und den arbeitsrechtlichen Gleichbehandlungsgrundsatz als allgemeiner Rechtsgrundsatz gilt, hat die Gleichbehandlung in Deutschland Tradition und ist seit 1949 fest in den rechtlichen und ethischen Grundsätzen unserer Gesellschaft verankert. Die Grundüberzeugung, dass alle Menschen in ihrer Würde, ihrem Wert und ihrem Rang gleich sind, findet ihren Ausdruck im international anerkannten Grundsatz der Gleichheit vor dem Gesetz als allgemeinem Menschenrecht. Gleichermaßen enthält auch der EG-Vertrag in Art. 113 EGV einen Auftrag an die Europäische Gemeinschaft, Regeln zu schaffen, die Diskriminierungen verhindern.

Trotz des gesamtgesellschaftlichen Konsenses existiert Diskriminierung in den verschiedenen Rechts- und Lebensbereichen. Die alltägliche Realität der Benachteiligung von Menschen wegen ihrer Rasse, ethnischen Herkunft, Religion oder Weltanschauung, Behinderung, Alter, sexuellen Identität oder ihres Geschlechts wird durch die ausführliche Begründung zum Gesetzentwurf zum Allgemeinen Gleichbehandlungsgesetz eindrücklich belegt. Deshalb ist die Umsetzung der EU-Richtlinien zum Schutz vor Diskriminierung nicht nur eine Verpflichtung gegenüber der europäischen Staatengemeinschaft, sondern sie ist auch innerstaatlich notwendig, damit über das politische Bekenntnis hinaus Regelungen geschaffen werden, die geeignet sind, die Lebensrealität der Betroffenen zu verbessern. Die Kodifizierung von Diskriminierungsverboten, effektive Sanktionen und die Verpflichtung zu präventiven Maßnahmen können dazu das Bewusstsein schärfen.

Dennoch tat sich Deutschland mit der Umsetzung von EG-Richtlinien zur Gleichbehandlung schwer und gehörte in Europa zu den Schlusslichtern. Der 1980 zur Umsetzung der Richtlinie 76/207/EWG geschaffene § 611 a BGB blieb in seiner ersten und zweiten Fassung hinter den Vorgaben des EG-Rechts zurück und wurde erst 1998 entsprechend angepasst. Das AGG normiert den lang erwarteten Diskriminierungsschutz nunmehr nach mehreren Anläufen des Gesetzgebers und der Verurteilung Deutschlands durch den EuGH wegen der z. T. erheblich verspäteten Umsetzung der EG-Richtlinien. Noch kurz vor Verabschiedung des Gesetzes wurde insbesondere mit dem Versuch des Ausschlusses von Kündigungen aus dem Anwendungsbe-

Vorwort zur 1. Auflage

reich wiederum eine Änderung eingefügt, die den EG-rechtlichen Vorgaben klar widerspricht und deshalb nicht anwendbar ist. Dabei haben sich die vor allem von der Wirtschaft mit Vehemenz vorgetragenen Ängste vor nachteiligen Auswirkungen der Diskriminierungsschutzbestimmungen, die vermutlich Grund für die Verzögerungen und die letzten Änderungen waren, weder im europäischen Ausland noch in der Rechtspraxis des ersten Jahres in Deutschland bewahrheitet.

Mit der programmatischen Zielsetzung in § 1, diskriminierende Benachteiligungen möglichst zu verhindern, wird deutlich, dass es im AGG nicht nur darum geht, die Folgen einer Benachteiligung zu beseitigen bzw. auszugleichen. Sinn und Zweck ist vor allem die Prävention von Diskriminierung durch Veränderung der gesellschaftlichen Verhältnisse hin zu einem toleranten von gegenseitigem Respekt und Chancengleichheit geprägten Miteinander. Der Gesetzgeber weist selbst in seiner Begründung zum AGG darauf hin, dass allein durch gesetzgeberische Maßnahmen die soziale Lage der Betroffenen nicht verbessert werden kann. Vielmehr sind alle gesellschaftlichen Kräfte aufgerufen, möglicherweise unter Aufgabe eigener Privilegien, an einem gleichberechtigten Miteinander mitzuwirken, das sich an den Grundsätzen von Humanität und Menschenwürde orientiert, um so einem Klima von Zurücksetzung, Aggression und Gewalt bereits im Ansatz zu begegnen.

Im Arbeitsrecht trägt der Arbeitgeber nunmehr die EG-rechtlich geforderte Verantwortung für eine Diskriminierung der bei ihm Beschäftigten bezogen auf alle Diskriminierungsmerkmale und auf den gesamten Bereich der Beschäftigung. Die Anknüpfung an bestimmte Merkmale der Person macht deutlich, dass es darum geht, Benachteiligungen zu verhindern, die auf Vorurteilen beruhen. Im Vergleich zu den bisher nur auf Benachteiligungen wegen des Geschlechts oder Schwerbehinderung bezogenen Regelungen der §§ 611 a und 81 Abs. 2 SGB IX liegt hierin eine wesentliche Verbesserung für die Betroffenen. Nach wie vor besteht indessen im Fall einer rechtswidrigen Benachteiligung bei Einstellung oder beruflichem Aufstieg – anders, als vor allem im anglo-amerikanischen Raum – kein Anspruch auf den Arbeitsplatz oder die Beförderungsstelle. Zusammengenommen mit den bisher von der Rechtsprechung in Fällen einer Benachteiligung wegen des Geschlechts nur in sehr geringem Umfang gewährten Entschädigungen wird die Praxis erweisen müssen, ob die deutsche Regelung den EG-Vorgaben für wirksame, verhältnismäßige und abschreckende Sanktionen entspricht.

Die rechtliche Gestaltung des Diskriminierungsverbotes als zusätzliches Regulativ für die besondere Unterlegenheit bestimmter Gruppen war längst überfällig. Sie ist notwendig für eine Gesellschaft, in der die verschiedensten Bevölkerungsgruppen und Weltanschauungen zusammentreffen, um Toleranz und Respekt an die Stelle von Vorurteilen zu setzen, diese Haltung aber auch von allen betroffenen Individuen und Gruppen für das Zusammenleben zu fordern.

Vorwort zur 1. Auflage

Deutschland geht mit dem AGG den Weg zum »Arbeitsrecht der Zukunft« Neben der Regelung von Leistung und Gegenleistung im Arbeitsverhältnis wird nun auch der Mensch in seiner Gesamtheit und die Notwendigkeit, seine Würde zu schützen, in den Blickpunkt rechtlicher Beurteilung gerückt. Die Gefahr einer Verdrängung bestehen»er arbeitsrechtlicher Schutzvorschriften ist gering, denn auch in anderen Ländern, wie beispielsweise Großbritannien, sind neben der Weiterentwicklung des Diskriminierungsschutzes auch andere Regelungen zum Schutz von Arbeitnehmerinteressen nicht nur erhalten, sondern sogar verbessert worden. So steht es auch Deutschland gut an, mit der Entwicklung wirksamer Individualrechte im AGG die bestehenden Schutznormen zu ergänzen.

Mit dem vorliegenden Kommentar soll dieser neue Weg des Rechts begleitet werden.

Die Autorinnen

Inhaltsverzeichnis

Vorwort zur 4. Auflage 5
Vorwort zur 1. Auflage 7
Abkürzungsverzeichnis 15
Literaturverzeichnis 19
Rechtsprechungsverzeichnis 25
Gesetzestext 39
Einleitung 55

Kommentierung zum Allgemeinen Gleichbehandlungsgesetz . . 59

Abschnitt 1
Allgemeiner Teil
§ 1 Ziel des Gesetzes 59
§ 2 Anwendungsbereich 83
§ 3 Begriffsbestimmungen 117
§ 4 Unterschiedliche Behandlung wegen mehrerer Gründe 141
§ 5 Positive Maßnahmen 142

Abschnitt 2
Schutz der Beschäftigten vor Benachteiligung
Vor §§ 6–10 145

Unterabschnitt 1
Verbot der Benachteiligung
§ 6 Persönlicher Anwendungsbereich 146
§ 7 Benachteiligungsverbot 155
§ 8 Zulässige unterschiedliche Behandlung wegen beruflicher
    Anforderungen 181
§ 9 Zulässige unterschiedliche Behandlung wegen der Religion
    oder Weltanschauung 190
§ 10 Zulässige unterschiedliche Behandlung wegen des Alters . . . 198

Inhaltsverzeichnis

Unterabschnitt 2
Organisationspflichten des Arbeitgebers
§ 11 Ausschreibung 214
§ 12 Maßnahmen und Pflichten des Arbeitgebers 216

Unterabschnitt 3
Rechte der Beschäftigten
Vor §§ 13–16 225
§ 13 Beschwerderecht 228
§ 14 Leistungsverweigerungsrecht 234
§ 15 Entschädigung und Schadensersatz 237
§ 16 Maßregelungsverbot 266

Unterabschnitt 4
Ergänzende Vorschriften
§ 17 Soziale Verantwortung der Beteiligten 270
§ 18 Mitgliedschaft in Vereinigungen 278

Abschnitt 3
Schutz vor Benachteiligung im Zivilrechtverkehr
Vor §§ 19–21 280
§ 19 Zivilrechtliches Benachteiligungsverbot 280
§ 20 Zulässige unterschiedliche Behandlung 284
§ 21 Ansprüche 287

Abschnitt 4
Rechtsschutz
§ 22 Beweislast 289
§ 23 Unterstützung durch Antidiskriminierungsverbände 307

Abschnitt 5
Sonderregelungen für öffentlich-rechtliche Dienstverhältnisse
§ 24 Sonderregelung für öffentlich-rechtliche Dienstverhältnisse 310

Abschnitt 6
Antidiskriminierungsstelle
Vor §§ 25–30 312
§ 25 Antidiskriminierungsstelle des Bundes 313
§ 26 Rechtsstellung der Leitung der Antidiskriminierungsstelle des Bundes 313
§ 27 Aufgaben 314
§ 28 Befugnisse 315

§ 29	Zusammenarbeit mit Nichtregierungsorganisationen und anderen Einrichtungen	315
§ 30	Beirat	315

Abschnitt 7
Schlussvorschriften

§ 31	Unabdingbarkeit	316
§ 32	Schlussbestimmung	316
§ 33	Übergangsbestimmungen	316

Musterbetriebsvereinbarung 319
Stichwortverzeichnis 323

Abkürzungsverzeichnis

a. A.	andere Ansicht
a. F.	alte Fassung
ABl.	Amtsblatt
Abs.	Absatz
AiB	Arbeitsrecht im Betrieb (Zeitschrift)
Alt.	Alternative
AP	Arbeitsrechtliche Praxis (Zeitschrift)
APS-Bearbeiter	Ascheid/Preis/Schmidt, Großkommentar zum Kündigungsrecht, 2. Aufl. 2004
Art.	Artikel
ArbG	Arbeitsgericht
ArbGG	Arbeitsgerichtsgesetz
ArbRB	Der Arbeits-Rechts-Berater (Zeitschrift)
ArbR Aktuell	Arbeitsrecht Aktuell (Zeitschrift)
ArbSchG	Arbeitsschutzgesetz
AuA	Arbeit und Arbeitsrecht (Zeitschrift)
AuR	Arbeit und Recht (Zeitschrift)
Az.	Aktenzeichen
BAG	Bundesarbeitsgericht
BB	Betriebs-Berater (Zeitschrift)
BBiG	Berufsbildungsgesetz
Beck-OK-Bearbeiter	Beck'scher Online-Kommentar, Hrsg: Rolfs/Giesen/Kreikebohm/Udsching, Ed. 16, Stand: 01.03.2010–1.06.2010
BeckRS	Beck-Rechtsprechung, ungekürzte Originalurteile der Gerichte in beck-online
BeschSchG	Beschäftigtenschutzgesetz
BetrVG	Betriebsverfassungsgesetz
BGB	Bürgerliches Gesetzbuch
BGBl.	Bundesgesetzblatt
BGG	Gesetz zur Gleichstellung behinderter Menschen (Behindertengleichstellungsgesetz)

Abkürzungsverzeichnis

BGH	Bundesgerichtshof
B/G/K AGG	Bauer/Göpfert/Krieger, Allgemeines Gleichbehandlungsgesetz: AGG, Kommentar, 2. Auflage 2008
BGleiG	Gesetz zur Gleichstellung von Frauen und Männern in der Bundesverwaltung und in den Gerichten des Bundes (Bundesgleichstellungsgesetz)
BKV	Berufskrankheiten-Verordnung
BT-Drs.	Bundestagsdrucksache
BVerfG	Bundesverfassungsgericht
BVerfGE	Entscheidungssammlung des Bundesverfassungsgerichts
bzw.	beziehungsweise
CERD	Internationales Übereinkommen zur Beseitigung jeder Form von Rassendiskriminierung
DB	Der Betrieb (Zeitschrift)
djbZ	Zeitschrift des Deutschen Juristinnenbundes
EG	Europäische Gemeinschaft
EMRK	Europäische Menschenrechtskonvention
EGV	Vertrag zur Gründung der Europäischen Gemeinschaft (EG-Vertrag)
ErfK-Bearbeiter	Erfurter Kommentar zum Arbeitsrecht, 4. Aufl. 2004
EU	Europäische Union
EuGH	Europäischer Gerichtshof
EuZA	Europäische Zeitschrift für Arbeitsrecht
EzA	Entscheidungssammlung zum Arbeitsrecht (Zeitschrift)
EzA SD	EzA Schnelldienst (Zeitschrift)
f./ff.	folgende/fortfolgende
Fitting	Fitting/Engels/Schmidt/Trebinger/Linsenmaier, Betriebsverfassungsgesetz mit Wahlordnung, 23. Aufl. 2006
GewO	Gewerbeordnung
GG	Grundgesetz
gem.	gemäß
ggf.	gegebenenfalls
HGB	Handelsgesetzbuch
HS	Halbsatz

Abkürzungsverzeichnis

IAO	Internationale Arbeitsorganisation
i. d. R.	in der Regel
i. R.	im Rahmen
i. S.	im Sinne
i. V. m.	in Verbindung mit
KR-Bearbeiter	Becker/Etzel/Bader, Gemeinschaftskommentar zum Kündigungsschutzgesetz und zu sonstigen kündigungsschutzrechtlichen Vorschriften, 7. Aufl. 2004
KSchG	Kündigungsschutzgesetz
LAG	Landesarbeitsgericht
LAGE	Entscheidungen der Landesarbeitsgerichte
m. w. N.	mit weiteren Nachweisen
NZA	Neue Zeitschrift für Arbeitsrecht (Zeitschrift)
NJW	Neue juristische Wochenschrift (Zeitschrift)
Nr.	Nummer
PersR	Der Personalrat (Zeitschrift)
PflR	PflegeRecht (Zeitschrift)
Rn.	Randnummer
s.	siehe
S.	Seite
SAE	Sammlung arbeitsrechtlicher Entscheidungen
SGB	Sozialgesetzbuch
TzBfG	Teilzeit- und Befristungsgesetz
TVG	Tarifvertragsgesetz
UklaG	Unterlassungsklagengesetz
UWG	Gesetz gegen den unlauteren Wettbewerb
vgl.	vergleiche
WeimRVerf	Weimarer Reichsverfassung
w. N.	weitere(n) Nachweise(n)
ZESAR	Zeitschrift für europäisches Sozial- und Arbeitsrecht
Ziff.	Ziffer

Abkürzungsverzeichnis

zit.	zitiert
ZPO	Zivilprozessordnung
z. T.	zum Teil

Literaturverzeichnis

Annuß, Das Allgemeine Gleichbehandlungsgesetz im Arbeitsrecht, BB 06, 1629
Annuß, Das Verbot der Altersdiskriminierung als unmittelbar geltendes Recht, BB 06, 325
Annuß/Thüsing, Teilzeit- und Befristungsgesetz, 3. Aufl. 2012
Appel u. a., Handbuch zur Gleichstellung der Geschlechter im Arbeitsrecht, Stuttgart 1998
Ascheid/Preis/Schmidt, Großkommentar zum Kündigungsrecht, 4. Aufl. 2012 (zit. APS-Bearbeiter)
Bauer/Krieger, Allgemeines Gleichbehandlungsgesetz: AGG, Kommentar, 4. Aufl. 2015 (zit. B/K AGG)
Bauer/Thüsing/Schunder, Entwurf eines Gesetzes zur Umsetzung europäischer Antidiskriminierungsrichtlinien, NZA 05, 32
Bauer/Thüsing/Schunder, Das Allgemeine Gleichbehandlungsgesetz – Alter Wein in neuen Schläuchen?, NZA 06, 774
Bayreuther, Kündigungsschutz im Spannungsfeld zwischen Gleichbehandlungsgesetz und europäischem Antidiskriminierungsrecht, DB 06, 1842
Bayreuther, »Quotenbeweis« im Diskriminierungsrecht?, NJW 09, 806
Beck'scher Online-Kommentar, Hrsg: Rolfs/Giesen/Kreikebohm/Udsching, Ed. 34, Stand: 1.12.2014 (zit. Beck-OK-Bearbeiter)
Becker/Etzel/Bader, Gemeinschaftskommentar zum Kündigungsschutzgesetz und zu sonstigen kündigungsschutzrechtlichen Vorschriften, 10. Aufl. 2013 (zit. KR-Bearbeiter)
Bezani,/Richter, Das Allgemeine Gleichbehandlungsgesetz im Arbeitsrecht, Köln 2006 (zit. Bezani/Richter AGG im ArbR)
Biere, Beschwerdestelle nach dem AGG, AiB 10, 84
Bissels, Entschädigungsanspruch auch ohne Klage gegen diskriminierende Kündigung, jurisPR-ArbR 44/2010 Anm. 6
Boecken/Joussen, Teilzeit- und Befristungsgesetz, 3. Aufl. 2012
Cisch/Böhm, Das Allgemeine Gleichbehandlungsgesetz und die betriebliche Altersversorgung in Deutschland, BB 07, 602
Cormack/Bell, Entwicklung des Antidiskriminierungsrechts in Europa, 2005
Cornelius/Lipinski, Diskriminierungsabrede im Aufhebungsvertrag, BB 07, 496

Literaturverzeichnis

Däubler/Bertzbach, Allgemeines Gleichbehandlungsgesetz, 3. Aufl. 2013, (zit. Däubler/Bertzbach-Bearbeiter)

Däubler/Kittner/Klebe, Betriebsverfassungsgesetz mit Wahlordnung, Kommentar für die Praxis, 14. Aufl. 2014

Däubler, Mobbing und Arbeitsrecht, BB 95, 1347

Dickerhof-Borello, Zur Befristung von Arbeitsverhältnissen auf das Renteneintrittsalter, AuR 09, 251

Düwell, juris PR-ArbR 28/2006

Düwell, Die Neuregelung des Verbots der Benachteiligung wegen Behinderung im AGG, BB 06, 1741

Deinert, Anwendungsprobleme der arbeitsrechtlichen Schadenersatzvorschriften im neuen AGG, DB 07, 398

Ehrich, Handlungsmöglichkeiten des Betriebsrates bei Einrichtung und Gestaltung der »zuständigen Stellen« i. S. von § 13 Abs. 1 AGG, DB 07, 1026

Eisenhart-Rothe u. a., »Wenn plötzlich die Chemie nicht mehr stimmt, Mobbing der heimliche Kostenfaktor – Handlungsanleitung«, 2003

Erfurter Kommentar zum Arbeitsrecht, 14. Aufl. 2014 (zit. ErfK-Bearbeiter)

Erman, BGB Handkommentar, 13. Aufl. 2011 (zit. Erman-Bearbeiter)

Esser/Wolmerath, Musterbetriebsvereinbarung »Mobbing«, AiB 97, 23

Fitting/Engels/Schmidt/Trebinger/Linsenmaier, Betriebsverfassungsgesetz mit Wahlordnung, Handkommentar, 27. Aufl. 2014 (zit. Fitting)

Freckmann, Betriebsbedingte Kündigungen und AGG – was ist noch möglich? BB 07, 1049

Gach/Julis, Beschwerdestelle und -verfahren nach § 13 Allgemeines Gleichbehandlungsgesetz, BB 07, 773

Germelmann/Matthes/Müller-Glöge, Arbeitsgerichtsgesetz Kommentar, 8. Aufl. 2013

Göpfert/Siegrist, Stalking – Nach Inkrafttreten des Allgemeinen Gleichbehandlungsgesetzes auch ein Problem für Arbeitgeber?, NZA 07, 473

Grün/Hecht, Generation Praktikum? Prekäre Beschäftigungsformen von Hochschulabsolventinnen und -absolventen, Berlin 2007

Grobys, Die Beweislast im Anti-Diskriminierungsprozess, NZA 06, 898

Großmann, Schwerbehinderte im Konflikt zwischen Statusrecht und Offenbarungspflicht, NZA 89, 702

Großmann, Geltendmachung und Nachweis der Schwerbehinderteneigenschaft bei Kündigungen, NZA 92, 241

Hanau, Das AGG zwischen Bagatellisierung und Dramatisierung, ZIP 06, 2189

Hanau, Die Beweislast bei Klagen wegen Benachteiligung bei Einstellung und Beförderung von Arbeitnehmern wegen des Geschlechts, FS für Gnade, Köln 1992, S. 351

Henssler/Willemsen/Kalb, Arbeitsrecht Kommentar, 6. Aufl. 2014 (zitiert: HWK-Bearbeiter)

Literaturverzeichnis

Hueck/Nipperdey, Lehrbuch des Arbeitsrechts, Bd. I, 17. Aufl. 1970

Holwe/Kossens/Pielenz/Räder, Teilzeit- und Befristungsgesetz, Basiskommentar, 4. Aufl. 2014

Jacobs, Grundprobleme des Entschädigungsanspruchs nach § 15 Abs. 2 AGG, RdA 09, 193

Joussen, Schwerbehinderung, Fragerecht und positive Diskriminierung nach dem AGG, NZA 07, 174

Kamanabrou, Die arbeitsrechtlichen Vorschriften des Allgemeinen Gleichbehandlungsgesetzes, RDA 06, 321

Kleinebrink, Das AGG und das gesetzliche Recht auf Einblick in die Bruttoentgeltlisten FA 2007, 295

Kocher, Die Anpassung diskriminierender Tarifverträge an das Recht, djbZ 10, 128

Kohte, Gutachten zur Frage der Rechtmäßigkeit einer erneuten Änderung des § 14 Abs. 3 TzBfG im Entwurf eines Gesetzes zur Verbesserung der Beschäftigungschancen älterer Menschen v. 19.4.2007 (BGBl. I S. 538), AuR 07, 168

Kollmer/Klindt, Arbeitsschutzgesetz, 2. Aufl. 2011

Küttner, Personalbuch 2015, 22. Aufl. (zit. Küttner-Bearbeiter)

Kummer, Umsetzungsanforderungen der neuen arbeitsrechtlichen Antidiskriminierungsrichtlinie (RL 2000/78/EG), Frankfurt a. M. 2003

Lehmann, Die Höhe des finanziellen Ausgleichs nach § 15 Abs. 1 und 2 AGG unter besonderer Berücksichtigung der Rechtsprechung des EuGH, Konstanzer Schriften zur Rechtswissenschaft Band 247, Konstanz 2010

Lindner, Die Ausweitung des Diskriminierungsschutzes durch den EuGH, NJW 08, 2750

Löwisch, Die Auswirkungen der Gleichstellungsrahmenrichtlinie der EG auf die altersspezifischen Regelungen des Kündigungsrechts, FS für Schwerdtner 2004, S. 769–774

Löwisch/Fischer, Kein Fragerecht bei Schwangerschaft trotz mutterschutzrechtlichem Beschäftigungsverbot, SAE 04, 126

Maunz/Dürig, Grundgesetz – Kommentar, 1960 ff., Loseblattsammlung

Meinel/Heyn/Herms, Teilzeit- und Befristungsgesetz, Kommentar, 4. Aufl. 2012

Münchner-Kommentar zum BGB, AGG-Thüsing, 6. Aufl. 2012

Nebe, Das mutterschutzrechtliche Kündigungsverbot – Gemeinschaftsrechtliche Anforderungen an einen effektiven Rechtsschutz, EuZA 10, 383

Neumann/Pahlen/Majerski-Pahlen, SGB IX, 12. Aufl. 2010

Nicolai, Anmerkung zu EuGH v. 13.01.04 – C-256/01 – [Allonby] SAE 04, 325

Nollert-Borasio, 2 Jahre AGG – praktische Auswirkungen und notwendige Änderungen, AuR 2008, 332

Oetker Ausgewählte Probleme zum Beschwerderecht des Beschäftigten nach § 13 AGG, NZA 08, 264

Literaturverzeichnis

Palandt, Bürgerliches Gesetzbuch, 74. Aufl. 2015
Perreng, Sachgrundlose Befristung Älterer, AiB 07, 386
Pfarr, Entgeltgleichheit in kollektiven Entgeltsystemen, Festschrift 50 Jahre BAG, 2004, 779
Preis/Bender, Recht und Zwang zur Lüge – Zwischen List, Tücke und Wohlwollen im Arbeitsleben, NZA 05, 1321
Preis, Arbeitsrecht, 4. Aufl. 2012
Preis, Verbot der Altersdiskriminierung als Gemeinschaftsgrundrecht, NZA 06, 401
Pünnel, Das Rechtsverhältnis der Behinderten zur »Werkstatt für Behinderte«, AuR 78, 44
Pünnel/Vater, Rechtsbeziehungen in der Werkstatt für Behinderte nach der Werkstattverordnung, AuR 81, 230
Reichold/Hahn/Heinrich, Neuer Anlauf zur Umsetzung der Antidiskriminierungsrichtlinien, NZA 05, 1270
Rupp, Die unmittelbare Benachteiligung nach § 3 Abs. 1 AGG, RdA 09, 307
Sagan, Sanktion diskriminierender Kündigungen nach dem AGG, NZA 06, 1257
Schiek, Sexuelle Belästigung am Arbeitsplatz (mit Musterbetriebsvereinbarung), AiB 97, 441
Schiek, Gleichbehandlungsrichtlinien der EU – Umsetzung im deutschen Arbeitsrecht, NZA 04, 873
Schiek, Allgemeines Gleichbehandlungsgesetz (AGG) – ein Kommentar aus europäischer Perspektive, 1. Aufl. 2007 (zit. Schiek/Bearbeiter)
Schlachter, Benachteiligung wegen besonderer Verbindungen statt Zugehörigkeit zu einer benachteiligten Gruppe – Der Diskriminierungsbegriff des EuGH in der Entscheidung Coleman v. 17.7.2008 – C-303/06 – RdA 10, 104
Schlachter, Wege zur Gleichberechtigung, 1993
Schlachter, Das Arbeitsrecht im Allgemeinen Gleichbehandlungsgesetz, ZESAR 06, 391
Schleusener, Europarechts- und Grundgesetzwidrigkeit von § 622 II 2 BGB, NZA 07, 358
Schleusener/Suckow/Voigt, AGG, Kommentar zum Allgemeinen Gleichbehandlungsgesetz, 4. Aufl. 2013
Schulze, Bürgerliches Gesetzbuch, 8. Aufl. 2014
Schwab, Diskriminierende Stellenanzeige durch Personalvermittler, NZA 07, 178
Schweibert, Alter als Differenzierungskriterium in Sozialplänen, in Bauer/Beckmann u. a. (Hrsg.), Arbeitsgemeinschaft Arbeitsrecht im Deutschen Anwaltsverein, FS zum 25-jährigen Bestehen, Bonn 2006, S. 1001–1012
Steinmeyer, Das AGG und die betriebliche Altersversorgung, ZfA 07, 27

Literaturverzeichnis

Stoffels, Grundprobleme der Schadensersatzverpflichtung nach § 15 Abs. 1 AGG, RdA 09, 204

Thüsing, Arbeitsrechtlicher Diskriminierungsschutz, 2. Aufl. 2013

Thüsing, Das Arbeitsrecht der Zukunft? – Die deutsche Umsetzung der Anti-Diskriminierungsrichtlinien im internationalen Vergleich, NZA Sonderbeilage zu Heft 22/04, S. 3

Thüsing, Gleicher Lohn für gleichwertige Arbeit, NZA 00, 570

Thüsing/Wege, Behinderung und Krankheit bei Einstellung und Entlassung, NZA 06, 136

Teppert-Neumann/Wolmerath, Dienstvereinbarung bei der Stadt München PersR 98, 355

Waltermann, Verbot der Altersdiskriminierung – Richtlinie und Umsetzung, NZA 05, 1265

Wank, Diskriminierung in Europa – Die Umsetzung der europäischen Antidiskriminierungsrichtlinien aus deutscher Sicht, NZA 04, Sonderbeilage zu Heft 22, S. 16

Wagner, AcP 206 [2006], 352

Wagner/Potsch, Haftung für Diskriminierungsschäden nach dem Allgemeinen Gleichbehandlungsgesetz, JZ 06, 1085

Wank, Arbeitnehmer und Selbständige, 1988, S. 29 ff.

Wenckebach, Was leistet die Antidiskriminierungsstelle des Bundes? AuR 08, 340

Wendeling-Schröder/Stein, AGG Allgemeines Gleichbehandlungsgesetz, 1. Aufl. 2008

Wichert/Zange, AGG: Suche nach Berufsanfängern in Stellenanzeigen, DB 07, 970

Wiedmann, Tarifvertrag und Diskriminierungsschutz, NZA 07, 950

Wiedemann/Thüsing, Der Schutz älterer Arbeitnehmer und die Umsetzung der Richtlinie 2000/78/EG, NZA 02, 1234

Wisskirchen/Bissels, Das Fragerecht des Arbeitgebers bei Einstellung unter Berücksichtigung des AGG, NZA 07, 169

Wisskirchen, Der Umgang mit dem Allgemeinen Gleichbehandlungsgesetz – ein »Kochrezept für Arbeitgeber«, DB 06, 1491

Wisskirchen, Mittelbare Diskriminierung von Frauen im Erwerbsleben, 1994, S. 171 ff.

Wolmerath, Einigungsstelle zu »Mobbing«, AiB 02, 475

Wolmerath, Mobbing im Betrieb. Rechtsansprüche und deren Durchsetzbarkeit, 2004

Zwanziger, Die Neuregelung des Verbots der Geschlechterdiskriminierung im Arbeitsrecht, DB 98, 1330

Rechtsprechungsverzeichnis

EuGHMR
23.9.2010	Beschwerde 425/03	Obst gegen Deutschland
23.9.2010	Beschwerde 1620/03	Schüth gegen Deutschland

EuGH
25.5.1971	C-0/70	EuGHE 71, 445 (Defrenne I)
8.4.1976	C-43/75	NJW 76, 2068
27.3.1980	C-129/79	NJW 81, 516
11.3.1981	C-69/80	NJW 81, 2637
9.2.1982	C-12/81	NJW 82, 1202
8.11.1983	C 165/82	NJW 85, 539
10.4.1984	C-14/83	NZA 84, 157
21.5.1985	C-248/83	NZA 85, 627
13.5.1986	C-170/84	NZA 86, 599
1.7.1986	C-237/85	NJW 86, 1138
30.6.1988	C 318/86	EuGHE 88, 3559
21.9.1989	C-68/88	EuGHE 89, 2965
17.10.1989	C-109/88	NZA 90, 772 (Danfoss)
13.12.1989	C-102/88	NZA 91, 59
17.5.1990	C-262/88	NZA 90, 775 (Barber)
27.6.1990	C-33/89	NZA 90, 771
8.11.1990	C-177/88	NZA 91, 171 (Dekker)
7.2.1991	C-184/89	DB 91, 660 (Nimz)
19.11.1991	C-6/90 und C-9/90	DB 92,423 (Francovich)
4.6.1992	C-360/90	NZA 92, 687
6.10.1993	C-109/91	NZA 93, 1125 (Ten Oever)
27.10.1993	C-127/92	NZA 94, 797 (Enderby)
30.11.1993	C-189/91	DB 94, 50
14.12.1993	C-110/91	NZA 94, 165
22.12.1993	C-152/92	DB 94, 484
5.5.1994	C-421/92	NZA 94, 609 (Habermann-Beltermann)
28.9.1994	C-200/91	NZA 94, 1073

Rechtsprechungsverzeichnis

28.9.1994	C-408/92	NZA 94, 1126 (Smith)
31.5.1995		AP Nr. 68 zu Art. 119 EWG-Vertrag (Royal Copenhagen)
15.6.1995	C-220/94	EuGHE I 95, 1589
17.10.1995	C-450/93	NZA 95, 1095 (Kalanke)
30.4.1996	C-13/94	NZA 96, 695 (ohne)
23.5.1996	C-237/94	ZAR 97, 41(O'Flynn)
19.9.1996	C-236/95	EuGHE I 96, 4459
22.4.1997	C-180/95	NZA 97, 645 (Draehmpaehl)
2.10.1997	C-100/95	NZA 97, 1221
11.11.1997	C-409/95	NZA 97, 1337(Marschall)
15.1.1998	C-15/96	NZA 98, 205 (Schöning-Kougebetopoulou)
17.6.1998	C-243/95	EuGHE I 98, 3739 (Hill/Stapleton)
1.12.1998	C-326/96	EuGHE I 98, 7835 (Levez)
11.5.1999	C-309/97	NZA 99, 699
9.9.1999	C-281/97	NZA 99, 1151 (Krüger)
3.2.2000	C-207/98	NZA 00, 255 (Mahlburg)
28.3.2000	C-158/97	NZA 00, 473 (Badeck)
16.5.2000	C-78/98	NZA 00, 889 (Preston)
6.7.2000	C-407/98	NZA 00, 935 (Abrahamsson und Anderson)
21.9.2000	C-124/99	AuR 00, 439 (Borawitz)
7.12.2000	C-79/99	NZA 01, 141
4.10.2001	C-438/99	NZA 01, 1243 (Melgar)
19.3.2002	C-476/99	NZA 02, 501(Lommers)
27.2.2003	C-320/01	NZA 03, 373 (Busch)
7.1.2004	C-117/01	NJW 04, 1440
13.1.2004	C-256/01	NZA 04, 201 (Allonby)
15.7.2004	C-365/02	DB 04, 1710 (Lindfors)
5.10.2004	C-397–01	NZA 04, 1145 (Pfeiffer)
22.11.2005	C-144/04	NZA 05, 1345(Mangold/Helm)
11.7.2006	C-13/05	NZA 06, 839 (Chacón Navas/Eurest Colectividades SA)
3.10.2006	C-17/05	NZA 06, 1205 (Cadman)
16.10.2007	C-411/05	NZA 07, 1219 (Palacios de la Villa)
6.12.2007	C-300/06	NZA 08, 31 (Voß)
1.4.2008	C-267/06	NZA 08, 459 (Maruko)
26.2.2008	C-506/06	NZA 08, 345 (Mayr/Flöckner OHG)
10.7.2008	C-54/07	NZA 08, 929 (Feryn)
17.7.2008	C-303/06	NZA 08, 932 (Coleman)
5.3.2009	C-388/97	NZA 09, 305 (Age Concern England),

Rechtsprechungsverzeichnis

29.10.2009	C-63/08	AP Nr 10 zu EWG-Richtlinie Nr 92/85 (Pontin)
12.1.2010	C-229/08	AuR 10, 130 (Wolf)
12.1.2010	C-341/08	AuR 10, 86 (Petersen)
19.1.2010	C-555/07	NZA 10, 85 (Kücükdeveci)
8.7.2010	C-246/09	NJW-Spezial 10, 500 (Bulicke)
12.10.2010	C-499/08	(Andersen)
12.10.2010	C-45/09	(Rosenbladt)
18.10.2010	C-356/09	(Kleist)
1.3.2011	C-236/09	(Association belge des Consommateurs Tests Achats)
21.7.2011	C-104/10	(Kelly)
8.9.2011	verb. C-297/10 und C-298/10	(Hennigs/Mai)
13.9.2011	C-447/09	(Prigge)
19.4.2012	C-415/10	(Meister)
7.6.2012	C-132/11	(Tyrolean)
5.7.2012	C-141/11	(Hörnfeldt)
22.11.2012	C- 385/11	(Elbal Moreno)
6.12.2012	C-385/11	(Odar)
28.2.2013	C-427/11	(Kenny)
11.4.2013	verb. C-335/11 und C-337/11	(Ring und Skouboe Werge)
25.4.2013	C-81/12	(Asociatia Accept)
18.12.2014	C-354/13	(Fag og Arbejde (FOA)/Kommunernes Landsforening)
26.2.2015	C-515/13	(Ingeniørforeningen i Danmark)

BVerfG

20.12.1960	1 BvL 21/60	BVerfGE 12, 54
16.10.1968	1 BvR 241/66	DB 68, 2119
17.12.1975	1 BvR 63/68	BVerfGE 41, 29 (50) = NJW 76, 947, 950
11.10.1977	2 BvR 209/76	DB 77, 2379
11.10.1977	2 BvR 209/76	DB 77, 2379
4.6.1985	2 BvR 1703/83,	DB 85, 2103
4.6.1985	2 BvR 1718/83,	DB 85, 2103
4.6.1985	2 BvR 856/84,	DB 85, 2103
30.5.1990	1 BvL 2/83	NZA 90, 721
28.9.1992	1 BvR 496/87	NZA 93, 213
16.11.1993	1 BvR 258/86	NZA 94, 745
27.1.1998	1 BvL 15/87	NZA 98, 470
19.5.1999	1 BvR 263/98	NZA 99, 815

Rechtsprechungsverzeichnis

15.3.2000	1 BvL 18/97	DB 00, 1568
21.2.2001	2 BvR 140/00	NJW 01, 2531
21.9.2006	1 BvR 308/03	NZA 07, 195
18.11.2008	1 BvL 4/08	EzA § 622 BGB 2002 Nr. 6
7.7.2009	1 BvR 1164/07	ZTR 09, 642
1.8.2012	2 BvR 1397/09	
22.10.2014	2 BvR 661/12	
27.1.2015	1 BvR 471/10 und 1 BvR 1181/10	

BAG

15.1.1955	1 AZR 305/54	NJW 55, 684
23.3.1957	1 AZR 326/56	AP Nr. 16
23.3.1957	1 AZR 203/56	AP Nr. 17 zu Art. 3 GG
25.7.1957	1 AZR 194/56	DB 58, 572
7.2.1964	1 AZR 251/63	DB 64, 555
22.9.1961	1 AZR 241/60	AP Nr. 15 zu § 123 BGB
17.12.1968	5 AZR 149/68	DB 69, 446
7.1.1971	5 AZR 92/70	DB 71, 392
11.1.1973	5 AZR 321/72	DB 73, 728
25.3.1976	2 AZR 136/75	AP Nr. 19 zu § 123 BGB
20.4.1977	4 AZR 732/75	DB 77, 1751
25.4.1978	1 AZR 70/76	DB 78, 2175
31.8.1978	3 AZR 313/77	DB 79, 553
22.2.1979	2 AZR 115/78	DB 79, 1659
24.4.1979	6 AZR 69/77	DB 79, 1755
10.2.1981	6 ABR 86/78	DB 81, 1935
24.9.1981	6 ABR 7/81	DB 82, 606
28.4.1982	7 AZR 1139/79	DB 82, 1776
7.10.1982	2 AZR 455/80	DB 83, 1368
20.12.1984	2 AZR 436/83	NZA 86, 21
1.8.1985	2 AZR 101/83	NZA 86, 635
11.9.1985	7 AZR 371/83	NZA 87, 156
13.11.1985	4 AZR 234/84	NZA 86, 321
9.1.1986	2 ABR 24/85	NZA 86, 467
20.2.1986	2 AZR 244/85	NZA 86, 739
2.4.1987	2 AZR 227/86	NZA 88, 18
13.5.1987	5 AZR 125/86	NZA 88, 95
27.4.1988	4 AZR 707/87	NZA 88, 627
21.7.1988	2 AZR 75/88	NZA 89, 264
8.9.1988	2 AZR 102/88	NZA 89, 178
14.3.1989	8 AZR 447/87	NZA 90, 21
14.3.1989	8 AZR 351/86	NZA 90, 24

Rechtsprechungsverzeichnis

24.5.1989	2 AZR 285/88	NZA 90, 144
5.9.1989	3 AZR 575/88	NZA 90, 271
14.11.1989	1 ABR 87/88	NZA 90, 357
23.1.1990	3 AZR 58/88	NZA 90, 778
17.10.1990	5 AZR 639/89	NZA 91, 402
20.11.1990	3 AZR 613/89	NZA 91, 635
21.2.1991	2 AZR 449/90	NZA 91, 719
21.3.1991	2 AZR 296/87	NZA 91, 801
25.3.1992	7 ABR 65/90	NZA 93, 134
23.9.1992	4 AZR 30/92	NZA 93, 891
21.10.1992	4 AZR 73/92	DB 93, 690
2.11.1992	4 AZR 152/92	NZA 93, 367
2.12.1992	4 AZR 152/92	NZA 93, 367
26.5.1993	5 AZR 184/92	NZA 94, 413
20.7.1993	3 AZR 52/93	NZA 94, 125
23.2.1994	4 AZR 219/93	NZA 94, 1136
16.3.1994	5 AZR 447/92	NZA 94, 1132
23.6.1994	2 AZR 617/93	NZA 94, 1080
27.7.1994	10 AZR 538/93	NZA 94, 1130
7.3.1995	3 AZR 282/94	NZA 96, 48
23.8.1995	5 AZR 942/93	NZA 96, 579
22.3.1995	5 AZB 21/94	NZA 95, 823
5.10.1995	2 AZR 923/94	NZA 96, 371
15.11.1995	2 AZR 521/95	NZA 96, 603
5.3.1996	1 AZR 590/92 (A)	NZA 96, 751
2.4.1996	1 ABR 47/95	NZA 96, 998
28.5.1996	3 AZR 752/95	NZA 97, 101
15.1.1997	7 AZR 14/96	NZA 97, 781
5.3.1997	7 AZR 581/92	NZA 97, 1242
18.3.1997	3 AZR 759/95	NZA 97, 824
11.4.1997	5 AZB 33/96	NZA 98, 499
3.6.1997	3 AZR 910/95	NZA 97, 1043
18.6.1997	4 AZR 647/95	NZA 98, 267
16.7.1997	5 AZR 312/96	NZA 98, 368
6.11.1997	2 AZR 162/97	NZA 98, 374
12.11.1998	8 AZR 365/97	NZA 99, 371
3.12.1998	2 AZR 754/97	NZA 99, 584
15.12.1998	3 AZR 239/97	NZA 99, 882
10.2.1999	2 AZR 716/98	NZA 99, 702
17.6.1999	2 AZR 639/98	NZA 99, 1328
2.12.1999	8 AZR 890/98	NZA 00, 540
29.2.2000	1 ABR 4/99	NZA 00, 1066
27.4.2000	8 AZR 295/99	AuA 00, 281

Rechtsprechungsverzeichnis

24. 5. 2000	10 AZR 629/99	NZA 01, 216
25. 5. 2000	8 AZR 518/99	DB 00, 1869
8. 6. 2000	2 ABR 1/00	NZA 01, 91
30. 8. 2000	4 AZR 563/99	NZA 01, 613
26. 9. 2001	10 AZR 714/00	AiB 02, 316
6. 12. 2001	2 AZR 396/00	NZA 02, 731
13. 2. 2002	5 AZR 712/00	NZA 03, 215
10. 10. 2002	2 AZR 472/01	NZA 03, 483
12. 11. 2002	1 AZR 58/02	NZA 03,1287
21. 1. 2003	9 AZR 307/02	NZA 03, 1036
6. 2. 2003	2 AZR 621/01	NZA 03, 848
18. 2. 2003	9 AZR 272/01	DB 03, 1961
20. 8. 2003	5 AZR 610/02	NZA 04, 39
20. 8. 2003	5 AZR 436/02	NZA 04, 205
24. 9. 2003	10 AZR 675/02	NZA 04, 611
14. 10. 2003	9 AZR 146/03	NZA 04, 860
5. 2. 2004	8 AZR 112/03	NZA 04, 540
25. 3. 2004	2 AZR 341/03	NZA 04, 1214
29. 4. 2004	6 AZR 101/03	NZA 05, 57
21. 7. 2004	7 AZR 589/03	NZA 04, 1352
16. 11. 2004	1 ABR 48/03	NZA 05, 776
23. 11. 2004	2 AZR 38/04	NZA 05, 986
14. 12. 2004	1 ABR 51/03	NZA 05, 697
15. 2. 2005	9 AZR 635/03	NZA 05, 870
19. 4. 2005	3 AZR 469/04	NZA 05, 57
28. 6. 2005	1 ABR 26/04	NZA 06, 111
12. 7. 2005	5 AZR 364/04	NZA 05, 465
26. 7. 2005	1 ABR 29/04	NZA 05, 1372
28. 9. 2005	5 AZR 52/05	NZA 06, 149
26. 4. 2006	7 AZR 500/04	NZA 06, 1162
27. 6. 2006	3 AZR 352/05 (A)	DB 06, 2524
12. 9. 2006	9 AZR 807/05	NZA 07, 507
13. 9. 2006	4 AZR 236/05	ZTR 07, 258
23. 1. 2007	9 AZR 557/06	NZA 07, 1166
3. 4. 2007	9 AZR 823/06	NZA 07, 1098
16. 5. 2007	8 AZR 709/06	NZA 07, 1154
25. 10. 2007	8 AZR 593/06	NZA 08, 223
11. 12. 2007	3 AZR 249/06	NZA 08, 532
24. 4. 2008	8 AZR 257/07	NZA 08, 1351
24. 4. 2008	8 AZR 347/07	NZA 09, 38
7. 5. 2008	4 AZR 299/07	ZTR 08, 670
17. 6. 2008	3 AZR 409/06	NZA 08, 1244
18. 6. 2008	7 AZR 116/07	NZA 08, 1302

Rechtsprechungsverzeichnis

22.7.2008	1 ABR 40/07	AiB 08, 669
18.8.2008	1 ABR 47/08	NZA 10, 222
27.8.2008	5 AZB 71/08	NZA 08, 1259
16.9.2008	9 AZR 791/07	NZA 09, 79
24.9.2008	10 AZR 639/07	ZTR 09, 20
16.10.2008	7 AZR 253/07 (A)	NZA 09, 378
6.11.2008	2 AZR 523/07 (Parallelverfahren: 2 AZR 709/07, 523/07, 749/07, 777/07, 748/07, 796/07, 945/07 und 980/07	AuR 09, 358
18.11.2008	9 AZR 643/07	NZA 09, 728
14.1.2009	3 AZR 20/07	
14.1.2009	3 AZR 20/07	NZA 09, 489
22.1.2009	8 AZR 906/07	NZA 09, 945
26.5.2009	1 AZR 198/08	NZA 09, 849
28.5.2009	8 AZR 536/08	NZA 09, 1016
17.6.2009	7 AZR 112/08 (A)	ArbR 10, 38
21.7.2009	1 ABR 42/08	NZA 09, 1049
5.8.2009	10 AZR 634/08	NZA-RR 10, 336
11.8.2009	3 AZR 23/08	NZA 10, 408
18.8.2009	1 ABR 47/08	AuR 09, 310
20.8.2009	2 AZR 499/08	NZA 10, 227
24.9.2009	8 AZR 705/08	NZA 10, 387
13.10.2009	9 AZR 722/08	NZA 10, 327
22.10.2009	8 AZR 642/08	NZA 10, 280
5.11.2009	2 AZR 676/08	NZA 10, 457
19.11.2009	6 AZR 561/08	NZA 10, 583
10.12.2009	2 AZR 55/09	AuR 10, 271
17.12.2009	8 AZR 670/08	NZA 10, 383
28.1.2010	2 AZR 764/08	NZA 10, 625
25.2.2010	6 AZR 911/08	NZA 10, 561
18.3.2010 -	8 AZR 1044/08	
18.3.2010	6 AZR 156/09	AuR 10, 181
18.3.2010	6 AZR 434/07	AuR 10, 182
18.3.2010	8 AZR 77/09	DB 10, 1534
23.3.2010	1 AZR 832/08	NZA 10, 774
20.5.2010	8 AZR 287/08 (A)	AuR 10, 275
20.5.2010	6 AZR 148/09 (A)	AuR 10, 276
20.5.2010	6 AZR 319/09 (A)	NZA 10, 768
22.7.2010	8 AZR 1012/08	

Rechtsprechungsverzeichnis

17.8.2010	9 AZR 839/08
19.8.2010	8 AZR 370/09
19.8.2010	8 AZR 466/09
19.8.2010	8 AZR 530/09
1.9.2010	5 AZR 700/09
27.1.2011	6 AZR 526/09
24.2.2011	2 AZR 636/09
6.4.2011	7 AZR 524/09
9.6.2011	2 AZR 323/10
22.6.2011	8 AZR 48/10
7.7.2011	2 AZR 396/10
8.9.2011	2 AZR 543/10
13.10.2011	8 AZR 608/10
15.12.2011	2 AZR 42/10
18.1.2012	7 AZR 112/08
15.2.2012	7 AZR 904/08
16.2.2012	6 AZR 553/10
16.2.2012	8 AZR 697/10
15.3.2012	8 AZR 37/11
20.3.2012	9 AZR 529/10
21.6.2012	8 AZR 364/11
21.6.2012	8 AZR 188/11
19.7.2012	2 AZR 352/11
23.8.2012	8 AZR 285/11
11.12.2012	3 AZR 684/10
11.12.2012	3 AZR 634/10
24.1.2013	8 AZR 429/11
12.2.2013	3 AZR 100/11
21.2.2013	8 AZR 180/12
5.3.2013	1 AZR 417/12
26.3.2013	1 AZR 813/11
25.4.2013	8 AZR 287/08
25.4.2013	2 AZR 579/12
14.5.2013	1 AZR 44/12
20.6.2013	8 AZR 482/12
22.8.2013	8 AZR 563/12
22.8.2013	AZR 574/12
26.9.2013	8 AZR 650/12
17.10.2013	8 AZR 742/12
12.11.2013	3 AZR 356/12
12.11.2013	9 AZR 484/12
14.11.2013	8 AZR 997/12
21.11.2013	6 AZR 89/12

Rechtsprechungsverzeichnis

12.12.2013	8 AZR 838/12	
19.12.2013	6 AZR 790/12	
23.1.2014	8 AZR 118/13	
29.1.2014	6 AZR 943/11	
18.2.2014	3 AZR 833/12	
18.3.2014	3 AZR 69/12	
22.5.2014	8 AZR 662/13	
28.5.2014	7 AZR 360/12	
18.9.2014	8 AZR 753/13	
30.9.2014	1 AZR 1083/12	
9.12.2014	1 AZR 102/13	

BGH

21.4.1954	VI ZR 55/53	BGHZ 13, 111
14.2.1958	I ZR 151/56	BGHZ 26, 349 (Herrenreiterfall)
9.10.1986	I ZR 138/84	DB 87, 682
24.11.1995	V ZR 40/94	DB 96, 370
21.10.1998	VIII ZB 54/97	NZA 99, 110
14.2.2007	IV ZR 267/04	ZTR 07, 452
23.4.2012	II ZR 163/10	NJW 12, 2346
23.7.2012	NotZ (Brfg) 15/11	

BVerwG

26.1.2006	2 C 43/04	PersR 06, 297
25.7.2007	6 C 27/06	NJW 08, 246
16.7.2009	2 AV 4/09	
28.10.2010	2 C 52/09	
1.2.2012	8 C 24/11	
23.2.2012	2 C 76/10	
19.6.2012	2 BvR 1397/09	

LAG Baden-Württemberg

18.6.2007	4 Sa 14/07	AuA 07, 624
13.8.2007	3 Ta 119/07	AuA 07, 624
23.4.2007	15 Sa 116/06	NZA-RR 07, 630
20.3.2009	9 Sa 5/09	
12.11.2009	11 Sa 41/09	NZA-RR 10, 315
27.9.2010	4 Sa 7/10	
24.2.2012	12 Sa 40/11	

LAG Berlin-Brandenburg

12.3.1990	9 TaBV 1/90	NZA 90, 788
14.1.1998	8 Sa 118/97	NZA 98, 312

Rechtsprechungsverzeichnis

16.5.2001	3 Sa 393/01	PflR 01, 439
30.3.2006	10 Sa 2395/05	
19.9.2007	15 Sa 1144/07	ZTR 08, 110
31.1.2008	5 Sa 1755/07	EzA-SD 08, Nr 11, 10
11.9.2008	20 Sa 2244/07	NZA 09, 804
26.11.2008	15 Sa 517/08	NZA 09, 43
4.12.2008	26 Sa 343/08	EzA-SD 09, Nr 3, 9
7.1.2009	15 Sa 1717/08	AE 09, 237
12.2.2009	2 Sa 2070/08	BB 09, 437
21.7.2011	5 Sa 847/11	

LAG Bremen

29.6.2010	1 Sa 29/10

LAG Düsseldorf

1.2.2002	9 Sa 1451/01	NZA-RR 02, 345
22.7.2004	5 TaBV 38/04	AiB 05, 122
15.2.2008	9 Sa 955/07	NZA-RR 09, 22
14.5.2008	12 Sa 256/08	
18.6.2008	7 Sa 383/08	BeckRS 08 57246
12.11.2008	12 Sa 1102/08	ZTR 09, 271
17.2.2010	12 Sa 1311/07	
18.1.2011	8 Sa 1274/10	

LAG Hamburg

5.7.1997	5 TaBV 4/98	NZA 98, 1245
15.7.1998	5 TaBV 4/98	NZA 98, 1245
18.8.1999	4 Sa 41/99	AiB 00, 443
17.4.2007	3 TaBV 6/07	DB 07, 1417
29.10.2008	3 Sa 15/08	AuR 09, 97
29.10.2008	5 TaBV 5/08	EzA-SD 09, Nr. 4, 18
19.11.2008	3 Ta 19/08	
12.1.2009	3 Ta 26/08	
3.4.2013	4 Ta 4/13	

LAG Hamm

22.10.1996	6 Sa 730/96	NZA 97, 769
21.11.1996	17 Sa 987/96	BB 97, 844
13.2.1997	17 Sa 1544/96	NZA-RR 97, 250
11.8.1997	16 Sa 213/96	AiB 98, 353
22.11.1996	10 Sa 1069/96	BB 97, 525
1.3.1999	19 Sa 2596/98	DB 99, 2114
25.6.2002	18 (11) Sa 1295/01	AiB 04, 107

Rechtsprechungsverzeichnis

26. 6. 2008	15 Sa 198/08	
7. 8. 2008	11 Sa 284/08	AuR 09, 280
18. 12. 2008	15 Sa 838/08	
26. 2. 2009	17 Sa 923/08	
26. 6. 2009	15 Sa 63/08	LAGE § 15 AGG Nr 5
15. 2. 2011	9 Sa 1989/10	
8. 5. 2013	5 Sa 513/12	
20. 4. 2011	4 Sa 2230/10	

LAG Hessen

12. 3. 1990	10/2 Sa 890/89	DB 91, 552
13. 7. 1999	4 TaBV 192/97	NZA-RR 99, 641
28. 6. 2000	Sa 195/99	DB 00, 2616
7. 11. 2005	7 Sa 473/05	AuR 06, 213
25. 10. 2007	9 TaBV 84/07	AuA 08,442
6. 3. 2008	9 TaBV 251/07	
24. 9. 2008	8 Sa 1370/07	
3. 2. 2009	12 Sa 28/08	
11. 3. 2009	2/1 Sa 554/08	AuR 09, 320
17. 3. 2009	4 TaBV168/08	
28. 8. 2009	19/3 Sa 2136/08	
28. 8. 2009	19/3 Sa 1636/08	BB 09, 2533
28. 8. 2009	19/3 Sa 1742/08	
6. 1. 2010	2 Sa 1121/09	
24. 3. 2010	6/7 Sa 1373/09	
23. 4. 2010	19/3 Sa 47/09	AuR 10, 272
16. 1. 2012	7 Sa 615/11	
21. 2. 2014	14 Sa 609/13	

LAG Köln

26. 5. 1995	10 Sa 244/94	NZA 95, 1105
19. 7. 1996	7 Sa 499/96	NZA-RR 97, 84
8. 11. 2000	3 Sa 974/00	NZA 01, 787
13. 6. 2006	9 Sa1508/05	AuR 06, 411
7. 8. 2008	3 Sa 1112/07	
27. 8. 2008	9 Sa 649/08	AuR 09, 102
21. 1. 2009	3 Sa 1369/08	PersV 10, 113
29. 1. 2009	7 Sa 980/08	PersR 10, 2
12. 2. 2009	7 Sa 1132/08	AuR 09, 368
6. 4. 2009	5 Ta 89/09	NZA 09, 1148
6. 5. 2009	9 Sa 1/09	
10. 2. 2010	5 Ta 408/09	NZA-RR 10, 234
1. 10. 2010	4 Sa 796/10	

Rechtsprechungsverzeichnis

11.5.2012	5 Sa 1009/10
11.10.2012	6 Sa 641/12
29.10.2012	5 Sa 549/11
2.11.2012	4 Sa 248/12
26.1.2012	9 Ta 272/11

LAG München

16.8.2006	4 Sa 338/06	RDV 07, 214
19.11.2008	5 Sa 556/08	
21.1.2009	5 Sa 385/08	

LAG Niedersachsen

13.7.2007	16 Sa 269/07	
15.9.2008	14 Sa 1769/07	NZA-RR 09, 126
21.4.2009	3 Sa 957/08 B	
24.4.2009	10 TaBV 55/08	NZA-RR 09, 532
13.10.2009	1 Sa 832/09	ArbN 10, 31
12.3.2010	10 Sa 583/09	ArbR 10, 301
6.12.2013	6 Sa 391/13	

LAG Nürnberg

5.10.2011	2 Sa 171/11
11.7.2012	4 Sa 596/11

LAG Rheinland-Pfalz

16.2.1996	10 Sa 1090/95	NZA-RR 97, 169
16.8.1996	4 Ta 162/96	NZA 97, 115
16.8.2001	6 Sa 415/01	AiB 02, 641
13.10.2004	10 TaBV 19/04	NZA-RR 05, 376
19.12.2008	6 Sa 399/08	
17.6.2009	8 Sa 639/08	
11.3.2010	10 Sa 581/09	

LAG Saarland

3.12.2008	1 Sa 71/08	ZBVR online 2009, Nr 12, 26
11.2.2009	1 TaBV 73/08	

LAG Schleswig-Holstein

28.5.1986	3 Sa 15/86	NZA 86, 763
25.7.1989	1 (3) Sa 557/88	LAGE § 612 a BGB Nr. 4
9.12.2008	5 Sa 286/08	AuA 09, 619
23.12.2009	6 Sa 158/09	AuR 10, 82
22.11.2012	4 Sa 246/12	

Rechtsprechungsverzeichnis

LAG Thüringen
10.4.2001	5 Sa 403/00	DB 01, 1204
15.2.2001	5 Sa 102/00	DB 01, 1783

LAG Tübingen
6.6.1958	VII Sa 39/58	DB 58, 1468

OLG Düsseldorf
18.10.2012	I-6 U 47/12

BayVGH
4.12.2012	7 ZB 12.1816	BayVBl. 13, 308

VGH Baden-Württemberg
3.4.2012	4 S 1773/0

Hessischer Verwaltungsgerichtshof
20.3.2008	22 TL 2257/07	PersR 08, 337

OVG Magdeburg
21.4.2011	1 L 26/10

Arbeitsgerichte
ArbG Berlin	25.11.1977	10 BV 12/77	BB 78, 556
ArbG Berlin	13.7.2005	86 Ca 24618/04	NZA-RR 05, 608
ArbG Berlin	22.8.2007	86 Ca 1696/07	AuA 07, 749
ArbG Berlin	28.11.2007	75 Ca 12083/07	
ArbG Berlin	11.2.2009	55 Ca 16952/08	NZA-RR 10, 16
ArbG Berlin	30.7.2009	33 Ca 5772/09	NZA-RR 10, 70
ArbG Bielefeld	15.4.2007	6 Ca 2886/06	BB 07, 1961
ArbG Bochum	12.7.1991	2 Ca 2552/90	BB 92, 68
ArbG Bonn	16.9.1987	4 Ca 1398/87	NZA 88, 133
ArbG Bonn	31.3.2001	5 Ca 2781/00	PflR 01, 318
ArbG Cottbus	11.6.2008	7 Ca 108/08	
ArbG Düsseldorf	15.11.2000	8 Ca 6041/00	PflR 01, 437
ArbG Düsseldorf	10.6.2008	11 Ca 754/08	NZA-RR 08, 511
ArbG Frankfurt	19.3.2003	7 Ca 8038/01	ArbRB 02, 190
ArbG Frankfurt	23.10.2006	21 BV 690/06	AiB 07, 49
ArbG Hamburg	10.4.2001	20 Ca 188/00	PflR 01, 322
ArbG Hamburg	20.2.2007	9 BV 3/07	
ArbG Hamburg	24.8.2007	17 BV 2/07	
ArbG Hamburg	4.12.2007	20 Ca 105/07	
ArbG Hamburg	28.8.2009	11 Ca 121/09	AuR 10, 43

Rechtsprechungsverzeichnis

ArbG Hamburg	26.1.2010	25 Ca 282/09	AuR 10, 223
ArbG Heilbronn	3.4.2007	5 Ca 12/07	AuR 07, 391
ArbG Köln	21.11.2000	12 BV 227/00	AiB 02, 374
ArbG Köln	31.5.2007	22 Ca 8421/06	
ArbG Mainz	2.9.2008	3 Ca 1133/08,	AuA 08, 623
ArbG München	14.2.2001	38 Ca 8663/00	NZA-RR 01, 365
ArbG München	9.3.2005	38 Ca 13399/04	
ArbG München	13.1.2010	38 Ca 11480/09	
ArbG München	16.6.2010	38 Ca 1892/10	
ArbG Osnabrück	29.1.2007	3 Ca 716/06	NZA 07, 626
ArbG Osnabrück	5.2.2007	3 Ca 778/06	BB 07, 1504
ArbG Osnabrück	3.7.2007	3 Ca 199/07	AuR 07, 321
ArbG Siegburg	22.3.1994	1 Ca 3454/93	NZA 95, 943
ArbG Siegburg	27.1.2010	2 Ca 2144/09	DB 10, 1466
ArbG Stuttgart	26.4.2007	15 Ca 11133/06	AiB Newsletter 07, Nr. 10, 6
ArbG Stuttgart	5.9.2007	29 Ca 2793/07	
ArbG Stuttgart	15.4.2010	17 Ca 8907/09	ArbRAktuell 10, 228
ArbG Ulm	17.12.2009	5 Ca 316/09	
ArbG Wiesbaden	30.10.2008	5 Ca 632/08	
ArbG Wiesbaden	18.12.2008	5 Ca 46/08	EzA-SD 09, Nr. 6, 9–10
ArbG Wuppertal	1.3.2012	6 Ca 3382/11	

Allgemeines Gleichbehandlungsgesetz (AGG)

vom 14. August 2006 (BGBl. I S. 1897),
zuletzt geändert durch Gesetz vom 3. April 2013 (BGBl. I S. 610)

Abschnitt 1
Allgemeiner Teil

§ 1   Ziel des Gesetzes

Ziel des Gesetzes ist, Benachteiligungen aus Gründen der Rasse oder wegen der ethnischen Herkunft, des Geschlechts, der Religion oder Weltanschauung, einer Behinderung, des Alters oder der sexuellen Identität zu verhindern oder zu beseitigen.

§ 2   Anwendungsbereich

(1) Benachteiligungen aus einem in § 1 genannten Grund sind nach Maßgabe dieses Gesetzes unzulässig in Bezug auf:
1. die Bedingungen, einschließlich Auswahlkriterien und Einstellungsbedingungen, für den Zugang zu unselbstständiger und selbstständiger Erwerbstätigkeit, unabhängig von Tätigkeitsfeld und beruflicher Position, sowie für den beruflichen Aufstieg,
2. die Beschäftigungs- und Arbeitsbedingungen einschließlich Arbeitsentgelt und Entlassungsbedingungen, insbesondere in individual- und kollektivrechtlichen Vereinbarungen und Maßnahmen bei der Durchführung und Beendigung eines Beschäftigungsverhältnisses sowie beim beruflichen Aufstieg,
3. den Zugang zu allen Formen und allen Ebenen der Berufsberatung, der Berufsbildung einschließlich der Berufsausbildung, der beruflichen Weiterbildung und der Umschulung sowie der praktischen Berufserfahrung,
4. die Mitgliedschaft und Mitwirkung in einer Beschäftigten- oder Arbeitgebervereinigung oder einer Vereinigung, deren Mitglieder einer bestimmten Berufsgruppe angehören, einschließlich der Inanspruchnahme der Leistungen solcher Vereinigungen,
5. den Sozialschutz, einschließlich der sozialen Sicherheit und der Gesundheitsdienste,
6. die sozialen Vergünstigungen,

Allgemeines Gleichbehandlungsgesetz

7. die Bildung,
8. den Zugang zu und die Versorgung mit Gütern und Dienstleistungen, die der Öffentlichkeit zur Verfügung stehen, einschließlich von Wohnraum.

(2) Für Leistungen nach dem Sozialgesetzbuch gelten § 33 c des Ersten Buches Sozialgesetzbuch und § 19 a des Vierten Buches Sozialgesetzbuch. Für die betriebliche Altersvorsorge gilt das Betriebsrentengesetz.

(3) Die Geltung sonstiger Benachteiligungsverbote oder Gebote der Gleichbehandlung wird durch dieses Gesetz nicht berührt. Dies gilt auch für öffentlich-rechtliche Vorschriften, die dem Schutz bestimmter Personengruppen dienen.

(4) Für Kündigungen gelten ausschließlich die Bestimmungen zum allgemeinen und besonderen Kündigungsschutz.

§ 3 Begriffsbestimmungen

(1) Eine unmittelbare Benachteiligung liegt vor, wenn eine Person wegen eines in § 1 genannten Grundes eine weniger günstige Behandlung erfährt, als eine andere Person in einer vergleichbaren Situation erfährt, erfahren hat oder erfahren würde. Eine unmittelbare Benachteiligung wegen des Geschlechts liegt in Bezug auf § 2 Abs. 1 Nr. 1 bis 4 auch im Falle einer ungünstigeren Behandlung einer Frau wegen Schwangerschaft oder Mutterschaft vor.

(2) Eine mittelbare Benachteiligung liegt vor, wenn dem Anschein nach neutrale Vorschriften, Kriterien oder Verfahren Personen wegen eines in § 1 genannten Grundes gegenüber anderen Personen in besonderer Weise benachteiligen können, es sei denn, die betreffenden Vorschriften, Kriterien oder Verfahren sind durch ein rechtmäßiges Ziel sachlich gerechtfertigt und die Mittel sind zur Erreichung dieses Ziels angemessen und erforderlich.

(3) Eine Belästigung ist eine Benachteiligung, wenn unerwünschte Verhaltensweisen, die mit einem in § 1 genannten Grund in Zusammenhang stehen, bezwecken oder bewirken, dass die Würde der betreffenden Person verletzt und ein von Einschüchterungen, Anfeindungen, Erniedrigungen, Entwürdigungen oder Beleidigungen gekennzeichnetes Umfeld geschaffen wird.

(4) Eine sexuelle Belästigung ist eine Benachteiligung in Bezug auf § 2 Abs. 1 Nr. 1 bis 4, wenn ein unerwünschtes, sexuell bestimmtes Verhalten, wozu auch unerwünschte sexuelle Handlungen und Aufforderungen zu diesen, sexuell bestimmte körperliche Berührungen, Bemerkungen sexuellen Inhalts sowie unerwünschtes Zeigen und sichtbares Anbringen von pornographischen Darstellungen gehören, bezweckt oder bewirkt, dass die Würde der betreffenden Person verletzt wird, insbesondere wenn ein von Einschüchterungen, Anfeindungen, Erniedrigungen, Entwürdigungen oder Beleidigungen gekennzeichnetes Umfeld geschaffen wird.

(5) Die Anweisung zur Benachteiligung einer Person aus einem in § 1 genannten Grund gilt als Benachteiligung. Eine solche Anweisung liegt in Bezug auf § 2 Abs. 1 Nr. 1 bis 4 insbesondere vor, wenn jemand eine Person zu einem Verhalten bestimmt, das einen Beschäftigten oder eine Beschäftigte wegen eines in § 1 genannten Grundes benachteiligt oder benachteiligen kann.

§ 4 Unterschiedliche Behandlung wegen mehrerer Gründe

Erfolgt eine unterschiedliche Behandlung wegen mehrerer der in § 1 genannten Gründe, so kann diese unterschiedliche Behandlung nach den §§ 8 bis 10 und 20 nur gerechtfertigt werden, wenn sich die Rechtfertigung auf alle diese Gründe erstreckt, derentwegen die unterschiedliche Behandlung erfolgt.

§ 5 Positive Maßnahmen

Ungeachtet der in den §§ 8 bis 10 sowie in § 20 benannten Gründe ist eine unterschiedliche Behandlung auch zulässig, wenn durch geeignete und angemessene Maßnahmen bestehende Nachteile wegen eines in § 1 genannten Grundes verhindert oder ausgeglichen werden sollen.

Abschnitt 2
Schutz der Beschäftigten vor Benachteiligung

Unterabschnitt 1
Verbot der Benachteiligung

§ 6 Persönlicher Anwendungsbereich

(1) Beschäftigte im Sinne dieses Gesetzes sind
1. Arbeitnehmerinnen und Arbeitnehmer,
2. die zu ihrer Berufsbildung Beschäftigten,
3. Personen, die wegen ihrer wirtschaftlichen Unselbstständigkeit als arbeitnehmerähnliche Personen anzusehen sind; zu diesen gehören auch die in Heimarbeit Beschäftigten und die ihnen Gleichgestellten.

Als Beschäftigte gelten auch die Bewerberinnen und Bewerber für ein Beschäftigungsverhältnis sowie die Personen, deren Beschäftigungsverhältnis beendet ist.

(2) Arbeitgeber (Arbeitgeber und Arbeitgeberinnen) im Sinne dieses Abschnitts sind natürliche und juristische Personen sowie rechtsfähige Personengesellschaften, die Personen nach Absatz 1 beschäftigen. Werden Beschäftigte einem Dritten zur Arbeitsleistung überlassen, so gilt auch dieser als Arbeitgeber im Sinne dieses Abschnitts. Für die in Heimarbeit Beschäf-

tigten und die ihnen Gleichgestellten tritt an die Stelle des Arbeitgebers der Auftraggeber oder Zwischenmeister.

(3) Soweit es die Bedingungen für den Zugang zur Erwerbstätigkeit sowie den beruflichen Aufstieg betrifft, gelten die Vorschriften dieses Abschnitts für Selbstständige und Organmitglieder, insbesondere Geschäftsführer oder Geschäftsführerinnen und Vorstände, entsprechend.

§ 7 Benachteiligungsverbot

(1) Beschäftigte dürfen nicht wegen eines in § 1 genannten Grundes benachteiligt werden; dies gilt auch, wenn die Person, die die Benachteiligung begeht, das Vorliegen eines in § 1 genannten Grundes bei der Benachteiligung nur annimmt.

(2) Bestimmungen in Vereinbarungen, die gegen das Benachteiligungsverbot des Absatzes 1 verstoßen, sind unwirksam.

(3) Eine Benachteiligung nach Absatz 1 durch Arbeitgeber oder Beschäftigte ist eine Verletzung vertraglicher Pflichten.

§ 8 Zulässige unterschiedliche Behandlung wegen beruflicher Anforderungen

(1) Eine unterschiedliche Behandlung wegen eines in § 1 genannten Grundes ist zulässig, wenn dieser Grund wegen der Art der auszuübenden Tätigkeit oder der Bedingungen ihrer Ausübung eine wesentliche und entscheidende berufliche Anforderung darstellt, sofern der Zweck rechtmäßig und die Anforderung angemessen ist.

(2) Die Vereinbarung einer geringeren Vergütung für gleiche oder gleichwertige Arbeit wegen eines in § 1 genannten Grundes wird nicht dadurch gerechtfertigt, dass wegen eines in § 1 genannten Grundes besondere Schutzvorschriften gelten.

§ 9 Zulässige unterschiedliche Behandlung wegen der Religion oder Weltanschauung

(1) Ungeachtet des § 8 ist eine unterschiedliche Behandlung wegen der Religion oder der Weltanschauung bei der Beschäftigung durch Religionsgemeinschaften, die ihnen zugeordneten Einrichtungen ohne Rücksicht auf ihre Rechtsform oder durch Vereinigungen, die sich die gemeinschaftliche Pflege einer Religion oder Weltanschauung zur Aufgabe machen, auch zulässig, wenn eine bestimmte Religion oder Weltanschauung unter Beachtung des Selbstverständnisses der jeweiligen Religionsgemeinschaft oder Vereinigung im Hinblick auf ihr Selbstbestimmungsrecht oder nach der Art der Tätigkeit eine gerechtfertigte berufliche Anforderung darstellt.

Allgemeines Gleichbehandlungsgesetz

(2) Das Verbot unterschiedlicher Behandlung wegen der Religion oder der Weltanschauung berührt nicht das Recht der in Absatz 1 genannten Religionsgemeinschaften, der ihnen zugeordneten Einrichtungen ohne Rücksicht auf ihre Rechtsform oder der Vereinigungen, die sich die gemeinschaftliche Pflege einer Religion oder Weltanschauung zur Aufgabe machen, von ihren Beschäftigten ein loyales und aufrichtiges Verhalten im Sinne ihres jeweiligen Selbstverständnisses verlangen zu können.

§ 10 Zulässige unterschiedliche Behandlung wegen des Alters

Ungeachtet des § 8 ist eine unterschiedliche Behandlung wegen des Alters auch zulässig, wenn sie objektiv und angemessen und durch ein legitimes Ziel gerechtfertigt ist. Die Mittel zur Erreichung dieses Ziels müssen angemessen und erforderlich sein. Derartige unterschiedliche Behandlungen können insbesondere Folgendes einschließen:

1. die Festlegung besonderer Bedingungen für den Zugang zur Beschäftigung und zur beruflichen Bildung sowie besonderer Beschäftigungs- und Arbeitsbedingungen, einschließlich der Bedingungen für Entlohnung und Beendigung des Beschäftigungsverhältnisses, um die berufliche Eingliederung von Jugendlichen, älteren Beschäftigten und Personen mit Fürsorgepflichten zu fördern oder ihren Schutz sicherzustellen,
2. die Festlegung von Mindestanforderungen an das Alter, die Berufserfahrung oder das Dienstalter für den Zugang zur Beschäftigung oder für bestimmte mit der Beschäftigung verbundene Vorteile,
3. die Festsetzung eines Höchstalters für die Einstellung auf Grund der spezifischen Ausbildungsanforderungen eines bestimmten Arbeitsplatzes oder auf Grund der Notwendigkeit einer angemessenen Beschäftigungszeit vor dem Eintritt in den Ruhestand,
4. die Festsetzung von Altersgrenzen bei den betrieblichen Systemen der sozialen Sicherheit als Voraussetzung für die Mitgliedschaft oder den Bezug von Altersrente oder von Leistungen bei Invalidität einschließlich der Festsetzung unterschiedlicher Altersgrenzen im Rahmen dieser Systeme für bestimmte Beschäftigte oder Gruppen von Beschäftigten und die Verwendung von Alterskriterien im Rahmen dieser Systeme für versicherungsmathematische Berechnungen,
5. eine Vereinbarung, die die Beendigung des Beschäftigungsverhältnisses ohne Kündigung zu einem Zeitpunkt vorsieht, zu dem der oder die Beschäftigte eine Rente wegen Alters beantragen kann; § 41 des Sechsten Buches Sozialgesetzbuch bleibt unberührt,
6. Differenzierungen von Leistungen in Sozialplänen im Sinne des Betriebsverfassungsgesetzes, wenn die Parteien eine nach Alter oder Betriebszugehörigkeit gestaffelte Abfindungsregelung geschaffen haben, in der die wesentlich vom Alter abhängenden Chancen auf dem Arbeitsmarkt durch

eine verhältnismäßig starke Betonung des Lebensalters erkennbar berücksichtigt worden sind, oder Beschäftigte von den Leistungen des Sozialplans ausgeschlossen haben, die wirtschaftlich abgesichert sind, weil sie, gegebenenfalls nach Bezug von Arbeitslosengeld, rentenberechtigt sind.

Unterabschnitt 2
Organisationspflichten des Arbeitgebers

§ 11 Ausschreibung

Ein Arbeitsplatz darf nicht unter Verstoß gegen § 7 Abs. 1 ausgeschrieben werden.

§ 12 Maßnahmen und Pflichten des Arbeitgebers

(1) Der Arbeitgeber ist verpflichtet, die erforderlichen Maßnahmen zum Schutz vor Benachteiligungen wegen eines in § 1 genannten Grundes zu treffen. Dieser Schutz umfasst auch vorbeugende Maßnahmen.
(2) Der Arbeitgeber soll in geeigneter Art und Weise, insbesondere im Rahmen der beruflichen Aus- und Fortbildung, auf die Unzulässigkeit solcher Benachteiligungen hinweisen und darauf hinwirken, dass diese unterbleiben. Hat der Arbeitgeber seine Beschäftigten in geeigneter Weise zum Zwecke der Verhinderung von Benachteiligung geschult, gilt dies als Erfüllung seiner Pflichten nach Absatz 1.
(3) Verstoßen Beschäftigte gegen das Benachteiligungsverbot des § 7 Abs. 1, so hat der Arbeitgeber die im Einzelfall geeigneten, erforderlichen und angemessenen Maßnahmen zur Unterbindung der Benachteiligung wie Abmahnung, Umsetzung, Versetzung oder Kündigung zu ergreifen.
(4) Werden Beschäftigte bei der Ausübung ihrer Tätigkeit durch Dritte nach § 7 Abs. 1 benachteiligt, so hat der Arbeitgeber die im Einzelfall geeigneten, erforderlichen und angemessenen Maßnahmen zum Schutz der Beschäftigten zu ergreifen.
(5) Dieses Gesetz und § 61 b des Arbeitsgerichtsgesetzes sowie Informationen über die für die Behandlung von Beschwerden nach § 13 zuständigen Stellen sind im Betrieb oder in der Dienststelle bekannt zu machen. Die Bekanntmachung kann durch Aushang oder Auslegung an geeigneter Stelle oder den Einsatz der im Betrieb oder der Dienststelle üblichen Informations- und Kommunikationstechnik erfolgen.

Unterabschnitt 3
Rechte der Beschäftigten

§ 13 Beschwerderecht

(1) Die Beschäftigten haben das Recht, sich bei den zuständigen Stellen des Betriebs, des Unternehmens oder der Dienststelle zu beschweren, wenn sie sich im Zusammenhang mit ihrem Beschäftigungsverhältnis vom Arbeitgeber, von Vorgesetzten, anderen Beschäftigten oder Dritten wegen eines in § 1 genannten Grundes benachteiligt fühlen. Die Beschwerde ist zu prüfen und das Ergebnis der oder dem beschwerdeführenden Beschäftigten mitzuteilen.
(2) Die Rechte der Arbeitnehmervertretungen bleiben unberührt.

§ 14 Leistungsverweigerungsrecht

Ergreift der Arbeitgeber keine oder offensichtlich ungeeignete Maßnahmen zur Unterbindung einer Belästigung oder sexuellen Belästigung am Arbeitsplatz, sind die betroffenen Beschäftigten berechtigt, ihre Tätigkeit ohne Verlust des Arbeitsentgelts einzustellen, soweit dies zu ihrem Schutz erforderlich ist. § 273 des Bürgerlichen Gesetzbuchs bleibt unberührt.

§ 15 Entschädigung und Schadensersatz

(1) Bei einem Verstoß gegen das Benachteiligungsverbot ist der Arbeitgeber verpflichtet, den hierdurch entstandenen Schaden zu ersetzen. Dies gilt nicht, wenn der Arbeitgeber die Pflichtverletzung nicht zu vertreten hat.
(2) Wegen eines Schadens, der nicht Vermögensschaden ist, kann der oder die Beschäftigte eine angemessene Entschädigung in Geld verlangen. Die Entschädigung darf bei einer Nichteinstellung drei Monatsgehälter nicht übersteigen, wenn der oder die Beschäftigte auch bei benachteiligungsfreier Auswahl nicht eingestellt worden wäre.
(3) Der Arbeitgeber ist bei der Anwendung kollektivrechtlicher Vereinbarungen nur dann zur Entschädigung verpflichtet, wenn er vorsätzlich oder grob fahrlässig handelt.
(4) Ein Anspruch nach Absatz 1 oder 2 muss innerhalb einer Frist von zwei Monaten schriftlich geltend gemacht werden, es sei denn, die Tarifvertragsparteien haben etwas anderes vereinbart. Die Frist beginnt im Falle einer Bewerbung oder eines beruflichen Aufstiegs mit dem Zugang der Ablehnung und in den sonstigen Fällen einer Benachteiligung zu dem Zeitpunkt, in dem der oder die Beschäftigte von der Benachteiligung Kenntnis erlangt.
(5) Im Übrigen bleiben Ansprüche gegen den Arbeitgeber, die sich aus anderen Rechtsvorschriften ergeben, unberührt.

Allgemeines Gleichbehandlungsgesetz

(6) Ein Verstoß des Arbeitgebers gegen das Benachteiligungsverbot des § 7 Abs. 1 begründet keinen Anspruch auf Begründung eines Beschäftigungsverhältnisses, Berufsausbildungsverhältnisses oder einen beruflichen Aufstieg, es sei denn, ein solcher ergibt sich aus einem anderen Rechtsgrund.

§ 16 Maßregelungsverbot

(1) Der Arbeitgeber darf Beschäftigte nicht wegen der Inanspruchnahme von Rechten nach diesem Abschnitt oder wegen der Weigerung, eine gegen diesen Abschnitt verstoßende Anweisung auszuführen, benachteiligen. Gleiches gilt für Personen, die den Beschäftigten hierbei unterstützen oder als Zeuginnen oder Zeugen aussagen.
(2) Die Zurückweisung oder Duldung benachteiligender Verhaltensweisen durch betroffene Beschäftigte darf nicht als Grundlage für eine Entscheidung herangezogen werden, die diese Beschäftigten berührt. Absatz 1 Satz 2 gilt entsprechend.
(3) § 22 gilt entsprechend.

Unterabschnitt 4
Ergänzende Vorschriften

§ 17 Soziale Verantwortung der Beteiligten

(1) Tarifvertragsparteien, Arbeitgeber, Beschäftigte und deren Vertretungen sind aufgefordert, im Rahmen ihrer Aufgaben und Handlungsmöglichkeiten an der Verwirklichung des in § 1 genannten Ziels mitzuwirken.
(2) In Betrieben, in denen die Voraussetzungen des § 1 Abs. 1 Satz 1 des Betriebsverfassungsgesetzes vorliegen, können bei einem groben Verstoß des Arbeitgebers gegen Vorschriften aus diesem Abschnitt der Betriebsrat oder eine im Betrieb vertretene Gewerkschaft unter der Voraussetzung des § 23 Abs. 3 Satz 1 des Betriebsverfassungsgesetzes die dort genannten Rechte gerichtlich geltend machen; § 23 Abs. 3 Satz 2 bis 5 des Betriebsverfassungsgesetzes gilt entsprechend. Mit dem Antrag dürfen nicht Ansprüche des Benachteiligten geltend gemacht werden.

§ 18 Mitgliedschaft in Vereinigungen

(1) Die Vorschriften dieses Abschnitts gelten entsprechend für die Mitgliedschaft oder die Mitwirkung in einer
1. Tarifvertragspartei,
2. Vereinigung, deren Mitglieder einer bestimmten Berufsgruppe angehören oder die eine überragende Machtstellung im wirtschaftlichen oder sozia-

len Bereich innehat, wenn ein grundlegendes Interesse am Erwerb der Mitgliedschaft besteht,
sowie deren jeweiligen Zusammenschlüssen.
(2) Wenn die Ablehnung einen Verstoß gegen das Benachteiligungsverbot des § 7 Abs. 1 darstellt, besteht ein Anspruch auf Mitgliedschaft oder Mitwirkung in den in Absatz 1 genannten Vereinigungen.

Abschnitt 3
Schutz vor Benachteiligung im Zivilrechtsverkehr

§ 19 Zivilrechtliches Benachteiligungsverbot

(1) Eine Benachteiligung aus Gründen der Rasse oder wegen der ethnischen Herkunft, wegen des Geschlechts, der Religion, einer Behinderung, des Alters oder der sexuellen Identität bei der Begründung, Durchführung und Beendigung zivilrechtlicher Schuldverhältnisse, die
1. typischerweise ohne Ansehen der Person zu vergleichbaren Bedingungen in einer Vielzahl von Fällen zustande kommen (Massengeschäfte) oder bei denen das Ansehen der Person nach der Art des Schuldverhältnisses eine nachrangige Bedeutung hat und die zu vergleichbaren Bedingungen in einer Vielzahl von Fällen zustande kommen oder
2. eine privatrechtliche Versicherung zum Gegenstand haben,
ist unzulässig.
(2) Eine Benachteiligung aus Gründen der Rasse oder wegen der ethnischen Herkunft ist darüber hinaus auch bei der Begründung, Durchführung und Beendigung sonstiger zivilrechtlicher Schuldverhältnisse im Sinne des § 2 Abs. 1 Nr. 5 bis 8 unzulässig.
(3) Bei der Vermietung von Wohnraum ist eine unterschiedliche Behandlung im Hinblick auf die Schaffung und Erhaltung sozial stabiler Bewohnerstrukturen und ausgewogener Siedlungsstrukturen sowie ausgeglichener wirtschaftlicher, sozialer und kultureller Verhältnisse zulässig.
(4) Die Vorschriften dieses Abschnitts finden keine Anwendung auf familien- und erbrechtliche Schuldverhältnisse.
(5) Die Vorschriften dieses Abschnitts finden keine Anwendung auf zivilrechtliche Schuldverhältnisse, bei denen ein besonderes Nähe- oder Vertrauensverhältnis der Parteien oder ihrer Angehörigen begründet wird. Bei Mietverhältnissen kann dies insbesondere der Fall sein, wenn die Parteien oder ihre Angehörigen Wohnraum auf demselben Grundstück nutzen. Die Vermietung von Wohnraum zum nicht nur vorübergehenden Gebrauch ist in der Regel kein Geschäft im Sinne des Absatzes 1 Nr. 1, wenn der Vermieter insgesamt nicht mehr als 50 Wohnungen vermietet.

Allgemeines Gleichbehandlungsgesetz

§ 20 Zulässige unterschiedliche Behandlung

(1) Eine Verletzung des Benachteiligungsverbots ist nicht gegeben, wenn für eine unterschiedliche Behandlung wegen der Religion, einer Behinderung, des Alters, der sexuellen Identität oder des Geschlechts ein sachlicher Grund vorliegt. Das kann insbesondere der Fall sein, wenn die unterschiedliche Behandlung
1. der Vermeidung von Gefahren, der Verhütung von Schäden oder anderen Zwecken vergleichbarer Art dient,
2. dem Bedürfnis nach Schutz der Intimsphäre oder der persönlichen Sicherheit Rechnung trägt,
3. besondere Vorteile gewährt und ein Interesse an der Durchsetzung der Gleichbehandlung fehlt,
4. an die Religion eines Menschen anknüpft und im Hinblick auf die Ausübung der Religionsfreiheit oder auf das Selbstbestimmungsrecht der Religionsgemeinschaften, der ihnen zugeordneten Einrichtungen ohne Rücksicht auf ihre Rechtsform sowie der Vereinigungen, die sich die gemeinschaftliche Pflege einer Religion zur Aufgabe machen, unter Beachtung des jeweiligen Selbstverständnisses gerechtfertigt ist.

(2) Kosten im Zusammenhang mit Schwangerschaft und Mutterschaft dürfen auf keinen Fall zu unterschiedlichen Prämien oder Leistungen führen. Eine unterschiedliche Behandlung wegen der Religion, einer Behinderung, des Alters oder der sexuellen Identität ist im Falle des § 19 Abs. 1 Nr. 2 nur zulässig, wenn diese auf anerkannten Prinzipien risikoadäquater Kalkulation beruht, insbesondere auf einer versicherungsmathematisch ermittelten Risikobewertung unter Heranziehung statistischer Erhebungen.

§ 21 Ansprüche

(1) Der Benachteiligte kann bei einem Verstoß gegen das Benachteiligungsverbot unbeschadet weiterer Ansprüche die Beseitigung der Beeinträchtigung verlangen. Sind weitere Beeinträchtigungen zu besorgen, so kann er auf Unterlassung klagen.
(2) Bei einer Verletzung des Benachteiligungsverbots ist der Benachteiligende verpflichtet, den hierdurch entstandenen Schaden zu ersetzen. Dies gilt nicht, wenn der Benachteiligende die Pflichtverletzung nicht zu vertreten hat. Wegen eines Schadens, der nicht Vermögensschaden ist, kann der Benachteiligte eine angemessene Entschädigung in Geld verlangen.
(3) Ansprüche aus unerlaubter Handlung bleiben unberührt.
(4) Auf eine Vereinbarung, die von dem Benachteiligungsverbot abweicht, kann sich der Benachteiligende nicht berufen.
(5) Ein Anspruch nach den Absätzen 1 und 2 muss innerhalb einer Frist von zwei Monaten geltend gemacht werden. Nach Ablauf der Frist kann der An-

spruch nur geltend gemacht werden, wenn der Benachteiligte ohne Verschulden an der Einhaltung der Frist verhindert war.

Abschnitt 4
Rechtsschutz

§ 22 Beweislast

Wenn im Streitfall die eine Partei Indizien beweist, die eine Benachteiligung wegen eines in § 1 genannten Grundes vermuten lassen, trägt die andere Partei die Beweislast dafür, dass kein Verstoß gegen die Bestimmungen zum Schutz vor Benachteiligung vorgelegen hat.

§ 23 Unterstützung durch Antidiskriminierungsverbände

(1) Antidiskriminierungsverbände sind Personenzusammenschlüsse, die nicht gewerbsmäßig und nicht nur vorübergehend entsprechend ihrer Satzung die besonderen Interessen von benachteiligten Personen oder Personengruppen nach Maßgabe von § 1 wahrnehmen. Die Befugnisse nach den Absätzen 2 bis 4 stehen ihnen zu, wenn sie mindestens 75 Mitglieder haben oder einen Zusammenschluss aus mindestens sieben Verbänden bilden.
(2) Antidiskriminierungsverbände sind befugt, im Rahmen ihres Satzungszwecks in gerichtlichen Verfahren, als Beistände Benachteiligter in der Verhandlung aufzutreten. Im Übrigen bleiben die Vorschriften der Verfahrensordnungen, insbesondere diejenigen, nach denen Beiständen weiterer Vortrag untersagt werden kann, unberührt.
(3) Antidiskriminierungsverbänden ist im Rahmen ihres Satzungszwecks die Besorgung von Rechtsangelegenheiten Benachteiligter gestattet.
(4) Besondere Klagerechte und Vertretungsbefugnisse von Verbänden zu Gunsten von behinderten Menschen bleiben unberührt.

Allgemeines Gleichbehandlungsgesetz

Abschnitt 5
Sonderregelungen für öffentlich-rechtliche Dienstverhältnisse

§ 24 Sonderregelung für öffentlich-rechtliche Dienstverhältnisse

Die Vorschriften dieses Gesetzes gelten unter Berücksichtigung ihrer besonderen Rechtsstellung entsprechend für

1. Beamtinnen und Beamte des Bundes, der Länder, der Gemeinden, der Gemeindeverbände sowie der sonstigen der Aufsicht des Bundes oder eines Landes unterstehenden Körperschaften, Anstalten und Stiftungen des öffentlichen Rechts,
2. Richterinnen und Richter des Bundes und der Länder,
3. Zivildienstleistende sowie anerkannte Kriegsdienstverweigerer, soweit ihre Heranziehung zum Zivildienst betroffen ist.

Abschnitt 6
Antidiskriminierungsstelle

§ 25 Antidiskriminierungsstelle des Bundes

(1) Beim Bundesministerium für Familie, Senioren, Frauen und Jugend wird unbeschadet der Zuständigkeit der Beauftragten des Deutschen Bundestages oder der Bundesregierung die Stelle des Bundes zum Schutz vor Benachteiligungen wegen eines in § 1 genannten Grundes (Antidiskriminierungsstelle des Bundes) errichtet.

(2) Der Antidiskriminierungsstelle des Bundes ist die für die Erfüllung ihrer Aufgaben notwendige Personal- und Sachausstattung zur Verfügung zu stellen. Sie ist im Einzelplan des Bundesministeriums für Familie, Senioren, Frauen und Jugend in einem eigenen Kapitel auszuweisen.

§ 26 Rechtsstellung der Leitung der Antidiskriminierungsstelle des Bundes

(1) Die Bundesministerin oder der Bundesminister für Familie, Senioren, Frauen und Jugend ernennt auf Vorschlag der Bundesregierung eine Person zur Leitung der Antidiskriminierungsstelle des Bundes. Sie steht nach Maßgabe dieses Gesetzes in einem öffentlich-rechtlichen Amtsverhältnis zum Bund. Sie ist in Ausübung ihres Amtes unabhängig und nur dem Gesetz unterworfen.

(2) Das Amtsverhältnis beginnt mit der Aushändigung der Urkunde über die Ernennung durch die Bundesministerin oder den Bundesminister für Familie, Senioren, Frauen und Jugend.

Allgemeines Gleichbehandlungsgesetz

(3) Das Amtsverhältnis endet außer durch Tod
1. mit dem Zusammentreten eines neuen Bundestages,
2. durch Ablauf der Amtszeit mit Erreichen der Altersgrenze nach § 51 Abs. 1 und 2 des Bundesbeamtengesetzes,
3. mit der Entlassung.

Die Bundesministerin oder der Bundesminister für Familie, Senioren, Frauen und Jugend entlässt die Leiterin oder den Leiter der Antidiskriminierungsstelle des Bundes auf deren Verlangen oder wenn Gründe vorliegen, die bei einer Richterin oder einem Richter auf Lebenszeit die Entlassung aus dem Dienst rechtfertigen. Im Falle der Beendigung des Amtsverhältnisses erhält die Leiterin oder der Leiter der Antidiskriminierungsstelle des Bundes eine von der Bundesministerin oder dem Bundesminister für Familie, Senioren, Frauen und Jugend vollzogene Urkunde. Die Entlassung wird mit der Aushändigung der Urkunde wirksam.

(4) Das Rechtsverhältnis der Leitung der Antidiskriminierungsstelle des Bundes gegenüber dem Bund wird durch Vertrag mit dem Bundesministerium für Familie, Senioren, Frauen und Jugend geregelt. Der Vertrag bedarf der Zustimmung der Bundesregierung.

(5) Wird eine Bundesbeamtin oder ein Bundesbeamter zur Leitung der Antidiskriminierungsstelle des Bundes bestellt, scheidet er oder sie mit Beginn des Amtsverhältnisses aus dem bisherigen Amt aus. Für die Dauer des Amtsverhältnisses ruhen die aus dem Beamtenverhältnis begründeten Rechte und Pflichten mit Ausnahme der Pflicht zur Amtsverschwiegenheit und des Verbots der Annahme von Belohnungen oder Geschenken. Bei unfallverletzten Beamtinnen oder Beamten bleiben die gesetzlichen Ansprüche auf das Heilverfahren und einen Unfallausgleich unberührt.

§ 27 Aufgaben

(1) Wer der Ansicht ist, wegen eines in § 1 genannten Grundes benachteiligt worden zu sein, kann sich an die Antidiskriminierungsstelle des Bundes wenden.

(2) Die Antidiskriminierungsstelle des Bundes unterstützt auf unabhängige Weise Personen, die sich nach Absatz 1 an sie wenden, bei der Durchsetzung ihrer Rechte zum Schutz vor Benachteiligungen. Hierbei kann sie insbesondere
1. über Ansprüche und die Möglichkeiten des rechtlichen Vorgehens im Rahmen gesetzlicher Regelungen zum Schutz vor Benachteiligungen informieren,
2. Beratung durch andere Stellen vermitteln,
3. eine gütliche Beilegung zwischen den Beteiligten anstreben.

Soweit Beauftragte des Deutschen Bundestages oder der Bundesregierung zuständig sind, leitet die Antidiskriminierungsstelle des Bundes die Anlie-

Allgemeines Gleichbehandlungsgesetz

gen der in Absatz 1 genannten Personen mit deren Einverständnis unverzüglich an diese weiter.

(3) Die Antidiskriminierungsstelle des Bundes nimmt auf unabhängige Weise folgende Aufgaben wahr, soweit nicht die Zuständigkeit der Beauftragten der Bundesregierung oder des Deutschen Bundestages berührt ist:
1. Öffentlichkeitsarbeit,
2. Maßnahmen zur Verhinderung von Benachteiligungen aus den in § 1 genannten Gründen,
3. Durchführung wissenschaftlicher Untersuchungen zu diesen Benachteiligungen.

(4) Die Antidiskriminierungsstelle des Bundes und die in ihrem Zuständigkeitsbereich betroffenen Beauftragten der Bundesregierung und des Deutschen Bundestages legen gemeinsam dem Deutschen Bundestag alle vier Jahre Berichte über Benachteiligungen aus den in § 1 genannten Gründen vor und geben Empfehlungen zur Beseitigung und Vermeidung dieser Benachteiligungen. Sie können gemeinsam wissenschaftliche Untersuchungen zu Benachteiligungen durchführen.

(5) Die Antidiskriminierungsstelle des Bundes und die in ihrem Zuständigkeitsbereich betroffenen Beauftragten der Bundesregierung und des Deutschen Bundestages sollen bei Benachteiligungen aus mehreren der in § 1 genannten Gründe zusammenarbeiten.

§ 28 Befugnisse

(1) Die Antidiskriminierungsstelle des Bundes kann in Fällen des § 27 Abs. 2 Satz 2 Nr. 3 Beteiligte um Stellungnahmen ersuchen, soweit die Person, die sich nach § 27 Abs. 1 an sie gewandt hat, hierzu ihr Einverständnis erklärt.

(2) Alle Bundesbehörden und sonstigen öffentlichen Stellen im Bereich des Bundes sind verpflichtet, die Antidiskriminierungsstelle des Bundes bei der Erfüllung ihrer Aufgaben zu unterstützen, insbesondere die erforderlichen Auskünfte zu erteilen. Die Bestimmungen zum Schutz personenbezogener Daten bleiben unberührt.

§ 29 Zusammenarbeit mit Nichtregierungsorganisationen und anderen Einrichtungen

Die Antidiskriminierungsstelle des Bundes soll bei ihrer Tätigkeit Nichtregierungsorganisationen sowie Einrichtungen, die auf europäischer, Bundes-, Landes- oder regionaler Ebene zum Schutz vor Benachteiligungen wegen eines in § 1 genannten Grundes tätig sind, in geeigneter Form einbeziehen.

§ 30 Beirat

(1) Zur Förderung des Dialogs mit gesellschaftlichen Gruppen und Organisationen, die sich den Schutz vor Benachteiligungen wegen eines in § 1 genannten Grundes zum Ziel gesetzt haben, wird der Antidiskriminierungsstelle des Bundes ein Beirat beigeordnet. Der Beirat berät die Antidiskriminierungsstelle des Bundes bei der Vorlage von Berichten und Empfehlungen an den Deutschen Bundestag nach § 27 Abs. 4 und kann hierzu sowie zu wissenschaftlichen Untersuchungen nach § 27 Abs. 3 Nr. 3 eigene Vorschläge unterbreiten.

(2) Das Bundesministerium für Familie, Senioren, Frauen und Jugend beruft im Einvernehmen mit der Leitung der Antidiskriminierungsstelle des Bundes sowie den entsprechend zuständigen Beauftragten der Bundesregierung oder des Deutschen Bundestages die Mitglieder dieses Beirats und für jedes Mitglied eine Stellvertretung. In den Beirat sollen Vertreterinnen und Vertreter gesellschaftlicher Gruppen und Organisationen sowie Expertinnen und Experten in Benachteiligungsfragen berufen werden. Die Gesamtzahl der Mitglieder des Beirats soll 16 Personen nicht überschreiten. Der Beirat soll zu gleichen Teilen mit Frauen und Männern besetzt sein.

(3) Der Beirat gibt sich eine Geschäftsordnung, die der Zustimmung des Bundesministeriums für Familie, Senioren, Frauen und Jugend bedarf.

(4) Die Mitglieder des Beirats üben die Tätigkeit nach diesem Gesetz ehrenamtlich aus. Sie haben Anspruch auf Aufwandsentschädigung sowie Reisekostenvergütung, Tagegelder und Übernachtungsgelder. Näheres regelt die Geschäftsordnung.

Abschnitt 7
Schlussvorschriften

§ 31 Unabdingbarkeit

Von den Vorschriften dieses Gesetzes kann nicht zu Ungunsten der geschützten Personen abgewichen werden.

§ 32 Schlussbestimmung

Soweit in diesem Gesetz nicht Abweichendes bestimmt ist, gelten die allgemeinen Bestimmungen.

Allgemeines Gleichbehandlungsgesetz

§ 33 Übergangsbestimmungen

(1) Bei Benachteiligungen nach den §§ 611 a, 611 b und 612 Abs. 3 des Bürgerlichen Gesetzbuchs oder sexuellen Belästigungen nach dem Beschäftigtenschutzgesetz ist das vor dem 18. August 2006 maßgebliche Recht anzuwenden.

(2) Bei Benachteiligungen aus Gründen der Rasse oder wegen der ethnischen Herkunft sind die §§ 19 bis 21 nicht auf Schuldverhältnisse anzuwenden, die vor dem 18. August 2006 begründet worden sind. Satz 1 gilt nicht für spätere Änderungen von Dauerschuldverhältnissen.

(3) Bei Benachteiligungen wegen des Geschlechts, der Religion, einer Behinderung, des Alters oder der sexuellen Identität sind die §§ 19 bis 21 nicht auf Schuldverhältnisse anzuwenden, die vor dem 1. Dezember 2006 begründet worden sind. Satz 1 gilt nicht für spätere Änderungen von Dauerschuldverhältnissen.

(4) Auf Schuldverhältnisse, die eine privatrechtliche Versicherung zum Gegenstand haben, ist § 19 Abs. 1 nicht anzuwenden, wenn diese vor dem 22. Dezember 2007 begründet worden sind. Satz 1 gilt nicht für spätere Änderungen solcher Schuldverhältnisse.

(5) Bei Versicherungsverhältnissen, die vor dem 21. Dezember 2012 begründet werden, ist eine unterschiedliche Behandlung wegen des Geschlechts im Falle des § 19 Absatz 1 Nummer 2 bei den Prämien oder Leistungen nur zulässig, wenn dessen Berücksichtigung bei einer auf relevanten und genauen versicherungsmathematischen und statistischen Daten beruhenden Risikobewertung ein bestimmender Faktor ist. Kosten im Zusammenhang mit Schwangerschaft und Mutterschaft dürfen auf keinen Fall zu unterschiedlichen Prämien oder Leistungen führen.

Einleitung

Bereits die römischen Verträge haben auf europäischer Ebene Diskriminierungsverbote als unverzichtbaren Bestandteil der Grundfreiheiten eines gemeinsamen europäischen Wirtschaftsraumes festgeschrieben. Die im EG-Vertrag festgelegten Ziele eines hohen Beschäftigungsniveaus, eines hohen Maßes an sozialem Schutz, die Hebung des Lebensstandards und der Lebensqualität, wirtschaftlicher und sozialer Zusammenhalt, Solidarität sowie Freizügigkeit können durch Diskriminierungen nachhaltig gefährdet werden.

In der Nachfolge wurde daher in einer Reihe von Einzelvorschriften, aber auch durch Entscheidungen des Europäischen Gerichtshofes der allgemeine Grundsatz der Gleichbehandlung weiter differenziert. Der Vertrag von Amsterdam enthält in Artikel 13 die Ermächtigung und den Auftrag an den Rat der Europäischen Union zur Bekämpfung von Diskriminierung aus Gründen des Geschlechts, der Rasse, der ethnischen Herkunft, der Religion und der Weltanschauung, einer Behinderung, des Alters oder der sexuellen Ausrichtung.

In den Jahren 2000, 2002 und 2004 hat die EU auf der Grundlage von Artikel 13 bzw. Artikel 141 EGV die nachfolgenden Richtlinien erlassen, die mit dem vorliegenden Gesetz in deutsches Recht umgesetzt werden:

- Richtlinie 2000/43/EG des Rates vom 29. Juni 2000 zur Anwendung des Gleichbehandlungsgrundsatzes ohne Unterschied der Rasse oder der ethnischen Herkunft (ABl. EG Nr. L 180 S. 22) (auch Antirassismus-Richtlinie genannt),
- Richtlinie 2000/78/EG des Rates vom 27. November 2000 zur Festlegung eines allgemeinen Rahmens für die Verwirklichung der Gleichbehandlung in Beschäftigung und Beruf (ABl. EG Nr. L 303 S. 16) (auch Rahmenrichtlinie Beschäftigung genannt),
- Richtlinie 2002/73/EG des Europäischen Parlaments und des Rates vom 23. September 2002 zur Änderung der Richtlinie 76/207/EWG des Rates zur Verwirklichung des Grundsatzes der Gleichbehandlung von Männern und Frauen hinsichtlich des Zugangs zur Beschäftigung, zur Berufsbildung und zum beruflichen Aufstieg sowie in Bezug auf die Arbeitsbedingungen (ABl. EG Nr. L 269 S. 15) (auch Gender-Richtlinie genannt),

Einleitung

- Richtlinie 2004/113/EG des Rates vom 13. Dezember 2004 zur Anwendung des Grundsatzes der Gleichbehandlung von Frauen und Männern beim Zugang zu und bei der Versorgung mit Gütern und Dienstleistungen, (ABl. EG Nr. L 373, S. 37) (auch Gleichbehandlungs-Richtlinie wegen des Geschlechts außerhalb der Arbeitswelt genannt).

Diese Richtlinien verpflichten die Mitgliedstaaten dazu, den Schutz vor Benachteiligung wegen der Merkmale Rasse, ethnische Herkunft, Religion und Weltanschauung, Behinderung, Alter, sexuelle Identität und Geschlecht insbesondere im Bereich Beschäftigung und Beruf, im Verhältnis zwischen Arbeitgeber und Beschäftigten gesetzlich umzusetzen. Hinsichtlich der Merkmale »Rasse«, »ethnische Herkunft« und Geschlecht betrifft die Verpflichtung außerdem den zivil- und sozialrechtlichen Bereich.

Dabei ist die Struktur der Richtlinien von den Erfahrungen im Bereich der Genderrichtlinie und der dazu ergangenen Rechtsprechung des EUGH geprägt. Tragendes Element ist der effektive individuelle Schutz vor Diskriminierung des oder der Einzelnen.

Die Regierungsfraktionen haben den Weg gewählt, ein einheitliches Gesetz für alle Diskriminierungsmerkmale zu schaffen. Dieser Ansatz ist richtig und wichtig, um unnötigen bürokratischen Aufwand zu vermeiden, und die Anwendung der Vorschriften zum Schutz vor Diskriminierung für den oder die Betroffene handhabbar zu machen. Auch wäre es im Hinblick auf Art. 3 GG schwierig, nur einzelne Merkmale für Schutzgesetze herauszugreifen.

Im Gesetz wird zunächst das Ziel definiert, Benachteiligungen aus einem der genannten Merkmale zu verhindern oder zu beseitigen. Ferner werden der Anwendungsbereich (Arbeitsleben, Sozialschutz, soziale Vergünstigungen, Bildung, allgemeiner zivilrechtlicher Geschäftverkehr), sowie die Begriffbestimmungen der unmittelbaren und mittelbaren Diskriminierung, der Belästigung und sexuellen Belästigung entsprechend den Vorgaben der Richtlinien getroffen.

Darüber hinaus enthalten die arbeitsrechtlichen Bestimmungen ein ausdrückliches Benachteiligungsverbot mit Ausnahmeregelungen, Verpflichtungen des Arbeitgebers zum Schutz der Beschäftigten und die Rechte der von Benachteiligung betroffenen Beschäftigten, die u.a. aus dem Beschäftigtenschutzgesetz herrühren. Kernstück sind die Regelungen zu Entschädigung und Schadensersatz, die versuchen, die Vorgaben der EU-Richtlinien mit dem deutschen Schadensersatzrecht zu verknüpfen.

Außerdem werden Regelungen zum Schutz vor Benachteiligung im Zivilrechtsverkehr getroffen. Entsprechend der Vorgaben der Antirassismus-Richtlinie 2000/43/EG und der Richtlinie 2004/113/EG zur Verwirklichung des Grundsatzes der Gleichbehandlung von Frauen und Männern beim Zugang zu und bei der Versorgung mit Gütern und Dienstleistungen, werden spezifische zivilrechtliche Benachteiligungsverbote verankert. Über das Gemeinschaftsrecht hinausgehend werden auch die Merkmale Religion,

Behinderung, Alter und sexuelle Identität in den zivilrechtlichen Diskriminierungsschutz einbezogen, weil ansonsten wesentliche Bereiche des rechtlichen Lebens aus dem Benachteiligungsschutz ausgeklammert blieben.
Der Rechtsschutz der Betroffenen wird nachhaltig verbessert. Sie erhalten neben der aus § 611 a Abs. 1 S. 3 BGB bzw. § 81 Abs. 2 Nr. 1 Satz 3 SGB IX bereits bekannten Beweiserleichterung zukünftig die Möglichkeit, sich durch Antidiskriminierungsverbände unterstützen zu lassen. Im Arbeitsrecht können der Betriebsrat und die im Betrieb vertretene Gewerkschaft in besonderen Fallkonstellationen das Arbeitsgericht anrufen.
Zusätzlich soll durch die Schaffung der Antidiskriminierungsstelle des Bundes die Möglichkeit verbessert werden, Diskriminierungen wirksam zu bekämpfen. Die Antidiskriminierungsstelle wird beim Bundesministerium für Familie, Senioren, Frauen und Jugend angesiedelt. Sie wird neben den Beauftragten des Bundestages oder der Bundesregierung, die ebenfalls gegen Diskriminierungen bestimmter Personengruppen vorgehen, die Betroffenen informieren und beraten, ggf. Beratung durch andere Stellen vermitteln und eine gütliche Beilegung zwischen den Beteiligten anstreben. Zusätzlich hat sie die Aufgabe präventiv zu arbeiten, wissenschaftliche Untersuchungen durchzuführen, dem Bundestag regelmäßig Berichte über Diskriminierungen vorzulegen und Empfehlungen zu ihrer Beseitigung und Vermeidung abzugeben.

Kommentierung zum Allgemeinen Gleichbehandlungsgesetz

Abschnitt 1
Allgemeiner Teil

§ 1 Ziel des Gesetzes

Ziel des Gesetzes ist, Benachteiligungen aus Gründen der Rasse oder wegen der ethnischen Herkunft, des Geschlechts, der Religion oder Weltanschauung, einer Behinderung, des Alters oder der sexuellen Identität zu verhindern oder zu beseitigen.

Inhaltsübersicht	Rn.
I. Allgemeines	1– 3
II. Benachteiligung aus Gründen der Rasse oder wegen der ethnischen Herkunft	4– 9
III. Benachteiligung wegen des Geschlechts	10–14
IV. Benachteiligung wegen der Religion oder Weltanschauung	15–25
V. Benachteiligung wegen einer Behinderung	26–31
VI. Benachteiligung wegen des Alters	32–40
VII. Benachteiligung wegen der sexuellen Identität	41–43

I. Allgemeines

Ziel des Gesetzes ist in Umsetzung der Richtlinien 2000/43/EG (Antirassismus-Richtlinie), 2000/78/EG (Rahmenrichtlinie Beschäftigung), 2002/73/EG (Änderung der Gender-Richtlinie) und der Richtlinie 2004/113/EG (Gleichbehandlungsrichtlinie wegen des Geschlechts außerhalb der Arbeitswelt) die Verhinderung und Beseitigung von Benachteiligungen. Die erwähnten Merkmale entstammen Art. 13 EG-Vertrag, der durch den Amsterdamer Vertrag mit Wirkung zum 1. Mai 1999 in das primäre Gemeinschaftsrecht eingefügt worden ist. Ausdrücklich wird in der Begründung zum Gesetzentwurf darauf hingewiesen, dass der rechtliche Schutz vor Benachteiligung nicht auf den Schutz besonderer Gruppen zielt, sondern auf den Schutz vor Benachteiligungen, die an die in den Richtlinien genannten

Merkmale anknüpfen, da die Merkmale selbst in der einen oder anderen Form von jedem Menschen verwirklicht werden.[1]

2 **Benachteiligungen aus anderen Gründen** werden vom AGG nicht erfasst. Insoweit bleibt es aber gem. § 2 Abs. 3 bei den bisherigen Vorschriften, insbesondere dem verfassungsrechtlichen Gleichbehandlungsgrundsatz nach Art. 3 GG, dem nach ganz herrschender Meinung mittelbare Drittwirkung über die zivilrechtlichen Vorschriften §§ 138, 242 BGB zukommt, und den arbeitsrechtlichen Grundsätzen insbesondere zur Gleichbehandlung, die neben den Vorschriften dieses Gesetzes weiterhin Anwendung finden.

Unabhängig von den EU-Richtlinien besteht ein Anspruch auf Gleichbehandlung wegen Alters bereits im allgemeinen EU-Recht.[2] Ob dieser allgemeine Grundsatz des Gemeinschaftsrechts auch für die anderen, durch die Richtlinien erfassten und gegebenenfalls für weitere Merkmale gilt, ist offen. Es spricht aber viel dafür, dass grundsätzlich die Richtlinien nur Ausgestaltung allgemeiner Grundsätze des Gemeinschaftsrechts sind. Es gibt keine nachvollziehbare Begründung, warum gerade dem Merkmal »Alter« eine besondere, herausragende Bedeutung zukommen soll. Insofern ist davon auszugehen, dass zumindest für die in den Richtlinien genannten Merkmale ein Gleichbehandlungsrecht bereits nach den allgemeinen Grundsätzen des Gemeinschaftsrechts besteht, das durch die Richtlinien lediglich ausgestaltet wird.

3 Nur mittelbare Auswirkungen hat das Gesetz auf Rechtsfolgen bei **Mobbing**. Während Mobbing in der Regel gerade dadurch gekennzeichnet ist, dass die Ausgrenzung eines Menschen ohne Anlass oder konkreten Grund erfolgt, knüpft die Diskriminierung, die die Rechtsfolgen des AGG auslöst, an ein bestimmtes Merkmal des § 1 an. Allerdings definiert der in § 3 Abs. 3 umschriebene Begriff der »Belästigung« auch den Begriff des »Mobbing« und kann über die Gründe des § 1 auf alle Fälle einer solchen Benachteiligung eines Arbeitnehmers – gleich aus welchen Gründen – übertragen werden.[3] Also auch dann, wenn keine Anhaltspunkte dafür erkennbar sind, dass die Mobbing-Handlungen wegen eines der durch das AGG geschützten Merkmale erfolgen, besteht für Betroffene neben Ansprüchen auf Schadensersatz und Entschädigung im Einzelfall auch ein Anspruch entsprechend § 12 Abs. 3 auf Ausspruch einer konkreten Abmahnung oder auf das Angebot eines gleichwertigen Arbeitsplatzes, an dem Betroffene nicht mehr mit einem Schädiger zusammenarbeiten müssen, wenn ein solcher Arbeitsplatz im Unternehmen vorhanden ist.[4] Außerdem kommt eine Haftung des Ver-

---

1 BT-Drs. 16/1780 S. 30.
2 EuGH 22.11.05 – C-144/04 – [Mangold/Helm], NZA 05, 1345; zuletzt bestätigt durch EuGH 19.1.10 – C 555/07 – [Kücükdeveci], NZA 10, 85.
3 BAG 25.10.07 – 8 AZR 593/06 – NZA 08, 223.
4 BAG 25.10.07 – 8 AZR 593/06 – NZA 08, 223.

Ziel des Gesetzes § 1

tragspartners gem. § 241 Abs. 2 BGB (Rücksichtnahme auf die Rechte, Rechtsgüter und Interessen der anderen Partei) und ein Anspruch nach den allgemeinen arbeitsrechtlichen Vorschriften auf Unterlassung in Betracht (weitere Hinweise zu Mobbing s. § 3 Rn. 32 und 34).

II. Benachteiligung aus Gründen der Rasse oder wegen der ethnischen Herkunft

Die Merkmale sollen einen möglichst lückenlosen Schutz vor ethnisch motivierter Benachteiligung gewährleisten und sind EU-rechtlich in einem umfassenden Sinne zu verstehen. Die Begriffe umfassen die Kriterien aus dem Internationalen Übereinkommen zur Beseitigung jeder Form von Rassendiskriminierung (CERD) vom 7. März 1966[5]: Benachteiligungen auf Grund der Rasse, der Hautfarbe, der Abstammung, des nationalen Ursprungs oder des Volkstums. In dieser Definition ist eine Reihe von Merkmalen aufgeführt, die sich nicht explizit in § 1 wieder finden. Auch andere Normen nennen weitere Merkmale: Art. 3 Abs. 3 GG nennt neben der Rasse auch Abstammung, Sprache, Heimat und Herkunft. Art. 14 EMRK führt außerdem soziale Herkunft, Geburt und Zugehörigkeit zu einer nationalen Minderheit auf. Ähnliche Regelungen enthalten die Präambel zur europäischen Sozialcharta und das IAO-Übereinkommen Nr. 111. Diese Aufzählungen zeigen, dass sich die Bedeutungen der Begriffe überschneiden. Nach dem Sinn und Zweck der Regelung in § 1 sind unter Heranziehung der Definition der Rassendiskriminierung im CERD alle diese Merkmale von den Begriffen der »Rasse« und der »ethnischen Herkunft« umfasst. Da es sich nach dem Wortlaut von § 1 bei der Benachteiligung wegen der Rasse oder der ethnischen Herkunft um nur einen Benachteiligungsgrund i. S. von § 4 handelt, ist eine eindeutige Abgrenzung der Begriffe untereinander nicht erforderlich. 4

Für das Verständnis des Begriffs der »**Rasse**« ist Erwägungsgrund 6 der Antirassismus-Richtlinie 2000/43/EG heranzuziehen, der Theorien zurückweist, die die Existenz verschiedener menschlicher Rassen behaupten. Die Verwendung des Begriffs »Rasse« bildet daher lediglich den sprachlichen Anknüpfungspunkt zu dem Begriff des »Rassismus« und dient der Bekämpfung rassistischer Tendenzen. Er lehnt sich an den Wortlaut in Art. 13 des EG-Vertrags, wie in Art. 3 Abs. 3 GG an. Durch die leicht abweichende Formulierung wollte der Gesetzgeber deutlich machen, dass nicht das Gesetz das Vorhandensein verschiedener menschlicher »Rassen« voraussetzt, sondern dass derjenige, der sich rassistisch verhält, eben dies annimmt,[6] auch wenn dies sprachlich nicht recht geglückt ist. 5

---

5 BGBl. 1969 Abs. 2 S. 961.
6 Gesetzesbegründung, BT-Drs. 16/1780 S. 31.

§ 1 Ziel des Gesetzes

> **Beispiel:**
> Ein Kunde eines Getränkelieferers verlangt, dass er nicht von einem »Schwarzen« beliefert wird. Darin liegt eine Benachteiligung wegen der Hautfarbe und damit i. S. des AGG auch aus Gründen der Rasse, ohne dass die ethnische Herkunft eine Rolle spielt.

6 Das Merkmal der »**ethnischen Herkunft**« ist vom Schutzzweck her weit auszulegen. Ethnie kann allgemein definiert werden als Menschengruppe, die kulturell, sozial und historisch eine Einheit bildet. Die Gruppe muss nicht politisch geeint, aber durch ein Gefühl der Zusammengehörigkeit verbunden sein (Brockhaus). Erfasst werden sowohl Fälle, in denen die Benachteiligung eine bestimmte Herkunft betrifft, als auch solche, in denen die Benachteiligung allein daran anknüpft, dass der Betroffene nichtdeutscher Herkunft ist. Angehörige eines fremden Volkes oder einer fremden Kultur sind vom Merkmal der ethnischen Herkunft erfasst, auch wenn diese Gruppe der in Deutschland lebenden Ausländer nicht durch gemeinsame einheitliche Merkmale geprägt ist.[7] Beispiele für ethnische Gruppen sind Sinti und Roma, Kurden aber auch Religionsgruppen wie die Sikhs und nationale Minderheiten, wie in Deutschland die Sorben in der Oberlausitz.[8] Überschneidungen gibt es mit dem Merkmal der »Religion«, da sie ein wesentliches, die ethnische Herkunft prägendes Kennzeichen sein kann. Auch die Gruppe der Spätaussiedler oder »Rußlanddeutschen« verfügt typischerweise über eine eigene Gruppenidentität, die als Ethnie bezeichnet werden kann.[9]

Bei einer weiten Auslegung des Begriffs der Ethnie unter Einbeziehung der Merkmale Herkunft/Abstammung kann auch die Benachteiligung eines Bewerbers oder einer Bewerberin wegen ihrer **Herkunft aus den neuen Bundesländern** eine Benachteiligung wegen der Ethnie sein.[10] Wie bei dem Begriff der »Rasse«, kommt es genauso bei dem Begriff der »Ethnie« darauf an, ob **aus der vorurteilsbehafteten Sicht des Benachteiligenden** die Zugehörigkeit zu einer Menschengruppe besteht, der er bestimmte soziale und kulturelle Eigenschaften zuschreibt und nicht darauf, ob die Gruppenbildung tatsächlich die Anforderungen an den Begriff Ethnie erfüllt. Dies ergibt sich

---

7 BAG 21. 6. 12 – 8 AZR 364/11.
8 Thüsing, NZA Sonderbeilage zu Heft 22/04. S. 3 [9 f.], m. w. N.
9 Däubler/Bertzbach-Däubler, § 1, Rn. 42; Schiek-Schiek, § 1 Rn. 15.
10 a. A. ArbG Stuttgart 15. 4. 10 – 17 Ca 8907/09 – ArbRAktuell 2010, 228: keine Entschädigung wegen des vom Arbeitgeber auf dem Lebenslauf der abgelehnten Bewerberin angebrachten Vermerks »(-)OSSI« mit differenzierender Anmerkung von Bauer; für eine weite Auslegung des Begriffs der Ethnie s. B/K AGG, § 1 Rn. 23, die auch in der Unterscheidung zwischen Rheinländern und Westfalen, Schwaben und Badenern eine mögliche Anknüpfung an die ethnische Herkunft sehen, a. A. Thüsing, Arbeitsrechtlicher Diskriminierungsschutz, Rn. 181.

Ziel des Gesetzes § 1

auch aus dem Rechtsgedanken des § 7 Abs. 1 Satz 1, der es ausreichen lässt, wenn subjektiv aus der Sicht des Benachteiligenden ein in § 1 genanntes Merkmal vorliegt.[11]

Eine mittelbare Diskriminierung wegen der ethnischen Herkunft kommt in Betracht, wenn eine unterschiedliche Behandlung an sprachlichen Voraussetzungen anknüpft, ohne dass dies durch ein sachliches Ziel gerechtfertigt ist. Dies ist in jedem Fall bei einer Ausschreibung einer Arbeitsstelle »nur für deutsche Muttersprachler« zu bejahen, weil die Qualität von Sprachkenntnissen nicht notwendig von dem Kriterium »Muttersprache« abhängt.[12] Das Gleiche dürfte gelten, wenn in einer Stellenausschreibung »akzentfreies Deutsch« verlangt wird. In sonstigen Fällen kommt es maßgeblich auf die Anforderungen für eine konkrete Tätigkeit an.[13]

Eine unterschiedliche Behandlung, die an die **Staatsangehörigkeit** anknüpft, bleibt nach EU-Recht[14] möglich und bedeutet noch keine Benachteiligung wegen der ethnischen Herkunft.[15] Allerdings ist in der Praxis zu prüfen, ob nicht tatsächlich die ethnische Zugehörigkeit gemeint ist, wenn eine Maßnahme vordergründig nach der Staatsangehörigkeit unterscheidet. Auch Benachteiligungen wegen nichtdeutscher Herkunft fallen in den Anwendungsbereich.[16] Eine Verwendung von Schimpfworten mit dem Zusatz »Ausländer« stellt deshalb regelmäßig eine Benachteiligung aus Gründen der Rasse oder der ethnischen Herkunft dar.[17] 7

Außerdem gilt für die **Staatsangehörigen der EU-Staaten** gem. Art. 39 EGV und Art. 7 Abs. 4 der EU-Verordnung Nr. 1612/68 des Rates Freizügigkeit in- 8

---

11 So im Ergebnis auch BeckOK-Roloff, § 1 Rn. 2.
12 ArbG Berlin 11. 2. 09 – 55 Ca 16952/08.
13 BAG 22. 6. 11 – 8 AZR 48/10: Aufforderung zu Teilnahme an einem Deutschkurs zum Erwerb arbeitsnotwendiger Sprachkenntnisse ist keine Diskriminierung; BAG 28. 1. 10 – 2 AZR 764/08 – ArbRAktuell 10, 90: keine mittelbare Benachteiligung durch Kündigung wegen unzureichender Deutschkenntnisse, wenn Arbeitnehmer nicht in der Lage sind, in deutscher Sprache abgefasste und für ihre Tätigkeit erforderliche Arbeitsanweisungen zu lesen und Maßnahmen zur Verbesserung der Deutschkenntnisse nicht erfolgreich waren; LAG Nürnberg 5. 10. 11 – 2 Sa 171/11: bei Anforderung: »sehr gutes Deutsch« in einer Stellenanzeige für »Spezialist Software« kommt es darauf an, ob dies für die Tätigkeit sachlich erforderlich ist; BAG 7. 5. 08 – 4 AZR 299/07 – ZTR 08, 670: keine mittelbare Benachteiligung bei niedrigerer Eingruppierung von Lehrern ausländischer Herkunft für muttersprachlichen Unterricht, die geringeren Anforderungen an die Ausbildung entspricht; ArbG Hamburg 26. 1. 10 – 25 Ca 282/09: Diskriminierung bei Vorsehen eines telefonischen Erstkontaktes bei der Bewerbung als Postzusteller.
14 Erwägungsgrund 13 der Richtlinie 2000/43/EG [Antirassismus-Richtlinie].
15 LAG Niedersachsen 24. 4. 09 – 10 TaBV 55/08 – NZA-RR 09, 532.
16 BAG 21. 6. 12 – 8 AZR 364/11.
17 BAG 24. 9. 09 – 8 AZR 705/08 – NZA 10, 387: Benachteiligung wegen der ethnischen Herkunft.

9 **Mitbestimmung des Betriebsrats:** Der Betriebsrat hat gem. § 80 Abs. 1 Nr. 7 BetrVG die allgemeine Aufgabe der Förderung einer Integration ausländischer Arbeitnehmer sowie der Beantragung von Maßnahme zur Bekämpfung von Rassismus und Fremdenfeindlichkeit, die ausdrücklich als möglicher Gegenstand einer freiwilligen Betriebsvereinbarung gem. § 88 Nr. 4 BetrVG genannt sind.

Vorangehender Absatz (Fortsetzung):
nerhalb der EU mit der Folge, dass alle Bestimmungen in Tarifverträgen, Betriebsvereinbarungen und Einzelarbeitsverträgen hinsichtlich Zugang zur Beschäftigung, Beschäftigung, Entlohnung und aller übrigen Arbeits- und Kündigungsbestimmungen, die für Beschäftigte anderer Mitgliedstaaten diskriminierende Bedingungen vorsehen oder zulassen, nichtig sind.[18]

III. Benachteiligung wegen des Geschlechts

10 Das Merkmal betrifft vor allem die **Gleichbehandlung von Mann und Frau**. Hierunter fallen aber auch eine Benachteiligung von **Intersexuellen** (Menschen, die nicht eindeutig einem Geschlecht zugeordnet werden können) und **Transsexuellen** (Menschen, die durch einen operativen Eingriff ihre Geschlechtsmerkmale geändert haben).[19] Gem. § 7 Abs. 1, 2. HS reicht für eine Benachteiligung wegen des Geschlechts subjektiv die Annahme aus, dass eine Person aufgrund ihres äußeren Erscheinungsbildes, einem bestimmten Geschlecht zuzuordnen ist.

11 Die **Rechtsprechung** hat bisher eine **unmittelbar geschlechtsbezogene Benachteiligung** bejaht, wenn die nachteilig wirkende Maßnahme ausdrücklich oder ihrem Inhalt nach an die Geschlechtszugehörigkeit anknüpft, so dass die benachteiligte und die nicht benachteiligte Gruppe jeweils hinsichtlich des Geschlechts homogen zusammengesetzt sind. **Beispiele** hierfür sind eine nur an ein Geschlecht gerichtete Stellenausschreibung oder Lohnabschlagsklauseln.[20] Auch eine Regelung für einen Stillurlaub für Väter darf nicht vom Beschäftigungsstatus des anderen Elternteils abhängig gemacht werden, wenn das für Mütter nicht der Fall ist.[21] Arbeitgeber und Betriebsrat können in einer Betriebsvereinbarung das Tragen einer einheitlichen Dienstkleidung regeln. Wird die Dienstkleidung für Männer und Frauen unterschiedlich ausgestaltet, verlangt neben dem AGG schon der betriebsverfassungsrechtliche Gleichbehandlungsgrundsatz, dass eine solche Differenzierung entsprechend dem Regelungszweck sachlich gerechtfertigt

---

18 EuGH 15.1.98 – C-15/96 – [Schöning-Kougebetopoulou], NZA 98, 205.
19 EuGH 30.4.96 – C-13/94 – NZA 96, 695 und 7.1.04 – C-117/01 – NJW 04, 1440.
20 BAG 23.3.57 – 1 AZR 326/56 – AP Nr. 16 und 1 AZR 203/56 – AP Nr. 17 zu Art. 3 GG.
21 EuGH 30.9.10 – C 104/09 – [Álvarez].

Ziel des Gesetzes § 1

ist[22] (s. zur Rechtfertigung einer geschlechtsbedingten Benachteiligung mit Nachweis der bisherigen Rechtsprechung Rn. 4 ff. zu § 8; zur Frage der gleichen Vergütung s. Rn. 21 ff. zu § 2; zur Frage der Zulässigkeit von unterschiedlichen Altersgrenzen bei Betriebsrenten s. Rn. 53 zu § 2).

Zu einer unmittelbaren Benachteiligung wegen des Geschlechts gehört gem. **12**
§ 3 Abs. 1 Satz 2 auch die **Benachteiligung einer Frau wegen Schwangerschaft** und Geburt. Daher liegt auch in der Frage nach der Schwangerschaft bei der Einstellung eine unzulässige Benachteiligung. Eine Offenbarungspflicht der betroffenen Beschäftigten besteht nicht. Dies gilt selbst dann, wenn sie befristet als Schwangerschaftsvertretung beschäftigt werden soll.[23] Weder die unrichtige Beantwortung einer gestellten Frage nach der Schwangerschaft, noch ein fehlender Hinweis der Beschäftigten berechtigen den Arbeitgeber zur Anfechtung eines Beschäftigungsvertrages[24] (s. auch Rn. 16 und 36 zu § 2). Eine Benachteiligung liegt gleichfalls vor, wenn der befristete Arbeitsvertrag aufgrund einer Schwangerschaft nicht verlängert wird.[25] Eine Kündigung, die u. a. aus dem Grund erfolgt, dass sich eine Arbeitnehmerin in einem vorgerückten Stadium einer künstlichen Befruchtung befindet, stellt zwar keine Benachteiligung wegen einer (noch nicht) eingetretenen Schwangerschaft dar, enthält aber gleichwohl eine Benachteiligung wegen des Geschlechts.[26] Eine Kündigung wegen einer Schwangerschaft oder einem damit verbundenen Beschäftigungsverbot führt zu einem Anspruch auf Entschädigung gem. § 15 Abs. 1. Aus einem Verstoß gegen das MuSchG ergibt sich eine Vermutung für die Benachteiligung wegen der Schwangerschaft.[27] Wird einer Arbeitnehmerin gekündigt, ohne dass Kenntnis von ihrer Schwangerschaft bei Zugang der Kündigungserklärung besteht, so ist weder die Kündigung selbst noch ein »Festhalten« an der Kündigung Indiz für eine Benachteiligung wegen des Geschlechts.[28] Auch die Ablehnung der Verkürzung der Elternzeit wegen Schwangerschaft und Beschäftigungsverbot[29] oder die Zuweisung eines nicht gleichwertigen Arbeitsplatzes nach

---

22 BAG 30.9.14 – 1 AZR 1083/12: verneint für die Verpflichtung zum Tragen einer Cockpit-Mütze nur für männliche Piloten.
23 LAG Köln 11.10.12 – 6 Sa 641/12.
24 EuGH 5.5.94 – C-421/92 – [Habermann-Beltermann], NZA 94, 609 und 27.2.03 – C-320/01 – [Busch], NZA 03, 373; LAG Hamm 1.3.99 – 19 Sa 2596/98 – DB 99, 2114; BAG 6.2.03 – 2 AZR 621/01 – NZA 03, 848.
25 ArbG Mainz 2.9.08 – 3 Ca 1133/08 – BeckRS 2008 56479.
26 EuGH 26.2.08 – C-506/06 – [Mayr/Flöckner OHG], NZA 08, 345.
27 BAG 12.12.13 – 8 AZR 838/12: Vermutung einer Benachteiligung wegen Versuchs des Arbeitgebers, die Beschäftigte zum Ignorieren eines Beschäftigungsverbotes zu bewegen und der Ausspruch der Kündigung entgegen MuSchG noch vor der künstlich einzuleitenden Fehlgeburt.
28 BAG 17.10.13 – 8 AZR 742/12.
29 OVG Magdeburg 21.4.11 – 1 L 26/10.

Rückkehr aus dem Mutterschutz[30] stellen eine unmittelbare Diskriminierung aufgrund des Geschlechts dar.

13 In der Praxis häufiger ist die **mittelbare Benachteiligung wegen des Geschlechts**, also neutrale, nicht an ein bestimmtes Geschlecht anknüpfende Vorschriften oder Anforderungen, die aber eine Benachteiligung wegen des Geschlechts bewirken (z. B. die Anforderung einer mehrjährigen ununterbrochenen Vollzeittätigkeit als Einstellungsvoraussetzung oder eine Anknüpfung von Nachteilen an Elternzeit). Frauen, die nach der Geburt eines Kindes weitaus häufiger als Männer ihre berufliche Tätigkeit unterbrechen, um die Kinderbetreuung sicherzustellen, sind deutlich seltener durchgehend berufstätig als Männer und überwiegen deutlich bei den Beschäftigten, die länger als zwei Monate Elternzeit in Anspruch nehmen. Auch bleiben sie häufiger zu Hause, als Männer, wenn ein Kind krank ist. Solange das so ist, stellt das Motiv des Arbeitgebers, keine Frauen mit kleineren Kindern einzustellen, eine Vermutung für eine mittelbare Benachteiligung dar.[31] Allerdings kommt es auf die Zielrichtung an. Eine tarifliche Regelung, die den Erwerb von Berufserfahrung mit Entgeltsteigerungen honoriert und deshalb Zeiten, in denen das Arbeitsverhältnis wegen Elternzeit ruht, nicht oder nur eingeschränkt berücksichtigt, führt nicht zu einer mittelbaren Geschlechtsdiskriminierung[32] (s. im Einzelnen zur bisher ergangenen Rechtsprechung § 3 Rn. 22 ff.).

14 **Mitbestimmung des Betriebsrats:** Der Betriebsrat hat gem. § 80 Abs. 1 Nr. 2 a BetrVG die allgemeine Aufgabe der Durchsetzung der tatsächlichen Gleichstellung von Frauen und Männern. Geeignete Maßnahmen hierzu können Gegenstand einer freiwilligen Betriebsvereinbarung gem. § 88 BetrVG sein.

IV. Benachteiligung wegen der Religion oder Weltanschauung

15 Wie bereits durch den Begriff des Glaubens in Art. 3 Abs. 3, 4 I GG wird durch diese Merkmale die Freiheit des religiösen wie des weltanschaulichen Bekenntnisses gewährleistet. Der **Begriff der Religion** ist nach dem Schutzzweck des Gesetzes weit auszulegen und schützt die Freiheit des Glaubens und die Freiheit, diesen Glauben zu verwirklichen. Dabei ist Religion nicht nur solche Glaubensbetätigung, die sich bei den heutigen Kulturvölkern auf dem Boden übereinstimmender sittlicher Grundanschauungen im Laufe der geschichtlichen Entwicklung herausgebildet hat. Vielmehr soll jeder seine innersten Anschauungen und Überzeugungen frei bilden und sie nach außen

---

30 ArbG Wiesbaden 30. 10. 08 – 5 Ca 632/08.
31 BAG 18. 9. 14 – 8 AZR 753/13: Unterstreichen bei der Angabe »ein Kind« auf dem zurückgesandten Lebenslauf zusammen mit dem Vermerk »7 Jahre alt!« beim Familienstand.
32 BAG 21. 11. 13 – 6 AZR 89/12.

Ziel des Gesetzes § 1

frei bekennen können.³³ Unstreitig fallen unter diesen Begriff die Weltreligionen wie Buddhismus, Christentum, Islam, Judentum und Hinduismus, aber auch das Bekenntnis zu der Lehre einer der kleineren Glaubensgemeinschaften bzw. Sekten ist grundsätzlich geschützt (zur Rechtfertigung der unterschiedlichen Behandlung wegen der Religion oder einer Weltanschauung s. § 9). Bei muslimischen Frauen ist das Tragen eines Kopftuches in der Öffentlichkeit Teil ihres religiösen Bekenntnisses und Akt der Religionsausübung, so dass eine Anknüpfung hieran eine unmittelbare Benachteiligung wegen der Religion darstellt und gem. § 8 oder 9 gerechtfertigt sein muss. Eine kirchliche Einrichtung darf ihren Mitarbeitern das Tragen des Kopftuchs verbieten (s. auch Rn. 10 zu § 3, Rn. 8 zu § 8 und Rn. 6 a zu § 9).³⁴

Umstritten ist, ob es sich bei **Scientology** um eine Religionsgemeinschaft **16** handelt. Das BAG hat dies verneint mit der zutreffenden Begründung, bei den verschiedenen Scientology-Organisationen diene die religiöse und weltanschauliche Lehre nur als Vorwand für die Verfolgung wirtschaftlicher Ziele.³⁵ Eine Benachteiligung, die an einer Mitgliedschaft bei Scientology anknüpft, ist damit nach der bisherigen deutschen Rechtsprechung keine Benachteiligung gem. § 1. Eine Entscheidung des EuGH zu diesem Thema liegt noch nicht vor.

Der Begriff der **Weltanschauung** ist nicht notwendig gleich umfassend zu **17** sehen wie die religiöse Überzeugung. Ob alle persönlichen Überzeugungen darunter fallen und der Begriff der Religion letztlich nur eine Art der Weltanschauung ist, oder ob eine **ähnlich einer Religion weitreichende, philosophische Überzeugung** vorliegen muss, wird in den Ländern Europas unterschiedlich gesehen.³⁶ Bei einem weiten Verständnis des Begriffs würde auch die politische Überzeugung hierunter fallen, wie sie in Art. 14 EMRK geschützt wird.³⁷

Nach dem Willen des Gesetzgebers muss dagegen nach deutschem Recht **18** »eine mit der Person des Menschen verbundene Gewissheit über bestimmte Aussagen zum Weltganzen sowie zur Herkunft und zum Ziel menschlichen Lebens« vorliegen, wenn man von einer Weltanschauung sprechen will.³⁸

---

33 BVerfG 17.12.75 – 1 BvR 63/68 – BVerfGE 41, 29 [50], s. unter Bezugnahme auf völker- und europarechtliche Bezüge: Schiek-Schiek, § 1 Rn. 19 ff.
34 BAG 24.9.14 – 5 AZR 611/12.
35 BAG 22.3.95 – 5 AZB 21/94 – NZA 95, 823, a. A. die französische Rechtsprechung mit Nachweis bei Thüsing, NZA Sonderbeilage zu Heft 22/2004, 3 [10].
36 Schiek-Schiek, § 1 Rn. 23 ff. m. w. N.
37 So die Gesetzgebung in Österreich, 307 der Beilagen XX Abs. 2. GP – Regierungsvorlage – Materialien, S. 15, nach der »Weltanschauung« eine »Sammelbezeichnung für alle religiösen, ideologischen, politischen und ähnlichen Leitauffassungen vom Leben und von der Welt« ist.
38 BT-Drs. 16/2022 S. 28, Begründung anlässlich der Streichung des Merkmals Weltanschauung in § 19.

§ 1 **Ziel des Gesetzes**

Auch aus dem Zusammenhang mit der Regelung in § 9 (s. Rn. 2f. zu § 9) und der Gesetzesbegründung[39] ergibt sich, dass sich der Begriff auf die **bisher geltenden Rechtsvorschriften** bezieht und damit auf Art. 4 Abs. 1 und 140 GG i. V. m. 137 Abs. 7 WeimRVerf. Danach ist **Weltanschauung** eine **Lehre, die** ohne Bindung an ein religiöses Glaubensbekenntnis **das Wertganze universell zu begreifen und die Stellung des Menschen in der Welt zu erkennen und zu bewerten sucht**[40] und nicht jede persönliche Überzeugung. Der Begriff setzt also ein umfassendes, konkretes Wertesystem voraus. Persönliche Einstellungen, Sympathien oder Haltungen sind keine »Weltanschauung«.[41] Ebenso wenig ist die Tätigkeit als Betriebsrätin Ausdruck einer Weltanschauung.[42] Auch politische Programme, die sich regelmäßig auf das gesellschaftliche Zusammenleben in einem bestimmten Staatsgefüge beschränken sind keine Weltanschauung in diesem Sinne. Deshalb ist eine Diskriminierung wegen eines politischen Standpunkts (z. B. bei Mitgliedschaft in NPD oder KPD) nicht nach dem AGG geschützt und bleibt außerhalb der allgemeinen Regelungen sanktionslos. Allerdings kann eine Benachteiligung wegen politischer Äußerungen, die Ausdruck einer bestimmten Weltanschauung sind, unter den Anwendungsbereich des AGG fallen, z. B. eine Benachteiligung wegen Ablehnung des Truppeneinsatzes der Bundesrepublik in Afghanistan aus einer pazifistischen Überzeugung heraus. Eine Benachteiligung wegen einer früheren Tätigkeit für das Ministerium für Staatssicherheit (MfS) der ehemaligen Deutschen Demokratischen Republik stellt keine Benachteiligung wegen der Weltanschauung dar. Selbst wenn in einer politischen Überzeugung entgegen den obigen Ausführungen eine Weltanschauung zu sehen wäre, ist eine Tätigkeit für das MfS nicht zwingend auf eine bestimmte politische Überzeugung zurückzuführen.[43]

19 Nach Art. 4 Abs. 1 GG wird neben religiösem und weltanschaulichem Bekenntnis auch die **Gewissensfreiheit**, also die Freiheit, dem persönlichen Bewusstsein von sittlich Gutem und Bösen gemäß zu handeln, gleichermaßen geschützt. Eine Gewissensentscheidung ist damit jede ernste sittliche, d. h. an den Kategorien von »gut« und »böse« orientierte Entscheidung, die der Einzelne in einer bestimmten Lage als für sich bindend und unbedingt verpflichtend innerlich erfährt, so dass er gegen sie nicht ohne ernste Gewis-

---

39 BT-Drs. 16/1780 S. 35.
40 Maunz/Dürig, Art. 140/137 WeimRVerf, Rn. 54.
41 BAG 20. 6. 13 – 8 AZR 482/12: (vermutete) Sympathie für die Volksrepublik China oder ihre Regierung. Das BAG hat dahinstehen lassen, ob von einer »kommunistischen Weltanschauung« gesprochen werden kann.
42 ArbG Wuppertal 1. 3. 12 – 6 Ca 3382/11.
43 ArbG Berlin 30. 7. 09 – 33 Ca 5772/09 – NZA-RR 10, 70, das hilfsweise für den Fall des Vorliegens einer mittelbaren Benachteiligung wegen der Weltanschauung die Benachteiligung wegen des absehbaren Konflikts mit anderen, langjährig Beschäftigten als gerechtfertigt ansieht.

Ziel des Gesetzes § 1

sensnot handeln könnte.[44] Nach der Rechtsprechung des BAG ist der so genannte subjektive Gewissensbegriff maßgebend, nach dem es ausreicht, wenn der Arbeitnehmer oder die Arbeitnehmerin darlegt, ihm oder ihr sei wegen einer aus einer spezifischen Sachlage folgenden Gewissensnot heraus nicht zuzumuten, die an sich vertraglich geschuldete Leistung zu erbringen. Lässt sich aus den festgestellten Tatsachen im konkreten Fall ein Gewissenskonflikt ableiten, so unterliegt die Relevanz und Gewichtigkeit der Gewissensbildung keiner gerichtlichen Kontrolle.[45] Also sind auch solche ggf. einzelfallbezogenen Gewissensentscheidungen unter den Begriff der Weltanschauung des § 1 zu fassen.

In jedem Fall bleiben gem. § 2 Abs. 3 die schon bisher anerkannten **Rechte eines Arbeitnehmers** oder **einer Arbeitnehmerin** unberührt, **aus Gewissensgründen bestimmte Arbeiten zu verweigern** (§ 275 Abs. 3 BGB) und sich diesbezüglich gem. §§ 84, 85 BetrVG zu beschweren.[46]   **20**

Allerdings ist zu beachten, dass für den Fall, dass eine nach § 315 Abs. 1 BGB im Rahmen des billigen Ermessens erhebliche Gewissensentscheidung, Religion oder Weltanschauung es dem Arbeitgeber verbietet, dem Arbeitnehmer eine an sich geschuldete Arbeit zuzuweisen, ein personenbezogener Kündigungsgrund bestehen kann, wenn keine anderen Beschäftigungsmöglichkeiten vorhanden sind.[47] Die Gewissensentscheidung des Arbeitnehmers schränkt die unternehmerische Freiheit des Arbeitgebers, den Inhalt der Produktion zu bestimmen, nicht ein. Der Arbeitnehmer ist dann vielmehr nach § 297 BGB außerstande, die geschuldete Leistung zu erbringen. Eine Kündigung stellt also in einem solchen Fall keine verbotene Diskriminierung dar, sondern kann gem. § 8 Abs. 1 gerechtfertigt sein.   **21**

> **Beispiel:**
> A arbeitet als Kellner in der Gastwirtschaft des B. Er tritt in die Heilsarmee ein und lehnt es fortan ab, wegen seiner Weltanschauung alkoholische Getränke zu servieren. B hat keine andere Einsatzmöglichkeit für A und kann sich folglich aus personenbedingten Gründen von A trennen.

---

44 BVerfG 20.12.60 – 1 BvL 21/60 – BVerfGE 12, 54; BAG 20.12.84 – 2 AZR 436/83 – NZA 86, 21.
45 BAG 24.5.89 – 2 AZR 285/88 – NZA 90, 144.
46 Z.B. Weigerung eines Kriegsdienstverweigerers, kriegsverherrlichende Schriften zu drucken: BAG 20.12.84 – 2 AZR 436/83 – NZA 86, 21; Weigerung eines Mitarbeiters eines Pharmaunternehmens, Arzneimittel zu erforschen und zu produzieren, die auch im militärischen Bereich eingesetzt werden können: BAG 24.5.89 – 2 AZR 285/88 – NZA 90, 144 oder Ablehnung von direkter Streikarbeit: BAG 25.7.57 – 1 AZR 194/56 – DB 58, 572.
47 BAG 24.2.11, – 2 AZR 636/09: Weigerung einer Ladenhilfe, Alkoholika einzuräumen; LAG Hamm 20.4.11 – 4 Sa 2230/10: Weigerung, bei der Verabschiedung von Telefonkunden auf den Zusatz »Jesus hat Sie lieb« zu verzichten.

§ 1   Ziel des Gesetzes

22   Problematisch ist in diesem Zusammenhang, dass das AGG auf den ersten Blick vor Benachteiligung wegen jeder Art der **Weltanschauung** schützt, also auch bei einer solchen, **die diskriminierend wirkt** oder deren Ziele fragwürdig sein können (z. B. Mitglieder extremistischer Gruppen, religiöse Fanatiker). Die Rechte aus Art. 3 Abs. 3 GG und der arbeitsrechtliche Gleichbehandlungsgrundsatz finden ihre Grenzen an den kollidierenden Grundrechten Dritter und den für alle geltenden Gesetzen, insbesondere dem Strafrecht. Solche **Grenzen** sind im AGG nicht ausdrücklich vorgegeben, gleichwohl aber zu berücksichtigen.

23   Zunächst ist in einem ersten Schritt unter Berücksichtigung der Rechtsprechung des BAG zu prüfen, ob es sich bei einer solchen Gruppierung tatsächlich um eine Religionsgemeinschaft oder Weltanschauungsgemeinschaft handelt oder ob, wie bei Scientology die religiösen und weltanschaulichen Lehren nur als Vorwand für die Verfolgung anderer Ziele dienen.[48] Nur wenn Ersteres der Fall ist, wird es notwendig, zwischen diskriminierender Benachteiligung wegen der Weltanschauung und berechtigter Ungleichbehandlung zu differenzieren. Konfliktfälle sind insbesondere bei der Einstellung und bei der Beendigung des Arbeitsverhältnisses denkbar (s. Rn. 20 zu § 7). § 8 Abs. 1 lässt eine unterschiedliche Behandlung hinsichtlich der Weltanschauung nur zu, wenn es um **berufliche Anforderungen** geht (zur Auslegung dieses Begriffs unter Berücksichtigung der Grundsätze von § 75 Abs. 1 und 2 BetrVG und der betrieblichen Interessen s. Rn. 3 ff. zu § 8). § 9 gilt nur für Religions- und Weltanschauungsgemeinschaften.

24   In solchen Fällen ist nach dem Grund der Benachteiligung zu unterscheiden. Maßgeblich für die Erforderlichkeit einer Rechtfertigung nach §§ 8 ff. ist es, **ob die Benachteiligung** tatsächlich **abstrakt an einer Religion oder Weltanschauung ansetzt oder** vielmehr auf sachlich gerechtfertigten Tatsachen beruht, wie einer **konkreten Gefährdung des Betriebsfriedens oder anderer betrieblicher Belange** durch die Beschäftigung bestimmter Personen. Hierfür kommt es maßgeblich auf die Art der Tätigkeit und die Stellung des Arbeitnehmers oder der Arbeitnehmerin im Betrieb an. Eine Anlehnung an die bisherige Rechtsprechung zur Berechtigung einer verhaltensbedingten Kündigung bei politischer Betätigung oder Störung des Betriebsfriedens erscheint sinnvoll.[49]

25   Ausdruck des Schutzes vor einer Benachteiligung wegen der Religion oder Weltanschauung ist die **prinzipielle Unzulässigkeit** von entsprechenden **Fragen des Arbeitgebers bei der** Einstellung.[50]

---

48 BAG 22. 3. 95 – 5 AZB 21/94 – NZA 95, 823.
49 Küttner-Eisemann, Nr. 260, Kündigung, verhaltensbedingte, Rn. 27 und 28, m. w. N.
50 So auch Preis/Bender, NZA 05, 1321; s. hierzu im Einzelnen Rn. 12 ff. zu § 2.

Ziel des Gesetzes § 1

V. Benachteiligung wegen einer Behinderung

Der **Begriff der Behinderung** ist im Sinne der Richtlinie 2000/78/EG so zu 26
verstehen, dass er Einschränkungen erfasst, die insbesondere auf physische,
geistige oder psychische Beeinträchtigungen zurückzuführen sind, die die
Teilhabe am Berufsleben über einen langen Zeitraum einschränken.[51] Es
reicht aus, wenn diese Einschränkungen die Betroffenen in Wechselwirkung mit verschiedenen Barrieren an der vollen und wirksamen Teilhabe
am Berufsleben, gleichberechtigt mit den anderen Arbeitnehmern, hindern
können.[52] Damit unterscheidet sich der Begriff der Behinderung von der gesetzlichen Definition in § 2 Abs. 1 Satz 1 SGB IX und in § 3 BGG, wonach
Menschen behindert sind, wenn ihre körperliche Funktion, geistige Fähigkeit oder seelische Gesundheit mit hoher Wahrscheinlichkeit länger als sechs
Monate von dem für das Lebensalter typischen Zustand abweichen und daher ihre Teilhabe am Leben in der Gesellschaft beeinträchtigt ist. Nach der
Definition des EuGH ist insbesondere der alterstypische Zustand unerheblich. Im Zweifel ist die Definition des EuGH basierend auf der Richtlinie
2000/78/EG (Rahmenrichtlinie Beschäftigung) maßgeblich.[53]

Der Begriff der »Behinderung« ist abzugrenzen von einer langfristigen Er- 26a
krankung. Nicht bei jeder mehr als sechsmonatigen Erkrankung, die eine
Arbeitsunfähigkeit zur Folge hat, liegt eine Behinderung vor.[54] Deshalb ist
eine Kündigung aufgrund hoher Fehlzeiten in der Regel keine hinreichende
Indiztatsache für die Vermutung einer Benachteiligung wegen einer Behinderung.[55] Umgekehrt ist eine Behinderung **nicht notwendig** mit **Arbeitsunfähigkeit** verbunden. Treten Gesundheitsstörungen in Schüben auf, sind
aber auf ein Grundleiden zurückzuführen, handelt es sich um ein Dauerleiden mit entsprechend andauernder Funktionsbeeinträchtigung auch dann,
wenn die akuten funktionalen Einschränkungen und ggf. Zeiten einer Arbeitsunfähigkeit nur kürzere Zeit andauern.[56] Auch länger andauernde gesundheitliche Beeinträchtigungen bzw. chronische Erkrankungen, die sich
erst im gesellschaftlichen Kontext auf die Teilhabe des Arbeitnehmers am
Arbeitsleben auswirken, können eine Behinderung darstellen. Das gilt beispielsweise für eine symptomlose **HIV-Infektion**, so lange das gegenwärtig

---

51 EuGH 11.4.13 – verbunden C 335/11 und C 337/11 – [Ring und Skouboe Werge];
EuGH 11.7.06 – C-13/05 – [Chacón Navas], NZA 06, 839.
52 EuGH 18.12.14 – C-354/13 – [Fag og Arbejde (FOA) / Kommunernes Landsforening].
53 BAG 3.4.07 – 9 AZR 823/06 – NZA 07, 1098, LAG Düsseldorf 14.5.08 – 12 Sa 256/08.
54 EuGH 11.7.06 – C-13/05 – [Chacón Navas], NZA 06, 839.
55 BAG 22.10.09 – 8 AZR 642/08 – NZA 10, 280.
56 Neumann/Pahlen/Majerski-Pahlen-Neumann, SGB IX, 11. Aufl., § 2 Rn. 13 und 18f.

auf eine solche Infektion zurückzuführende soziale Vermeidungsverhalten und die darauf beruhenden Stigmatisierungen andauern.[57]

Die Bedeutung, die der Gemeinschaftsgesetzgeber Maßnahmen zur Einrichtung des Arbeitsplatzes nach Maßgabe der Behinderung beigemessen hat, zeigt, dass er an Fälle gedacht hat, in denen die Teilhabe am Berufsleben **über einen langen Zeitraum hinweg** eingeschränkt ist.[58] Eine seit mehreren Jahren bestehende, körperliche Beeinträchtigung, die einem Einsatz in der Nachtschicht entgegensteht, ist als Behinderung in diesem Sinne zu sehen.[59] Eine Einschränkung von sechsmonatiger Dauer kann aber ein Indiz für eine dauerhafte Einschränkung sein.[60]

26b Der Begriff der »**Behinderung**« ist sprachlich und inhaltlich wesentlich weiter gefasst, als der der »Schwerbehinderung«, so dass in Umsetzung der Richtlinie 2000/78/EG (Rahmenrichtlinie Beschäftigung) der Schutzbereich von § 1 über den Schutz Schwerbehinderter vor Diskriminierungen im Erwerbsleben gem. § 81 Abs. 2 1 SGB IX hinausgeht. Das Verbot einer Benachteiligung wegen Behinderung ist nicht auf Personen beschränkt ist, die selbst behindert sind, sondern erfasst auch eine Benachteiligung wegen der Behinderung ihres Kindes.[61]

27 Eine in der Praxis häufige Form der Benachteiligung liegt darin, dass behinderte Menschen erst gar nicht eingestellt werden, ihnen also der **Zugang zur Erwerbstätigkeit** verwehrt wird. Große praktische Relevanz haben vor allem die Schutzbestimmungen der §§ 81 Abs. 1, 82 SGB IX für die Bewerbung und das Einstellungsverfahren. Ein Verstoß hiergegen begründet regelmäßig die Vermutung einer Benachteiligung wegen Behinderung (s. im Einzelnen § 22 Rn. 10 a f. m. w. N.). Ein Verstoß gegen das Benachteiligungsverbot des § 7 Abs. 1 ist gem. § 8 Abs. 1 nur dann ausgeschlossen, wenn die Art der Behinderung die Erfüllung der arbeitsvertraglichen Pflichten beeinträchtigt oder gar ausschließt. Allerdings ist der Arbeitgeber verpflichtet, ggf. für angemessene, behinderungsgerechte Einrichtungen und Unterhaltung der Betriebsanlagen zu sorgen, damit die arbeitsvertraglichen Pflichten auch von Behinderten erfüllt werden können. Anders als § 81 Abs. 4 SGB IX, der eine Verpflichtung des Arbeitgebers nur zugunsten der bereits beschäftigten Behinderten vorsieht, gilt das Gebot, **angemessene, d. h. dem Arbeitgeber zumutbare, Vorkehrungen** zu treffen, nach Art. 5 der Richtlinie 2000/78/EG (Rahmenrichtlinie Beschäftigung) auch für den Zugang zur Beschäftigung.[62]

---

57 BAG 19. 12. 13 – 6 AZR 190/12.
58 BAG 22. 10. 09 – 8 AZR 642/08 – NZA 10, 280.
59 LAG Berlin-Brandenburg 4. 12. 08 – 26 Sa 343/08.
60 Schieck-Welti, § 1 Rn. 41.
61 EuGH 17. 7. 08 – C-303/06 – [Coleman], NZA 08, 932.
62 Schiek, NZA 04, 873 [875 und 881]; Schiek-Schiek, § 1 Rn. 39; zur Angemessenheit s. auch Rn. 19 zu § 2.

Ziel des Gesetzes § 1

> **Beispiel:**
> A ist behindert und bewirbt sich bei B um eine Bürotätigkeit, die er ohne Einschränkungen ausführen kann, wenn er für seine Tätigkeit am Computer im Handel erhältliche Hilfsmittel, sowie ein Stehpult erhält. B darf ihm die Einstellung nicht versagen mit der Begründung, sein Betrieb sei für solche Sonderbedürfnisse nicht ausgerüstet. A darf außerdem beim Einstellungsgespräch die Frage nach einer Behinderung wahrheitswidrig mit »nein« beantworten, weil seine Behinderung ihn im Hinblick auf die angestrebte Tätigkeit nicht einschränkt, soweit er angemessene Hilfsmittel erhält.

Häufige Fragen: Darf man bei einer Stellenausschreibung darauf hinweisen, dass bei gleicher Eignung Schwerbehinderte bevorzugt eingestellt werden?
Ein solcher Hinweis ist in aller Regel unproblematisch, da der Arbeitgeber im Hinblick auf die Pflicht zur Erfüllung der Quote nach § 71 Abs. 1 SGB IX ein legitimes Interesse an der bevorzugten Einstellung Schwerbehinderter haben kann. Außerdem ist die Beschäftigungssituation Schwerbehinderter nach wie vor schlecht, sodass die bevorzugte Einstellung eine positive Maßnahme nach § 5 sein kann.[63]
Zum eingeschränkten Fragerecht des Arbeitgebers nach einer Behinderung bei der Einstellung der Beschäftigten s. im Einzelnen § 2 Rn. 17f.
Das Diskriminierungsverbot wirkt auch bei einer **Beendigung des Beschäf-** 28
tigungsverhältnisses. Neue Fragen entstehen hier zunächst bei einer **krankheitsbedingten Kündigung** (zur grundsätzlichen Anwendbarkeit der EU-rechtlichen Diskriminierungsverbote auf Kündigungen s. Rn. 36ff. zu § 2 Abs. 4). Zur Abgrenzung der Begriffe »Krankheit« und »Behinderung« s. Rn. 26 a. Ab welcher Dauer eine Arbeitsunfähigkeit eine Behinderung darstellen kann, ist offen. Dabei ist zu beachten, dass weder nach der Definition der deutschen Gesetze noch der des EuGH eine vollständige Aufhebung der Teilhabe am Berufsleben vorliegen muss. Vielmehr reicht eine Einschränkung aus, die sich auch aus häufigen Kurzzeiterkrankungen z. B. aufgrund einer chronischen Krankheit ergeben kann.
Es bleibt die Problematik, dass die **Behinderung** Zeiten einer **Arbeitsunfä-** 29
higkeit auslösen kann. Ist dies der Fall, tritt neben die Prüfung der sozialen Rechtfertigung der Kündigung ins-besondere durch eine negative Zukunftsprognose unter Berücksichtigung zurückliegender Fehlzeiten, betriebliche Ablaufstörungen und Lohnfortzahlungskosten auch die **Prüfung der Rechtfertigung gem. § 8**. Das Fehlen der Behinderung muss dann eine wesentliche und entscheidende berufliche Anforderung für die Tätigkeit darstellen.[64] Wirkt sich die Behinderung so aus, dass eine dauernde Arbeitsunfähigkeit

---

63 So auch Joussen, NZA 07, 177.
64 BAG 15. 2. 05 – 9 AZR 635/03 – NZA 05, 870; s. hierzu auch Thüsing/Wege, NZA 06, 136 [139].

besteht, fehlt es an der Eignung zur Ausübung der vertraglich geschuldeten Tätigkeit, so dass eine Rechtfertigung gem. § 8 möglich ist. Allerdings hat auch in einem solchen Fall der Arbeitgeber vorrangig nach Art. 5 der Richtlinie 2000/78/EG (Rahmenrichtlinie Beschäftigung) eventuell mögliche **angemessene und ihm zumutbare Vorkehrungen** zu treffen, wenn hierdurch eine Weiterbeschäftigungsmöglichkeit geschaffen werden kann.[65] Bisher gab es diese Verpflichtung nur im Zusammenhang mit einer Schwerbehinderung gem. § 81 Abs. 4 SGB IX.

30 Darüber hinaus tragen häufig (schwer)behinderte Beschäftigte ein höheres Gesundheitsrisiko, so dass ungünstige Regelungen, die an eine Arbeitsunfähigkeit anknüpfen, zu einer mittelbaren Benachteiligung wegen Behinderung führen können.[66] Eine ungerechtfertigte **mittelbare Diskriminierung** gem. § 3 Abs. 2 kommt auch bei einer **Kündigung** von Behinderten in Betracht, die deshalb ausgesprochen wird, weil diese nicht in der Lage sind, ihre Tätigkeit nach einem neu eingeführten Arbeitssystem zu erbringen, obwohl eine diskriminierungsfreie Übertragung von Arbeitsaufgaben möglich wäre,[67] Regelungen eines Sozialplans, die zu einer Minderung der Abfindung wegen der Möglichkeit eines früheren Rentenbeginns wegen einer Behinderung führen, verstoßen gegen das Verbot einer mittelbaren Diskriminierung wegen einer Behinderung.[68]

31 **Mitbestimmung des Betriebsrats:** Der Betriebsrat hat gem. § 80 Abs. 1 Nr. 4 BetrVG die allgemeine Aufgabe der Eingliederung Schwerbehinderter und sonstiger schutzbedürftiger Personen. Hierunter sind alle Behinderten zu fassen, die auf angemessene, behinderungsgerechte Einrichtungen angewiesen sind, um am Erwerbsleben teilhaben zu können. Geeignete Maßnahmen, die zur Eingliederung behinderter Menschen in das Erwerbsleben erforderlich sind, können Gegenstand einer freiwilligen Betriebsvereinbarung gem. § 88 BetrVG sein.

VI. Benachteiligung wegen des Alters

32 Mit dem Begriff »Alter« knüpft das Gesetz an das **biologische Alter**, das Lebensalter eines Menschen an. Die meisten Menschen (wenn sie nicht früh sterben) durchlaufen im Laufe ihres Lebens alle verschiedenen Altersgrup-

---

65 S. a. BAG 19. 12. 13 – 6 AZR 190/12.
66 So LAG Baden-Württemberg 24. 2. 12 – 12 Sa 40/11 hinsichtlich der Urlaubsentgeltregelungen des § 8.4 BRTV, die zu einer Minderung des Urlaubsentgelts bei vorjährigem Krankengeldbezug führen.
67 LAG Berlin-Brandenburg 4. 12. 08 – 26 Sa 343/08 – EzA-SD 09, Nr. 3, 9 zur Einführung eines rollierenden, dem Anschein nach neutralen Schichtsystems und Kündigung einer Behinderten, die keine Nachtschicht leisten kann.
68 EuGH 6. 12. 12 – C 385/11 – [Odar].

Ziel des Gesetzes § 1

pen. Es geht also sowohl um den Schutz Älterer vor einer Benachteiligung gegenüber Jüngeren, als auch umgekehrt der Jüngeren gegenüber Älteren.

Unabhängig von der Normierung im AGG untersagt nach der **Rechtsprechung des EuGH** bereits der **allgemeine gemeinschaftsrechtliche Gleichheitssatz** jede Anknüpfung an das Alter, sofern sie nicht durch einen Rechtfertigungsgrund gestattet ist. Zur Rechtfertigung genügt dabei nicht jeder abstrakt anerkennenswerte sachliche Grund, sondern dieser muss in angemessenem Verhältnis zum Grad der Ungleichbehandlung stehen.[69] Der EuGH hat klargestellt, dass es sich bei dem Verbot der Altersdiskriminierung um einen allgemeinen Grundsatz des Gemeinschaftsrechts handelt, der durch die Richtlinie 2000/78/EG lediglich konkretisiert worden ist und gleichzeitig die Verpflichtung der Gerichte der Mitgliedstaaten begründet, diese allgemeinen Grundsätze des Gemeinschaftsrechts bei allen Rechtsstreitigkeiten zwischen Privaten unmittelbar zu beachten. Damit ist zum einen die **Wirkung** dieser allgemeinen Grundsätze des Gemeinschaftsrechts **zwischen Privaten** erstmals ausdrücklich festgestellt worden. Zum Anderen unterstreicht der EuGH erneut, dass die nationalen Gerichte zu einer Vorlage nicht verpflichtet sind, sondern eine bestimmte nationale Regelung bei einem von ihnen festgestellten Verstoß gegen die allgemeinen Grundsätze des Gemeinschaftsrechts bei ihrer Entscheidung unangewandt lassen können, **ohne** dass die Frage der Vereinbarkeit mit dem Gemeinschaftsrecht durch ein **Vorabentscheidungsverfahren** geklärt worden ist.[70] Die Rechtfertigung einer Ungleichbehandlung wegen des Alters ist in § 10 geregelt, der entsprechend den vom EuGH festgelegten Grundsätzen auszulegen ist.

33

Für Arbeitgeber und Betriebsrat besteht die Verpflichtung zur Überprüfung betrieblicher Vereinbarungen im Hinblick auf mögliche Benachteiligungen wegen des Merkmals »Alter« auch durch die **Änderung des § 75 Abs. 1 BetrVG**, in dessen Schutzbereich das Merkmal nunmehr miteinbezogen ist. Der Schutzbereich reicht von der Begründung des Beschäftigungsverhältnisses über die Arbeitsbedingungen bis zur Beendigung. Die Vorgabe eines Mindest- oder Höchstalters bei der Einstellung muss künftig ebenso gem. §§ 8 und 10 gerechtfertigt werden, wie Befristungen, Gehaltsstaffelungen, Zusatzurlaub, Arbeitszeitverkürzung und Altersgrenzen. Künftig müssen sich sowohl Tarifverträge als auch Betriebsvereinbarungen und Individualarbeitsverträge an den Kriterien für eine Unterscheidung nach dem Alter messen lassen.

34

---

69 EuGH 22. 11. 05 – C-144/04 – [Mangold/Helm], NZA 05, 1345 zur Gemeinschaftswidrigkeit der in § 14 Abs. 3 Satz 4 TzBfG a. F. geregelten sachgrundlosen Befristung eines Arbeitsverhältnisses ab dem 52. Lebensjahr.

70 EuGH 19. 1. 10 – C 555/07 – NZA 10, 85: EU-Rechtswidrigkeit der Nichtberücksichtigung von Beschäftigungszeiten vor dem 25. Lebensjahr bei der Berechnung der Kündigungsfrist gem. § 622 Abs. 2 Satz 2 BGB.

35 Eine Regelung, die das Lebensalter ohne weitere Differenzierung als lineare Rechengröße berücksichtigt, ist fortan nur wirksam, wenn sie gem. § 10 gerechtfertigt ist. Ansonsten verstößt sie gegen das arbeitsrechtliche Benachteiligungsverbot des § 7 Abs. 1. **Altersstufen, die beim tariflichen Entgelt** statt an die Länge der Betriebszugehörigkeit lediglich an das Alter anknüpfen, stellen deshalb nach h. M. eine Benachteiligung wegen des Alters dar.[71] Das Gleiche gilt für eine **Staffelung der Urlaubsdauer** nach dem Alter, wenn diese nicht durch eine besondere Schutzbedürftigkeit älterer Arbeitnehmer gerechtfertigt und verhältnismäßig ist.[72] Die **Betriebszugehörigkeit** oder das **Dienstalter** sind hingegen **legitime Entgeltkriterien**, auch wenn dies zu einer mittelbaren Benachteiligung wegen des Alters führen kann (s. auch § 10 Rn. 19).[73] Auch die Bestimmung in einer vom Arbeitgeber geschaffenen Versorgungsordnung, wonach ein Anspruch auf Leistungen der **betrieblichen Altersversorgung** nur besteht, wenn der Arbeitnehmer eine mindestens 15-jährige Betriebszugehörigkeit bis zur Regelaltersgrenze in der gesetzlichen Rentenversicherung zurücklegen kann, ist wirksam.[74] Eine Bestimmung in einer Versorgungsordnung, nach der ein Anspruch auf eine betriebliche Altersrente nicht besteht, wenn der Arbeitnehmer bei Erfüllung der nach der Versorgungsordnung vorgesehenen zehnjährigen Wartezeit das 55. Lebensjahr vollendet hat, ist wegen Altersdiskriminierung unwirksam.[75] Eine Begrenzung der anrechenbaren Dienstzeit in der Versorgungsordnung auf 40 Jahre, die dazu führt, dass Dienstzeiten, die vor Vollendung des 25. Lebensjahres zurückgelegt werden, hinsichtlich des Erwerbs von Rentenanwartschaften eine andere Wertigkeit haben, stellt keine unzulässige Diskriminierung dar.[76] Eine Gesamtversorgungsobergrenze, die nicht an das Lebensalter anknüpft, diskriminiert nicht unmittelbar oder mittelbar wegen des Alters.[77] Spätehenklauseln sind regelmäßig zulässig.[78] Eine Berücksich-

---

71 EuGH 7.6.12 – C 132/11 – [Tyrolean]; EuGH 8.9.11 – C-297/10 und C-298/10 – [Hennigs/Mai]: unzulässige Diskriminierung durch die im BAT festgelegte Vergütung nach Altersstufen anhängig beim EuGH C-20/13 die Frage der altersdiskriminierenden Verknüpfung der Richterbesoldung mit dem Lebensalter: Vorabentscheidungsersuchen des VG Berlin 12.12.12 – 7 K 156.10.
72 BAG 21.10.14 – 9 AZR 956/12: bejaht für zwei Tage Mehrurlaub für Beschäftigte ab 58 bei körperlich ermüdender und schwerer Arbeit (hier Schuhproduktion); BAG 20.3.12 – 9 AZR 529/10: verneint für die Staffelung im TVöD mit Mehrurlaub ab dem 30. und 40. Lebensjahr; LAG Düsseldorf 18.1.11 – 8 Sa 1274/10 für § 15 MTV Einzelhandel NRW.
73 EuGH 3.10.06 – C-17/5 – [Cadman].
74 BAG 12.2.13 – 3 AZR 100/11.
75 BAG 18.3.14 – 3 AZR 69/12.
76 BAG 11.12.12 – 3 AZR 634/10.
77 BAG 18.2.14 – 3 AZR 833/12.
78 LAG Hamm 15.2.11 – 9 Sa 1989/10; LAG Baden-Württemberg 12.11.09 – 11 Sa 41/09.

Ziel des Gesetzes § 1

tigung des Alters für die soziale Schutzbedürftigkeit bei der **Sozialauswahl** und für die Höhe der Abfindung bei **Sozialplänen** z. B. in Form eines linearen Punkteschemas ist regelmäßig gerechtfertigt, weil hierdurch die schlechteren Chancen älterer Arbeitnehmer auf dem Arbeitsmarkt ausgeglichen werden können.[79] Eine **Abfindung** kann nicht allein deswegen versagt werden, weil Beschäftigte eine Altersrente beziehen können. Besteht ein Wahlrecht, ob sie weiterhin dem Arbeitsmarkt zu Verfügung stehen oder eine Altersrente in Anspruch nehmen wollen, ist der Wegfall der Abfindung nur in dem Fall verhältnismäßig, dass die Altersrente tatsächlich in Anspruch genommen wird.[80] Deshalb kann es geboten sein, Beschäftigte, die wegen der damit verbundenen Rentenabschläge davon absehen, vorgezogene Altersrente in Anspruch zu nehmen, mit solchen gleichzustellen, die erst mit Erreichen der Regelaltersgrenze Altersrente beziehen können und denen deshalb eine Sozialplanabfindung zusteht.[81] Eine Verpflichtung, in einem Sozialplan für rentennahe Arbeitnehmer einen wirtschaftlichen Ausgleich vorzusehen, der mindestens die Hälfte der Abfindung rentenferner Arbeitnehmer beträgt, besteht nicht.[82] Andererseits darf ein Sozialplan die Abfindung auch für Beschäftigte, die sofort oder im Anschluss an Leistungen der Arbeitslosenversicherung lediglich ein vorgezogenes Altersruhegeld in Anspruch nehmen können, im Vergleich zu den jüngeren Arbeitnehmern auf die Hälfte begrenzen.[83] Die Bildung von Altersgruppen zur Wahrung einer ausgewogenen Altersstruktur im Betrieb ist nach der Rspr. des BAG zulässig, wenn sie dazu geeignet ist, dass die bestehende Struktur tatsächlich gewahrt bleibt,[84] während die bisherige Rspr. des EuGH eher für die Notwendigkeit eines Bezuges zu Gemeinwohlinteressen spricht.[85]

Ein **Höchstalter für eine Einstellung** ohne tatsächliche, sachliche Begründung stellt eine unzulässige Benachteiligung dar.[86] Die Rechtswirksamkeit einer Höchstaltersgrenze für den Zugang zum Beamtenverhältnis setzt voraus, dass ihrer Festlegung ein angemessener Ausgleich zwischen der durch Art. 33 Abs. 2 GG geschützten Zugangschance nach unmittelbar leistungsbezogenen Kriterien und dem in Art. 33 Abs. 5 GG angelegten Interesse des Dienstherrn an einer langen Lebensdienstzeit zugrunde

---

79 BAG 13. 10. 09 – 9 AZR 722/08.
80 EuGH 12. 10. 10 – C-499/08 – [Andersen].
81 LAG Hamm 29. 8. 12 – 4 Sa 668/11, anhängig beim BAG unter – 1 AZR 102/13.
82 BAG 26. 3. 13 – 1 AZR 813/11.
83 BAG 23. 4. 13 – 1 AZR 916/11.
84 BAG 19. 7. 12 – 2 AZR 352/11, BAG 22. 1. 09 – 8 AZR 906/07 – NZA 09, 945 und BAG 6. 11. 08 – 2 AZR 523/07 – AuR 09, 358.
85 EuGH 5. 3. 09 – C-388/07 – [Age Concern England], NZA 09, 305.
86 LAG Hamm 7. 8. 08 – 11 Sa 284/08 – AuR 09, 280: rechtswidrige Beschränkung auf Bewerber von 20–25 Jahren.

liegt.[87] Als gerechtfertigt werden gesehen: ein Höchstalter von 30 Jahren für die Einstellung von Feuerwehrleuten.[88] Nicht gerechtfertigt ist ein Höchstalter von 33 Jahren für die Einstellung von Piloten, die bei anderen Fluggesellschaften ausgebildet wurden,[89] von 40,5 Jahren für Nachwuchswissenschaftler.[90]

Altersgrenzen für ein **Ende der Beschäftigung** zu dem Zeitpunkt, zu dem ein **Anspruch auf Bezug einer beitragsbezogenen Altersrente** besteht, dienen regelmäßig der Schaffung einer ausgewogenen Altersstruktur sowie der Optimierung der Personalplanung und sollen Rechtsstreitigkeiten über die Fähigkeit vorbeugen, einer Tätigkeit über ein bestimmtes Alter hinaus nachzugehen. Solche Regelungen sind nach der Rechtsprechung regelmäßig gerechtfertigt[91] und können auch wirksam in Betriebsvereinbarungen geregelt sein.[92] Voraussetzung ist allerdings, dass das Rentenalter für Frauen und Männer das Gleiche ist, da ansonsten eine Anknüpfung hieran zu einer Diskriminierung wegen des Geschlechts führen kann.[93] Die gleiche Problematik besteht bei Schwerbehinderten, die nach den gesetzlichen Regelungen vorzeitig einen Anspruch auf eine abschlagsfreie Altersrente haben. § 9 Abs. 2 Buchst. a TV ATZ führt zu einer verdeckten, unmittelbaren Schlechterstellung für Schwerbehinderte, die Altersteilzeit im Blockmodell leisten und bei denen durch ein Ausscheiden mit dem Zeitpunkt des Anspruchs auf abschlagsfreie Altersrente die Freistellungsphase kürzer wird als die bereits zurückgelegte Arbeitsphase. Rechtsfolge der unzulässigen Ungleichbehandlung ist, dass der schwerbehinderte Arbeitnehmer verlangen kann, wie ein nicht schwerbehinderter Arbeitnehmer behandelt zu werden.[94]

Höchstaltersgrenzen wurden von der Rspr. **für die Ausübung folgender Tätigkeiten** als **zulässig** angesehen: 68 Jahre für einen Zahnarzt mit Kassenzulassung, wenn dies zum Schutz der Gesundheit der Patienten geeignet und erforderlich ist oder mit dem legitimen Ziel einer Verteilung der Berufschancen zwischen den Generationen innerhalb der Berufsgruppe der Vertragszahnärzte,[95] 70 Jahre für die Ausübung des Notarberufs.[96] **Unzulässig** sind

---

87 BVerwG 23. 2. 12 – 2 C 76/10: bejaht für eine Höchstaltersgrenze von 40 Jahren für Lehrer, die begründete Ausnahmen zulässt.
88 EuGH 12. 1. 10 – C 229/08 – [Wolf], AuR 10, 130.
89 BAG Hessen 8. 12. 10 – 7 ABR 98/09.
90 BAG 6. 4. 11 – 7 AZR 524/09.
91 EuGH 5. 7. 12 – C–141/11 – [Hörnfeldt]; EuGH 21. 7. 11 verbunden C 159/10 – [Fuchs] und C 160/10 – [Köhler]; EuGH 12. 10. 10 – C–45/09 8 – [Rosenbladt]; EuGH 16. 10. 07 – C–411/05 – [Palacios de la Villa], NZA 07, 1219; BAG 18. 6. 08 – 7 AZR 116/07 – NZA 08, 1302, BVerwG 6. 12. 11 – 2 B 85/11.
92 BAG 5. 3. 13 – 1 AZR 417/12.
93 EuGH 18. 10. 10 – C 356/09 – [Kleist].
94 BAG 12. 11. 13 – 9 AZR 484/12.
95 EuGH 12. 1. 10 – C–341/08 – [Petersen], AuR 10, 86.

Ziel des Gesetzes § 1

hingegen: eine Höchstaltersgrenze für öffentlich bestellte und vereidigte Sachverständige,[97] die tarifrechtliche Altersgrenze von 60 Jahren für Flugingenieure[98] und für Piloten[99] sowie für Flugbegleiter[100], die Nichtverlängerung des Berufsfahrerausweises für Trabrennfahrer nach Vollendung des 70. Lebensjahres.[101] Eine **Höchstaltersgrenze in einem Leistungsplan einer Unterstützungskasse**, nach der ein Anspruch auf eine betriebliche Altersversorgung nicht mehr erworben werden kann, wenn der Arbeitnehmer bei Eintritt in das Arbeitsverhältnis das 50. Lebensjahr vollendet hat, ist wirksam.[102] **Für weitere Einzelheiten s. § 10 Rn. 21, 24 a.** Eine innerbetriebliche Stellenausschreibung ausschließlich für Beschäftigte im 1. Berufsjahr ist mittelbar altersdiskriminierend und nicht durch ein beschränktes Personalbudget gerechtfertigt.[103] Die Ausschreibung eines Trainee-Programms für Berufseinsteiger rechtfertigt die Vermutung einer mittelbaren Altersdiskriminierung.[104] Die Benachteiligung älterer Bewerber ist indes aus sachlichen Gründen gerechtfertigt, wenn es das Ziel eines solchen Programms ist, qualifiziertes Nachwuchspersonal zu gewinnen oder erste berufliche Einstiegschancen im Rahmen eines einjährigen Trainee-Programms anzubieten.[105] Der Ausschluss ordentlicher Kündigungen in Tarifverträgen gilt nicht, falls er bei der Sozialauswahl zu einem grob fehlerhaften Auswahlergebnis führt. Insoweit sind Tarifverträge unionsrechtskonform und gesetzeskonform im Sinne von § 10 Satz 1 bzw. § 1 Abs. 3 KSchG auszulegen.[106]

Fraglich ist auch das **Verhältnis von AGG und einfachgesetzlichen Regelungen** wie § 1 Abs. 3 und § 10 KSchG, § 622 Abs. 1 Satz 2 BGB, § 14 Abs. 3 TzBfG sowie tariflichen Regelungen, die an das Alter anknüpfen. Da es sich bei den inhaltlichen Vorgaben des AGG weitgehend um die Umsetzung von übergeordnetem EU-Recht handelt, ist dieses grundsätzlich vorrangig, wenn die Regelungen sich widersprechen. Soweit möglich, sind die nationalen Normen europarechtskonform auszulegen. Ist eine solche Auslegung nicht möglich, stellt der EuGH klar, dass es dem nationalen Gericht obliegt, bei einem Rechtsstreit über das Verbot der Diskriminierung wegen des Alters den rechtlichen Schutz, der sich für den Einzelnen aus dem Gemeinschaftsrecht ergibt, 36

---

96 BGH 23.7.12 – NotZ (Brfg) 15/11.
97 BVerwG 1.2.12 – 8 C 24/11.
98 BAG 15.2.12 – 7 AZR 904/08.
99 EuGH 13.9.11 – C 447/09 – [Prigge]; BAG 18.1.12 – 7 AZR 112/08.
100 BAG 23.6.10 – 7 AZR 1021/08.
101 LG Berlin 4.7.12 – 22 O 157/12.
102 BAG 12.11.13 – 3 AZR 356/12.
103 BAG 18.8.09 – 1 ABR 47/08 – AuR 09, 310; LAG Saarland 11.2.09 – 1 TaBV 73/08 – Rechtsbeschwerde anhängig unter 1 ABR 27/09.
104 BAG 24.1.13 – 8 AZR 429/11.
105 LAG Nürnberg 11.7.12 – 4 Sa 596/11; LAG Hessen 16.1.12 – 7 Sa 615/11.
106 BAG 20.6.13 – 2 AZR 295/12.

zu gewährleisten und die volle Wirksamkeit des Gemeinschaftsrechts zu garantieren, indem es jede möglicherweise entgegenstehende Bestimmung des nationalen Rechts unangewandt lässt.[107] § 2 Abs. 4 verstößt gegen höherrangiges EU-Recht und ist daher nicht anzuwenden (s. hierzu im Einzelnen Rn. 58 ff. zu § 2 Abs. 4). Die Bestimmungen des AGG und des KSchG gelten folglich nebeneinander. Bei der Kollision einzelner Vorschriften ist, soweit möglich, der Diskriminierungsschutz durch Auslegung zu gewährleisten.

37 § 1 Abs. 3 KSchG legt das **Alter** als ein **für die Sozialauswahl zu berücksichtigendes Kriterium** fest, was gem. § 10 Satz 3 Nr. 6 ausdrücklich gerechtfertigt ist. Der gesetzliche Regelungskomplex der Sozialauswahl gem. § 1 Abs. 3 KSchG verstößt daher nicht gegen das unionsrechtliche Verbot der Altersdiskriminierung. Die gesetzliche Vorgabe in § 1 Abs. 3 Satz 1 KSchG, das Lebensalter als eines von mehreren Kriterien bei der Sozialauswahl zu berücksichtigen, und die durch § 1 Abs. 3 Satz 2 KSchG eröffnete Möglichkeit, die Auswahl zum Zweck der Sicherung einer ausgewogenen Personalstruktur innerhalb von Altersgruppen vorzunehmen, verstoßen nicht gegen das unionsrechtliche Verbot der Altersdiskriminierung und dessen Ausgestaltung durch die Richtlinie 2000/78/EG vom 27.11.2000.[108] Bei einem Wiedereinstellungsanspruch können Betriebsparteien vereinbaren, dass ältere Arbeitnehmer bevorzugt wiedereinzustellen sind. Sie sind rechtlich nicht verpflichtet, die anspruchsberechtigten Arbeitnehmer nach den gleichen Kriterien wie bei der sozialen Auswahl zu bestimmen.[109] Die **Altersstaffelung in § 10 KSchG** erscheint ebenfalls sachlich durch die altersbedingte Verschlechterung der Berufsaussichten gerechtfertigt. Die gem. § 1 Abs. 3 Satz 2 KSchG mögliche Altersgruppenbildung für die Sozialauswahl zum Zweck der Sicherung einer ausgewogenen Personalstruktur verstößt genauso wenig gegen das unionsrechtliche Verbot der Altersdiskriminierung, wie die nach § 125 Abs. 1 InsO eröffnete Möglichkeit, über einen Interessenausgleich mit Namensliste eine ausgewogene Personalstruktur zu schaffen.[110]

38 Die Staffelung von Kündigungsfristen nach der Länge der Betriebszugehörigkeit in § 622 Abs. 2 BGB verstößt nicht gegen das Verbot der Altersdiskriminierung. Auch wenn die Anknüpfung an die Länge der Betriebszugehörigkeit geeignet ist, mittelbar jüngere Beschäftigte schlechter zu stellen, ist dies dadurch gerechtfertigt, dass mit dem Alter die Schwierigkeit zunimmt, eine Anschlussbeschäftigung zu finden.[111] Europarechtswidrig ist hingegen die gesetzliche Regelung in **§ 622 Abs. 2 Satz 2 BGB** zu den **erlängerten Kündi-**

---

107 EuGH 22.11.05 – C-144/04 – [Mangold/Helm], NZA 05, 1345; EuGH 19.1.10 – C 555/07 – [Kücükdeveci], NZA 10, 85.
108 BAG 15.12.11 – 2 AZR 42/10.
109 LAG Köln 11.5.12 - 5 Sa 1009/10.
110 BAG 19.12.13 – 6 AZR 790/12.
111 BAG 18.9.14 – 6 AZR 636/13.

Ziel des Gesetzes § 1

gungsfristen, nach der Betriebszugehörigkeitszeiten erst ab Vollendung des 25. Lebensjahres Berücksichtigung finden.[112] Der EuGH lässt offen, ob das genannte Ziel einer größeren personalwirtschaftlichen Flexibilität der Arbeitgeber durch geringere Belastungen im Zusammenhang mit der Entlassung jüngerer Arbeitnehmer zur Rechtfertigung der Benachteiligung grundsätzlich geeignet ist. Die Nichtberücksichtigung von Beschäftigungszeiten vor dem 25. Lebensjahr bei der Berechnung der Kündigungsfristen, ist jedenfalls nicht angemessen, um das genannte Ziel zu erreichen, weil die Maßnahme sich auch dann noch benachteiligend auswirkt, wenn die Beschäftigten bereits ein höheres Lebensalter erreicht haben. Auch bei einem 40jährigen Arbeitnehmer, der mit 15 Jahren bei demselben Arbeitgeber eingestellt wurde, wirkt sich die Bestimmung in der Weise aus, dass nicht 25, sondern nur 15 Jahre Betriebszugehörigkeit angerechnet werden und damit eine um einen Monat verkürzte Kündigungsfrist gilt. Das Ziel, den Kündigungsschutz mit wachsenden Beschäftigungszeiten zu stärken, wird vom EuGH als legitim zugrunde gelegt und unterschiedliche Kündigungsfristen für unterschiedliche Altersgruppen nicht beanstandet. Beschäftigte müssen die Nichteinhaltung der objektiv richtigen Kündigungsfrist mit einer **Kündigungsschutzklage innerhalb von drei Wochen** nach Zugang der schriftlichen Kündigung geltend machen (§ 4 Satz 1 KSchG), wenn sich die mit zu kurzer Frist ausgesprochene Kündigung nicht als eine solche mit der rechtlich gebotenen Frist auslegen lässt. Ansonsten gilt bei der Notwendigkeit einer Umdeutung die mit zu kurzer Frist ausgesprochene Kündigung nach § 7 KSchG als rechtswirksam und beendet das Arbeitsverhältnis zum »falschen« Termin.[113] Auch die Regelung in § 14 Abs. 3 TzBfG dürfte einer Überprüfung durch den EuGH nicht standhalten. Das BAG[114] geht davon aus, dass jedenfalls bei erstmaliger Inanspruchnahme der Befristungsmöglichkeit gem. § 14 Abs. 3 Satz 1 TzBfG zwischen denselben Arbeitsvertragsparteien diese mit EG-Recht vereinbar sind und hat die Frage der Vereinbarkeit auch einer mehrmaligen Inanspruchnahme ausdrücklich offengelassen (s. hierzu § 2 Rn. 41).

Regelungen in Tarifverträgen, die an das Merkmal Alter anknüpfen, können entweder eine positive Maßnahme im Sinne des § 5 darstellen oder sie können nach § 10 gerechtfertigt sein (s. ausführlich Rn. 13f. zu § 10). **39**

Eine mittelbare Diskriminierung wegen des Alters ist zu prüfen bei Regelungen, die eine ungünstige Rechtsfolge an Zeiten von Arbeitsunfähigkeit anknüpfen, da ältere Menschen ein höheres Gesundheitsrisiko tragen.[115] **39a**

---

112 EuGH 19. 1. 10 – C 555/07 – [Kücükdeveci], NZA 10, 85.
113 BAG 1. 9. 10 – 5 AZR 700/09.
114 28. 5. 14 – 7 AZR 360/12.
115 So LAG Baden-Württemberg 24. 2. 12 – 12 Sa 40/11 hinsichtlich der Urlaubsentgeltregelungen des § 8.4 BRTV, die zu einer Minderung des Urlaubsentgelts bei vorjährigem Krankengeldbezug führen.

40 **Mitbestimmung des Betriebsrats:** Der Betriebsrat hat gem. § 80 Abs. 1 Nr. 4 BetrVG die allgemeine Aufgabe die Beschäftigung älterer Arbeitnehmer im Betrieb zu fördern. Geeignete Fördermaßnahmen können Gegenstand einer freiwilligen Betriebsvereinbarung gem. § 88 BetrVG sein und sind, soweit sie die altersbedingte Verschlechterung der Berufsaussichten ausgleichen sollen, als positive Maßnahme gem. § 5 grundsätzlich möglich.

VII. Benachteiligung wegen der sexuellen Identität

41 Mit dem Begriff der »sexuellen Identität« schließt sich der Gesetzgeber der bereits zur Umsetzung der Richtlinie 2000/78/EG (Rahmenrichtlinie Beschäftigung) in § 75 Betriebsverfassungsgesetz erfolgten Wortwahl an. Der Begriff dürfte von seiner Bedeutung her identisch sein mit dem der »sexuellen Ausrichtung«, der in der Richtlinie verwandt wird und der sich auf die homosexuelle, heterosexuelle oder bisexuelle Orientierung eines Menschen bezieht. Insoweit besteht Konsens in den europäischen Regelungen.[116] Erfasst werden nach der Gesetzesbegründung[117] auch transsexuelle oder zwischengeschlechtliche Menschen. Der EuGH sieht hingegen richtigerweise in einer Benachteiligung Transsexueller eine Benachteiligung wegen des Geschlechts.[118]

42 Von dem Begriff der sexuellen Identität werden besondere sexuelle Neigungen oder Sexualpraktiken nicht erfasst. Hierbei geht es nicht um eine Zuwendung zu einem bestimmten Geschlecht, sondern um hiervon unabhängige Neigungen, die außerdem als therapierbar gelten und damit nicht Teil der sexuellen Identität sind. Folglich werden sie vom Verbot der Benachteiligung nicht erfasst.[119] Die im Rahmen des Gesetzgebungsverfahren geäußerten Befürchtungen, dass das AGG auch eine wegen Kindesmissbrauchs verurteilte Person schützt, die sich für eine Tätigkeit in Kindergarten oder Schule bewirbt, sind daher nicht gerechtfertigt. Auf die Rechtfertigung einer hieran anknüpfenden Ungleichbehandlung nach § 8 Abs. 1 kommt es deshalb nicht an. Einschlägige Sexualvorstrafen dürfen also für Berufe, in denen es um den Schutz Minderjähriger geht, entsprechend den allgemeinen Regelungen bei der Einstellung erfragt werden (s. hierzu Rn. 12 ff. zu § 2).

---

116 Cormack/Bell, S. 26.
117 BT-Drs. 16/1780 S. 31.
118 EuGH 30.4.96 – C-13/94 – NZA 96, 695.
119 So auch Schiek-Schiek, § 1 Rn. 31, a.A. Thüsing, NZA Sonderbeilage zu Heft 22/2004, 3 [13], der aber wegen des strafrechtlichen Schutzes der freien Entwicklung der kindlichen Sexualität ebenfalls zu einer Ablehnung eines Schutzes pädophiler Personen kommt.

Anwendungsbereich § 2

In der Rechtsprechung geht es hier vor allem um Leistungen, die an ein traditionelles Familienverständnis anknüpfen oder eine Lebenspartnerschaft im Vergleich zu einer Ehe benachteiligen. Eine eingetragene Lebenspartnerschaft ist durchweg einer Ehe gleichzustellen.[120]

43

§ 2 Anwendungsbereich

(1) Benachteiligungen aus einem in § 1 genannten Grund sind nach Maßgabe dieses Gesetzes unzulässig in Bezug auf:
1. die Bedingungen, einschließlich Auswahlkriterien und Einstellungsbedingungen, für den Zugang zu unselbstständiger und selbstständiger Erwerbstätigkeit, unabhängig von Tätigkeitsfeld und beruflicher Position, sowie für den beruflichen Aufstieg,
2. die Beschäftigungs- und Arbeitsbedingungen einschließlich Arbeitsentgelt und Entlassungsbedingungen, insbesondere in individual- und kollektivrechtlichen Vereinbarungen und Maßnahmen bei der Durchführung und Beendigung eines Beschäftigungsverhältnisses sowie beim beruflichen Aufstieg,
3. den Zugang zu allen Formen und allen Ebenen der Berufsberatung, der Berufsbildung einschließlich der Berufsausbildung, der beruflichen Weiterbildung und der Umschulung sowie der praktischen Berufserfahrung,
4. die Mitgliedschaft und Mitwirkung in einer Beschäftigten- oder Arbeitgebervereinigung oder einer Vereinigung, deren Mitglieder einer bestimmten Berufsgruppe angehören, einschließlich der Inanspruchnahme der Leistungen solcher Vereinigungen,
5. den Sozialschutz, einschließlich der sozialen Sicherheit und der Gesundheitsdienste,
6. die sozialen Vergünstigungen,

---

120 BVerfG 1.8.12 – 2 BvR 1397/09, Familienzuschlag für Beamte in eingetragener Lebenspartnerschaft auch für die Zeit vor 2009; ebenso BVerwG 19.6.12 – 2 BvR 1397/09, Familienzuschlag der Stufe 1; EuGH 10.5.11 – C 147/08 – [Römer], Zusatzrente; BVerwG 28.10.10 – 2 C 52/09, Auslandszuschlag und Aufwandsentschädigung bei Dienstleistung im Ausland; VGH Baden-Württemberg 3.4.12 – 4 S 1773/09, Witwergeld für den hinterbliebenen Lebenspartner des Beamten; BAG 14.1.09 – 3 AZR 20/07, Gleichstellung von eingetragenen Lebenspartnern mit Ehegatten in der betrieblichen Altersversorgung hinsichtlich der Hinterbliebenenversorgung, soweit am 1. Januar 2005 zwischen dem Versorgungsberechtigten und dem Versorgungsschuldner noch ein Rechtsverhältnis bestand; BAG 11.12.12 – 3 AZR 684/10, Hinterbliebenenversorgung eingetragener Lebenspartner seit dem 1.1.2005 für Dienstordnungsangestellte bei Verweis auf die Vorschriften über die Versorgung für Beamte des Bundes.

7. die Bildung,
8. den Zugang zu und die Versorgung mit Gütern und Dienstleistungen, die der Öffentlichkeit zur Verfügung stehen, einschließlich von Wohnraum.

(2) Für Leistungen nach dem Sozialgesetzbuch gelten § 33 c des Ersten Buches Sozialgesetzbuch und § 19 a des Vierten Buches Sozialgesetzbuch. Für die betriebliche Altersvorsorge gilt das Betriebsrentengesetz.

(3) Die Geltung sonstiger Benachteiligungsverbote oder Gebote der Gleichbehandlung wird durch dieses Gesetz nicht berührt. Dies gilt auch für öffentlich-rechtliche Vorschriften, die dem Schutz bestimmter Personengruppen dienen.

(4) Für Kündigungen gelten ausschließlich die Bestimmungen zum allgemeinen und besonderen Kündigungsschutz.

Inhaltsübersicht	Rn.
I. Allgemeines	1, 2
II. Zugang zu Erwerbstätigkeit und beruflichem Aufstieg	3–19
1. Auswahlkriterien und Einstellungsbedingungen	5
2. Einstellungsverfahren	6–11
3. Fragerecht des Arbeitgebers bei der Einstellung	12–18
a) Frage nach der Religionszugehörigkeit	15
b) Frage nach der Schwangerschaft	16
c) Frage nach einer Behinderung bzw. Schwerbehinderung	17, 18
4. Angemessene Vorkehrungen zur Ermöglichung der Einstellung Behinderter	19
III. Beschäftigungs- und Arbeitsbedingungen, Vergütung	20–29b
IV. Durchführung des Arbeitsverhältnisses und beruflicher Aufstieg	30–33
V. Entlassungsbedingungen und Beendigung des Arbeitsverhältnisses	34–43
1. Benachteiligungsschutz bei Ausspruch einer Kündigung	36–38b
2. Benachteiligungsschutz bei Anfechtung des Arbeitsvertrages	39
3. Benachteiligungsschutz bei Befristungen	40–42
4. Rechtsfolgen einer Benachteiligung bei der Beendigung eines Arbeitsverhältnisses	43
VI. Nachwirkende Folgen eines beendeten Beschäftigungsverhältnisses	44
VII. Berufsberatung und Berufsbildung	45
VIII. Mitgliedschaft und Mitwirkung in berufsbezogenen Vereinigungen	46
IX. Sozialschutz, soziale Vergünstigungen und Bildung	47
X. Freier Waren- und Dienstleistungsverkehr	48–50
XI. Sozialleistungen	51
XII. Betriebliche Altersversorgung	52–55
XIII. Andere Benachteiligungsverbote oder Gleichbehandlungsgebote	56, 57
XIV. Verhältnis des AGG zum Kündigungsschutz	58–61

Anwendungsbereich § 2

I. Allgemeines

Der in **Abs.** 1 geregelte **Anwendungsbereich** nimmt auf den Wortlaut der EU-Richtlinien Bezug. Nr. 1 bis 4 entsprechen weitgehend Art. 3 Abs. 1 a) bis d) der Richtlinien 2000/43/EG (Antirassismus-Richtlinie), 2000/78/EG (Rahmenrichtlinie Beschäftigung) und 76/207/EWG (Gender-Richtlinie). Im Anwendungsbereich des **§ 2 Abs. 1 Nr. 1 bis 4** geht es um das **arbeitsrechtliche Benachteiligungsverbot**, auf das die Bestimmungen des Abschnitts 2 (Benachteiligung von Beschäftigten) und die dort normierten Sanktionen Anwendung finden. 1

§ 2 Abs. 1 Nr. 5 bis 8 entsprechen wortgleich Art. 3 Abs. 1 e) bis h) der Antirassismus-Richtlinie 2000/43/EG. Mit § 2 Abs. 1 Nr. 8 wird gleichzeitig die Richtlinie 2004/113/EG (Gleichbehandlungsrichtlinie wegen des Geschlechts außerhalb der Arbeitswelt) umgesetzt. Anders als das EU-Recht erfasst damit der Diskriminierungsschutz des AGG auch den Sozialschutz, die Bildung und Versorgung mit Gütern und Dienstleistungen hinsichtlich aller Diskriminierungsmerkmale, und beschränkt sich nicht auf die Merkmale der Rasse, der ethnischen Herkunft und des Geschlechts. Allerdings ist dieses **zivilrechtliche Benachteiligungsverbot** in Abschnitt 3 und die sich daran anknüpfenden Sanktionen für die verschiedenen Merkmale des § 1 unterschiedlich ausgestaltet. § 19 Abs. 2 beschränkt das Benachteiligungsverbot bei Begründung, Durchführung und Beendigung sonstiger zivilrechtlicher Schuldverhältnisse i. S. des Abs. 1 Nr. 5–8 auf Benachteiligungen aus Gründen der Rasse oder der ethnischen Herkunft. Eine Benachteiligung aus den anderen in § 1 genannten Gründen ist gem. § 19 Abs. 1 nur für Massengeschäfte und privatrechtliche Versicherungen verboten. Außerdem sind Einschränkungen für Schuldverhältnisse vorgesehen, bei denen ein besonderes Nähe- oder Vertrauensverhältnis begründet wird, sowie für Wohnraumvermietung (s. Rn. 9f. zu § 19). 2

II. Zugang zu Erwerbstätigkeit und beruflichem Aufstieg

Abs. 1 Nr. 1 nennt als **persönlichen Schutzbereich** den **Zugang zu unselbstständiger und selbstständiger Erwerbstätigkeit** unabhängig von Tätigkeitsfeld und beruflicher Position, sowie den beruflichen Aufstieg. Der Anwendungsbereich des AGG trägt den EU-rechtlichen Vorgaben Rechnung und ist deutlich weiter gefasst, als die ehemaligen §§ 611 a BGB und 81 Abs. 2 Nr. 1 SGB IX, die sich nur auf Arbeitnehmer und Arbeitnehmerinnen bezogen. Nunmehr werden arbeitnehmerähnliche Personen, freie Mitarbeiter und Mitarbeiterinnen und Organmitglieder in den Schutzbereich einbezogen. 3

Bei unselbstständig Beschäftigten gem. § 6 Abs. 1 wird der Zugang zur Erwerbstätigkeit und der berufliche Aufstieg dadurch geschützt, dass Benach- 4 teiligungen im Zusammenhang mit dem Abschluss eines Arbeitsvertrages, oder bei arbeitnehmerähnlichen Personen durch den Abschluss eines freien Dienstvertrages verboten sind. Dabei erfasst Abs. 1 Nr. 1 die gesamte Vertragsanbahnungsphase,[1] angefangen bei der Stellenausschreibung (§ 11), dem Bewerbungsverfahren, der Anforderung von Bewerbungsunterlagen, Fragen des Arbeitgebers ggf. unter Verwendung von Personalfragebögen bis zum Auswahlverfahren. Demgegenüber ist fraglich, ob bei **Selbstständigen** der Diskriminierungsschutz über § 6 Abs. 3 für den Abschluss sämtlicher Dienst-, Kauf- oder Werkverträge entsprechend gilt, oder ob der Abschluss solcher Verträge lediglich Ausdruck bereits praktizierter selbstständiger Erwerbstätigkeit ist und nur für solche Verträge ein diskriminierungsfreier Abschluss geschützt wird, die ganz grundsätzlich den Rahmen und die Voraussetzung für selbstständige Tätigkeit bieten. Für die engere Auslegung spricht, dass von § 6 Abs. 3 nur der Zugang und nicht die Ausübung der selbstständigen Erwerbstätigkeit geschützt wird (s. hierzu im Einzelnen: Rn. 16 f. zu § 6).

1. Auswahlkriterien und Einstellungsbedingungen

5   Für den Zugang zur Erwerbstätigkeit und für den beruflichen Aufstieg haben **Auswahlkriterien** und **Einstellungsbedingungen** eine besondere Bedeutung. Die Wortwahl geht von den EU-Richtlinien aus, umfasst aber den Begriff der Auswahlrichtlinien, der gem. **§ 95 BetrVG** für den kollektivrechtlichen Bereich für Einstellungen, sowie für Versetzungen und Umgruppierungen definiert wird. In **Abgrenzung zu Abs. 1 Nr. 2** werden von **Abs. 1 Nr. 1** damit die abstrakt generellen Vorgaben für Versetzungen und Umgruppierungen erfasst, die Individualmaßnahmen selbst im Einzelfall aber von **Abs. 1 Nr. 2** (Maßnahmen bei der Durchführung des Beschäftigungsverhältnisses). Richtlinien über die personelle Auswahl bei Kündigungen fallen unter Abs. 1 Nr. 2 (Maßnahmen bei der Beendigung des Beschäftigungsverhältnisses). Die Anwendbarkeit von Nr. 1 ist bei Arbeitnehmerinnen und Arbeitnehmern, sowie arbeitnehmerähnlichen Personen nicht auf wirksame kollektive Regelungen nach § 95 BetrVG beschränkt, sondern umfasst **alle** abstrakt generellen wie auch für den Einzelfall getroffenen **Regelungen, die Arbeitgeber für Einstellungen, die interne Besetzung von Stellen und für Beförderungen zugrunde legen**. Die öffentliche Äußerung eines Arbeitgebers, er werde keine Beschäftigten einer bestimmten ethnischen Herkunft oder Rasse einstellen, begründet eine unmittelbare Diskriminierung bei der Einstellung, denn solche Äußerungen können Bewerber

---

[1] EuGH 10.7.08 – C-54/07 – [Feryn], NZA 08, 929.

Anwendungsbereich § 2

ernsthaft davon abhalten, ihre Bewerbungen einzureichen, und damit ihren Zugang zum Arbeitsmarkt behindern.[2]

2. Einstellungsverfahren

Für das Arbeitsverhältnis spielt das **Einstellungsverfahren** eine besondere Rolle. Der Arbeitgeber hat künftig über den bisherigen Anwendungsbereich von §§ 611 a BGB, 81 Abs. 2 Nr. 1 SGB IX hinaus hinsichtlich aller Merkmale des § 1 einen **diskriminierungsfreien Zugang zu den von ihm angebotenen Arbeitsplätzen** zu gewährleisten. Das Verbot der Benachteiligung bei der Einstellung beginnt bereits mit der Stellenausschreibung (Nachweis der hierzu ergangenen Rechtsprechung Rn. 3 zu § 11). Ein Arbeitgeber kann daher künftig Personen, die eines der Merkmale des § 1 tragen, bei besserer Eignung nicht mehr einfach als »unsympathisch« ablehnen, ohne sich der Gefahr von Sanktionen nach Abschnitt 2 des AGG auszusetzen. Er muss vielmehr im Streitfall und bei Vorliegen der Voraussetzungen des § 22 seine Auswahlentscheidung transparent machen und gegebenenfalls begründen. Nur objektive Gründe, die die gesetzlichen Voraussetzungen der §§ 8 ff. erfüllen, können eine Ablehnung wegen eines – Merkmals des § 1 künftig rechtfertigen. Der Schutz des AGG kann nicht dadurch umgangen werden, dass sich der Arbeitgeber eines **Personalvermittlers** bedient, der sich auf ein Auskunftsverweigerungsrecht beruft. In diesem Fall kann der oder die Betroffene zumindest aus dem Grundsatz von Treu und Glauben (§ 242 BGB) einen **Auskunftsanspruch**, wegen des drohenden Fristablaufs nach § 15 Abs. 4 im Wege der einstweiligen Verfügung, gegen den Personalvermittler geltend machen, um dann den dahinter stehenden Arbeitgeber auf Schadensersatz und Entschädigung in Anspruch zu nehmen.[3] Abgelehnte Bewerber und Bewerberinnen, die die Voraussetzungen für eine ausgeschriebene Stelle erfüllen, haben **keinen generellen Auskunftsanspruch** gegenüber dem Arbeitgeber über Mitbewerber, die Kriterien für eine Auswahlentscheidung oder die Bezahlung anderer Mitarbeiter oder eine spezifische Möglichkeit der Einsichtnahme in Informationen, um Tatsachen glaubhaft machen zu können, die das Vorliegen einer Diskriminierung vermuten lassen. Allerdings kann die Verweigerung jeglicher Information bei der Beurteilung, ob Indizien vorliegen, die eine Benachteiligung vermuten lassen, zu berücksichtigen sein.[4] 6

Eine Benachteiligung bei der Einstellung setzt zunächst voraus, dass eine **Bewerbung** um die Stelle **im Zeitpunkt der Besetzungsentscheidung** vorlag.[5] 6a

---

2 EuGH 10.7.08 – C- 54/07 – [Feryn], NZA 08, 929.
3 Schwab, NZA 07, 179.
4 BAG 25.4.13 – 8 AZR 287/08; EuGH 19.4.12 – C – 415/10 – (Meister); EuGH 21.7.11 – C-104/10 – (Kelly); LAG Rheinland-Pfalz 17.6.09 – 8 Sa 639/08.
5 BAG 19.8.10 – 8 AZR 370/09.

Außerdem muss die Bewerbung **ernsthaft** sein und **eine objektive Eignung** der Bewerber bestehen. Sonst fehlt es an einer ungünstigeren Behandlung in einer vergleichbaren Situation, weil die Auswahlsituation nur für Beschäftigte vergleichbar sein kann, die gleichermaßen die **objektive Eignung** für die zu besetzende Stelle aufweisen.[6] Fehlt es an einer subjektiven Ernsthaftigkeit der Bewerbung, ist die Geltendmachung einer Entschädigung ggf. treuwidrig (zur Rechtsprechung s. im Einzelnen Rn. 3b zu § 3.[7] Dabei stellt allein die Tatsache, dass sich ein Arbeitnehmer parallel und zeitnah auf zahlreiche Stellen bewirbt und in mehreren Verfahren Ansprüche nach § 15 AGG geltend macht, noch nicht die Ernsthaftigkeit seiner Bewerbung in Frage.[8] Allerdings kann die Tatsache, dass Bewerber in einer Vielzahl von Fällen Klagen auf Zahlung von Schadensersatz bzw. Entschädigung wegen behaupteter Diskriminierung bei Stellenausschreibungen erhoben haben, den Schluss rechtfertigen, dass eine ernsthaft gemeinte Bewerbung nicht vorlag, sofern weitere Indizien hinzukommen. Solche anderen Indizien können vorliegen, wenn ein Bewerbungsschreiben weitgehend aus Textbausteinen zusammengesetzt ist, keinerlei Ausführungen dazu enthält, was den Bewerber gerade an der ausgeschriebenen Stelle interessiert, und keine aussagekräftige Darstellung des bisherigen beruflichen Werdegangs des Bewerbers enthält.[9] Außerdem muss die Bewerbung in einem **Zeitpunkt** bei dem potenziellen Arbeitgeber vorliegen, in dem die **Auswahlentscheidung noch offen** ist. Hat der Arbeitgeber sich bereits für einen Kandidaten entschieden, stellt es keine Benachteiligung dar, wenn er eine Bewerbung nicht berücksichtigt. Etwas anderes gilt, wenn der Arbeitgeber vor Ablauf einer selbst gesetzten Bewerbungsfrist die Stelle besetzt. Schwerbehinderte, die sich noch im Rahmen der Bewerbungsfrist bewerben, werden hierdurch benachteiligt, wenn sie trotz der geltenden Schutzvorschriften deshalb nicht in die Auswahl einbezogen werden.[10]

---

6 BAG 18. 3. 10 – 8 AZR 77/09 – DB 10, 1534; LAG Köln 10. 2. 10 – 5 Ta 408/09 – NZA-RR 10, 234: offenkundig fehlende Eignung eines Bewerbers wegen provokanten Auftreten im Bewerbungsverfahren; LAG Hamm 26. 6. 09 – 15 Sa 63/08 – LAGE § 15 AGG Nr. 5: ausschließlich Bewerbungen auf altersdiskriminierende Stellenausschreibungen; LAG Baden-Württemberg 13. 8. 07 – 3 Ta 119/07 – AuA 07, 624: Bewerbungsfoto vom Schachturnier und die Selbstbeschreibung »auf Bahnhofpennerniveau verharzt«; LAG Hamburg 29. 10. 08 – 3 Sa 15/08 – ArbuR 09, 97 Stellenbewerber, der dem Anforderungsprofil nicht ansatzweise entspricht; LAG Hamburg 19. 11. 08 – 3 Ta 19/08: Ausschlagung der Einladung zum Vorstellungsgespräch ohne Grund.
7 BAG 13. 10. 11 – 8 AZR 608/10; 16. 2. 12 – 8 AZR 697/10.
8 BAG 13. 10. 11 – 8 AZR 608/10; LAG Baden-Württemberg 20. 3. 09 – 9 Sa 5/09; LAG Schleswig-Holstein 9. 12. 08 – 5 Sa 286/08 – AuA 09, 619.
9 LAG Hamburg 12. 1. 09 – 3 Ta 26/08.
10 BAG 17. 8. 10 – 9 AZR 839/08.

Anwendungsbereich § 2

Zum Schutz von **Schwerbehinderten und schwerbehinderten gleichgestellten Personen** bestehen für das Einstellungsverfahren **besondere gesetzliche Vorgaben**. Bei Bewerbungen von Schwerbehinderten hat der Arbeitgeber insbesondere die Schwerbehindertenvertretung gem. § 81 Abs. 1 Satz 4, 6 SGB IX über eine eingegangene Bewerbung eines Schwerbehinderten zu unterrichten und anzuhören. Ein Verstoß gegen diese Verpflichtung begründet eine Vermutung für eine Benachteiligung wegen der Schwerbehinderteneigenschaft.[11] Die gleiche Vermutungswirkung gilt, wenn der Arbeitgeber entgegen der Verpflichtung nach § 81 Abs. 1 Satz 2 und § 82 SGB IX frei werdende Stellen nicht frühzeitig bei der Agentur für Arbeit gemeldet hat, um die Vermittlung arbeitsloser und arbeitssuchender, schwerbehinderter Menschen zu ermöglichen[12] oder einem schwerbehinderten Arbeitnehmer gegenüber entgegen § 81 Abs. 1 Satz 9 SGB IX keine Gründe für die Ablehnung der Bewerbung mitteilt.[13] Auf ein Verschulden kommt es nicht an.

7

Darüber hinaus hat der **öffentliche Arbeitgeber** nach § 82 Satz 2 SGB IX den sich bewerbenden schwerbehinderten Menschen zu einem Vorstellungsgespräch zu laden. Diese Pflicht besteht nach § 82 Satz 3 SGB IX nur dann nicht, wenn die fachliche Eignung offensichtlich fehlt.[14] Wenn diese zweifelhaft, aber nicht offensichtlich ausgeschlossen ist, muss der Arbeitgeber auch dann, wenn er sich auf Grund einer anhand der Bewerbungsunterlagen getroffenen Vorauswahl der Meinung gebildet hat, ein oder mehrere andere Bewerber oder Bewerberinnen seien so gut geeignet, dass der schwerbehinderte Mensch nicht mehr in die nähere Auswahl einbezogen werden sollte, diesen nach der gesetzlichen Intention einladen und ihm ein Vorstellungsgespräch gewähren. Ein Verstoß hiergegen begründet die Vermutung einer Benachteiligung wegen der Behinderung.[15] Ein Verstoß gegen § 82 Satz 2 SGB IX wird geheilt, wenn im noch laufenden Bewerbungsverfahren der Stellenbewerber an dem Vorstellungstermin, zu dem er eingeladen ist, nicht teilnimmt und seine Bewerbung vor Abschluss des Verfahrens zurückzieht. Damit entfällt auch eine etwaige Indizwirkung i. S. v. § 22.[16]

7a

Voraussetzung für das Bestehen der genannten Verpflichtungen eines Arbeitgebers gegenüber schwerbehinderten Bewerbern und Bewerberinnen ist, dass der Arbeitgeber Kenntnis von der Schwerbehinderteneigenschaft hat oder eine entsprechende Mitteilung im Bewerbungsschreiben erfolgt. Der Arbeitgeber ist verpflichtet, das Bewerbungsschreiben bei seinem Eingang vollständig zur Kenntnis zu nehmen. Die subjektive Unkenntnis der

---

11 BAG 15. 2. 05 – 9 AZR 635/03 – NZA 05, 870.
12 BAG 12. 9. 06 – 9 AZR 807/05 – NZA 07, 507.
13 LAG Hessen 7. 11. 05 – 7 Sa 473/05 – ArbuR 06, 213.
14 LAG Hessen 11. 3. 09 – 2/1 Sa 554/08 – ArbuR 09, 320.
15 BAG 12. 9. 06 – 9 AZR 807/05 – NZA 07, 507.
16 LAG Köln 29. 1. 09 – 7 Sa 980/08 – PersR 10, 2.

für den Arbeitgeber handelnden Personen hinsichtlich der im Bewerbungsschreiben mitgeteilten Tatsachen entkräftet daher die Vermutung einer Benachteiligung nicht.[17] Allerdings ist der Arbeitgeber nicht verpflichtet, die gesamten Bewerbungsunterlagen nach der Angabe einer Schwerbehinderung zu untersuchen. Ein Schwerbehinderter, der als solcher im Bewerbungsverfahren behandelt werden möchte, ist vielmehr verpflichtet, auf die Schwerbehinderung deutlich hinzuweisen. Regelmäßig muss der Hinweis bereits im Bewerbungsschreiben oder im Lebenslauf an hervorgehobener Stelle und deutlich (etwa hervorgehoben durch eine besondere Überschrift) erfolgen. »Eingestreute« oder unauffällige Informationen, indirekte Hinweise in beigefügten amtlichen Dokumenten oder eine in den weiteren Bewerbungsunterlagen befindliche Kopie des Schwb-Ausweises etc. sind keine ordnungsgemäße Information.[18] Die Mitteilung hat zudem bei jeder einzelnen Bewerbung erneut zu erfolgen.[19] Legen Behinderte erst nach Ablauf der in der Ausschreibung gesetzten Bewerbungsfrist die Behinderung offen, braucht der Arbeitgeber diese nicht mehr zu berücksichtigen.[20]

8 In der Praxis stellt sich die Frage, ob **Schwerbehinderte bei gleicher Eignung bevorzugt** eingestellt werden dürfen und dementsprechend die Stellenausschreibung formuliert werden kann. Dies erscheint als positive Maßnahme gem. § 5 und im Hinblick auf die Pflicht zur Erfüllung der Quote gem. § 71 Abs. 1 SGB IX unproblematisch, solange Schwerbehinderten kein absoluter Vorrang bei der Einstellung eingeräumt wird (s. hierzu im Einzelnen Rn. 6 zu § 5). Die gleichen Erwägungen gelten hinsichtlich der anderen Merkmale des § 1, soweit positive Maßnahmen gem. § 5 zulässig sind. Sind positive Maßnahmen nicht festzustellen, kommt eine Rechtfertigung gem. §§ 8–10 in Betracht, etwa, wenn gezielt in einer Stellenanzeige nach Berufsanfängern gesucht wird.[21]

8a Besondere Verpflichtungen bestehen auch zur **Förderung von Teilzeitarbeit**. Ob ein Verstoß gegen die Verpflichtung gem. § 7 Abs. 1 TzBfG, einen Arbeitsplatz bei entsprechender Eignung auch als Teilzeitarbeitsplatz auszuschreiben, ebenso eine Vermutung für eine mittelbare Benachteiligung von Frauen begründet, wird durch die Rechtsprechung zu klären sein. Jedenfalls im öffentlichen Dienst, für den nach § 6 Abs. 1 Satz 2 BGleiG und den entsprechenden Regelungen in den Gleichstellungsgesetzen der Länder die Verpflichtung zu einer Prüfung von Teilzeitbeschäftigung und einer entsprechenden Ausschreibung besteht, kann bei Verstoß gegen diese Verpflichtung eine Benachteiligung vermutet werden.

---

17 BAG 16. 9. 08 – 9 AZR 791/07 – NZA 09, 79.
18 BAG 26. 9. 13 – 8 AZR 650/12.
19 BAG 18. 9. 14 – 8 AZR 759/13.
20 BAG 18. 11. 08 – 9 AZR 643/07.
21 Wichert/Zange, DB 07, 970 (971).

Anwendungsbereich § 2

Kriterium für eine **Personalentscheidung** ist regelmäßig die **bessere Eignung eines Bewerbers oder einer Bewerberin nach den Vorgaben des Arbeitgebers**. Daher besteht für den Arbeitgeber ein Interesse, beim bevorzugten Bewerber bzw. Bewerberin eine bessere oder zumindest gleiche Qualifikation festzustellen, um dem Vorwurf einer Diskriminierung zu begegnen. Die geforderten Qualifikationen dürfen jedoch nicht willkürlich festgelegt werden, denn die **Auswahl ist gerichtlich** daraufhin **überprüfbar, ob sie verhältnismäßig ist**, also auch darauf, ob zwischen der vom Arbeitgeber geforderten Qualifikation und der unternehmerischen Entscheidung ein nachvollziehbarer Zusammenhang besteht.[22]

9

> **Beispiel:**
> Ausgezeichnete Deutschkenntnisse in Wort und Schrift als Einstellungsvoraussetzung für eine Reinigungskraft sind durch die Tätigkeit regelmäßig nicht zu rechtfertigen. Sie können deshalb eine Benachteiligung wegen der ethnischen Herkunft darstellen.

Innerhalb dieses Rahmens hat der Arbeitgeber bei gleicher Eignung der Bewerber allerdings einen erheblichen Entscheidungsspielraum. **Anforderungskriterien** für die Stelle müssen aber, um eine Einstellungsentscheidung zu rechtfertigen, bereits **zu Beginn des Auswahlverfahrens** festgelegt werden (s auch Rn. 13 f. zu § 15).[23]

10

Eine **Benachteiligung im Einstellungsverfahren** liegt nicht nur dann vor, wenn der Bewerber ohne diskriminierendes Verhalten die Stelle erhalten hätte. Diese Unterscheidung spielt allein für die Höhe des Anspruchs auf Entschädigung gem. § 15 Abs. 2 eine Rolle. Schon nach der bisherigen Rechtslage war § 611 a BGB im Hinblick auf den Schutzzweck von Art. 3 Abs. 2 GG dahingehend auszulegen, dass auch eine Benachteiligung im Einstellungsverfahren, die dadurch entsteht, dass ein Bewerber **aufgrund diskriminierenden Verhaltens erst gar nicht in eine engere Auswahl einbezogen oder eingeladen wird**, eine relevante Benachteiligung darstellt.[24] Auch

11

---

22 BAG 15.2.05 – 9 AZR 635/03 – NZA 05, 870: keine Benachteiligung wegen der Schwerbehinderung bei Fehlen der in der Ausschreibung geforderten Schreibmaschinenkenntnisse; BAG 12.9.06 – 9 AZR 807/05 – NZA 07, 507: rechtswidrige Benachteiligung eines Behinderten durch Verlangen einer formalen Ausbildungsvoraussetzung ohne Berücksichtigung gleichwertiger Abschlüsse, s. auch die bisherige Rechtsprechung zu § 611 a BGB und § 8 TzBfG dargestellt in APS-Linck zu § 611 a Rn. 29 ff.; ErfK-Schlachter, § 611 a Rn. 17, 22 ff.; Annuß/Thüsing-Mengel, § 8 TzBfG Rn. 130, die sich mit der Frage der Verhältnismäßigkeit der Berufung auf das Organisationskonzept bei Ablehnung des Teilzeitwunsches auseinandersetzt; Meines/Heyn/Herms, § 8 TzBfG Rn. 52.
23 BVerfG 16.11.93 – 1 BvR 258/86 – NZA 94, 745; BAG 5.2.04 – 8 AZR 112/03 – NZA 04, 540; hierzu kritisch Wank, NZA 04, Sonderbeilage zu Heft 22, S. 16 [18].
24 S. hierzu auch BVerfG 16.11.93 – 1 BvR 258/86 – NZA 94, 745.

ein sachlich nicht gerechtfertigtes Vorgehen im Einstellungsverfahren, das geeignet ist, Bewerber, die ein Merkmal des § 1 tragen eher als andere Bewerber auszuschließen, stellt bereits eine mittelbare Benachteiligung dar. Der Arbeitgeber kann sich in diesem Fall nicht dadurch entlasten, dass er andere Bewerber, die dasselbe Merkmal tragen, tatsächlich eingestellt hat.

> **Beispiel:**
> Telefonischer Erstkontakt mit Personen, die sich als Postzusteller beworben haben, um anhand eines kurzen Gesprächs einen Eindruck über eine klare und deutliche Aussprache im Deutschen zu gewinnen und danach zu entscheiden, ob die Person in die nähere Auswahl gezogen wird., Dieses Vorgehen ist geeignet, Personen. deren Muttersprache nicht Deutsch ist, auch dann zu benachteiligen, wenn die geforderten Sprachkenntnisse in Wort und Schrift vorhanden sind und stellt deshalb eine mittelbare Benachteiligung dar.[25]

Die Benachteiligung bleibt auch dann bestehen, wenn die personalpolitische Maßnahme später z.B. wegen einer Streichung der zu besetzenden Stelle entfällt (§ 7 Abs. 1, § 3 Abs. 1 und § 2 Abs. 1 Nr. 1). Jede rechtswidrige Benachteiligung hat einen Anspruch auf Entschädigung zur Folge (s. Rn. 20 zu § 15, m.w.N.).

3. Fragerecht des Arbeitgebers bei der Einstellung

12 Das Verbot der Diskriminierung bei der Einstellung umfasst grundsätzlich ein **Frageverbot des Arbeitgebers hinsichtlich der Merkmale des § 1**, soweit diese **nicht** wie das **Alter** oder die **Hautfarbe** evident sind, bzw. aus Zeugnissen und Lebenslauf ohnehin hervorgehen.[26] Die Praxis in anderen EU-Ländern, Bewerbungsunterlagen grundsätzlich ohne Foto und Geburtsdatum einzureichen, ist hinsichtlich dieser Merkmale spätestens im Einstellungsgespräch nicht mehr hilfreich, kann aber dazu beitragen, dass bestimmte Bewerbungen nicht von vornherein aussortiert werden. **Lichtbilder** geben aber auch eine Fülle von Informationen, die mit den Merkmalen des § 1 nichts zu tun haben. Die in Deutschland gängige Praxis, Bewerbungen mit Lichtbild zu fordern, ist daher für sich genommen noch nicht ausreichend, um gem. § 22 eine Vermutung für eine Benachteiligung zu begründen.[27] Die Antidiskriminierungsstelle des Bundes hat deshalb zusammen mit Unternehmern vorgeschlagen, neutrale Bewerbungen, also solche ohne Angabe des Namens, ohne Foto und ohne Angabe des Alters, zu testen. Eine Untersuchung der FU Berlin hat ergeben, dass bei identischen Qualifi-

---

25 ArbG Hamburg 26. 1. 10 – 25 Ca 282/09.
26 So auch Preis/Bender, NZA 05, 1321; umfassend zum Fragerecht: Wisskirchen/Bissels, NZA 07, 169.
27 A. A. Schiek-Schmidt, § 10 Rn. 34.

Anwendungsbereich § 2

kationen bei einer online Bewerbung Bewerber mit türkischem Namen und insbesondere türkische Frauen gegenüber deutschen Bewerbern praktisch chancenlos waren. Solange diese Frage durch die Rechtsprechung nicht geklärt ist, sollte ein Arbeitgeber in einer Stellenanzeige keine Bewerbungsunterlagen mit Foto fordern, um sich erst gar nicht dem Vorwurf einer rechtswidrigen Benachteiligung auszusetzen. Ein Foto, das freiwillig vorgelegt wurde, begründet für einen abgelehnten Bewerber schwarzer Hautfarbe jedenfalls noch keine Vermutung für eine Benachteiligung.[28]

Ein Verstoß gegen das Diskriminierungsverbot liegt immer dann vor, wenn bei Bejahung einer gestellten Frage nach einem Merkmal des § 1 die Bewerbung regelmäßig erfolglos bliebe und hierdurch der Zugang zur Erwerbstätigkeit gefährdet würde, ohne dass hierfür ein Rechtfertigungsgrund gem. §§ 8 ff. vorliegt.[29] Stellt der Arbeitgeber eine solche unzulässige Frage, begründet allein diese Tatsache regelmäßig eine Vermutung gem. § 22 für eine Benachteiligung. Denkbar ist auch eine mittelbare Diskriminierung durch unzulässige Fragen. Z. B. kann im Rahmen einer Beförderungsentscheidung die Frage nach zeitlicher Verfügbarkeit am Abend oder Wochenende eine mittelbare Diskriminierung von Frauen mit Kindern darstellen oder die Frage nach Unterstützung und Wahrnehmung von gesellschaftlichen Verpflichtungen durch einen Ehepartner eine Diskriminierung von Homosexuellen bedeuten.

13

Generell setzt ein **Fragerecht des Arbeitgebers** ein berechtigtes, billigenswertes und schutzwürdiges Interesse voraus und besteht grundsätzlich nur zur Klärung aller für das konkrete Arbeitsverhältnis erforderlichen Tatsachen. Fragen, die darüber hinausgehen, sind unzulässig und verpflichten Arbeitnehmer nicht zu wahrheitsgemäßer Beantwortung.[30] Ohne eine entsprechende Frage des Arbeitgebers müssen Arbeitnehmer von sich aus nur auf solche Tatsachen hinweisen (Offenbarungspflicht), die die Erfüllung der arbeitsvertraglichen Leistungspflicht unmöglich machen oder sonst für den in Betracht kommenden Arbeitsplatz von ausschlaggebender Bedeutung sind.[31] Eine arglistige Täuschung i. S. des § 123 BGB kommt daher nur bei Verletzung einer Offenbarungspflicht oder wegen der erforderlichen Rechtswidrigkeit der Täuschung bei einer falschen Antwort auf eine zulässigerweise gestellte Frage in Betracht.[32] Nach diesen Grundsätzen und im Hinblick auf

14

---

28 ArbG Hamburg 26. 1. 10 – 25 Ca 282/09.
29 BAG 6. 2. 03 – 2 AZR 621/01 – NZA 03, 848.
30 BAG 5. 10. 95 – 2 AZR 923/94 – NZA 96, 371; BAG 21. 2. 91 – 2 AZR 449/90 – NZA 91, 719; BAG 20. 2. 86 – 2 AZR 244/85 – NZA 86,739.
31 BAG 1. 8. 85 – 2 AZR 101/83 – NZA 86, 635; BAG 8. 9. 88 – 2 AZR 102/88 – NZA 89, 178.
32 Zum ausführlichen Nachweis der bisherigen Rechtsprechung unter Herstellung der Bezüge zum AGG s. Wisskirchen/Bissels, NZA 07, 169.

§ 2 Anwendungsbereich

die besonderen Rechtfertigungsmöglichkeiten für eine unterschiedliche Behandlung nach §§ 8–10 AGG gilt im Einzelnen Folgendes:

a) Frage nach der Religionszugehörigkeit

15 Die Frage nach der **Religionszugehörigkeit** ist unzulässig, weil ein Zusammenhang mit der beruflichen Tätigkeit regelmäßig fehlt. Nur bei der Einstellung durch eine Religionsgemeinschaft gilt gem. § 9 Abs. 1 etwas anderes. Zur Frage, ob es sich bei Scientology um eine Religionsgemeinschaft handelt, s. Rn. 16 zu § 1 (ablehnend). Insofern ist die Frage nach der Zugehörigkeit zu dieser Gemeinschaft zulässig.

b) Frage nach der Schwangerschaft

16 Ein absolutes Verbot gilt für die Frage nach der **Schwangerschaft** (§ 1 i. V. m. § 3 Abs. 1 Satz 3). Schon nach der bisherigen Rechtlage galt: der Arbeitgeber, der einer Frau wegen ihrer Schwangerschaft den Zugang zum Beschäftigungsverhältnis verwehrt, verstößt gegen den europarechtlichen Gleichbehandlungsgrundsatz.[33] Eine Pflicht zur Offenbarung der Schwangerschaft im Einstellungsverfahren besteht nicht.[34] Eine Ausnahme bezüglich der Schwangerschaft ist mit der Richtlinie 76/207/EWG (Gender-Richtlinie) nicht vereinbar.[35] Eine Frage nach der Schwangerschaft verstößt bereits als solche gegen das Diskriminierungsverbot, da bei Bejahung dieser Frage die Bewerbung zwangsläufig erfolglos bleibt.[36] Wird zur Umgehung der Problematik des verbotenen Fragerechtes ein befristeter Arbeitsvertrag geschlossen, ist die Befristung wegen Verstoßes gegen das Diskriminierungsverbot unwirksam, so dass das Arbeitsverhältnis unbefristet fortbesteht.[37]

c) Frage nach einer Behinderung bzw. Schwerbehinderung

17 Eine Diskriminierung liegt grundsätzlich auch in einer **Frage nach einer Behinderung**, soweit die Behinderung nicht die Eignung für die vorgesehene Tätigkeit einschränkt oder ausschließt und damit eine wesentliche und entscheidende berufliche Anforderung gem. § 8 darstellt. Hiermit unverein-

---

33 EuGH 8. 11. 90 – C-177/88 – NZA 91, 171.
34 EuGH 5. 5. 94 – C-421/92 – [Habermann-Beltermann], NZA 94, 609; EuGH 27. 2. 03 – C-320/01 – [Busch], NZA 03, 373; LAG Hamm 1. 3. 99 – 19 Sa 2596/98 – DB 99, 2114; BAG 6. 2. 03 – 2 AZR 621/01 – NZA 03, 848.
35 EuGH 3. 2. 00 – C-207/98 – [Mahlburg], NZA 00, 255.
36 BAG 6. 2. 03 – 2 AZR 621/01 – NZA 03, 848.
37 EuGH 4. 10. 01 – C-438/99 – [Melgar], NZA 01, 1243; LAG Köln 26. 5. 95 – 10 Sa 244/94 – NZA 95, 1105.

Anwendungsbereich § 2

bar ist die BAG-Rechtsprechung zur Frage nach einer Schwerbehinderung.[38] Während die Frage nach der Behinderung nur arbeitsplatzbezogen zugelassen wird, nämlich dann, wenn diese die Eignung für die vorgesehene Tätigkeit einschränkt oder ausschließt, hält das BAG eine Frage nach der **Schwerbehinderung** grundsätzlich für zulässig und knüpft an eine wahrheitswidrige Verneinung der Frage durch den Arbeitnehmer das Recht des Arbeitgebers, den Arbeitsvertrag wegen arglistiger Täuschung gem. § 123 BGB anzufechten.[39]

Der Schutz der Schwerbehinderten gebietet hingegen eine **Einschränkung** 18
des Fragerechts auf eine behinderungsbedingte Funktionsbeeinträchtigung.[40] Die tätigkeitsneutrale Frage nach einer anerkannten Schwerbehinderung oder Gleichstellung ist daher unzulässig. Sie stellt eine sachlich nicht gerechtfertigte Benachteiligung schwerbehinderter Menschen dar. Eine Anfechtung des Arbeitsvertrages oder Kündigung ist wegen unwahrer Beantwortung dieser Frage unzulässig.[41] Ein Vergleich mit der Entwicklung der Rechtsprechung zum Fragerecht nach einer Schwangerschaft und der Zulässigkeit einer Anfechtung wegen dieser Tatsache legt eine **Einschränkung** des Fragerechts nach der Schwerbehinderung auf solche Fälle nahe, in denen die Behinderung die persönliche Eignung für die dauerhafte Ausführung einer Tätigkeit oder Teile dieser Tätigkeit ausschließt. Wie auch bei der Frage nach einer Schwangerschaft würde die generelle Zulässigkeit der Frage nach der Schwerbehinderung in einer Mehrzahl der Fälle dazu führen, dass bei Bejahung dieser Frage keine Einstellung erfolgt. Dementsprechend kann eine **Anfechtung** des Arbeitsvertrags wegen arglistiger Täuschung durch **wahrheitswidrige Verneinung der Schwerbehinderteneigenschaft** vor der Einstellung nur dann Erfolg haben, wenn die Schwerbehinderteneigenschaft konkrete Beeinträchtigungen für die Eignung des oder der Beschäftigten im Hinblick auf die in Aussicht genommene Tätigkeit hat und sie dazu führen würde, dass der Bewerber oder die Bewerberin die vorgesehene Arbeit nicht oder nur eingeschränkt ausüben kann.[42] Stellt der Arbeitgeber eine unberechtigte Frage nach der Schwerbehinderung, ergibt sich wegen der bestehenden Pflichten des Arbeitgebers zur Beschäftigungsquote gem. § 71 Abs. 1 SGB IX allein hieraus gem. § 22 noch keine Vermutung für eine Diskrimi-

---

38 So auch Preis/Bender, NZA 05, 1321.
39 BAG 5. 10. 95 – 2 AZR 923/94 – NZA 96, 371; BAG 3. 12. 98 – 2 AZR 754/97 – NZA 99, 584.
40 So Großmann, NZA 89, 702; NZA 92, 241; ArbG Siegburg 22. 3. 94 – 1 Ca 3454/93 – NZA 95, 943; Löwisch/Fischer, SAE 04, 126.
41 LAG Hessen 24. 3. 10 – 6/7 Sa 1373/09 – (Revision eingelegt unter 2 AZR 396/10).
42 Weitergehend Düwell, BB 06, 1742, der ein Fragerecht auch dann bejaht, wenn die Frage auf die Eingliederung Behinderter oder die Steigerung der Beschäftigtenzahlen Behinderter zur Erfüllung der Beschäftigungspflicht gem. § 71 Abs. 1 SGB IX abzielt.

nierung. Dies ist bei einer unzulässigen Frage nach einer Behinderung genauso wie bei unzulässigen Fragen nach anderen Merkmalen des § 1 anders (s. hierzu § 22 Rn. 12). Die in einem Bewerbungsgespräch gestellten Fragen nach näher bezeichneten gesundheitlichen Beeinträchtigungen können darauf schließen lassen, dass die Frage nach einer Behinderung gemeint ist. Eine Benachteiligung wegen einer Behinderung kann auch dann vorliegen, wenn der Benachteiligende das Diskriminierungsmerkmal nur annimmt.[43]

Eine Vermutung für eine Benachteiligung ergibt sich regelmäßig aus einer **unzulässigen Frage nach einem Merkmal des § 1** (s. hierzu § 2 Rn. 10 ff.). Dies gilt jedoch **nicht** für eine ggf. unzulässige Frage nach der Schwerbehinderteneigenschaft, solange ein Arbeitgeber im Hinblick auf die geltende BAG-Rechtsprechung auf deren Zulässigkeit vertrauen kann.[44] Die Frage an Schwerbehinderte nach der Fähigkeit Überstunden zu leisten stellt ebenso wenig ein Indiz für eine Benachteiligung dar, wie die Frage nach einem Bedarf an Hilfsmitteln, da in aller Regel ein Arbeitgeber mit letzterer erkennbar seine Pflichten aus dem § 81 Abs. 4 Satz 1 Nr. 5 SGB IX erfüllen will.[45]

4. Angemessene Vorkehrungen zur Ermöglichung der Einstellung Behinderter

19 Nach EU-Recht besteht außerdem die **Verpflichtung des Arbeitgebers**, die **Einstellung** behinderter Menschen durch die **Schaffung einer angemessenen, behinderungsgerechten Einrichtung** und Unterhaltung der Betriebsanlagen **zu ermöglichen**. Anders als § 81 Abs. 4 SGB IX, der eine Verpflichtung des Arbeitgebers nur zugunsten der bereits beschäftigten Behinderten vorsieht, gilt das Gebot, angemessene Vorkehrungen zu treffen, nach Art. 5 der Richtlinie 2000/78/EG (Rahmenrichtlinie Beschäftigung) auch für den Zugang zur Beschäftigung. **Angemessene Vorkehrungen** sind konkret-individuelle Maßnahmen, die Menschen mit Behinderungen den Zugang zur Beschäftigung, die Ausübung eines Berufes, den beruflichen Aufstieg oder die Teilnahme an einer Weiterbildung ermöglichen, wie z. B. die Ausstattung eines Computerarbeitsplatzes mit Braille-Tastatur und -Drucker (Blindenschrift) bzw. Voice-Funktion für einen blinden Mitarbeiter, Rampen und Fahrstühle für gehbehinderte Menschen etc., deren Anschaffung für den Arbeitgeber aber nicht zu einer unverhältnismäßigen Belastung führen darf.[46]

---

43 BAG 17. 12. 09 – 8 AZR 670/08.
44 Offengelassen von BAG 7. 7. 11 – 2 AZR 396/10; verneinend für den Fall des mindestens sechs Monate bestehenden Arbeitsverhältnisses BAG 16. 2. 12 – 6 AZR 553/10.
45 BAG 21. 2. 13 – 8 AZR 180/12.
46 Schiek, NZA 04, 873 [875 und 881].

Anwendungsbereich § 2

III. Beschäftigungs- und Arbeitsbedingungen, Vergütung

Abs. 1 Nr. 2 schließt **alle Beschäftigungs- und Arbeitsbedingungen** einschließlich Arbeitsentgelt, insbesondere Vereinbarungen und Maßnahmen bei der Durchführung eines Beschäftigungsverhältnisses, sowie für den beruflichen Aufstieg in den Anwendungsbereich des Gesetzes ein. Der Zusatz, dass es sich bei den Beschäftigungs- und Arbeitsbedingungen insbesondere um **individual- und kollektivrechtliche Vereinbarungen** handelt, konkretisiert den Wortlaut der EU-Richtlinien. Der Begriff der Vereinbarung ist nach der Gesetzesbegründung weit zu verstehen und erfasst vertragliche Regelungen zwischen Arbeitgeber und Beschäftigten ebenso wie Vereinbarungen mit Arbeitnehmervertretungen sowie Tarifverträge und vergleichbare kollektive Regelungen.[47] Hierunter fallen also Arbeitsverträge, Gesamtzusagen, Ansprüche aus betrieblicher Übung, Betriebsvereinbarungen und Tarifverträge. 20

Durch Art. 3 GG und den arbeitsrechtlichen Gleichbehandlungsgrundsatz galt schon bisher bei kollektiven Sachverhalten das Verbot einer willkürlichen Diskriminierung, das unmittelbar oder mittelbar (umstritten) auch für Tarifverträge gilt.[48] 21

Betriebsvereinbarungen unterliegen bereits gem. § 75 BetrVG dem Diskriminierungsverbot. Auf der Ebene des **Arbeitsvertrages** gilt der arbeitsrechtliche Gleichbehandlungsgrundsatz für alle Leistungen, die aufgrund einer einheitlichen Zusage gewährt werden, und für die eine einseitige Gestaltungsmacht des Arbeitgebers besteht, wie z. B. Gratifikationen. Für die einzelvertragliche Vereinbarung der **Höhe der Vergütung** galt außerhalb des in Art. 141 Abs. 1 EG-Vertrag normierten und durch § 612 Abs. 3 BGB in das deutsche Recht übernommenen Grundsatzes der gleichen Vergütung für Frauen und Männer keine Bindung an den Gleichheitsgrundsatz. Der Grundsatz »**Gleicher Lohn für gleiche Arbeit**« ist daher keine allgemeingültige Anspruchsgrundlage. Vielmehr besteht in Fragen der Vergütung Vertragsfreiheit, die lediglich durch verschiedene rechtliche Bindungen wie die Diskriminierungsverbote nach § 2 Abs. 1 Nr. 2 AGG[49] eingeschränkt wird. 22

Die Regelung in Nr. 2 enthält zusammen mit § 8 Abs. 2 den **Grundsatz der gleichen Vergütung** und ersetzt den früheren § 612 Abs. 3 BGB. Die bisher nur geschlechtsbezogen geltende Regelung wird auf alle Merkmale des § 1 erstreckt und bestimmt, dass **für gleiche oder gleichwertige Arbeit** wegen 23

---

47 BT-Drs. 16/1780 S. 31.
48 Vgl. hierzu BAG 30. 8. 00 – 4 AZR 563/99 – NZA 01, 613, das eine unmittelbare Wirkung der Grundrechte für Tarifverträge ablehnt und umfassend den Meinungsstand darstellt.
49 BAG 13. 9. 06 – 4 AZR 236/05 – ZTR 07, 258.

eines Merkmals des § 1 keine geringere Vergütung vereinbart werden darf als bei Beschäftigten ohne das entsprechende Merkmal. Gem. § 8 Abs. 2 kann eine geringere Vergütung nicht dadurch gerechtfertigt werden, dass wegen des in § 1 genannten Merkmals besondere Schutzvorschriften (wie z. B. Behindertenschutz oder Mutterschutz) gelten. Dies führt in der Praxis zu einem absoluten Verbot der Ungleichbehandlung, da Rechtfertigungsgründe gem. § 8 Abs. 1 regelmäßig nicht in Betracht kommen. § 22 sieht für den Fall einer Benachteiligung hinsichtlich der Höhe der Vergütung eine Beweiserleichterung vor und ersetzt den bisherigen § 611 a Abs. 1 Satz 3 BGB.

24 Der **Begriff der gleichen Vergütung** ist weit auszulegen und umfasst das in Art. 141 EG-Vertrag definierte Entgelt. Hierunter fallen nicht nur die üblichen Grund- oder Mindestlöhne und -gehälter, sondern auch alle sonstigen Vergütungen, die der Arbeitgeber aufgrund des Dienstverhältnisses dem oder der Beschäftigten mittelbar oder unmittelbar in bar oder in Sachleistungen zahlt.[50] Erfasst sind damit Zulagen, Gratifikationen und Einmalzahlungen, Prämien, Sondervergütungen, Sachbezüge und die Leistungen einer betrieblichen Altersversorgung[51], sowie bezahlte Freistellung[52] auch von Betriebsratsmitgliedern gem. § 37 Abs. 4 BetrVG[53] und Vergünstigungen im Reiseverkehr nach Eintritt in den Ruhestand[54].

25 **Gleiche Arbeit** liegt vor, wenn Beschäftigte **identische oder gleichartige Tätigkeiten** an verschiedenen oder nacheinander an denselben technischen Arbeitsplätzen ausüben. Es ist nicht erforderlich, dass gleichzeitig die gleiche Arbeit für den gleichen Arbeitgeber ausgeübt wird.[55] Ob die Arbeit gleich ist, muss durch einen Gesamtvergleich der Tätigkeiten, unter Berücksichtigung der jeweiligen Arbeitsvorgänge und des Verhältnisses dieser Arbeitsvorgänge zueinander, ermittelt werden. Bei einzelnen Abweichungen ist die jeweils überwiegende Tätigkeit maßgebend.[56] **Gleichartigkeit der Tätigkeiten** ist anzunehmen, wenn unter Berücksichtigung von Belastung, Verantwortung, Arbeitsbedingungen und Qualifikation **die Beschäftigten einander bei Bedarf ersetzen können**. Lediglich unterschiedliche Arbeitsplatzbeschreibungen oder selten erforderliche Zusatzpflichten nur der einen Gruppe schließen deshalb die Gleichartigkeit nicht aus.[57] Hierzu im Widerspruch steht die

---

50 EuGH 25. 5. 71 – C-80/70 – [Defrenne I], EuGHE 1971, 445; BAG 20. 11. 90 – 3 AZR 613/89 – NZA 91, 635.
51 EuGH 11. 3. 81 – C-69/80 – NJW 81, 2637.
52 BAG 26. 5. 93 – 5 AZR 184/92 – NZA 94, 413.
53 EuGH 4. 6. 92 – C-360/90 – NZA 92, 687.
54 EuGH 9. 2. 82 – C-12/81 – NJW 82, 1202.
55 EuGH 27. 3. 80 – C-129/79 – NJW 81, 516.
56 BAG 23. 8. 95 – 5 AZR 942/93 – NZA 96, 579.
57 ErfK-Schlachter, § 612 Abs. 3 BGB Rn. 62.

Anwendungsbereich § 2

Entscheidung des EuGH, der trotz gleicher Tätigkeit über einen erheblichen Zeitraum nur wegen einer **unterschiedlichen Berufsberechtigung** »gleiche Arbeit« i. S. d. Art 141 EG-Vertrag verneint hat.[58] Dieser Ansatz geht in die falsche Richtung, da er nicht an die tatsächlich ausgeübte Tätigkeit anknüpft, sondern an formale Gesichtspunkte. Mit seiner Entscheidung vom 28. 2. 13 in der Rechtssache Kenny[59] hat der EuGH allerdings die Grundsätze für die Vergleichbarkeit von Arbeit klar definiert und den Prüfungsmaßstab der nationalen Gerichte scharf umrissen. Damit wird das Urteil aus dem Jahr 1999 deutlich differenziert.

Das Gebot der gleichen Vergütung erstreckt sich auch auf **gleichwertige Arbeit**. Um eine gleichwertige Arbeit handelt es sich, wenn Beschäftigte Tätigkeiten ausüben, die nach objektiven Maßstäben der Arbeitsbewertung **denselben Arbeitswert** haben. Auch insoweit ist ein Gesamtvergleich der Tätigkeiten erforderlich. Dabei ist der jeweils erforderliche Umfang von Vorkenntnissen und Fähigkeiten zu berücksichtigen.[60] Nach der Gesetzesbegründung zu § 612 Abs. 3 BGB sind für die Bestimmung der Gleichwertigkeit »objektive Maßstäbe der Arbeitsbewertung« heranzuziehen, wobei sich Anhaltspunkte auch durch die »Praxis der Tarifvertragsparteien oder die allgemeine Verkehrsanschauung« ergeben können.[61] Zur Beurteilung können Kriterien wie Ausbildung und Erfahrung, Fähigkeiten, körperliche, nervliche und geistige Beanspruchung, Verantwortung für Personen und Sachen, Umgebungseinflüsse usw. herangezogen werden.[62] Eine **ähnliche Abgrenzung** erfolgt bei der **Sozialauswahl**, die sich ebenfalls auf vergleichbare Arbeitnehmer bezieht, die austauschbar sind, wenn sie aufgrund ihrer bisherigen Aufgaben und beruflichen Qualifikation die andersartigen, aber gleichwertigen Tätigkeiten von Kollegen ausüben können.[63] Die hier von der Rechtsprechung entwickelten Kriterien für eine gleichwertige Tätigkeit können deshalb herangezogen werden. 26

Der **objektive Arbeitswert** kann regelmäßig am tariflichen Eingruppierungssystem gemessen werden. Verschiedene Tätigkeiten, innerhalb derselben tariflichen Lohngruppe sind als gleichwertig anzusehen. Umgekehrt kann aus einer unterschiedlichen Eingruppierung aber nicht zwingend auf die fehlende Gleichwertigkeit geschlossen werden. Erschwerend kommt hinzu, dass die vertraglichen Vereinbarungen und Arbeitsplatzbeschreibung nicht ausschlaggebend sind, da es nach den tariflichen Regelungen allein auf 27

---

58 EuGH 11. 5. 99 – C-309/97 – NZA 99, 699.
59 C-427/11.
60 BAG 23. 8. 95, NZA 96, 579 – DB 96, 889.
61 BT-Drucks. 8/3317, 10.
62 ErfK-Preis, § 612 Abs. 3 BGB Rn. 63; zur Problematik von Arbeitsbewertungen: Thüsing, NZA 00, 570 und Schlachter, Wege zur Gleichberechtigung, S. 205 ff.
63 BAG 23. 11. 04 – 2 AZR 38/04 – NZA 05, 986.

§ 2 Anwendungsbereich

die geleistete Arbeit und nicht auf die vertraglich formulierten Anforderungen ankommt.[64]

28 In der Praxis bestehen verschiedene Gründe für Lohnunterschiede zwischen Einzelpersonen und Gruppen. In den seltensten Fällen wird eine einzel- oder kollektivvertragliche Regelung, die zu einer unterschiedlich hohen Vergütung für gleiche oder gleichwertige Arbeit führt, direkt an einem Merkmal des § 1 anknüpfen. Zu § 612 Abs. 3 BGB sind folgende Fälle einer **unmittelbaren Diskriminierung** wegen des **Geschlechts** entschieden worden: Unvereinbarkeit von Lohnabschlagsklauseln mit Art. 3 Abs. 2 GG[65]; »Ehefrauenzulage« nur für männliche Arbeitnehmer[66]; Haushaltszulage für weibliche Arbeitnehmerinnen nur unter erschwerten Bedingungen[67]. Zu § 81 Abs. 2 Nr. 1 SGB IX ist eine Entscheidung ergangen zur Diskriminierung eines **Schwerbehinderten** durch singuläre Streichung einer Zulage, die alle Beschäftigten erhalten.[68]

29 Häufiger kommen **mittelbare Benachteiligungen** bei der **Vergütung** vor, die gem. § 3 Abs. 2 an neutrale Kriterien anknüpfen, aber zu einer Benachteiligung Einzelner oder einer Gruppe wegen eines der Merkmale des § 1 führen, weil sie von ihnen wesentlich häufiger erfüllt werden als von anderen, vergleichbaren Personen oder Gruppen, ohne dass die Verwendung dieser Kriterien durch ein wesentliches unternehmerisches oder sozialpolitisches Bedürfnis gerechtfertigt ist. Die bisherige Rechtsprechung zur mittelbaren **Diskriminierung wegen des Geschlechts** hat dies wiederholt bei einer Anknüpfung an das Kriterium **Teilzeitarbeit** oder geringfügige Beschäftigung angenommen (s. weiterführende Nachweise der bisherigen Rechtsprechung zur mittelbaren, geschlechtsbedingten Benachteiligung in Rn. 20 ff. zu § 3).[69] Eine solche Benachteiligung muss von betroffenen Be-

---

64 ErfK-Preis, § 612 Abs. 3 BGB Rn. 63.
65 BAG 15.1.55 – 1 AZR 305/54 – NJW 55, 684; BAG 11.1.73 – 5 AZR 321/72 – DB 73, 728.
66 BAG 13.11.85 – 4 AZR 234/84 – NZA 86, 321.
67 BAG 20.4.77 – 4 AZR 732/75 – DB 77, 1751.
68 ArbG München 9.3.05 – 38 Ca 13399/04.
69 BAG 27.7.94 – 10 AZR 538/93 – NZA 94, 1130 zur rechtswidrigen Versagung von Sonderkonditionen für Arbeitgeberdarlehen für Teilzeitbeschäftigte; BAG 5.3.97 – 7 AZR 581/92 – NZA 97, 1242 zur mittelbaren Diskriminierung von teilzeitbeschäftigten Betriebsratsmitgliedern durch den Ausschluss von Freizeitausgleich für die Teilnahme an einer Betriebsratsschulung; EuGH 9.9.99 – C-281/97 – [Krüger], NZA 99, 1151 zum tarifvertraglichen Ausschluss geringfügig Beschäftigter von einer Jahressonderzuwendung; EuGH 6.12.07 – C-300/06 – [Voß], zu § 6 BBesG und der geringeren Vergütung von Mehrarbeit, die zur Folge hat, dass ein Vollzeitbeschäftigte innerhalb der vereinbarten Arbeitszeit mehr Geld erhalten, als Teilzeitbeschäftigte, die die gleiche Stundenzahl leisten, aber über ihre individuelle Arbeitszeit hinauskommen; EuGH 22.11.12 – C- 385/11 – [Elbal Moreno]: mittelbare Diskriminierung wegen des Geschlechts, wenn Teilzeitbeschäftigte gegenüber

schäftigten im Streitfall glaubhaft gemacht werden. Dazu reicht es regelmäßig aus, wenn das zahlenmäßige Verhältnis der Personen, die das Merkmal tragen, zu denen, die es nicht tragen, in der Gruppe der Benachteiligten wesentlich größer ist als in der Vergleichsgruppe (s. zur Frage einer wesentlichen Unterscheidung Rn. 13 zu § 3 und zur Frage einer Indizwirkung für eine Benachteiligung Rn. 13 zu § 22).

Eine mittelbare Benachteiligung wegen des Geschlechts kommt deshalb auch im Zusammenhand mit **Elternzeit** in Betracht, da diese statistisch gesehen ganz überwiegend von Frauen in Anspruch genommen wird. Die Nichtberücksichtigung der Elternzeiten bei der Ermittlung der Berufsjahre i. R. der tariflichen Eingruppierung kann allerdings i. d. R. als wesentliche berufliche Anforderung gem. § 8 gerechtfertigt sein, wenn es auf die Berufserfahrung ankommt.[70] Dies hat das BAG bezüglich der Hemmung der Stufenlaufzeit durch die Inanspruchnahme von Elternzeit im Entgeltsystem des TvöD bestätigt. Es sah weder eine unmittelbare noch eine mittelbare Diskriminierung.[71] Unterbrechungen durch Elternzeit können zu Nachteilen bei der betrieblichen Altersversorgung führen. Dies stellt bei tariflicher Regelung wegen der Einschätzungsprärogative im Rahmen der Tarifautonomie keine mittelbare Benachteiligung wegen des Geschlechts dar.[72] Demgegenüber sind Zeiten der **Beschäftigungsverbote nach dem Mutterschutzgesetz** für einen Bewährungsaufstieg grundsätzlich mitzuzählen.[73]

29a

Eine mittelbare Benachteiligung wegen der sexuellen Identität kommt in Betracht, wenn Beschäftigte, die in einer **eingetragenen Lebenspartnerschaft** leben gegenüber Ehegatten schlechter gestellt werden (zur Rechtsprechung im Einzelnen s. § 1 Rn. 43). Der EuGH weist unter grundsätzlicher Anerkennung der bestehenden Zuständigkeit der Mitgliedstaaten für den Familienstand und der davon abhängigen Leistungen darauf hin, dass bei Vergleichbarkeit der Situation von Lebenspartnern und Ehegatten Art. 1 i. V. m. Art. 2 der RL 2000/78/EG einer Benachteiligung entgegensteht.[74] Das BVerfG[75] hat hinsichtlich der **Hinterbliebenenversorgung** grundsätzlich entschieden, dass Art 6 Abs. 1 GG keine Privilegierung der Ehe bei Benachteiligung anderer vergleichbarer Lebensformen rechtfertigt. Zum selben Ergebnis kommt das BAG.[76] Aus den gleichen Gründen besteht für Beschäftigte, die in einer

29b

Vollzeitbeschäftigten proportional längere Beitragszeiten zurücklegen müssen, um einen Anspruch auf eine beitragsbezogene Altersrente zu haben, deren Höhe bereits proportional zu ihrer Arbeitszeit herabgesetzt ist.

70 ArbG Heilbronn 3. 4. 07 – 5 Ca 12/07 – AuR 07, 391 mit Anm. Meier.
71 BAG 27. 1. 11 – 6 AZR 526/09.
72 BAG 19. 1. 11 – 3 AZR 29/09.
73 LAG Berlin-Brandenburg 7. 1. 09 – 15 Sa 1717/08.
74 EuGH 1. 4. 08 – C-267/06 – [Maruko], NZA 08, 459.
75 7. 7. 09 – 1 BvR 1164/07 – ZTR 09, 642.
76 14. 1. 09 – 3 AZR 20/07 – NZA 09, 489.

eingetragenen Lebenspartnerschaft leben, auch ein Anspruch auf **Auslandszuschlag** in derselben Höhe wie für verheiratete Beschäftigte.[77]
Die Staffelung der Grundvergütung nach Lebensaltersstufen (§ 27 A Abs. 1 BAT) ist wegen Verstoßes gegen das Verbot der Benachteiligung wegen des Alters unwirksam.[78]

IV. Durchführung des Arbeitsverhältnisses und beruflicher Aufstieg

30 Der Anwendungsbereich des Abs. 1 Nr. 2 schließt **Maßnahmen bei der Durchführung und Beendigung eines Arbeitsverhältnisses sowie beim beruflichen Aufstieg** mit ein. Die Aufzählung im zweiten Halbsatz dient nach der Begründung des Gesetzgebers der Konkretisierung und ist nicht abschließend. Sie umfasst alle Maßnahmen bei der Durchführung und Beendigung des Arbeitsvertrages, wie Weisungen, Versetzungen, Umsetzungen, Abmahnungen und Kündigungen durch den Arbeitgeber.[79]

31 Erfasst sind also zunächst **Maßnahmen bei der Durchführung eines Beschäftigungsverhältnisses, sowie beim beruflichen Aufstieg**. Hierzu zählen alle Arten von **Einzelmaßnahmen** im Rahmen der Personalführung, wie z. B. Weisungen, Beurteilungen, Zielvereinbarungen, Ermahnungen und Abmahnungen, aber auch Versetzungen, Umsetzungen und Umgruppierungen und zwar unabhängig davon, ob sie mit einer Beförderung verbunden sind, oder nicht. Diese Maßnahmen dürfen gem. § 7 Abs. 1 Beschäftigte nicht wegen eines Merkmals gem. § 1 benachteiligen. **Mitbestimmungspflichtig** sind **im Rahmen der Durchführung eines Beschäftigungsverhältnisses** nur die personellen Einzelmaßnahmen gem. § 99 BetrVG (Versetzungen, Umsetzungen und Umgruppierungen) und die hierzu bestimmten Auswahlrichtlinien. Der Betriebsrat hat bereits nach § 75 BetrVG die Aufgabe, auf eine diskriminierungsfreie Handhabung zu achten.

32 Im Rahmen des **beruflichen Aufstiegs** ist in der Praxis für die **Glaubhaftmachung einer Benachteiligung** die statistische Vergleichsgruppenbildung, wie sie bereits bei der geschlechtsbedingten Benachteiligung anerkannt ist,

---

77 BAG 18. 3. 10 – 6 AZR 434/07 – ArbuR 10, 182: Teilnichtigkeit des § 45 Nr. 8 Abs. 1 Satz 1 Buchst. a TVöD-BT-V (Bund), soweit er auf § 55 Abs. 2 und Abs. 3 BBesG verweist, wegen mittelbarer Diskriminierung aufgrund der sexuellen Orientierung; a. A. BVerwG 26. 1. 06 – 2 C 43/04 – PersR 06, 297: kein Anspruch auf Familienzuschlag gem. § 40 Abs. 1 Nr. 1 BBesG und BVerwG 25. 7. 07 – 6 C 27/06 – NJW 08, 246: rechtmäßiger Ausschluss von Lebenspartnern aus der Hinterbliebenenversorgung, sowie BGH 14. 2. 07 – IV ZR 267/04 – ZTR 07, 452: keine Hinterbliebenenrente und nicht die für Verheiratete geltende, günstigere Steuerklasse; Verfassungsbeschwerde zur Frage der steuerlichen Behandlung ist anhängig: 1 BvR 280/09.
78 BAG 10. 11. 2011 – 6 AZR 148/09.
79 BT-Drs. 16/1780 S. 31.

Anwendungsbereich § 2

von erheblicher Bedeutung (s. Rn. 13 zu § 22). Zum beruflichen Aufstieg gehört auch das Beurteilungswesen.

> **Beispiel:**
> Werden statistisch gesehen in einem größeren Unternehmen weiße Mitarbeiter erheblich schneller befördert, als Menschen mit einer anderen Hautfarbe, muss der Arbeitgeber den Nachweis führen, dass hierin keine Diskriminierung wegen der Rasse oder ethnischen Herkunft liegt. Gelingt ihm der Nachweis nicht, ist er zum Schadensersatz und zur Entschädigung verpflichtet. Gleiches gilt bei einer statistisch relevanten, schlechteren **Beurteilung** von Teilzeitbeschäftigten.

Eine besondere Bedeutung kommt der Erteilung von **Abmahnungen** zu. 33 Diese stellen zwar eine Maßnahme im laufenden Beschäftigungsverhältnis dar, können aber nach deutschem Recht gleichzeitig Voraussetzung für eine verhaltensbedingte Kündigung sein. Abmahnungen werden subjektiv von Betroffenen häufig als diskriminierend empfunden und zum Gegenstand eines Rechtsstreits gemacht. Gem. § 1004 BGB analog besteht ein Anspruch auf deren Entfernung aus der Personalakte, wenn die Abmahnung zu Unrecht ergangen oder unrichtig ist. Künftig können Beschäftigte ihren Anspruch auf Entfernung der Abmahnung bei Vorliegen einer ungerechtfertigten Benachteiligung auch auf einen Verstoß gegen das Benachteiligungsverbot des § 7 Abs. 1 stützen. Allerdings gilt auch in diesem Rahmen, dass die Vermutung für eine Benachteiligung wegen eines Merkmals des § 1 gem. § 22 bestehen muss. Das subjektive Empfinden und/oder die bloße Behauptung einer Benachteiligung ist allein nicht maßgebend (für die Anforderungen an die Darlegung und den Beweis von Tatsachen, die eine Benachteiligung vermuten lassen, s. Rn. 6ff. zu § 22).

> **Beispiel:**
> H ist Altenpfleger bei einem ambulanten Pflegedienst und homosexuell. Er erhält von seinem Arbeitgeber eine Abmahnung wegen seiner Teilnahme am Christopher Street Day mit der Begründung, sein Verhalten sei geschäftsschädigend, weil die älteren Kunden sich nicht von einem »Schwulen« betreuen lassen wollten. Die Abmahnung erfolgt wegen Offenlegen seiner Homosexualität und damit aus Gründen seiner sexuellen Identität gem. § 1. Sie verstößt gegen das Benachteiligungsverbot des § 7 Abs. 1 und ist deswegen rechtswidrig und aus der Personalakte zu entfernen.

V. Entlassungsbedingungen und Beendigung des Arbeitsverhältnisses

Abs. 1 Nr. 2 schließt ferner die **Entlassungsbedingungen und Maßnahmen** 34 **bei der Beendigung eines Beschäftigungsverhältnisses** mit ein. **Entlassungsbedingungen** sind sowohl in Regelungen zur Sozialauswahl, als auch in Sozialplänen zu sehen, aber auch in der Festlegung eines Verhaltenskodex, der für einen Verstoß eine Beendigung eines Beschäftigungsverhältnisses vorsieht, wie z. B. die Kirchen dies im Hinblick auf ein Verhalten, das ihrem Selbstverständnis widerspricht, praktizieren. Von großer praktischer Bedeutung sind die im Rahmen der Sozialauswahl üblichen Punkteschemata, die auch dann gem. § 95 Abs. 1 Satz 1 BetrVG als Auswahlrichtlinie mitbestimmungspflichtig sind, wenn sie lediglich für konkret anstehende und nicht für alle künftig auszusprechenden Kündigungen maßgeblich sein sollen.[80] Ist der Anwendungsbereich des AGG eröffnet, bedarf eine wegen eines Merkmals des § 1 erfolgende Benachteiligung eines Beschäftigten der Rechtfertigung gem. §§ 8 ff. (s. hierzu im Einzelnen § 1 Rn. 35 und § 10 Rn. 6 ff.).

35 Bei der **Beendigung** eines Beschäftigungsverhältnisses kommt eine Benachteiligung durch **Kündigung, Anfechtung, Befristung oder Aufhebungsvertrag** in Betracht. Auch Altersgrenzen unterfallen dem Anwendungsbereich des AGG und der Richtlinie 2000/78/EG.[81] Alle diese Tatbestände werden **vom Schutz der Richtlinien und** damit auch von dem in **Abs. 1 Nr. 2** normierten Anwendungsbereich **erfasst**, während bisher bei der Beendigung des Arbeitsverhältnisses der allgemeine arbeitsrechtliche Gleichbehandlungsgrundsatz keine Anwendung fand.[82] Gleichwohl sind die Kündigungsschutzvorschriften »Einfallstor« für die mittelbare Geltung der Grundrechte mit der Folge, dass ein willkürliches Herausgreifen Einzelner bei gleichem Tatsachenhintergrund bereits nach bisheriger Rechtslage unzulässig war.[83] Gem. Abs. 3 bleiben die **mittelbare Drittwirkung von Art. 3 GG** und die von der Rechtsprechung hierzu entwickelten Grundsätze **neben dem AGG** von Bedeutung.

1. Benachteiligungsschutz bei Ausspruch einer Kündigung

36 Der Diskriminierungsschutz bei Kündigungen ist **nicht gem. § 2 Abs. 4 aus dem Anwendungsbereich des AGG ausgenommen.** Der EuGH hat die Anwendbarkeit des Diskriminierungsverbots auf Kündigungen bestätigt.[84] Das bedeutet, dass das Verbot der Benachteiligung ausdrücklich auch für

---

80 BAG 26. 7. 05 – 1 ABR 29/04 – NZA 05, 1372.
81 EuGH 16. 10. 07 – C-411/05 – [Palacios de la Villa], NZA 07, 1219.
82 BAG 22. 2. 79 – 2 AZR 115/78 – DB 79, 1659; BAG 28. 4. 82 – 7 AZR 1139/79 – DB 82, 1776 mit der Begründung der Gleichbehandlungsgrundsatz gelte nur bei der Erfüllung von Ansprüchen und nicht bei der Ausübung von Gestaltungsrechten.
83 S. auch zur Unwirksamkeit einer Kündigung gem. § 242 BGB: BVerfG 27. 1. 98 – 1 BvL 15/87 – NZA 98, 470; BAG 25. 4. 01 – 5 AZR 360/99 – NZA 02, 87; zur Unwirksamkeit einer Kündigung wegen Homosexualität: BAG 23. 6. 94 – 2 AZR 617/93 – NZA 94, 1080; weiterführend: Küttner-Eisenmann, Nr. 263, Kündigungsschutz, Rn. 24 ff.
84 EuGH 11. 7. 06 – C-13/05 – NZA 06, 839.

Anwendungsbereich § 2

Kündigungen Anwendung findet. Die Diskriminierungsverbote des AGG einschließlich der im Gesetz vorgesehenen Rechtfertigungen sind bei der Auslegung der unbestimmten Rechtsbegriffe des Kündigungsschutzgesetzes als Konkretisierungen des Begriffs der Sozialwidrigkeit zu beachten (s. zur Bedeutung von Abs. 4 im Einzelnen Rn. 58 ff.).[85] Damit besteht auch bei einer Kündigung, die wegen Verstoß gegen das Benachteiligungsverbots sozial nicht gerechtfertigt ist, die Möglichkeit eines Antrags gem. §§ 9, 10 KSchG auf Auflösung gegen Zahlung einer Abfindung.

Das Benachteiligungsverbot kommt auch Beschäftigten zugute, die (noch) keinen Kündigungsschutz nach dem Kündigungsschutzgesetz haben. In diesem Falle gilt das AGG direkt, da § 2 Abs. 4 insoweit keine Anwendung findet. So gilt das Benachteiligungsverbot auch bei einer Kündigung in der Probezeit in der das KSchG gemäß § 1 Abs. 1 KSchG noch keine Anwendung findet.[86] In jedem Fall muss gem. **§ 4 KSchG** die Unwirksamkeit einer Kündigung wegen eines Verstoßes gegen das Benachteiligungsverbot (§ 134 BGB i. V. m. Abs. 1) innerhalb von **drei Wochen nach deren Zugang** gerichtlich geltend gemacht werden (materielle Ausschlussfrist). Das BAG hat klargestellt, dass die Bedeutung von § 2 Abs. 4 im Wesentlichen darauf zu reduzieren ist, dass die Unwirksamkeit einer Kündigung auch bei einem Verstoß gegen Benachteiligungsverbote in jedem Fall im Kündigungsschutzverfahren gem. §§ 4, 7, 13 KSchG geltend zu machen ist.[87]   37

Für die Frage, ob eine relevante Benachteiligung vorliegt, ist **zu unterscheiden, aus welchem Grund eine Kündigung** tatsächlich **ausgesprochen wird**. Dabei reicht es aus, wenn in dem **Motivbündel**, das der Entscheidung des Arbeitgebers zugrunde liegt, die verbotene Anknüpfung an ein Merkmal des § 1 als eines von mehreren Kriterien enthalten ist.[88] Dies kann z. B. dann der Fall sein, wenn der Arbeitgeber ein Verhalten für die Kündigung zum Anlass nimmt, für das jüngere oder nicht behinderte Arbeitnehmer lediglich abgemahnt werden. Eine Kündigung hauptsächlich aus dem Grund, dass sich eine Arbeitnehmerin in einem vorgerückten Stadium einer **künstlichen Befruchtung** befindet, stellt noch keine Benachteiligung wegen einer Schwangerschaft dar, enthält aber eine Benachteiligung wegen des Geschlechts.[89]   38

---

85 Entschieden für eine betriebsbedingte Kündigung BAG 6. 11. 08 – 2 AZR 523/07 – ArbuR 09, 358 und für eine personenbedingte Kündigung BAG 22. 10. 09 – 8 AZR 642/08 – NZA 10, 280.
86 BAG 19. 12. 13 – 6 AZR 190/12: Unwirksamkeit der Kündigung eines HIV Infizierten wegen ungerechtfertigter Benachteiligung.
87 BAG 6. 11. 08 – 2 AZR 523/07 – ArbuR 09, 358; BAG 22. 10. 09 – 8 AZR 642/08 – NZA 10, 280.
88 LAG Niedersachsen 12. 3. 10 – 10 Sa 583/09 – ArbR 10, 301; BVerfG 16. 11. 93 – 1 BvR 258/86 – NZA 94, 745; BAG 12. 9. 06 – 9 AZR 807/05 – NZA 07, 507 [512]; BAG 5. 2. 04 – 8 AZR 112/03 – NZA 04, 540.
89 EuGH 26. 2. 08 – C-506/06 – [Mayr/Flöckner OHG], NZA 08, 345.

Demgegenüber liegt keine geschlechtsbedingte Benachteiligung vor, wenn eine Entlassung auf Fehlzeiten gestützt wird, die zwar durch eine **schwangerschaftsbedingte Erkrankung** verursacht waren, aber unter den gleichen Voraussetzungen erfolgt, wie bei Fehlzeiten eines Mannes wegen einer ebenso langen Arbeitsunfähigkeit. Die Zeiträume von Schwangerschaft und Mutterschutz müssen bei Berechnung der kündigungsrelevanten Fehlzeiten außer Betracht bleiben und die Kündigung darf erst nach Ablauf der geschützten Zeiten erfolgen. Ist dies der Fall, erfolgt die Kündigung nicht wegen Schwangerschaft oder Mutterschaft, sondern **wegen der krankheitsbedingten Fehlzeiten**.[90] Insofern liegt kein Fall einer Benachteiligung nach § 3 Abs. 1 Satz 2 vor.

38a Nicht in jeder mehr als sechsmonatigen Erkrankung liegt eine **Behinderung**.[91] Deshalb ist eine Kündigung aufgrund hoher Fehlzeiten in der Regel keine hinreichende Indiztatsache für die Vermutung einer Benachteiligung wegen einer Behinderung.[92] In der Kündigung einer Behinderten, die aufgrund ihres Leidens keine Nachtschicht leisten kann, liegt eine ungerechtfertigte mittelbare Diskriminierung, wenn außerhalb des neuen Schichtsystems im Bereich der diskriminierungsfrei übertragbaren Arbeitsaufgaben keine Einschränkung der Leistungsfähigkeit besteht. Die in diesem Zusammenhang ausgesprochene Kündigung verstößt außerdem gegen den Verhältnismäßigkeitsgrundsatz, weil es dem Arbeitgeber ohne weiteres möglich war, die Arbeitnehmerin leidensgerecht einzusetzen.[93]

38b Unzureichende **Deutschkenntnisse** können eine ordentliche Kündigung rechtfertigen. Es stellt keine nach § 3 Abs. 2 AGG verbotene mittelbare Benachteiligung wegen der ethnischen Herkunft dar, wenn der Arbeitgeber aus Gründen der Qualitätssicherung die Kenntnis der deutschen Schriftsprache verlangt.[94] In einer Kündigung wegen erhöhter Anfälligkeit für Kurzerkrankungen kann eine mittelbare **Altersdiskriminierung** liegen, wenn die Fehlzeiten die aufgrund eines statistischen Vergleichs zu berücksichtigenden Zahlen der für die Altersgruppe durchschnittlichen Fehlzeiten nicht übersteigen.[95] Das Verbot der Altersdiskriminierung steht der grundsätzlichen Berücksichtigung des Lebensalters im Rahmen der **Sozialauswahl** und der Bildung von Altersgruppen nicht entgegen. Beruht das Zustandekommen einer Namensliste nach § 1 Abs. 5 KSchG auf einem Verstoß gegen Vorschriften des AGG, so kann dies zur groben Fehlerhaftigkeit der Sozialauswahl

---

90 EuGH 30. 6. 98 – C-394/96 – NZA 98, 871.
91 EuGH 11. 7. 06 – C-13/05 – [Chacón Navas], NZA 06, 839.
92 BAG 22. 10. 09 – 8 AZR 642/08 – NZA 10, 280.
93 LAG Berlin-Brandenburg 4. 12. 08 – 26 Sa 343/08.
94 BAG 28. 1. 10 – 2 AZR 764/08.
95 LAG Baden-Württemberg 18. 6. 07 – 4 Sa 14/07 – AuA 2007, 624.

führen.⁹⁶ Die Nichtberücksichtigung von Beschäftigungszeiten vor dem 25. Lebensjahr für verlängerte **Kündigungsfristen** gem. § 622 Abs. 2 Satz 2 BGB verstößt gegen die EU-rechtlichen Diskriminierungsverbote und bleibt deshalb unangewandt.⁹⁷

2. Benachteiligungsschutz bei Anfechtung des Arbeitsvertrages

Das Diskriminierungsverbot des § 7 spielt auch bei der **Anfechtung** eine Rolle. Der EuGH bezeichnet in seiner Rechtsprechung zur geschlechtsbezogenen Diskriminierung ausdrücklich ein **Anfechtungsrecht wegen Schwangerschaft** als **unmittelbare Benachteiligung.**⁹⁸ Eine Anfechtung kann daher grundsätzlich nicht auf eine Schwangerschaft gestützt werden. Übertragen auf die anderen Merkmale des § 1 bedeutet dies, dass eine deswegen erklärte Anfechtung (§§ 123, 119 Abs. 2 BGB) regelmäßig unwirksam ist. Eine rechtswidrige Täuschung gem. § 123 BGB scheidet aus, weil der oder die Beschäftigte hinsichtlich der Merkmale des § 1 weder eine Offenbarungspflicht hat noch eine entsprechende Frage des Arbeitgebers wahrheitsgemäß beantworten muss, wenn diese nicht durch arbeitsplatzbezogene Interessen ausnahmsweise gerechtfertigt ist. Eine verkehrswesentliche Eigenschaft gem. § 119 Abs. 2 BGB kann in einem der Merkmale des § 1 nur dann liegen, wenn die Eigenschaft gem. § 8 Abs. 1 wegen der Art der auszuübenden Tätigkeit eine wesentliche und entscheidende berufliche Anforderung darstellt. Insofern kann im »wahren« Geschlecht einer transsexuellen Person, die sich als Arzthelferin bewirbt, keine »verkehrswesentliche« Eigenschaft gesehen werden.⁹⁹

39

3. Benachteiligungsschutz bei Befristungen

Eine diskriminierende Benachteiligung bei grundsätzlich gem. § 14 TzBfG zulässigen **Befristungen** kommt insbesondere in den Fällen in Betracht, in denen ein besonderer Kündigungsschutz umgangen werden soll, also bei **Schwangerschaft** und **Schwerbehinderung**. Ein befristetes Arbeitsverhältnis endet mit Ablauf des vorgegebenen Zeitraums automatisch, ohne dass es einer Kündigung bedarf. Bestehen Anhaltspunkte dafür, dass die Befristung aus Gründen des § 1 erfolgt ist oder das befristete Arbeitsverhältnis deswe-

40

---

96 BAG 6.11.08 – 2 AZR 701/07 – (Parallelverfahren: – 2 AZR 523/07, 2 AZR 709/07, 2 AZR 749/07, 2 AZR 777/07, 2 AZR 748/07, 2 AZR 796/07, 2 AZR 945/07 und 2 AZR 980/07 – ArbuR 09, 358).
97 EuGH 19.1.10 – C-555/07 – [Kücükdeveci], NZA 10, 85.
98 EuGH 27.2.03 – C-320/01 – [Busch], NZA 03, 373.
99 A. A. wohl BAG 21.2.91 – 2 AZR 449/90 – NZA 91, 719.

41 Die in § 14 Abs. 3 Satz 4 TzBfG a. F. geregelte sachgrundlose Befristung eines Arbeitsverhältnisses ab dem 52. Lebensjahr verstieß gegen das Verbot der Diskriminierung wegen des **Alters** und war deswegen unwirksam.[101] Das BAG hat dem EuGH die Frage der Vereinbarkeit von § 14 Abs. 3 Satz 1 TzBfG in der bis zum 30. April 2007 geltenden Fassung (sachgrundlose Befristung eines Arbeitsverhältnisses ab dem 58. Lebensjahr) mit dem Gemeinschaftsrecht zur Entscheidung vorgelegt.[102] Fraglich ist die Vereinbarkeit der neuen Fassung des Gesetzes, die nunmehr neben der Altersgrenze von 52 Jahren eine viermonatige Beschäftigungslosigkeit voraussetzt und eine Höchstgrenze von 5 Jahren für sachgrundlose Folgebefristungen vorsieht. Nach wie vor knüpft die Regelung unmittelbar an das Lebensalter an. Zweifel daran, ob die Regelung der strengen Verhältnismäßigkeitsprüfung des EuGH standhält, sind vor allem deswegen angebracht, weil das legitime Ziel des Gesetzgebers, der schwierigen Beschäftigungssituation älterer, Arbeit suchender Menschen Rechnung zu tragen, nach empirischen Erhebungen durch die ausgeweitete Möglichkeit der sachgrundlosen Befristung nicht erreicht wird und damit die erhebliche Einschränkung des Kündigungsschutzes für ältere Arbeitnehmer weder geeignet, noch erforderlich ist, um das gesetzte Ziel zu erreichen.[103]

41a In diesem Zusammenhang stellt sich auch die Frage nach der Gültigkeit von **Altersgrenzen**, die sich in vielen Tarifverträgen, aber auch in Individualarbeitsverträgen finden. Eine in Tarifverträgen enthaltene Klausel über die Zwangsversetzung in den Ruhestand oder eine Befristung auf den Zeitpunkt, in dem Beschäftigte die im nationalen Recht festgesetzte Altersgrenze für den Anspruch auf Bezug einer beitragsbezogenen Altersrente erfüllen, werden von der Rechtsprechung regelmäßig anerkannt, weil sie dem legitimen Ziel dienen, im Rahmen der nationalen Beschäftigungspolitik jüngeren Beschäftigten Chancen auf dem Arbeitsmarkt zu eröffnen, wenn die Mittel hierfür angemessen und erforderlich sind.[104] Die Regelaltersgrenze wurde

---

100 ArbG Mainz 2. 9. 08 – 3 Ca 1133/08 – BeckRS 2008 56479 im Fall einer Schwangerschaft.
101 EuGH 22. 11. 05 – C-144/04 – [Mangold/Helm], NZA 05, 1345.
102 BAG 16. 10. 08 – 7 AZR 253/07 (A) – NZA 09, 378.
103 S. hierzu mit ausführlichen Nachweisen Kohte, Gutachten zur Frage der Rechtmäßigkeit einer erneuten Änderung des § 14 Abs. 3 TzBfG im Entwurf eines Gesetzes zur Verbesserung der Beschäftigungschancen älterer Menschen (BT-Drs. 16/37 S. 93), Bericht 2006 der Bundesregierung zur Wirksamkeit moderner Dienstleistungen am Arbeitsmarkt, BT-Drs. 16/3982 S. 152, Perreng, AiB 2007, 386.
104 EuGH 12. 10. 10 – C-45/09 8 – [Rosenbladt]; EuGH 16. 10. 07 – C-411/05 – [Palacios de la Villa], NZA 07, 1219.

Anwendungsbereich § 2

gem. § 35 SGB VI auf die Vollendung des 67. Lebensjahres angehoben. Für schwerbehinderte Menschen gilt gem. § 37 SGB VI die Vollendung des 65. Lebensjahres. Das BAG geht dementsprechend auch von einem sachlichen Grund (§ 14 Abs. 1 Satz 1 TzBfG) bei einer Befristung auf den Zeitpunkt des Erreichens der Regelaltersgrenze aus, ohne die konkret ausgeübte Tätigkeit oder die konkrete wirtschaftliche Absicherung der betroffenen Beschäftigten zu beachten.[105] Dies erscheint im Einzelfall im Hinblick auf die gestiegene Leistungsfähigkeit im Alter und die gerade bei Frauen mit durchbrochener Erwerbsbiographie häufig nicht gewährleistete Absicherung durch eine Altersrente problematisch.[106] Bei einer Altersgrenze, die ein Ausscheiden aus dem Beschäftigungsverhältnis vor Erreichen des Regelrentenalters vorsieht, sind sowohl an eine Rechtfertigung gem. § 10, wie auch an das Vorliegen eines sachlichen Grundes (§ 14 Abs. 1 Satz 1 TzBfG) schon deshalb erhöhte Anforderungen zu setzen, weil in diesen Fällen regelmäßig keine ausreichende Absicherung durch einen Rentenanspruch besteht.[107] Eine tarifvertragliche Bestimmung, die eine Versetzung in den Ruhestand für weibliche Chormitglieder mit Vollendung des 60. Lebensjahres und für männliche Chormitglieder mit Vollendung des 63. Lebensjahres vorsieht, ist wegen der altersdiskriminierenden Wirkung unwirksam (s. auch § 10 Rn. 25 f.; zur Rechtsprechung hinsichtlich der Altersgrenzen s. auch § 1 Rn. 35).[108]

Ist die Befristung unwirksam, gilt gem. § 16 TzBfG der Arbeitsvertrag als **42** unbefristeter Vertrag weiter. Gleiches gilt, wenn die Nichtverlängerung eines befristeten Arbeitsverhältnisses diskriminierenden Charakter hat.[109] Die Unwirksamkeit einer Befristung muss gem. § 17 TzBfG innerhalb von 3 Wochen nach dem vereinbarten Ende des Arbeitsvertrages gerichtlich geltend gemacht werden.

4. Rechtsfolgen einer Benachteiligung bei der Beendigung eines Arbeitsverhältnisses

Neu sind die **Rechtsfolgen**, die in Abschnitt 2 für den Fall einer Benachtei- **43** ligung bei der Beendigung des Beschäftigungsverhältnisses geregelt sind. Künftig kann der oder die betroffene Beschäftigte nicht nur die **Unwirksam-**

---

105 BAG 18.6.08 – 7 AZR 116/07 – NZA 08, 1302; BAG 5.3.13 – 1 AZR 417/12: Geltung auch für die Regelung von Altersgrenzen in Betriebsvereinbarungen.
106 Dickerhof-Borello, ArbuR 09, 251.
107 BAG 18.1.12 – 7 AZR 112/08 – hat die Altersgrenze von 60 Jahren für Piloten nach dem Lufthansa TV nach einer entsprechend entschiedenen Vorlageentscheidung des EuGH als unwirksam angesehen, da sie ohne sachliche Rechtfertigung deutlich unter der sonst in Europa üblichen Altersgrenze von 63 liegt.
108 ArbG München 16.6.10 – 38 Ca 1892/10.
109 EuGH 4.10.01 – C-438/99 – [Melgar], NZA 01, 1243 zur Nichtverlängerung wegen Schwangerschaft.

keit einer **diskriminierenden Beendigung** des Beschäftigungsverhältnisses geltend machen, sondern **daneben** gem. § 15 Abs. 1 und 2 **Schadensersatz und Entschädigung** fordern und zwar unabhängig davon, ob das Beschäftigungsverhältnis tatsächlich fortgesetzt wird, oder nicht.[110] Eine eventuelle Fortsetzung des Arbeitsverhältnisses kann sich natürlich auf die Höhe eines Schadens und ggf. auch auf die angemessene Höhe einer Entschädigung auswirken (s. Rn. 14 ff. u. 21 ff. zu § 15). Die Forderungen gem. § 15 Abs. 1 und 2 treten neben die in der Praxis verbreitete Form der vergleichsweisen Einigung über die Beendigung eines Beschäftigungsverhältnisses gegen Zahlung einer Abfindung. Während die Entschädigung ein Ausgleich für die mit einer Benachteiligung regelmäßig einhergehende Persönlichkeitsrechtsverletzung ist, erfolgt die Zahlung einer **Abfindung** aus Ausgleich für die mit einer Beendigung des Arbeitsverhältnisses verbundenen Nachteile. Zu den Möglichkeiten der Vereinbarung einer (steuerfreien) Entschädigung statt oder neben der Vereinbarung einer Abfindung und zu den steuerrechtlichen und sozialversicherungsrechtlichen Folgen s. Rn. 3 zu § 15. Zusätzlich zu einem etwaigen Anspruch auf Entschädigung besteht nach der Rechtsprechung des BAG bei einer benachteiligenden und damit i. R. der Anwendbarkeit des KSchG auch sozialwidrigen Kündigung[111] die Möglichkeit eines Antrags gem. §§ 9, 10 KSchG auf Auflösung des Arbeitsverhältnisses gegen Zahlung einer Abfindung.

VI. Nachwirkende Folgen eines beendeten Beschäftigungsverhältnisses

44 Von Abs. 1 Nr. 2 werden schließlich nach der Gesetzesbegründung auch Benachteiligungen bei den **nachwirkenden Folgen eines beendeten Beschäftigungsverhältnisses** miterfasst.[112] Hierunter fallen regelmäßig Ansprüche auf Zeugniserteilung (§ 109 Abs. 1 GewO), Ausstellung und Herausgabe der Arbeitspapiere und noch offene Ansprüche auf Zahlung von Vergütung, aber auch Ansprüche auf betriebliche Altersversorgung (s. Rn. 52 f.).

VII. Berufsberatung und Berufsbildung

45 Abs. 1 Nr. 3 schützt den Zugang zu allen Formen und Ebenen der **Berufsberatung und Berufsbildung**. Hiermit ist zum einen die Begründung von privatrechtlichen Ausbildungsverhältnissen gemeint, aber auch der Zugang zu betrieblich angebotener Fortbildung und Umschulung, wie die Möglichkeit, diskriminierungsfrei praktische Berufserfahrung zu gewinnen. Der Begriff

---

110 BAG 12. 12. 13 – 8 AZR 838/12.
111 BAG 22. 10. 09 – 8 AZR 642/08 – NZA 10, 280.
112 BT-Drs. 16/1780 S. 31.

Anwendungsbereich § 2

der Berufsbildung ist in der systematischen Gesamtschau der anderen Merkmale des § 2 Abs. 1 Nr. 3 sehr weit zu verstehen und erfasst sämtliche Formen der betrieblichen Aus- und Weiterbildung. Auf das Erlangen einer höheren Qualifikation oder Ähnliches kommt es für den sachlichen Anwendungsbereich nicht an.[113] Maßnahmen der betrieblichen Berufsbildung des Arbeitgebers unterliegen der **Mitbestimmung des Betriebsrats** nach §§ 96ff., 92 Abs. 1 und 92 a Abs. 1 BetrVG. Daneben wird der Schutz vor Benachteiligung auf die Angebote der öffentlichen Hand, wie den Zugang zu Berufsschulen etc. ausgedehnt. Allerdings ist nur die Benachteiligung im arbeitsrechtlichen Bereich mit Sanktionen gem. dem 2. Abschnitt verbunden (s. zum Begriff der Berufsbildung Rn. 7 zu § 6).

VIII. Mitgliedschaft und Mitwirkung in berufsbezogenen Vereinigungen

Abs. 1 Nr. 4 erstreckt den Schutz vor Diskriminierung für Beschäftigte und Arbeitgeber sowohl auf das Innenverhältnis der Koalitionen des Art. 9 Abs. 3 GG, als auch allgemein auf die **Mitgliedschaft und Mitwirkung in berufsbezogenen Vereinigungen**. Ausdrückliches Ziel der EU-Richtlinien und des AGG ist es, umfassend der Benachteiligung in Beschäftigung und Beruf entgegenwirken. Um dieses Ziel zu erreichen, kommt der Möglichkeit der ungehinderten Mitwirkung in entsprechenden Berufsverbänden und ähnlichen Vereinigungen erhebliche Bedeutung zu (s. hierzu die Kommentierung zu § 18).

46

IX. Sozialschutz, soziale Vergünstigungen und Bildung

Nr. 5, 6 und 7 setzen die Antirassismus-Richtlinie 2000/43/EG um, die im Gegensatz zu der Richtlinie 2000/78/EG (Rahmenrichtlinie Beschäftigung) und der geänderten Gender-Richtlinie 76/207/EWG nicht nur für Beschäftigung und Beruf gilt, sondern auch für den Sozialschutz, die sozialen Vergünstigungen und die Bildung. Überwiegend geht es hierbei um **öffentlich-rechtliche Regelungen,** da es sich beim Sozialschutz, sowie den sozialen Vergünstigungen und der Bildung überwiegend um staatliche Leistungen handelt. Hierunter fallen sowohl der Zugang zu Kranken- und Pflegeversicherung als auch der Anspruch auf Inanspruchnahme von Rettungsdiensten oder Büchereien. Werden entsprechende **Leistungen auf privatrechtlicher Grundlage** erbracht,[114] findet das **zivilrechtliche Benachteiligungsverbot** aus Gründen der Rasse oder wegen der ethnischen Herkunft gem. § 19 Abs. 2

47

---

113 ArbG Köln 31.5.07 – 22 Ca 8421/06.
114 Die Begründung zum Gesetzentwurf nennt als Beispiele einen privaten Arztvertrag oder Bildungsleistungen privater Anbieter, s. BT-Drs. 16/1780 S. 32.

Anwendung. Dessen Verletzung löst Ansprüche des Benachteiligten gem. § 21 auf Beseitigung der Beeinträchtigung, Unterlassung und Schadensersatz aus. Der private Bereich der Berufsbildung fällt nicht unter Nr. 7, sondern ist bereits von Nr. 3 erfasst. Der gesamte **öffentliche Bereich der Nr. 5–7** ist den verwaltungsrechtlichen Grundsätzen unterworfen und unterliegt gem. § 2 Abs. 3 auch weiterhin unmittelbar dem Art. 3 GG. Sanktionen sind für Verstöße außerhalb zivilrechtlicher Schuldverhältnisse im AGG nicht normiert.

X. Freier Waren- und Dienstleistungsverkehr

48 Abs. 1 Nr. 8 betrifft im Wesentlichen **privatrechtliche Schuldverhältnisse** und setzt die Antirassismus-Richtlinie 2000/43/EG sowie die Richtlinie 2004/113/EG (Gleichbehandlungsrichtlinie wegen des Geschlechts außerhalb der Arbeitswelt) in nationales Recht um. Der Wortlaut entspricht Art. 3 Abs. 1 h) der Antirassismus-Richtlinie 2000/43/EG, sowie dem Sprachgebrauch des EG-Vertrags und dort garantierten Freiheiten, insbesondere dem freien Waren- und Dienstleistungsverkehr (Art. 23 ff., 49 ff. EG-Vertrag). Mit dem Begriff der Dienstleistungen sind also nicht nur Dienst-, und Werkverträge (§§ 611, 631 BGB) gemeint, sondern auch Geschäftsbesorgungsverträge, Mietverträge und Finanzdienstleistungen (wie Kredit- und Versicherungsverträge, Leasingverträge etc.).[115]

49 Abweichend hiervon formuliert die Richtlinie 2004/113/EG (Gleichbehandlungsrichtlinie wegen des Geschlechts außerhalb der Arbeitswelt) in Art. 3. Abs. 1, dass der Geltungsbereich sich auf alle Personen bezieht, die **Güter und Dienstleistungen** bereitstellen, **die der Öffentlichkeit ohne Ansehen der Person zur Verfügung stehen** und die außerhalb des Bereichs des Privat- und Familienlebens und der in diesem Kontext stattfindenden Transaktionen angeboten werden.« Diese Einschränkungen meint der Gesetzgeber in § 19 Abs. 1 Nr. 1, Abs. 3, 4 und 5 übernommen zu haben, geht aber tatsächlich weit darüber hinaus (s. Rn. 2 ff. zu § 19).

50 Güter und Dienstleistungen stehen dann **der Öffentlichkeit zur Verfügung**, wenn das **öffentliche Angebot** des Schuldners eine Aufforderung an mögliche Interessenten enthält, ihrerseits einen bindenden Antrag abzugeben (invitatio ad offerendum), oder in denen der Anbietende sich selbst bereits nach § 145 BGB bindet und dieser öffentlich erklärte Antrag nur noch der Annahme bedarf. Gemeint sind vor allem Anzeigen in Tageszeitungen, Schaufensterauslagen, Veröffentlichungen im Internet, das Angebot von Kaufhäusern etc. Relevant ist nicht, wie groß die angesprochene Öffentlichkeit ist, sondern nur, dass die Erklärung über die Privatsphäre des Anbieten-

---

115 S. hierzu die Gesetzesbegründung BT-Drs. 16/1780 S. 32.

Anwendungsbereich § 2

den hinausgelangt.[116] Sanktionen sind in § 21 für Verstöße gegen das zivilrechtliche Benachteiligungsverbot des § 19 Abs. 1–5 geregelt. Außerhalb von Massengeschäften gem. § 19 Abs. 1 Nr. 1 oder privatrechtlichen Versicherungsverträgen löst nur eine nicht gerechtfertigte Benachteiligung wegen der Rasse oder ethnischen Herkunft Sanktionen aus.

XI. Sozialleistungen

Die Regelung in **Abs. 2 Satz 1** trägt den Anforderungen der Richtlinien 2000/43/EG (Antirassismus-Richtlinie), 2000/78/EG (Rahmenrichtlinie Beschäftigung) und 2002/73/EG (Änderung der Gender-Richtlinie) für den Bereich des **Sozialschutzes** Rechnung. Soweit es um Leistungen nach dem Sozialgesetzbuch geht, gelten ausschließlich die Regelungen in § 33 c SGB I und § 19 a SGB IV. Nach § 33 c SGB I darf niemand bei der Inanspruchnahme sozialer Rechte aus Gründen der Rasse, wegen der ethnischen Herkunft oder einer Behinderung benachteiligt werden. Unter die **sozialen Rechte** fallen die in den Büchern des Sozialgesetzbuches vorgesehenen Dienst-, Sach- und Geldleistungen (§ 11 SGB I), insbesondere auch die Aufklärung, Auskunft und Beratung im Sinne des Sozialgesetzbuches (§§ 13 bis 15 SGB I). Aus § 33 c SGB I entstehen keine neuen sozialen Rechte. Es geht allein um die in den einzelnen Büchern des Sozialgesetzbuches bereits normierten Rechte. § 19 a SGB IV setzt das Benachteiligungsverbot für den Bereich der **Berufsberatung** um. 51

XII. Betriebliche Altersversorgung

Nach Abs. 2 Satz 2 gilt für die **betriebliche Altersversorgung** das Betriebsrentengesetz. Die Regelung soll nach dem Willen des Gesetzgebers klarstellen, dass für die betriebliche Altersversorgung ausschließlich die auf der Grundlage des Betriebsrentengesetzes geregelten Benachteiligungsverbote gelten,[117] enthält aber keine »Bereichsausnahme« für die betriebliche Altersversorgung, sondern hat lediglich Hinweischarakter. Abs. 2 Satz 2 wird dadurch nicht gegenstandslos. Vielmehr behält diese Bestimmung als Kollisionsregel Bedeutung. Während § 32 vorsieht, dass die allgemeinen Bestimmungen nur gelten, soweit im AGG nichts Abweichendes bestimmt ist, gilt dieser Vorrang des AGG bezogen auf das Betriebsrentengesetz nicht. Wenn und soweit das BetrAVG Aussagen hinsichtlich bestimmter Unterscheidungen enthält, die einen Bezug zu den in § 1 erwähnten Merkmalen haben, hat das AGG gegenüber diesen älteren Bestimmungen keinen Vorrang. Viel- 52

---

116 BT-Drs. 16/1780 S. 32.
117 BT-Drs. 16/1780 S. 32.

mehr bleibt es bei den Regelungen im Betriebsrentengesetz. Das gilt z. B. hinsichtlich der an das Merkmal »Alter« anknüpfenden Vorschriften zur gesetzlichen Unverfallbarkeit (§ 1 b BetrAVG) und im Hinblick darauf, dass das Betriebsrentengesetz eine feste Altersgrenze voraussetzt (§ 2 Abs. 1 BetrAVG).[118] Weitere Regelungen zum Verbot der Benachteiligung wegen eines der Merkmale aus § 1 oder zu Rechtsfolgen von Ungleichbehandlungen enthält das BetrAVG nicht. Dagegen ist im AGG in § 10 Satz 3 Nr. 4 eine Regelung enthalten, wonach Ungleichbehandlungen wegen des Alters im Rahmen der betrieblichen Altersversorgung gerechtfertigt sein können. Vor allem aber fällt nach Art. 3 Abs. 1 c der Richtlinie 2000/78/EG (Rahmenrichtlinie Beschäftigung) der Anspruch auf betriebliche Altersversorgung wegen ihres Entgeltcharakters unter ihren Anwendungsbereich.[119] Soweit Regelungen in Versorgungsordnungen benachteiligenden Charakter haben können und das BetrAVG hierzu keine Lösung bietet (was praktisch immer der Fall sein wird), erfolgt eine Prüfung nach dem AGG. In Betracht kommt eine Kollision einzelner Bestimmungen vor allem mit dem Verbot der Benachteiligung wegen des Geschlechts (z. B. als mittelbare Benachteiligung bei Wartezeitregelungen), wegen des Alters (in Bezug auf Unverfallbarkeit, Höchstalter für den Zugang oder auch Wartezeiten) und der sexuellen Identität (in Bezug auf Regelungen zur Hinterbliebenenversorgung). Zur möglichen Rechtfertigung solcher Regelungen s. unter Rn. 3 ff. zu § 8 und Rn. 22 zu § 10.

53 Dass grundsätzlich Regelungen zur betrieblichen Altersversorgung den Benachteiligungsverboten der EU-Richtlinien entsprechen müssen, ist im Übrigen Gegenstand zahlreicher Entscheidungen. So folgt aus dem Verbot der Benachteiligung wegen des Geschlechts die Unzulässigkeit einer **vorgezogenen Altersgrenze für Frauen**.[120] Die Rechtsprechung hatte mit Rücksicht auf die erheblichen Kosten für die Arbeitgeber die **Rückwirkung auf den 17. 5. 1990 beschränkt**. Die Rentenhöhe konnte bis zum Stichtag noch auf der Basis der zuvor unterschiedlichen Altersgrenzen berechnet werden, während die vereinheitlichte Altersgrenze erst für spätere Dienstzeiten die maßgebliche Berechnungsgrundlage darstellt.

54 Der **Zugang zu Versorgungssystemen** muss beiden Geschlechtern gleichermaßen offenstehen und darf grundsätzlich an Teilzeittätigkeit keine Nachteile knüpfen.[121] Insoweit gilt kein Rückwirkungsverbot, so dass der unzu-

---

118 BAG 11. 12. 07 – 3 AZR 249/06 – NZA 08, 532.
119 Steinmeyer, ZfA 07, 28.
120 EuGH 17. 5. 90 – C-262/88 – [Barber], NZA 90, 775, sowie nachfolgend EuGH 14. 12. 93 – C-110/91 – NZA 94, 165; EuGH 28. 9. 94 – C-408/92 – [Smith], NZA 94, 1126; EuGH 28. 9. 94 – C-200/91 – NZA 94, 1073; BAG 3. 6. 97 – 3 AZR 910/95 – NZA 97, 1043.
121 EuGH 13. 5. 86 – C-170/84 – AP EWG-Vertrag Art. 119 Nr. 10.

lässig ausgeschlossene Personenkreis die gleichen Ansprüche hat, wie die von der Regelung begünstigten Personen.[122]

Die bisherige Rechtsprechung hat eine **unzulässige unmittelbare Benachteiligung** im Zusammenhang mit der betrieblichen Altersversorgung außerdem bei **unterschiedlichem Zugangsalter für Männer und Frauen** bejaht,[123] sowie bei einer Witwenversorgung nur für weibliche Hinterbliebene.[124] Unterschiedliche Beitragsleistungen, die wegen geschlechtsspezifisch verschiedener Berechnungsfaktoren eine gleich hohe Versorgung gewährleisten, werden für zulässig erachtet.[125] Allerdings sieht Art. 5 der Richtlinie 2004/113/EG die Verpflichtung der Mitgliedstaaten vor, ab 21.12.07 bei der Berechnung von Prämien und Leistungen das Geschlecht unberücksichtigt zu lassen. Bis dahin können aufgrund versicherungsmathematischer Daten und entsprechender Risikobewertungen unterschiedliche Tarife gelten, wobei jedoch über die Grundlagen dafür die Kommission zu unterrichten ist. Eine Überprüfung hat spätestens 2012 zu erfolgen. Längerfristig ist es Ziel der Richtlinie eine Angleichung von Prämien und Leistungen (sog. Unisextarife) auch im Bereich der betrieblichen Altersversorgung herbeizuführen. 55

XIII. Andere Benachteiligungsverbote oder Gleichbehandlungsgebote

Abs. 3 Satz 1 stellt klar, dass das AGG keine vollständige und abschließende Regelung des Diskriminierungsschutzes beinhaltet. Daher bleiben Benachteiligungsverbote oder Gleichbehandlungsgebote, die auf anderen Rechtsvorschriften beruhen, unberührt (z.B. Art. 3 GG und der arbeitsrechtliche Gleichbehandlungsgrundsatz, § 4 TzBfG, § 81 Abs. 2 SGB IX, § 75 BetrVG). Besondere Bedeutung hat im Hinblick auf Abschnitt 2 der **allgemeine arbeitsrechtliche Gleichbehandlungsgrundsatz**, der neben dem AGG anwendbar ist. Nur eine Benachteiligung wegen eines in § 1 genannten Merkmals im Anwendungsbereich des § 2 bedarf einer spezifischen Rechtfertigung gem. §§ 8ff. Für Ungleichbehandlungen, die nicht vom Anwendungsbereich des AGG erfasst werden, bleibt es bei den von der Rechtsprechung zum allgemeinen arbeitsrechtlichen Gleichbehandlungsgrundsatz entwickelten Grundsätzen (s. Rn. 1 zu § 7).[126] Neben den im deutschen Recht entwickelten 56

---

122 BAG 20.11.90 – 3 AZR 613/89 – NZA 91, 635 zum Ausschluss von Teilzeitbeschäftigten aus der betrieblichen Altersversorgung, bestätigt von BVerfG 28.9.92 – 1 BvR 496/87 – NZA 93, 213; BAG 7.3.95 – 3 AZR 282/94 – NZA 96, 48 bestätigt von BVerfG 19.5.99 – 1 BvR 263/98 – NZA 99, 815.
123 BAG 31.8.78 – 3 AZR 313/77 – DB 79, 553; BAG 18.3.97 – 3 AZR 759/95 – NZA 97, 824.
124 BAG 5.9.89 – 3 AZR 575/88 – NZA 90, 271.
125 EuGH 22.12.93 – C-152/92 – DB 94, 484.
126 Weiterführend Küttner-Kania, Nr. 198, Gleichbehandlung, Rn. 4ff.

arbeitsrechtlichen Gleichbehandlungsgrundsatz tritt ggf. künftig der hiermit nicht deckungsgleiche **allgemeine gemeinschaftsrechtliche Gleichheitssatz**, den der EuGH in Bezug auf das Alter definiert hat.[127] Innerhalb des Anwendungsbereiches des AGG sind die Grundsätze zur europarechtskonformen Auslegung der Vorschriften heranzuziehen (s. hierzu Rn. 59).[128]

57 Abs. 3 Satz 2 macht deutlich, dass nicht nur privatrechtliche Normen fortgelten, sondern auch **öffentlich-rechtliche Schutzvorschriften** für bestimmte Personengruppen, wie z. B. die Mutterschutzvorschriften oder die Schutzbestimmungen für Schwerbehinderte im SGB IX (Jugendschutz, Alterszeilzeit, Sozialauswahl). Dem speziellen **Benachteiligungsverbot des Art. 9 Abs. 3 GG** zum Schutze der Koalitionsfreiheit kommt kraft der ausdrücklichen Regelung unmittelbare Verbindlichkeit für den Privatrechtsverkehr zu.

XIV. Verhältnis des AGG zum Kündigungsschutz

58 Abs. 4 soll nach der Gesetzesbegründung klarstellen, dass die Vorschriften des Kündigungsschutzgesetzes unberührt bleiben und der Praxis verdeutlichen, dass Rechtsstreitigkeiten bei **Kündigungen** auch in Zukunft **ausschließlich nach dem allgemeinen und besonderen Kündigungsschutz zu entscheiden** sein werden.[129] Dies bedeutet jedoch keine Ausnahme von Kündigungen beim Diskriminierungsschutz. Die Antidiskriminierungsrichtlinien, namentlich die Richtlinie 2000/78/EG des Rates vom 27. November 2000 zur Festlegung eines allgemeinen Rahmens für die Verwirklichung der Gleichbehandlung in Beschäftigung und Beruf (RL 2000/78/EG), gebietet auch einen Schutz vor diskriminierenden Kündigungen.[130]

59 Im Rahmen der Anwendbarkeit des KSchG sind die Diskriminierungsverbote des AGG einschließlich der im Gesetz vorgesehenen Rechtfertigungen bei der Auslegung der unbestimmten Rechtsbegriffe des Kündigungsschutzgesetzes als Konkretisierungen des Begriffs der Sozialwidrigkeit zu beachten.[131]

60 Außerhalb des KSchG gilt das AGG direkt. § 2 Abs. 4 regelt für Kündigungen nur das Verhältnis zwischen dem AGG und KSchG sowie den speziell auf Kündigungen zugeschnittenen Bestimmungen. Die zivilrechtlichen Generalklauseln werden dagegen von § 2 Abs. 4 nicht erfasst. Der Diskrimi-

---

[127] EuGH 22. 11. 05 – C-144/04 – [Mangold/Helm], NZA 05, 1345.
[128] EuGH 10. 4. 84 – C-14/83 – NZA 84, 157; BAG 2. 4. 96 – 1 ABR 47/95 – NZA 96, 998.
[129] Antrag der Bundestagsfraktionen der CDU/CSU und SPD vom 27. 6. 06 Ausschussdrucksache 16[11]337 S. 2.
[130] EuGH 11. 7. 06 – C-13/05 – [Chacön Navas].
[131] Entschieden für eine betriebsbedingte Kündigung BAG 15. 12. 11 – 2 AZR 42/10; BAG 6. 11. 08 – 2 AZR 523/07 – ArbuR 09, 358 und für eine personenbedingte Kündigung BAG 22. 10. 09 – 8 AZR 642/08 – NZA 10, 280; 15. 12. 11 – 2 AZR 42/10.

rungsschutz des AGG geht insoweit diesen Klauseln vor und verdrängt sie. Ordentliche Kündigungen während der Wartezeit und in Kleinbetrieben sind deshalb unmittelbar am Maßstab des AGG zu messen. Dies ergibt sich aus der Gesetzgebungsgeschichte und dem Zweck des § 2 Abs. 4. Der Wortlaut der Bestimmung steht dem nicht entgegen. Das AGG regelt allerdings nicht selbst, welche Rechtsfolge eine nach § 2 Abs. 1 Nr. 2 unzulässige Benachteiligung hat. Diese Rechtsfolge ergibt sich erst aus § 134 BGB.[132]
Auch bei einer diskriminierenden Kündigung besteht ein Anspruch auf Entschädigung.[133]

61

§ 3 Begriffsbestimmungen

(1) Eine unmittelbare Benachteiligung liegt vor, wenn eine Person wegen eines in § 1 genannten Grundes eine weniger günstige Behandlung erfährt, als eine andere Person in einer vergleichbaren Situation erfährt, erfahren hat oder erfahren würde. Eine unmittelbare Benachteiligung wegen des Geschlechts liegt in Bezug auf § 2 Abs. 1 Nr. 1 bis 4 auch im Fall einer ungünstigeren Behandlung einer Frau wegen Schwangerschaft oder Mutterschaft vor.

(2) Eine mittelbare Benachteiligung liegt vor, wenn dem Anschein nach neutrale Vorschriften, Kriterien oder Verfahren Personen wegen eines in § 1 genannten Grundes gegenüber anderen Personen in besonderer Weise benachteiligen können, es sei denn, die betreffenden Vorschriften, Kriterien oder Verfahren sind durch ein rechtmäßiges Ziel sachlich gerechtfertigt und die Mittel sind zur Erreichung dieses Ziels angemessen und erforderlich.

(3) Eine Belästigung ist eine Benachteiligung, wenn unerwünschte Verhaltensweisen, die mit einem in § 1 genannten Grund in Zusammenhang stehen, bezwecken oder bewirken, dass die Würde der betreffenden Person verletzt und ein von Einschüchterungen, Anfeindungen, Erniedrigungen, Entwürdigungen oder Beleidigungen gekennzeichnetes Umfeld geschaffen wird.

(4) Eine sexuelle Belästigung ist eine Benachteiligung in Bezug auf § 2 Abs. 1 Nr. 1 bis 4, wenn ein unerwünschtes, sexuell bestimmtes Verhalten, wozu auch unerwünschte sexuelle Handlungen und Aufforderungen zu diesen, sexuell bestimmte körperliche Berührungen, Bemerkungen sexuellen Inhalts sowie unerwünschtes Zeigen und sichtbares Anbringen von pornographischen Darstellungen gehören, bezweckt oder bewirkt, dass die Würde der betreffenden Person verletzt wird, insbesondere wenn ein

---

132 BAG 19.12.13 – 6 AZR 190/12.
133 BAG 12.12.13 – 8 AZR 838/12.

von Einschüchterungen, Anfeindungen, Erniedrigungen, Entwürdigungen oder Beleidigungen gekennzeichnetes Umfeld geschaffen wird.

(5) Die Anweisung zur Benachteiligung einer Person aus einem in § 1 genannten Grund gilt als Benachteiligung. Eine solche Anweisung liegt in Bezug auf § 2 Abs. 1 Nr. 1 bis 4 insbesondere vor, wenn jemand eine Person zu einem Verhalten bestimmt, das einen Beschäftigten oder eine Beschäftigte wegen eines in § 1 genannten Grundes benachteiligt oder benachteiligen kann.

Inhaltsübersicht Rn.
I. Allgemeines. 1, 2
II. Unmittelbare Benachteiligung 3–11
III. Mittelbare Benachteiligung. 12–26
   1. Bildung von Vergleichsgruppen. 12a–14
     a) Statistischer Nachweis für Benachteiligung »in besonderer Weise«. 13
     b) Wertende Betrachtung als Nachweis von Benachteiligung »in besonderer Weise«. 14
   2. Darlegung einer Benachteiligung 15–18
   3. Rechtfertigung. 19–21
   4. Fallbeispiele 22–26
IV. Belästigung 27–35
V. Sexuelle Belästigung 36–42
VI. Benachteiligung durch Anweisung zu einer Benachteiligung . . 43–48

I. Allgemeines

1 § 3 übernimmt in Umsetzung von Art. 2 Abs. 2 bis 4 der Richtlinien 2000/43/EG (Antirassismus-Richtlinie), 2000/78/EG (Rahmenrichtlinie Beschäftigung) und 76/207/EWG (Gender-Richtlinie) im Wesentlichen die dort verwendeten Begriffsbestimmungen. An die Stelle des Begriffs der »**Diskriminierung**« wird im AGG der Begriff der »**Benachteiligung**« gesetzt. Das Vorliegen einer Benachteiligung soll nach dem Willen des Gesetzgebers noch nichts über deren Rechtswidrigkeit sagen. Unter »Diskriminierung« werde im allgemeinen Sprachgebrauch nur die rechtswidrige, sozial verwerfliche Ungleichbehandlung verstanden, während die §§ 5, 8 bis 10 und 20 zeigten, dass es auch Fälle der zulässigen unterschiedlichen Behandlung gibt.[1] Während dies bei der unmittelbaren Benachteiligung noch nachvollziehbar sein mag, versagt diese Logik aber gänzlich bei der mittelbaren Benachteiligung, die nach der gesetzlichen Definition die fehlende Rechtmäßigkeit tatbestandlich voraussetzt. Die EU-Richtlinien sprechen ausschließlich von Diskriminierung, die aus einem der in das AGG übernommenen

---
[1] BT-Drs. 16/1780 S. 30.

Begriffsbestimmungen § 3

Rechtfertigungsgründe berechtigt sein kann (jeweils Art. 2 Abs. 2 der Richtlinien 2000/43/EG (Antirassismus-Richtlinie), 2000/78/EG (Rahmenrichtlinie Beschäftigung) und 2002/73/EG (Änderung der Gender-Richtlinie). EU-rechtlich ist daher der Begriff der »Diskriminierung« dem Begriff der »Benachteiligung« des AGG gleichzusetzen.

Die Begriffe der **unmittelbaren Benachteiligung** und der **mittelbaren Benachteiligung** werden erstmals gesetzlich gefasst und im **Vergleich zur bisherigen Rechtsprechung** entsprechend den EU-Richtlinien **neu und weitreichender definiert**. Eine unmittelbare Benachteiligung liegt jetzt auch dann vor, wenn eine hypothetische Vergleichsperson besser behandelt würde (s. Rn. 7). Für den Nachweis einer mittelbaren Benachteiligung ist kein strenger statistischer Beweis mehr erforderlich (Rn. 14). 2

II. Unmittelbare Benachteiligung

Abs. 1 enthält die Legaldefinition einer **unmittelbaren Benachteiligung**, die einen Nachteil im Verhältnis zu einer Vergleichsperson voraussetzt. Eine **Benachteiligung** liegt nach der gesetzlichen Definition **in jeder Form der Zurücksetzung**, so dass bei deren Vorliegen auf die Benachteiligung geschlossen werden kann, und der Tatbestand keine bestimmtes Handeln oder Unterlassen voraussetzt.[2] Eine Benachteiligung in diesem Sinne erfolgt also **durch jede Handlung/Maßnahme oder Unterlassung**, die bei dem Betroffenen wegen einem in § 1 normierten Merkmal im Vergleich zu anderen Personen, die das entsprechende Merkmal nicht erfüllen, als **Zurücksetzung bzw. Nachteil** anzusehen ist.[3] Eine Benachteiligung in diesem Sinne liegt nicht vor, wenn ältere Beschäftigte generell von einem Personalabbau ausgenommen werden. Dies gilt auch dann, wenn der Personalabbau durch freiwillige Aufhebungsverträge unter Zahlung attraktiver Abfindungen erfolgen soll.[4] 3

Die **Benachteiligung** muss **an ein in § 1 genanntes Merkmal anknüpfen**, ohne dass es notwendig darauf ankommt, dass die betroffenen Beschäftigten das Merkmal selber tragen. Eine unmittelbare Diskriminierung wegen Behinderung liegt auch dann vor, wenn die Benachteiligung wegen der **Behinderung eines Kindes** erfolgt, weil es Zweck der Richtlinie ist, in Beschäftigung und Beruf jede Form der Diskriminierung »aus Gründen einer Behinderung« zu bekämpfen.[5] Die Begründung des EuGH spricht für eine 3a

---

2 BT-Drs. 16/1780 S. 32.
3 BT-Dr. 16/1780 S. 32.
4 BAG 25. 2. 10 – 6 AZR 911/08 – NZA 10, 561.
5 EuGH 17. 7. 08 – C-303/06 – [Coleman], NZA 08, 932; s. a. Lindner NJW 08, 2750 [2751] zur »Transindividualisierung« des Diskriminierungsschutzes.

Übertragbarkeit der Argumentation auf die anderen Merkmale des § 1.[6] Der Begriff der Benachteiligung gem. § 3 Abs. 1 Satz 1 ist damit **weiter als der bisherige Benachteiligungsbegriff des § 611 a BGB**. Dieser bezog sich nur auf Benachteiligungen durch den Arbeitgeber bei der Begründung des Arbeitsverhältnisses und beim beruflichen Aufstieg, während sich § 3 Abs. 1 auf **alle Fälle von § 2 Abs. 1 Nr. 1–8** bezieht und es für die Feststellung einer Benachteiligung **nicht relevant** ist, **durch wen** oder was die »weniger günstige Behandlung« **verursacht** oder **verschuldet** wird. Folglich ist auch kein absichtliches Handeln oder Unterlassen erforderlich. Allein **ausschlaggebend ist das Ergebnis** einer Benachteiligung. Dieses kann auch eintreten, wenn es kein identifizierbares Opfer gibt. Auch in der **öffentlichen Äußerung** eines Arbeitgebers, er werde keine Beschäftigten einer bestimmten ethnischen Herkunft oder Rasse einstellen, liegt eine unmittelbare Diskriminierung, da solche Äußerungen bestimmte Bewerber ernsthaft davon abhalten können, ihre Bewerbungen einzureichen, und damit ihren Zugang zum Arbeitsmarkt behindern.[7]

3b Eine Benachteiligung bei der Einstellung setzt allerdings voraus, dass eine **ernsthafte Bewerbung vorliegt und eine objektive Eignung** des Bewerbers besteht. Sonst fehlt es an einer ungünstigeren Behandlung in einer **vergleichbaren Situation**, weil die Auswahlsituation nur für Beschäftigte vergleichbar sein kann, die gleichermaßen die **objektive Eignung** für die zu besetzende Stelle aufweisen.[8] Dabei stellt allein die Tatsache, dass sich ein Arbeitnehmer parallel und zeitnah auf zahlreiche Stellen bewirbt und in mehreren Verfahren Ansprüche nach § 15 AGG geltend macht, noch nicht die Ernsthaftigkeit seiner Bewerbung in Frage.[9] Fehlt es an einer subjektiven

---

6 Schlachter, RdA 10, 104 [108 f.] hält dies für noch ungeklärt.
7 EuGH 10. 7. 08 – C-54/07 – [Feryn], NZA 08, 929.
8 BAG 18. 3. 10 – 8 AZR 77/09 – DB 10, 1534; LAG Köln 10. 2. 10 – 5 Ta 408/09: offenkundig fehlende Eignung eines Bewerbers wegen provokantem Auftreten im Bewerbungsverfahren; LAG Hamm 26. 6. 09 – 15 Sa 63/08: ausschließlich Bewerbungen auf altersdiskriminierende Stellenausschreibungen; LAG Baden-Württemberg 13. 8. 07 – 3 Ta 119/07: Bewerbungsfoto vom Schachturnier und die Selbstbeschreibung »auf Bahnhofpennerniveau verharzt«; LAG Hamburg 29. 10. 08 – 3 Sa 15/08 – ArbuR 09, 97 Stellenbewerber, der dem Anforderungsprofil nicht ansatzweise entspricht; LAG Hamburg 19. 11. 08 – 3 Ta 19/08: Ausschlagung der Einladung zu Vorstellungsgespräch ohne Grund; LAG Hamburg 12. 1. 09 – 3 Ta 26/08: Vielzahl von AGG-Klagen und Bewerbungsschreiben aus Textbausteinen ohne Aussagekraft.
9 BAG 13. 10. 11 – 8 AZR 608/10; LAG Baden-Württemberg 20. 3. 09 – 9 Sa 5/09; LAG Schleswig-Holstein 9. 12. 08 – 5 Sa 286/08; so BVerwG 3. 3. 11 – NJW 11, 2452 auch für den Fall, in dem sich ein schwerbehinderter Bewerber nach Abschluss der juristischen Ausbildung parallel in mehreren Ländern um die Einstellung in den höheren Justizdienst beworben und bei einer unterlassenen Einladung zu einem Vorstellungsgespräch jeweils eine Entschädigung gegen verschiedene öffentliche Arbeitgeber eingeklagt hat.

Begriffsbestimmungen § 3

Ernsthaftigkeit der Bewerbung, kann die Geltendmachung einer Entschädigung treuwidrig sein.[10] Eine offensichtliche Über- oder Nichtqualifikation kann die fehlende Ernsthaftigkeit belegen,[11] schließt in aller Regel aber bereits objektiv eine Vergleichbarkeit der Bewerbung aus. Für die Rechtsmissbräuchlichkeit einer Bewerbung ist der Arbeitgeber darlegungs- und beweisbelastet.[12]

Eine Besonderheit ergibt sich hinsichtlich einer **Benachteiligung durch Unterlassen** für das Merkmal **Behinderung**. Es ist vielfach erforderlich, durch aktives Tun einen Zugang zur Erwerbstätigkeit erst zu ermöglichen. Gem. Art. 5 der Richtlinie 2000/78/EG besteht die **Verpflichtung, angemessene Vorkehrungen zu treffen**, um behinderten Menschen den Zugang zur Beschäftigung, die Ausübung eines Berufes, den beruflichen Aufstieg und die Teilnahme an Aus- und Weiterbildungsmaßnahmen zu ermöglichen, also die hierzu im konkreten Fall geeigneten und erforderlichen Maßnahmen zu treffen, wenn diese den Arbeitgeber nicht unverhältnismäßig belasten. Kommt ein Arbeitgeber dieser Verpflichtung nicht nach, kommt ein schuldhaftes Handeln und damit ein Schadensersatzanspruch gem. § 15 Abs. 1 in Betracht. Für eine Benachteiligung kommt es jedoch auf ein Verschulden nicht an. Steht also fest, dass durch das Unterlassen zumutbarer Maßnahmen Behinderte keine Erwerbstätigkeit in einem Betrieb ausüben können, oder ihnen Fortbildung oder beruflicher Aufstieg versagt sind, stellt dies bereits eine Benachteiligung wegen der Behinderung dar. Der Begriff der »Behinderung« ist dabei nicht mehr, wie noch in § 81 Abs. 4 Nr. 1–4 SGB IX, auf »Schwerbehinderung« beschränkt (s. zur Definition § 1 Rn. 26 ff.).

4

Der Begriff »unmittelbare Benachteiligung« schließt auch alle Fälle mit ein, in denen eine Eigenschaft, die als Anknüpfungspunkt für eine Benachteiligung dient, **untrennbar mit einem in § 1 genannten Merkmal verbunden ist**. Relevant ist nach Abs. 1 insoweit nur, ob der »Benachteiligungserfolg« bei den Personen eintritt, die das Merkmal aufweisen. Regelmäßig werden hierdurch auch die Fälle der so genannten **verdeckten Diskriminierung** erfasst, die auf **Merkmale** abstellt, die nur bei einer bestimmten Gruppe mit einem nach § 1 geschützten Merkmal vorhanden sind.

5

> **Beispiele:**
> Abstellen auf die Staatsangehörigkeit als Vorwand, wenn tatsächlich die Ethnie gemeint ist, und hiervon alle Personen dieser Ethnie betroffen sind. Staatsangehörigkeit und Ethnie sind in diesem Fall untrennbar miteinander verbunden. Benachteiligung von Homosexuellen, die sich zu ihrer Homosexualität bekennen. Auch hier trifft die Benachteiligung nur Homosexuelle, wenn auch nicht alle. Die sexuelle Identität ist Voraussetzung für das Bekenntnis zur Homosexua-

---

10 BAG 13.10.11 – 8 AZR 608/10; 16.2.12 – 8 AZR 697/10.
11 Vgl. BAG 19.8.10 – 8 AZR 466/09 – NZA 11, 203 [205].
12 BAG 17.8.10 – 9 AZR 839/08 – NZA 11, 153.

> lität und daher untrennbar damit verbunden. Vergleichspersonen, die sich zu ihrer Heterosexualität bekennen, werden hingegen nicht benachteiligt.

6 Eine **Benachteiligung** ist dann **unmittelbar**, wenn die nachteilig wirkende Maßnahme ausdrücklich oder ihrem Inhalt nach an eines der Merkmale des § 1 anknüpft, wenn also **homogene Vergleichsgruppen** gebildet werden können, bei denen das geschützte Merkmal nur in der benachteiligten Gruppe vorkommt (das bedeutet, dass das Merkmal nicht hinweggedacht werden könnte, ohne dass die Benachteiligung entfiele).

> **Beispiele:**
> Eine Firma lädt grundsätzlich keine Bewerber zum Vorstellungsgespräch ein, die älter als 35 Jahre sind. Ein Orchester beschäftigt ausschließlich männliche Musiker.

7 Für das Vorliegen einer unmittelbaren **Benachteiligung** ist es ausreichend, dass eine Person »eine weniger günstige Behandlung **erfährt**« als eine Vergleichsperson »**erfährt, erfahren hat oder erfahren würde**«. Es genügt also eine **hypothetische Vergleichsperson**, d.h. es muss nicht tatsächlich Vergleichspersonen geben, die besser behandelt werden, weil sie das geschützte Merkmal nicht erfüllen, sondern es reicht die Feststellung, dass bei einem hypothetischen Fehlen des Merkmals eine bessere Behandlung der betroffenen Person erfolgen würde.

> **Beispiel:**
> Ablehnung der Beschäftigung einer schwarzen Zeitarbeitskraft wegen ihres krausen Haares. Hier handelt es sich um eine rassistische Diskriminierung, auch wenn es keine weiße Vergleichsperson mit krausen Haaren im Betrieb gibt.

8 Für die Fälle einer Benachteiligung wegen **Schwangerschaft** und **Mutterschaft**, in denen es keine (männlichen) Vergleichspersonen geben kann, ist in **Abs. 1 Satz 2** ausdrücklich normiert, dass es sich um eine unmittelbare Benachteiligung wegen des Geschlechts handelt. Die Vorschrift trägt der Rechtsprechung des EuGH zur unmittelbaren Diskriminierung Rechnung[13] und entspricht Art. 2 Abs. 7 der Richtlinie 76/207/EWG (Gender-Richtlinie).

9 Die unmittelbare Benachteiligung **setzt nicht voraus, dass alle Personen einer Gruppe**, die ein geschütztes Merkmal tragen, **benachteiligt werden**, sondern nur, dass die Benachteiligung direkt an diesem Merkmal ansetzt.

> **Beispiel:**
> Sind männliche und weibliche Arbeitnehmer mit der gleichen Arbeit beschäftigt und entlohnt der Arbeitgeber fast die Hälfte der Männer, dagegen nur $1/10$ der Frauen über Tarif, dann liegt hierin ein Verstoß gegen das Gebot der

---

13 EuGH 8.11.90 – C-177/88 – [Dekker], NZA 91, 171.

Begriffsbestimmungen § 3

> gleichen Vergütung, wenn die höhere Entlohnung der männlichen Arbeitnehmer nicht durch Gründe gerechtfertigt ist, die nicht auf das Geschlecht bezogen sind.

Die Benachteiligung wegen des Geschlechts wird in diesem Fall bereits durch die statistisch relevante Abweichung der zahlenmäßig wesentlich größeren nachteiligen Betroffenheit der Angehörigen des weiblichen Geschlechts glaubhaft gemacht, wenn die Kriterien für die Entlohnungspraxis des Arbeitgebers für die Beschäftigten nicht durchschaubar sind.[14]

Problematisch ist die Behandlung einer Diskriminierung von **Personen**, die ein bestimmtes Merkmal gem. § 1 erfüllen, aber **nur diskriminiert werden, wenn ein anderes Merkmal hinzutritt**. Maßgebend für die **Abgrenzung zur mittelbaren Benachteiligung** ist die Gegenüberstellung der Vergleichsgruppen. 10

> **1. Beispiel:**
> Zurückweisung von Frauen nur, wenn sie Kinder haben.

Hier kommt es auf die Vergleichsgruppe an: Werden nur Frauen benachteiligt, die Kinder haben und nicht Männer, die Kinder haben, ist die **Determinante für die Benachteiligung** das Geschlecht. In diesem Fall liegt eine unmittelbare Benachteiligung wegen des Geschlechts vor. Die Vergleichsgruppen sind bezogen auf das Geschlecht homogen und benachteiligt wird nur die Gruppe, in der sich die Frauen befinden.

> **2. Beispiel:**
> Zurückweisung von Männern nur, wenn sie einen Sticker tragen, der darauf hinweist, dass sie für die Gleichstellung von Homosexuellen eintreten.

Im Fall der Benachteiligung von Männern, die den Sticker tragen, trifft die Benachteiligung nicht die homosexuellen Männer, die sich zwar zu ihrer Homosexualität bekennen, aber den Sticker nicht tragen. Die Benachteiligung trifft außerdem auch Männer, die nicht homosexuell sind, aber trotzdem den Sticker tragen. Die Vergleichsgruppen sind nicht homogen und die Determinante liegt nicht in der sexuellen Identität, sondern im Tragen des Stickers, so dass keine unmittelbare Benachteiligung wegen der sexuellen Identität vorliegt. Allerdings sind von einer solchen Maßnahme möglicherweise ganz überwiegend homosexuelle Männer betroffen, so dass insoweit eine mittelbare Benachteiligung vorliegen kann.

Zur **Rechtfertigung einer unmittelbaren Diskriminierung** s. Rn. 3 ff. zu § 8; Rn. 1 und 6 zu § 9; Rn. 5 ff. zu § 10 für Benachteiligungen im Bereich der Be- 11

---

14 BAG 23.9.92 – 4 AZR 30/92 – NZA 93, 891.

schäftigung und Rn. 1 ff. zu § 20 im Übrigen. Zu den konkreten Formen der Benachteiligung von Beschäftigten im Hinblick auf die geschützten Merkmale gem. § 1 s. die Kommentierung zu den einzelnen Merkmalen dort, sowie im Hinblick auf den Anwendungsbereich des § 2 Abs. 1 Nr. 1–4 Rn. 3 ff. zu § 2, sowie die Fallbeispiele in Rn. 10 ff. zu § 7.

III. Mittelbare Benachteiligung

12 Die Definition der **mittelbaren Benachteiligung** in **Abs. 2** entspricht Art. 2 Abs. 2 der Richtlinien 76/207/EWG (Gender-Richtlinie), 2000/43/EG (Antirassismus-Richtlinie) und 2000/78/EG (Rahmenrichtlinie Beschäftigung). Eine mittelbare Benachteiligung liegt nach der gesetzlichen Definition vor, wenn die **Benachteiligung** wegen eines der Merkmale des § 1 **durch dem Anschein nach neutrale Vorschriften, Maßnahmen, Kriterien oder Verfahren eintritt**. Das Verbot der mittelbaren Diskriminierung enthält eine notwendige Ergänzung zum Verbot der unmittelbaren Diskriminierung, um die Umgehung des Diskriminierungsschutzes zu verhindern.

1. Bildung von Vergleichsgruppen

12a Für die **Feststellung einer mittelbaren Benachteiligung** ist daher die Bildung von **Vergleichsgruppen** notwendig, um feststellen zu können, dass die Gruppe der Personen mit einem gem. § 1 geschützten Merkmal in besonderer Weise benachteiligt wird oder benachteiligt werden kann. Die Vergleichsgruppen müssen stets möglichst genau die von dem überprüften Merkmal berührten Personen einbeziehen.[15]

13 a) **Statistischer Nachweis einer Benachteiligung »in besonderer Weise«**
Der Nachweis einer Benachteiligung »**in besonderer Weise**« kann durch den **statistischen Nachweis** erbracht werden, dass ein wesentlich höherer Anteil der Gruppe, die ein geschütztes Merkmal aufweist, durch eine Regelung benachteiligt wird.[16] Dabei kann ein Gericht gem. § 291 ZPO ohne Parteibehauptung Statistiken aus einschlägigen Publikationen entnehmen.[17] Als Indiz für eine Geschlechtsdiskriminierung bei einer Beförderung auf einen Führungsposten (hier Personalleiter) kann insbesondere auch eine Statistik über die Geschlechterverteilung auf den einzelnen Hierarchieebenen dann herangezogen werden, wenn sie sich konkret auf den einzelnen Arbeitgeber beziehen. Allein die Tatsache, dass mehr Männer als Frauen befördert wurden, reicht nicht aus. Vielmehr muss überprüft werden, wie das Verhältnis

---

15 EuGH 30.11.93 – C-189/91 – DB 94, 50.
16 EuGH 27.10.93 – C-127/92 – [Enderby], NZA 94, 797.
17 LAG Baden-Württemberg 18.6.07 – 4 Sa 14/07 – AuA 07, 624.

Begriffsbestimmungen § 3

von Männern und Frauen auf der Ebene unterhalb der Beförderungsebene war.[18]

Die bisherige Rechtsprechung legt keine eindeutige Grenze für einen statistischen Nachweis fest. Bislang wurden nur eindeutige Fälle entschieden, in denen Frauen mit durchschnittlich mehr als 90% nachteilig betroffen waren.[19] In der Literatur wird ein Wert von 75% für ausreichend erachtet.[20] Allerdings ist auch dieser Wert nicht näher begründet. Maßgeblich ist das prozentuale Verhältnis der Personen in beiden Gruppen, die das Merkmal tragen. Die absoluten Zahlen der betroffenen Personen sind kein hinreichend aussagekräftiges Indiz.[21]

> **Beispiel:**
> Das Unternehmen U beschäftigt auf Management-Ebene 80 männliche und 20 weibliche Mitarbeiter und Mitarbeiterinnen. Aus diesem Kreis erhalten 75 männliche Mitarbeiter und 5 weibliche Mitarbeiterinnen einen Dienstwagen auch zur privaten Nutzung. 75% der nachteilig betroffenen Mitarbeiterinnen und Mitarbeiter sind also weiblich. Damit liegt eine statistisch relevante Benachteiligung der weiblichen Mitarbeiterinnen im Vergleich zu den männlichen Mitarbeitern vor.

b) Wertende Betrachtung als Nachweis von Benachteiligung »in besonderer Weise« 14

Früher konnte nach der Formulierung von Art. 2 Abs. 2 der **Richtlinie 97/80/EG** der Nachweis einer mittelbaren Benachteiligung nur statistisch erbracht werden. Nach dem Wortlaut des **Abs. 2**, der dem Wortlaut der neueren Richtlinien entspricht, kann nunmehr **auch ohne statistischen Nachweis** durch eine wertende Betrachtung eine »besondere« Benachteiligung festge-

---

18 BAG – 22.7.10 – 8 AZR 1012/08; a. A. LAG Berlin-Brandenburg 26.11.08 – 15 Sa 517/08 – NZA 09, 43: ausreichendes Indiz i. S. von § 22, wenn in einem Unternehmen mit über 1100 Beschäftigten alle 27 Führungspositionen nur mit Männern besetzt sind, obwohl Frauen 2/3 der Belegschaft stellen; kritisch zur Aussagekraft von Statistiken: Bayreuther, NJW 09, 806; s. auch. LAG Köln 13.6.06 – 9 Sa 1508/05 – ArbuR 06, 411: mit Hinweis darauf, dass der Arbeitgeber nicht verpflichtet ist, die Arbeitsplätze mit Führungsaufgaben in einem bestimmten Verhältnis (Quote) mit Frauen und Männern zu besetzten und LAG München 7.8.08 – 3 Sa 1112/07: kein ausreichendes Indiz, das eine Benachteiligung wegen des Geschlechts vermuten lässt, wenn der Anteil an Frauen in Führungspositionen deutlich unter dem deutschen Durchschnitt und unter dem Frauenanteil im betreffenden Unternehmen liegt.
19 S. zur Statistik BAG 20.11.90 – 3 AZR 613/89 – NZA 91, 635; BT-Drs. 16/1780, S. 32/33.
20 ErfK-Schlachter, 6. Auflage 2006, § 611 a BGB Rn. 16, m. w. N.
21 BAG 2.12.92 – 4 AZR 152/92 – NZA 93, 367; BAG 18.2.03 – 9 AZR 272/0 – DB 03, 1961.

stellt werden. Hierdurch wird dem Umstand Rechnung getragen, dass die Erhebung von Statistiken in manchen Bereichen nicht möglich ist.[22] Es ist ausreichend, wenn die indirekte Benachteiligung einer geschützten Gruppe offensichtlich und der Nachweis tatsächlich ungleicher Betroffenheit schwer zu führen ist.[23] In diesen Fällen genügt die **hypothetische Betrachtungsweise**, dass die angegriffene Maßnahme eine besondere Benachteiligung wegen eines Merkmals des § 1 auslösen kann, bzw. hierzu typischerweise geeignet ist.[24]

15   2. Darlegung einer Benachteiligung

Eine mittelbare Benachteiligung ist **ausgeschlossen**, wenn die Ungleichbehandlung durch einen sachlichen Grund gerechtfertigt und die eingesetzten Mittel erforderlich und angemessen sind. Derjenige, gegen den sich der Diskriminierungsvorwurf richtet, kann sich dadurch entlasten, dass er entweder darlegt, dass das Merkmal nicht kausal für die überwiegende Betroffenheit der Gruppe ist oder **sachlich rechtfertigende Gründe** hierfür bestehen, die nicht zu einer unverhältnismäßigen Benachteiligung führen.[25] Ist dies der Fall, sind die Vorschriften, Kriterien oder Verfahren tatsächlich neutral, so dass es an einer Benachteiligung wegen eines in § 1 genannten Grundes fehlt. Nach der Gesetzessystematik kommt es damit auf die weiteren speziellen Rechtfertigungsgründe, die das Gesetz in den §§ 5, 8 bis 10 sowie § 21 vorsieht, regelmäßig nicht mehr an (s. im Einzelnen Rn. 19).

16   Der Gesetzgeber wollte durch die Einbeziehung einer fehlenden sachlichen Rechtfertigung in den Tatbestand der mittelbaren Benachteiligung den weiten Anwendungsbereich einschränken und die **Beweislast** hinsichtlich der Rechtfertigungsgründe **beim Betroffenen belassen**.[26] Die Beweiserleichterung des § 22 knüpft an die Vermutung einer Benachteiligung gem. § 3 und damit bei der mittelbaren Benachteiligung auch an das Fehlen einer Rechtfertigung an, was im Streitfall daher zumindest behauptet werden muss (s. zur abgestuften Darlegungs- und Beweislast Rn. 17 und § 22 Rn. 18). Al-

---

22 So zur Benachteiligung von Wanderarbeitern: EuGH 23.5.96 – C-237/94 – [O'Flynn], ZAR 97, 41 Verzicht auf einen statistischen Nachweis bei Sterbegeld nur für Beschäftigte, die sich im Inland begraben lassen, und EuGH 21.9.00 – C-124/99 – [Borawitz], AuR 00, 439 bei einem Mindestbeitrag für die Rentennachzahlung ins Ausland); s. auch weiterführend Schieck, NZA 04, 875.
23 Thüsing, NZA Sonderbeilage zu Heft 22/2004, 3 [7].
24 BAG 18.8.09 – 1 ABR 47/08 – ArbuR 09, 310 zur Angabe des ersten Berufs-/Tätigkeitsjahres in Stellenausschreibungen; LAG Saarland 11.2.09 – 1 TaBV 73/08 – bei Stellenausschreibung für Verkäuferinnen im Einzelhandel, die ausschließlich die 1. Gehaltsgruppe im 1. Beschäftigungsjahr eines Gehaltstarifvertrages vorsieht.
25 Schiek-Schiek, § 3 Rn. 21.
26 BT-Drs. 16/1780 S. 33.

lerdings begründen statistisch relevante Abweichungen bereits die Vermutung für eine fehlende Rechtfertigung der Ungleichbehandlung. Wenn auf der Grundlage einer größeren Zahl von Arbeitnehmern nachgewiesen werden kann, dass der Teil der Gruppe, der ein Merkmal des § 1 trägt, ohne ersichtlichen Grund schlechter behandelt wird, als der andere Teil, ergibt sich hieraus auch eine Vermutung für die fehlende Rechtfertigung der mittelbaren Benachteiligung, so dass sich die Beweislast in einem solchen Fall gem. § 22 auf den Arbeitgeber verlagert (s. auch § 22 Rn. 18).[27]

Ergibt sich aus den Umständen noch keine Vermutung für eine fehlende Rechtfertigung der Benachteiligung, ist zu berücksichtigen, dass in der Praxis die Betroffenen in der Regel nicht in der Lage sind, im Einzelnen das Fehlen einer sachlichen Rechtfertigung darzulegen. Zu den Motiven und Zielen des Arbeitgebers können sie im Regelfall allenfalls Vermutungen äußern. Es wäre deshalb nicht mit EU-Recht vereinbar, ihnen die Darlegung von Indizien für eine fehlende Rechtfertigung aufzuerlegen (zu den Anforderungen des EU-Rechts an eine Beweiserleichterung s. § 22 Rn. 1 ff.). Deshalb besteht insoweit nach den allgemeinen Regeln ein Auskunftsanspruch (s. § 22 Rn. 21) gegenüber dem Verwender der dem Anschein nach neutralen Vorschriften, Kriterien oder Verfahren der im Gerichtsverfahren zu einer **abgestuften Darlegungs- und Beweislast** führt. Die Interessenlage ist vergleichbar mit der von der Rechtsprechung entwickelten abgestuften Darlegungs- und Beweislast bei der Sozialauswahl, für deren Fehlerhaftigkeit der Arbeitnehmer oder die Arbeitnehmerin gem. § 1 Abs. 3, Satz 3 KSchG die Beweislast trägt.[28] Dementsprechend ist es ausreichend, wenn der oder die Betroffene zunächst das Fehlen einer sachlichen Rechtfertigung behauptet. Dann muss wegen der größeren Sachnähe der Arbeitgeber als Verwender der Vorschriften, Kriterien oder Verfahren im Einzelnen seine Gründe darlegen, woraus sich eine sachliche Rechtfertigung und Erforderlichkeit hierfür ergibt. Legt er keine Gründe für eine sachliche Rechtfertigung dar, geht das Gericht von einer fehlenden Rechtfertigung aus. Andernfalls muss im Gegenzug der Betroffene detailliert Tatsachen vortragen und beweisen, die trotz der erfolgten Darlegung des sachlichen Grundes durch den Arbeitgeber eine fehlende Rechtfertigung vermuten lassen (§ 22). Erst dann trägt der Verwender die Beweislast dafür, dass keine rechtswidrige Benachteiligung vorliegt (s. § 22 Rn. 18). 17

Für eine mittelbare Benachteiligung reicht es aus, wenn die **Möglichkeit einer Benachteiligung** durch dem Anschein nach neutrale Vorschriften, Kriterien oder Verfahren besteht. Der Gesetzgeber zielt hierbei auf Fälle, in denen eine hinreichend konkrete Gefahr besteht, dass Personen wegen eines Merkmals des § 1 im Vergleich zu Angehörigen anderer Personengruppen 18

---

27 So auch Schiek-Kocher, § 22 Rn. 40.
28 BAG 21. 7. 88 – 2 AZR 75/88 – NZA 89, 264; BAG 10. 2. 99 – 2 AZR 716/98 – NZA 99, 702.

einen besonderen Nachteil erleiden. Eine abstrakte Gefährdungslage soll nicht genügen.[29] Dies ist vor allem für normative Regelungen im arbeitsrechtlichen Bereich relevant, die gem. § 7 Abs. 2 unwirksam sind, auch wenn für einen Einzelnen noch keine konkrete Benachteiligung eingetreten ist.

19 3. Rechtfertigung

Vorschriften, Kriterien oder Verfahren, die eine mittelbar benachteiligende Wirkung haben, können nach Abs. 2 schon der Qualifikation als Diskriminierung entgehen, wenn sie durch ein rechtmäßiges Ziel **sachlich gerechtfertigt und die Mittel zur Erreichung dieses Ziels angemessen und erforderlich sind**. Die Prüfung der Rechtfertigung erfolgt daher in diesen drei Schritten: 1. Vorliegen eines Sachgrundes in Form eines legitimen Ziels, 2. Geeignetheit und Erforderlichkeit des Mittels und 3. Angemessenheit des Eingriffs in die Rechte der Benachteiligten im Verhältnis zur Bedeutung des Ziels.[30] Besteht die Rechtfertigung durch ein rechtmäßiges Ziel, wird die Vermutung widerlegt, dass der von der Maßnahme verursachte Nachteil die benachteiligte Gruppe wegen eines in § 1 genannten Grundes trifft. Als rechtmäßige Ziele sind in jedem Fall die in den §§ 8 ff. genannten Rechtfertigungsgründe zu sehen. Dabei ist zu beachten, dass § 10 auf Art. 6 Abs. 1 der Richtlinie 2000/78/EG zurückgeht und i. S. des EU-Rechts auszulegen ist. Zwar ist EU-rechtlich keine abschließende Aufzählung der legitimen Ziele für eine Differenzierung nach dem Alter im nationalen Recht erforderlich. Anerkannt werden aber nur Maßnahmen, die durch rechtmäßige sozialpolitische Ziele wie solche aus den Bereichen Beschäftigungspolitik, Arbeitsmarkt und berufliche Bildung gerechtfertigt sind.[31] Jedenfalls sind die in § 10 Satz 3 Nr. 1 – 6 genannten Ziele auch vor dem Hintergrund des EU-Rechts als legitime Ziele anzuerkennen.[32]

19a Bei der mittelbaren Benachteiligung ist aber auch eine **Rechtfertigung** denkbar, **die nicht unter § 8 ff. subsumierbar ist**.[33] Der Wortlaut der Norm ist ähnlich der Formulierung in § 10 Satz 1 und 2. Allerdings liegt ein wesentlicher Unterschied darin, ob es um ein rechtmäßiges Ziel für dem Wortlaut nach neutrale Vorschriften, Kriterien oder Verfahren geht, oder um

---

29 BT-Drs. 16/1780 S. 33.
30 S. a. EuGH 5. 3. 09 – C-388/07 – [Age Concern England], NZA 09, 305.
31 EuGH 5. 3. 09 – C-388/07 – [Age Concern England], NZA 09, 305; s. hierzu auch den Vorlagebeschluss BAG 17. 6. 09 – 7 AZR 112/08 (A) – zur Frage, ob Gründe der Flugsicherheit eine Altersgrenze von 60 Jahren rechtfertigen können.
32 BAG 11. 8. 09 – 3 AZR 23/08 – NZA 10, 408 zu § 10 Satz 3 Nr. 4; BAG 26. 5. 09 – 1 AZR 198/08 – NZA 09, 849 zu § 10 Satz 3 Nr. 6.
33 S. a. LAG Saarland 11. 2. 09 – 1 TaBV 73/08, das §§ 8 ff. neben § 3 Abs. 2 prüft; LAG Berlin-Brandenburg 4. 12. 08 – 26 Sa 343/08 – EzA-SD 09, Nr. 3, 9 lässt die Frage offen.

Begriffsbestimmungen § 3

ein rechtmäßiges Ziel, dass eine konkrete Benachteiligung wegen des Alters rechtfertigt. Bei § 3 Abs. 2 soll die Überprüfung des rechtmäßigen Ziels vor allem dazu dienen, die tatsächliche Neutralität der Maßnahme im Hinblick auf ein in § 1 genanntes Merkmal zu überprüfen. Dies spricht dafür, dass rechtmäßige Ziele im Rahmen der mittelbaren Diskriminierung weiter zu fassen sind als bei § 10 und keine Ziele sein müssen, die im Allgemeininteresse stehen, sondern auch anerkennenswerte Erfordernisse des Arbeitgebers wie z.B. eigenwirtschaftliche Interessen oder ein vom Arbeitgeber vorgegebenes betriebliches Konzept. So sieht dies auch die Rechtsprechung (s. zu den bisher anerkannten rechtmäßigen Zielen im Einzelnen Rn. 20). Allerdings gilt auch für die mittelbare Benachteiligung, dass die EU-rechtlichen Diskriminierungsverbote über das Willkürverbot beim arbeitsrechtlichen Gleichbehandlungsgrundsatz hinausgehen, so dass für die Rechtfertigung einer Ungleichbehandlung sachliche Gründe allein nicht ausreichen. Vielmehr ist ein rechtfertigender Grund nur dann gegeben, wenn die unterschiedliche Behandlung einem wirklichen Bedürfnis des Unternehmens dient, für die Erreichung der unternehmerischen Ziele geeignet und nach den Grundsätzen der Verhältnismäßigkeit erforderlich ist.[34] Kann ein legitimes Ziel mit weniger einschneidenden Maßnahmen erreicht werden, ist eine vom Arbeitgeber getroffene Maßnahme auch bei einem legitimen Ziel nicht angemessen und verstößt gegen das Verbot einer mittelbaren Benachteiligung.[35]

Von der bisherigen Rechtsprechung wurden als **rechtmäßige Ziele anerkannt**: Einführung des rollierenden Schichtsystems mit Ziel einer möglichst umfassenden Bezugspflege in der Altenpflege;[36] Qualitätssicherung durch schriftliche Arbeitsanweisungen mit der Folge, dass die Kenntnis der deutschen Schriftsprache für eine Tätigkeit erforderlich ist;[37] Neutralitätsgebot mit dem Verbot für Lehrerinnen und Lehrer, in der Schule religiöse Bekundungen abzugeben, einschließlich dem Tragen religiös bestimmter Kleidung;[38] die Gewährung von Zulagen nach Kriterien, die die weiblichen Arbeitnehmer im konkreten Fall seltener erfüllt haben, wie z.B. **Flexibilität** im Sinne von Anpassungsfähigkeit an unterschiedliche Arbeitszeiten und -orte, wenn dies für die Ausführung der dem Arbeitnehmer übertragenen spezi-

20

---

34 BAG 23.1.90 – 3 AZR 58/88 – NZA 90, 778; EuGH 13.5.86 – C-170/84 – NZA 86, 599 zur geschlechtsbedingten Benachteiligung.
35 LAG Berlin-Brandenburg 4.12.08 – 26 Sa 343/08 – EzA-SD 09, Nr. 3, 9: personenbedingte Kündigung einer Mitarbeiterin, die wegen ihrer Behinderung nicht in Nachtschicht tätig werden kann, wenn die Möglichkeit besteht, diese von der Nachtschicht auszunehmen.
36 LAG Berlin-Brandenburg 4.12.08 – 26 Sa 343/08 – EzA-SD 09, Nr. 3, 9.
37 BAG 28.1.10 – 2 AZR 764/08 – NZA 10, 625.
38 BAG 10.12.09 – 2 AZR 55/09 – AuR 10, 271: Tragen eines Kopftuchs, BAG 20.8.09 – 2 AZR 499/08 – NZA 10, 227: Tragen einer Haaransatz und Ohren vollständig bedeckenden Mütze durch Sozialpädagogin muslimischen Glaubens.

§ 3   Begriffsbestimmungen

fischen Aufgaben von Bedeutung ist, sowie die hierfür erforderliche **Berufsausbildung** und die **Dauer der Betriebszugehörigkeit**;[39] außerdem die bevorzugte Einstellung von Wehr- oder Ersatzdienstleistenden in den juristischen Vorbereitungsdienst zum Ausgleich der durch die Dienstpflicht verursachten Verzögerung der Ausbildung.[40]

21 **Nicht anerkannt** wurden: Kostenersparnis durch Beschäftigung jüngerer Mitarbeiter,[41] verlängerte Zeiten der geforderten Berufserfahrung bei Teilzeitarbeit,[42] Berücksichtigung von Teilzeitarbeit bei der Berechnung von Dienstzeiten nur mit 2/3 statt ganz,[43] und Benachteiligung beim Bewährungsaufstieg wegen Teilzeit,[44] wenn keine objektiven Faktoren vorliegen, die nichts mit einer Diskriminierung aufgrund des Geschlechts zu tun haben. Allgemeine Behauptungen, dass eine Regelung zur Förderung besonderer Ziele, wie z. B. Erhöhung der Zahl der Einstellungen, geeignet ist[45] oder Behauptungen über angebliche Unterschiede zwischen Arbeitnehmergruppen, wie erhöhte Personalkosten, geringere betriebliche Verbundenheit, soziale Schutzbedürftigkeit von Teilzeitkräften oder schlechtere Arbeitsergebnisse, sind ohne konkreten Nachweis grundsätzlich nicht geeignet, die Diskriminierung einer geschützten Gruppe zu rechtfertigen.[46] Haushaltserwägungen sind zur Rechtfertigung mittelbarer Benachteiligung nicht geeignet.[47] Auch normativ durch Gesetz oder Tarifvertrag geregelte Differenzierungsmerkmale müssen zur Rechtfertigung ihrer mittelbar benachteiligenden Wirkung zur Durchsetzung eines objektiven sozialpolitischen Konzepts geeignet und erforderlich sein.[48]

22 **4. Fallbeispiele zur mittelbaren Diskriminierung**

a) Die bisherige Rechtsprechung hat eine **geschlechtsbedingte mittelbare Benachteiligung** hinsichtlich der Lohnhöhe bejaht, wenn diese von **Merkmalen** abhängt, die von einem Geschlecht wesentlich seltener erfüllt werden als vom anderen, ohne dass die Verwendung dieser Kriterien durch ein wesentliches unternehmerisches oder sozialpolitisches Bedürfnis gerechtfertigt

---

39 EuGH 17.10.89 – C-109/88 – [Danfoss], NZA 90, 772.
40 EuGH 7.12.00 – C-79/99 – NZA 01, 141.
41 LAG Saarland 11.2.09 – 1 TaBV 73/08.
42 EuGH 2.10.97 – C-100/95 – NZA 97, 1221.
43 EuGH 2.10.97 – C-1/95 – NZA 97, 1277.
44 BAG 2.11.92 – 4 AZR 152/92 – NZA 93, 367.
45 EuGH 20.3.03 – C-187/0 – [Kutz-Bauer].
46 BAG 23.1.90 – 3 AZR 58/88 – NZA 90, 778; BAG 23.2.94 – 4 AZR 219/9 – NZA 94, 1136.
47 EuGH 20.3.03 – C-187/0 – [Kutz-Bauer], NZA 03, 506.
48 EuGH 27.6.90 – C-33/89 – NZA 90, 771; 20.3.03 – C-187/0 – [Kutz-Bauer], NZA 03, 506; BAG 5.3.97 – 7 AZR 581/92 – NZA 97, 1242.

werden könnte. **Allein die Tatsache einer wesentlich geringeren Entlohnung der Angehörigen eines Geschlechts** reicht nur dann aus, um eine mit dem Geschlecht zusammenhängenden Ursache zu vermuten, wenn die Kriterien für die Entlohnungspraxis des Arbeitgebers für die Arbeitnehmer nicht durchschaubar sind.[49]

> **Beispiele:**
> In einem großen Versicherungsunternehmen mit 600 Mitarbeitern verdienen weibliche Abteilungsleiterinnen durchschnittlich 20% weniger als ihre männlichen Kollegen. Bei einer großen Textilfabrik verdienen die dunkelhäutigen Arbeiterinnen im Schnitt 15% weniger als die weißen Arbeiterinnen mit gleichen Tätigkeiten. Hier ist jeweils von einer mittelbaren Benachteiligung auszugehen. (Zu den Rechtsfolgen s. Rn. 38ff. zu § 7.)

b) An **Teilzeitarbeit** darf bereits gem. § 4 Abs. 1 TzBfG keine unterschiedliche Behandlung anknüpfen. Diese Regelung gilt gem. § 2 Abs. 3 neben dem AGG weiter. Erhalten Teilzeitbeschäftigte Arbeitsentgelt oder eine andere teilbare geldwerte Leistung in dem Umfang, der dem Anteil ihrer Arbeitszeit an der Arbeitszeit vergleichbarer Vollzeitbeschäftigter entspricht, werden sie nicht benachteiligt.[50] Benachteiligungen hinsichtlich aller nicht leistungsbezogenen Vergütungsbestandteile wegen Teilzeitarbeit sind grundsätzlich unzulässig.[51] Gem. § 4 Abs. 1 Satz 2 TzBfG dürfen nicht leistungsbezogene Entgeltbestandteile nur im Verhältnis der individuellen zur betriebsüblichen Arbeitszeit »ratierlich« gekürzt werden. Dies gilt aber im Hinblick auf das Benachteiligungsverbot nur dann, wenn dies nach dem vom Betrieb gesetzten Leistungszweck gerechtfertigt ist. Andere zusätzliche Leistungen, wie etwa ein freier Nachmittag können nur dann als gerechtfertigte Ungleichbehandlung gelten, wenn sie streng anlassbezogen gewährt werden, wie z. B. am 24. und 31. 12. oder Faschingsdienstag.[52] Würde dagegen an jedem Geburtstag, der auf einen Arbeitstag fällt, der Nachmittag frei gegeben, so

23

---

49 BAG 23. 9. 92 – 4 AZR 30/92 – NZA 93, 891.
50 BAG 24. 9. 08 – 10 AZR 639/07 – ZTR 09, 20.
51 BAG 5. 8. 09 – 10 AZR 634/08 – NZA-RR 10, 336: zur Herausnahme von Teilzeitbeschäftigten von einem Anspruch auf Ausgleichszulage; BAG 27. 7. 94 – 10 AZR 538/93 – NZA 94, 1130 zur rechtswidrigen Versagung von Sonderkonditionen bei Arbeitgeberdarlehen für Teilzeitbeschäftigte; BAG 15. 12. 98 – 3 AZR 239/97 – NZA 99, 882 zum Anspruch auf Zuschläge für Spät- und Nachtarbeit; BAG 5. 3. 97 – 7 AZR 581/92 – NZA 97, 1242 zur mittelbaren Diskriminierung von teilzeitbeschäftigten Betriebsratsmitgliedern durch den Ausschluss von Freizeitausgleich für die Teilnahme an einer Betriebsratsschulung; EuGH 9. 9. 99 – C-281/97 – [Krüger], NZA 99, 1151 zum tarifvertraglichen Ausschluss geringfügig Beschäftigter von einer Jahressonderzuwendung; EuGH 27. 6. 90 – C-33/89 – NZA 90, 771 zum Ausschluss Teilzeitbeschäftigter vom tariflichen Übergangsgeld.
52 BAG 26. 5. 93, DB 94, 99.

könnte darin eine mittelbare Benachteiligung wegen des Geschlechts liegen, weil Frauen deutlich häufiger als Männer als Teilzeitbeschäftigte vor allem vormittags arbeiten.

24 c) Eine mittelbare Benachteiligung besteht ebenso bei Kürzung des Urlaubsgelds aufgrund der Inanspruchnahme der **Mutterschutzfrist**[53] und kommt auch bei einer Benachteiligung aufgrund der Inanspruchnahme von **Elternzeit** in Betracht, da sie zu 96,1 % von Frauen beansprucht wird.[54] Hier hat die Rechtsprechung eine sachliche Rechtfertigung bejaht für die Anrechnung auf Bewährungszeiten.[55] Soweit es sich um Arbeitsentgelt handelt, ist die Anknüpfung von Sondervergütungen (z. B. 13. Gehalt) an die tatsächlich erbrachte Arbeitsleistung nicht zu beanstanden. Demgegenüber muss für Gratifikationen, die an Betriebstreue anknüpfen, auch Elternzeit angerechnet werden. Das gleiche gilt für alle Regelungen, die an die Länge des bestehenden Arbeitsverhältnisses anknüpfen.[56]

25 In der Praxis ist zu beobachten, dass der **berufliche Wiedereinstieg** nach der Elternzeit häufig an der fehlenden Zuweisung von adäquater Arbeit oder an Arbeitszeiten, die mit familiären Verpflichtungen nicht vereinbar sind, scheitert. Künftig ist gem. § 7 Abs. 1 zu prüfen, inwieweit Maßnahmen des Arbeitgebers ggf. diskriminierenden Charakter haben und zu Ansprüchen nach dem 2. Abschnitt führen können. Während in der Zuweisung eines Arbeitsplatzes nach Rückkehr aus den Mutterschutzzeiten nach dem MuSchG, der dem vorherigen Arbeitsplatz nicht gleichwertig ist, eine unmittelbare Benachteiligung wegen des Geschlechts liegen kann,[57] kommt bei einer entsprechenden Benachteiligung nach Rückkehr aus der Elternzeit eine mittelbare Benachteiligung von Frauen in Betracht.

26 d) Die höhere Bezahlung **körperlich schwerer Arbeit** kann durch die Anforderungen bestimmter Arbeitsplätze nur gerechtfertigt werden, wenn das Eingruppierungssystem auch solche Differenzierungsmerkmale enthält und gewichtet, die an Frauenarbeitsplätzen verlangt werden[58] oder »**körperlich schwere Arbeit**« nach gemeinschaftsrechtskonformer Auslegung so verstanden wird, dass neben der Muskelbelastung alle Umstände berücksichtigt werden, die auf den Menschen belastend einwirken und zu körperlichen Reaktionen führen können, wie ausschließlich stehende Tätigkeit, belastende Körperhaltung, taktgebundene, repetitive Arbeit, nervliche Belastungen und

---

[53] BAG 20. 8. 02 – 9 AZR 353/01 – NZA 03, 333.
[54] Bericht über die Auswirkungen der §§ 15 und 16 Bundeserziehungsgeldgesetz 2004, BT-Drucks. 15/3400 S. 19.
[55] BAG 18. 6. 97 – 4 AZR 647/95 – NZA 98, 267.
[56] BAG 21. 10. 92 – 4 AZR 73/92 – DB 93, 690; BAG 12. 11. 02 – 1 AZR 58/02 – NZA 03,1287.
[57] ArbG Wiesbaden 18. 12. 08 – 5 Ca 46/08 – EzA-SD 09, Nr 6, 9–10.
[58] EuGH 1. 7. 86 – C-237/85 – NJW 86, 1138.

Begriffsbestimmungen § 3

Lärmeinwirkung, sowie eine erhöhte Arbeitspulsfrequenz.[59] Versagt eine solche Auslegung, ist die Abgrenzung der Lohngruppe insgesamt diskriminierend.[60]

e) **Eingetragene Lebenspartner** werden mittelbar wegen ihrer sexuellen Orientierung gleichheitswidrig benachteiligt durch die Versagung eines kinderbezogenen Entgeltbestandteils im Ortszuschlag[61] und durch die Versagung ehegattenbezogener Vergütungsbestandteile,[62] ohne dass dies durch den besonderen Schutz von Ehe und Familie (Art. 6 GG) gerechtfertigt ist. In der betrieblichen Altersversorgung sind sie hinsichtlich der Hinterbliebenenversorgung Ehegatten gleichzustellen.[63]

f) Die Beschränkung des Bewerberkreises in einer innerbetrieblichen Stellenausschreibung auf Arbeitnehmer im ersten Berufs-/Tätigkeitsjahr führt zu einer mittelbaren Benachteiligung wegen des **Alter**s, die nicht geeignet ist, das genannte Ziel einer ausgewogenen Altersstruktur zu erreichen.[64] Der Ausschluss von Betriebsrentnern und ihnen gleichgestellten, ehemaligen Mitarbeitern von verbessernden Regelungen für eine Betriebsrente ist im Hinblick auf das gesetzgeberische Ziel der Förderung der betrieblichen Altersversorgung (§ 10 Sätze 1, 2 und 3 Nr. 4) angemessen.[65]

IV. Belästigung

Abs. 3 definiert entsprechend den Richtlinien 2000/43/EG (Antirassismus-Richtlinie), 2000/78/EG (Rahmenrichtlinie Beschäftigung) und 76/207/EG (Gender-Richtlinie) bestimmte Formen der **Belästigung** als Benachteiligung. »Belästigung« steht in der deutschen Übersetzung der EU-Richtlinien für das englische »harassment«, das die Bedeutung einer ständigen, starken Belästigung hat. Wie in den EU-Richtlinien setzt eine Belästigung die **Schaffung eines »feindlichen Umfeldes«** und damit in der Regel ein **kontinuierliches Handeln** voraus (Art. 2 Abs. 2 der Richtlinien 2000/43/EG (Antirassismus-Richtlinie), 2000/78/EG (Rahmenrichtlinie Beschäftigung) bzw. Art. 2 Abs. 2 der Richtlinie 76/207/EG (Gender-Richtlinie). Ein feindliches Umfeld beschreibt einen sozialen Lebensraum (z. B. Arbeits- oder Wohnumgebung), der durch bestimmte Verhaltensweisen einer oder mehrerer Personen für die Betroffenen »vergiftet« wird. Dabei sind alle Handlungen und

27

---

59 BAG 27.4.88 – 4 AZR 707/87 – NZA 88, 627.
60 LAG Hamm 11.8.97 – 16 Sa 213/96 – AiB 98, 353.
61 BAG 18.3.10 – 6 AZR 156/09 – AuR 10, 181 zu § 29 Abschn. B Abs. 3 BAT-O.
62 BAG 18.3.10 – 6 AZR 434/07 – AuR 10, 182 zum Auslandszuschlag nach § 55 BbesG.
63 BAG 14.1.09 – 3 AZR 20/07 – NZA 09, 489.
64 BAG 18.8.09 – 1 ABR 47/08 – NZA 10, 222.
65 BAG 11.8.09 – 3 AZR 23/08 – NZA 10, 408.

Verhaltensweisen, die dem **systematischen Prozess** der Schaffung eines bestimmten Umfeldes zuzuordnen sind, in die Betrachtung mit einzubeziehen, wobei den einzelnen Handlungen oder Verhaltensweisen für sich allein betrachtet oft keine rechtliche Bedeutung zukommt.[66] Vielmehr ist immer eine **wertende Gesamtschau aller Faktoren** vorzunehmen. »Gekennzeichnet« ist ein Umfeld dann von Einschüchterungen, Anfeindungen, Erniedrigungen, Entwürdigungen oder Beleidigungen, wenn diese für das Umfeld »charakteristisch oder typisch« sind,[67] bzw. prägende Bedeutung dadurch erlangen, dass einzelne Tathandlungen aufeinander aufbauen und ineinander greifen, also systematisch dazu dienen, die Würde des Betroffenen zu verletzen.[68] Deshalb führt einmaliges Verhalten regelmäßig nicht zur Schaffung eines feindlichen Umfeldes. Vielmehr ist dafür regelmäßig ein Verhalten von gewisser Dauer erforderlich. Denkbar ist aber auch, dass die Belästigung so schwer wiegt, dass durch ein einmaliges Handeln und die bestehende Wiederholungsgefahr bereits ein feindliches Umfeld geschaffen wird.[69]

28 Die **Schaffung eines feindlichen Umfeldes** durch Einschüchterungen, Anfeindungen, Erniedrigungen, Entwürdigungen und Beleidigungen muss dazu führen oder bezwecken, dass die **Würde einer Person** aus einem in § 1 genannten Grund **verletzt** wird. Das notwendige **kumulative** Zusammentreffen beider Voraussetzungen stellt klar, dass geringfügige Eingriffe keine rechtsrelevante Belästigung darstellen.[70]

29 Unklar ist, wann eine Belästigung die **Geringfügigkeitsschwelle** nach Abs. 3 überschreitet. In Bezug auf den Schutz der Würde einer Person besteht eine **Parallele zum allgemeinen Persönlichkeitsrecht**. Dieses wird definiert als das Recht des Einzelnen auf Achtung seiner Menschenwürde und auf Entfaltung seiner individuellen Persönlichkeit.[71] Nur schwerwiegende Persönlichkeitsverletzungen lösen bisher einen Anspruch auf Schmerzensgeld aus. Anders als bei einer rechtserheblichen Belästigung, setzt ein Anspruch aufgrund einer Verletzung des allgemeinen Persönlichkeitsrechts ein Verschulden voraus. Ob ein Anspruch besteht, hängt nach der Rechtsprechung von dem Grad des Verschuldens, von Art und Schwere der Benachteiligung, von Nachhaltigkeit und Fortdauer der Interessenschädigung, sowie von Anlass und Beweggrund des Handelnden ab.[72] Für die Fälle einer geschlechtsspezi-

---

66 BAG 25. 10. 07 – 8 AZR 593/06 – NZA 08, 223.
67 BAG 24. 9. 09 – 8 AZR 705/08 – NZA 10, 387.
68 LAG Düsseldorf 18. 6. 08 – 7 Sa 383/08 – BeckRS 2008 57246: abgelehnt bei ausländerfeindlichen Beschimpfungen in zwei von fünf Herrentoiletten eines Betriebs, wenn nicht weitere Umstände hinzukommen.
69 BAG 24. 9. 09 – 8 AZR 705/08 – NZA 10, 387.
70 So auch BAG 24. 9. 09 – 8 AZR 705/08 – NZA 10, 387.
71 BGH 14. 2. 58, BGHZ 26, 349 [354].
72 BAG 5. 3. 96 – 1 AZR 590/92 [A] – NZA 96, 751.

Begriffsbestimmungen § 3

fischen Diskriminierung bejaht die Rechtsprechung regelmäßig eine erhebliche Verletzung des Persönlichkeitsrechts, die die Geringfügigkeitsschwelle überschreitet. In den Fällen, in denen ein Anspruch gem. § 15 Abs. 2 oder § 21 Abs. 2 Satz 3 besteht, ersetzen diese Vorschriften etwaige sonst bestehende Ansprüche, da im Anwendungsbereich des AGG das allgemeine Persönlichkeitsrecht der Betroffenen nun einen neuen und ausreichenden Schutz erfährt (s. auch Rn. 13 zu § 15). Die Erheblichkeitsschwelle ist nicht überschritten, wenn an einen Arbeitnehmer, der nicht deutscher »Muttersprachler« ist, die Aufforderung gerichtet wird, einen Deutschkurs zu besuchen.[73]

Die Belästigung setzt außerdem eine **unerwünschte Verhaltensweise** voraus. Davon ist immer dann auszugehen, wenn der oder die Betroffene dies ausdrücklich erklärt. Eine Verhaltensweise ist aber nicht nur dann unerwünscht, wenn dies ausdrücklich gegenüber dem Belästigenden zum Ausdruck gebracht worden ist. Vielmehr reicht es aus, dass die Handelnden **aus der Sicht eines objektiven Beobachters** davon ausgehen können, dass ihr Verhalten unter den gegebenen Umständen von dem Betroffenen nicht erwünscht ist oder auch nicht akzeptiert wird. Bei dieser Beurteilung sind alle Umstände des Falles zu berücksichtigen, also auch die individuelle Situation des oder der Betroffenen, die Art des Arbeitsplatzes und die Person des Verursachers. Belästigendes Verhalten kann sowohl verbaler als auch nonverbaler Art sein. Hierunter fallen z. B. Verleumdungen, Beleidigungen und abwertende Äußerungen, Anfeindungen, Drohungen und körperliche Übergriffe, die im Zusammenhang mit einem der in § 1 genannten Gründe stehen.[74] 30

Die unerwünschte Verhaltensweise muss **bezwecken oder bewirken**, dass die Würde der betreffenden Person verletzt wird. Eine rein abstrakte Eignung reicht nicht aus. Vielmehr muss, wie auch i. R. des § 7, entweder die Verletzung im **Ergebnis** eingetreten sein, oder eine solche **Absicht** bestehen. Eine Belästigung ist also zum einen dann gegeben, wenn ein Verhalten die Würde des Betroffenen verletzt, ohne dass es auf ein Verschulden ankommt. Umgekehrt kommt es nicht darauf an, ob die Verletzung tatsächlich eintritt, wenn der Handelnde eine Verletzung der Würde bezweckt. 31

> **Beispiel:**
> Ein Kollege macht im Beisein seiner Kollegin ständig Bemerkungen über die Unfähigkeit und Dummheit von Blondinen. Obwohl die Bemerkungen sie nicht verletzen, zielt der Kollege darauf ab, sie als Frau herabzuwürdigen und zu blamieren. Sein Verhalten stellt eine Belästigung dar.

---

73 LAG Schleswig-Holstein 23. 12. 09 – 6 Sa 158/09 – AuR 10, 82.
74 BT-Drs. 16/1780 S. 33.

32 Fraglich ist, ob und inwieweit ein Zusammenhang zwischen einer rechtlich relevanten Belästigung und dem in der Praxis für Belästigungen am Arbeitsplatz oft benutzten Begriff des »Mobbing« besteht. »Mobbing« ist kein Rechtsbegriff und damit auch keine Anspruchsgrundlage für Ansprüche des Arbeitnehmers gegen den Arbeitgeber oder gegen Vorgesetzte bzw. einen oder mehrere Arbeitskollegen.[75] Allerdings definiert der in Abs. 3 umschriebene Begriff der »Belästigung« auch den Begriff des »Mobbing« und kann über die Gründe des § 1 auf alle Fälle einer solchen Benachteiligung eines Arbeitnehmers – gleich aus welchen Gründen – übertragen werden.[76] Abs. 3 zeigt vor allem, dass es grundsätzlich auf die Zusammenschau der einzelnen »unerwünschten« Verhaltensweisen ankommt, um zu beurteilen, ob »Mobbing« vorliegt, denn Wesensmerkmal der als »Mobbing« bezeichneten Form der Rechtsverletzung des Arbeitnehmers ist damit die systematische, sich aus vielen einzelnen Handlungen/Verhaltensweisen zusammensetzende Verletzung, wobei den einzelnen Handlungen oder Verhaltensweisen für sich allein betrachtet oft keine rechtliche Bedeutung zukommt.[77]

33 Eine **Rechtfertigung** einer rechtserheblichen Belästigung, die eine Benachteiligung darstellt, ist gem. § 8 ff. **nicht möglich**, da von den Rechtfertigungsmöglichkeiten nur Ungleichbehandlungen erfasst werden, die nicht notwendig Unrechtscharakter haben. Anders ist dies bei Abs. 3, wenn die tatbestandlichen Voraussetzungen vorliegen.

34 Die Rechte der betroffenen Beschäftigten ergeben sich aus Abschnitt 2. Neben Ansprüchen auf Schadensersatz und Entschädigung kommt im Einzelfall gem. § 12 Abs. 3 auch ein Anspruch auf Ausspruch einer konkreten Abmahnung oder ein Anspruch auf das Angebot eines gleichwertigen Arbeitsplatzes in Betracht, an dem Betroffene nicht mehr mit einem Schädiger zusammenarbeiten müssen, wenn ein solcher Arbeitsplatz im Unternehmen vorhanden ist (s. auch Rn. 41).[78] Neben Ansprüchen aus dem AGG kommen bei Belästigungen gem. Abs. 3 außerdem eine **Haftung des Vertragspartners gem. § 241 Abs. 2 BGB** (Rücksichtnahme auf die Rechte, Rechtsgüter und Interessen der anderen Partei) und bereits in der vorvertraglichen Phase bei der Aufnahme von Vertragsverhandlungen, der **Anbahnung** eines Vertrags oder bei ähnlichen geschäftlichen Kontakten Ansprüche nach **§ 311 Abs. 2 BGB** in Betracht. Daneben können Handlungen, die das Persönlichkeitsrecht, die Gesundheit oder die sexuelle Selbstbestimmung verletzen, Schadensersatz- oder Schmerzensgeldansprüche auslösen (s. auch §§ 15 Abs. 5, 21 Abs. 3). In Betracht kommen insbesondere §§ 823 Abs. 1, 253

---

75 BAG 16.5.07 – 8 AZR 709/06 – NZA 07, 1154.
76 BAG 25.10.07 – 8 AZR 593/06 –, NZA 08, 223.
77 BAG 16.5.07 – 8 AZR 709/06 – NZA 07, 1154; BAG 25.10.07 – 8 AZR 593/06 –, NZA 08, 223.
78 BAG 25.10.07 – 8 AZR 593/06 – NZA 08, 223.

Abs. 2 BGB. Auch kann gleichzeitig eine sittenwidrige vorsätzliche Schädigung i. S. d. § 826 BGB vorliegen. Entsprechende Handlungen können strafrechtliche Konsequenzen nach sich ziehen.

Mitbestimmung: Neben der Möglichkeit zum Abschluss freiwilliger Betriebsvereinbarungen gem. §§ 88, 80 Abs. 1 BetrVG kommt je nach Inhalt gem. § 87 Abs. 1 Nr. 1 BetrVG der Abschluss einer **Betriebsvereinbarung zum Schutz vor einer Benachteiligung durch Belästigung** in Betracht, die erzwingbaren Charakter hat.[79] Ein **Schulungsbedarf** gem. § 37 Abs. 6 besteht in jedem Fall dann, wenn eine vorbeugende Betriebsvereinbarung hierzu geplant ist.[80]

V. Sexuelle Belästigung

Abs. 4 definiert, wann eine **sexuelle Belästigung** eine nach dem AGG relevante Benachteiligung darstellt und ist im Anwendungsbereich beschränkt auf den arbeitsrechtlichen Bereich des § 2 Abs. 1 Nr. 1–4. Das AGG ersetzt das BeschSchG und erfasst nunmehr entsprechend den EU-rechtlichen Vorgaben (Änderung in Art. 2 Abs. 2 der Richtlinie 76/207/EWG [Gender-Richtlinie]) **jede sexuelle Belästigung, die auf ein unerwünschtes, sexuell bestimmtes Verhalten zurückgeht**. Die Definition ist damit weiter als diejenige im früheren § 2 Abs. 2 BeschSchG. Hiernach war Voraussetzung der sexuellen Belästigung eine vorsätzliche Verletzung der Würde von Beschäftigten, die entweder einen Straftatbestand erfüllt hat, oder als sonstige sexuelle Handlung von den Betroffenen »erkennbar abgelehnt« wurde. Nunmehr reicht es entsprechend der Definition der Belästigung aus, wenn **aus der Sicht eines objektiven Beobachters** davon auszugehen ist, dass ein Verhalten unter den gegebenen Umständen von den Betroffenen nicht erwünscht ist oder akzeptiert wird.

Das **unerwünschte Verhalten** muss **sexuell bestimmt** sein. Die Vorschrift enthält in einer beispielhaften Aufzählung, die **nicht abschließend** ist, typische Fälle sexuell bestimmter Verhaltensweisen. Inwieweit das Adjektiv »**sexuell**« den beispielhaft genannten Handlungen und Aufforderungen zu diesen, oder auch körperlichen Berührungen zugeschrieben werden kann, hängt in Zweifelsfällen zum einen davon ab, welche Intention der oder die Handelnde hat, zum anderen aber auch davon, wie der oder die Betroffene sie empfindet. Auch hier ist darauf zurückzugreifen, **wie das Verhalten aus**

---

[79] LAG Düsseldorf 22. 7. 04 – 5 TaBV 38/04 – AiB 05, 122 bejaht die grundsätzliche Möglichkeit einer erzwingbaren Betriebsvereinbarung gem. § 81 Abs. 1 Nr. 1 BetrVG zum Thema »Schutz der Arbeitnehmer vor Mobbing und sexueller Belästigung«; a. A. LAG Hamburg 5. 7. 97 – 5 TaBV 4/98 – NZA 98, 1245.

[80] Zu den Einschränkungen beim Thema »Mobbing« s. BAG 15. 1. 97 – 7 ABR 14/96 – NZA 97, 781; LAG Rheinland-Pfalz 13. 10. 04 – 10 TaBV 19/04 – NZA-RR 05, 376.

der Sicht eines objektiven Beobachters für Betroffene **zu verstehen ist**. Das gleiche gilt für die Beurteilung, ob Bemerkungen einen sexuell bestimmten Inhalt haben oder ob das Zeigen und das sichtbare Anbringen von pornographischen Darstellungen unerwünscht ist, was regelmäßig der Fall sein dürfte. Ohne eine besondere Nennung bleiben **sexuelle Handlungen und Verhaltensweisen, die nach strafgesetzlichen Vorschriften unter Strafe gestellt** sind, eine sexuelle Belästigung i. S. des Abs. 4, da sie in jedem Fall schwerer wiegen, als die aufgeführten Beispiele. Eine sexuelle Belästigung ist nicht nur möglich zwischen den verschiedenen Geschlechtern, sondern es ist z. B. auch denkbar, dass sich ein Mann durch das Zeigen pornographischer Darstellungen von männlichen Kollegen sexuell belästigt fühlt.

38 Das sexuell bestimmte Verhalten muss **bezwecken oder bewirken, dass die Würde der betreffenden Person verletzt wird**, insbesondere wenn ein von Einschüchterungen, Anfeindungen, Erniedrigungen, Entwürdigungen oder Beleidigungen gekennzeichnetes Umfeld geschaffen wird. Die **Schaffung eines feindlichen Umfeldes** muss also entgegen Abs. 3 nicht **kumulativ** zu der Verletzung der **Würde einer Person** hinzutreten, sondern ist hier nur ein Beispiel dafür, wann in jedem Fall von einer solchen Verletzung auszugehen ist (zur Schaffung eines feindlichen Umfeldes und zur Schwelle, ab der von einer Verletzung der Würde auszugehen ist (s. Rn. 28 f. zu Abs. 3).

39 Wie bei der Belästigung gem. Abs. 3 reicht es aus, dass die unerwünschte Verhaltensweise die Verletzung der Würde der betreffenden Person **bezweckt oder bewirkt**. Relevant sind also entweder das Ergebnis oder die Absicht einer Verletzung.

> **Beispiel:**
> Pirelli Kalender in einer Werkstatt: Dies ist dann unproblematisch, wenn er im nichtöffentlichen Bereich in dem nur männliche Mitarbeiter, die sich nicht daran stören, aufgehängt wird. Wird allerdings der Kalender so aufgehängt, dass eine Mitarbeiterin (z. B. Sekretärin) damit konfrontiert ist, wenn sie Aufträge ihres Chefs entgegen nimmt, kann eine sexuelle Belästigung vorliegen.

40 Wie bei Abs. 3 ist auch bei Abs. 4 eine **Rechtfertigung** einer rechtserheblichen sexuellen Belästigung, die eine Benachteiligung darstellt, gem. § 8 ff. **nicht möglich**, da von den Rechtfertigungsmöglichkeiten nur ungleiche Behandlungen erfasst werden, die nicht notwendig Unrechtscharakter haben. Anders ist dies bei Abs. 3, wenn die tatbestandlichen Voraussetzungen vorliegen.

41 **Handlungsmöglichkeiten der betroffenen Beschäftigten** ergeben sich aus Abschnitt 2, der insoweit das frühere BeschSchG ersetzt. Hier sind nunmehr das Beschwerderecht (§ 13), das Leistungsverweigerungsrecht (§ 14), Schadensersatz und Entschädigung (§ 15 Abs. 1 und 2), sowie das Maßregelungsverbot (§ 16) geregelt. Hinzu kommen nach allgemeinen rechtlichen Bestimmungen ein Unterlassungsanspruch gem. § 1004 BGB i. V. m. § 7 Abs. 3

und die Möglichkeit der Eigenkündigung gem. § 626 BGB mit der Folge des Schadensersatzanspruchs von § 628 Abs. 2 BGB. Solche Ansprüche bleiben gem. § 15 Abs. 5 vom AGG unberührt. **Handlungspflichten des Arbeitgebers** bestehen vorbeugend (§ 12 Abs. 1 und 2) und repressiv (§ 12 Abs. 3 und 4). Zur Frage, wann ein Mitarbeiter gekündigt werden kann, der andere sexuell belästigt s. § 12 Rn. 12.

Mitbestimmung: Als vorbeugende Maßnahme kommt der Abschluss einer **Betriebsvereinbarung zum Schutz vor sexueller Belästigung** in Betracht.[81] Eine solche Betriebsvereinbarung kann je nach ihrem Inhalt gegebenenfalls unter **§ 87 Abs. 1 Nr. 1 BetrVG** fallen und damit erzwingbaren Charakter haben.[82] Ein **Schulungsbedarf** gem. § 37 Abs. 6 besteht zumindest dann, wenn eine vorbeugende Betriebsvereinbarung hierzu geplant ist.[83]

42

VI. Benachteiligung durch Anweisung zu einer Benachteiligung

Abs. 5 sieht in Umsetzung von Art. 2 Abs. 4 der Richtlinien 2000/43/EG (Antirassismus-Richtlinie), 2000/78/EG (Rahmenrichtlinie Beschäftigung) und 76/207/EWG (Gender-Richtlinie) die Regelung vor, dass auch eine **Anweisung zu einer Benachteiligung** eine eigenständige Benachteiligung darstellt. Der Begriff »Anweisung« setzt ein Weisungsrecht voraus und ist damit enger zu verstehen, als der strafrechtliche Begriff der »Anstiftung«.[84] Regelmäßig wird es deshalb um eine Weisung im Verhältnis eines Arbeitgebers oder Vorgesetzten zu einem weisungsgebundenen Beschäftigten gehen. Nach seiner Systematik erfasst das gesetzliche Benachteiligungsverbot alle Benachteiligungen, ohne dass ein Verschulden erforderlich ist. Die Gesetzesbegründung führt dazu aus, dass die **Anweisung** selbst **vorsätzlich** erfolgen muss.[85] Das ergibt sich aus dem Gesetzeswortlaut nicht. Zwar wird in der Praxis mit einer entsprechenden Anweisung regelmäßig eine bestimmte Absicht einhergehen, denkbar ist aber auch, dass insbesondere bei der mittelbaren Benachteiligung die Benachteiligung wegen eines Merkmals des § 1 bloße Nebenwirkung einer Weisung und nicht vom Vorsatz umfasst ist. Der Vorschrift kann jedenfalls nicht entnommen werden, dass im Falle einer Anweisung zur Benachteiligung der Vor-

43

---

81 Schiek, AiB 97, 441 mit Musterbetriebsvereinbarung.
82 LAG Düsseldorf 22.7.04 – 5 TaBV 38/04 – AiB 05, 122 bejaht die grundsätzliche Möglichkeit einer erzwingbaren Betriebsvereinbarung gem. § 81 Abs. 1 Nr. 1 BetrVG zum Thema »Schutz der Arbeitnehmer vor Mobbing und sexueller Belästigung«; a. A. LAG Hamburg 5.7.97 – 5 TaBV 4/98 – NZA 98, 1245.
83 Zu den Einschränkungen beim Thema »Mobbing« s. BAG 15.1.97 – 7 ABR 14/96 – NZA 97, 781; LAG Rheinland-Pfalz 13.10.04 – 10 TaBV 19/04 – NZA-RR 05, 376.
84 Thüsing, Sonderbeilage zu NZA Heft 22/2004, S. 3 [8].
85 BT-Drs. 16/1780 S. 33.

44 Durch eine Anweisung kann grundsätzlich **jede Person**, die ein Merkmal des § 1 trägt, benachteiligt werden. Die Formulierung in **Satz 2** »insbesondere« macht deutlich, dass eine Benachteiligung von **Beschäftigten** vom AGG in jedem Fall erfasst werden soll, auch wenn sie auf einer Anweisung beruht. Dies stellt aber nur einen ausdrücklich genannten Fall dar und schließt die Benachteiligung anderer Personen nach Satz 1 nicht aus.[86] Erfasst wird daher auch die Anweisung eines Arbeitgebers an Beschäftigte, Dritte, wie z. B. Kunden, aus den Gründen des § 1 zu benachteiligen.

> **Beispiel:**
> A leitet die Abteilung »Wohnungsvermietungen« bei einer großen Versicherung und weist seine Mitarbeiter an, nicht an Menschen dunkler Hautfarbe zu vermieten.

45 Satz 2 hebt ausdrücklich hervor, dass eine **Benachteiligung von Beschäftigten** im arbeitsrechtlichen Anwendungsbereich des § 2 Abs. 1 Nr. 1–4 bereits in einer Anweisung durch den Arbeitgeber oder einen Vorgesetzten zu sehen ist. Eine Benachteiligung durch eine entsprechende Anweisung setzt nach Satz 2 den Eintritt der Benachteiligung nicht voraus. Es reicht vielmehr, dass durch das angewiesene Verhalten die **Möglichkeit einer Benachteiligung** besteht. Da auch nach Satz 1 bereits die Erteilung der Anweisung zu einer Benachteiligung als Benachteiligung gilt, kommt es auch außerhalb des arbeitsrechtlichen Benachteiligungsverbots nicht darauf an, ob eine Benachteiligung tatsächlich eintritt.

46 Die **Haftung** ist im arbeitsrechtlichen Bereich (§ 2 Abs. 1 Nr. 1–4) gem. § 15 auf den Arbeitgeber beschränkt. Der Vorgesetzte, der eine diskriminierende Weisung erteilt, kann nicht nach dem AGG belangt werden, sondern gegebenenfalls nur nach allgemeinem Zivilrecht zum Schadensersatz verpflichtet sein. Beschäftigte sind insoweit ihm gegenüber auf ihr Beschwerderecht gem. § 13 Abs. 1 beschränkt. Die zivilrechtliche Haftung (§ 2 Abs. 1 Nr. 5–8) ist auf die Fälle des § 19 Abs. 1 (Massengeschäfte oder Versicherungen) oder Abs. 2 (Benachteiligung aus Gründen der Rasse oder wegen der ethnischen Herkunft) beschränkt.

47 Fraglich ist das **Verhältnis** von Abs. 5 **zu den allgemeinen zivilrechtlichen Zurechnungsnormen** (§§ 31, 278, 831 BGB). Die Regelungen des AGG sollen grundsätzlich neben andere Schutznormen und Anspruchsnormen treten. Dies ist ausdrücklich in §§ 2 Abs. 3, 14 Satz 2, 15 Abs. 4 Satz 3, 20 Abs. 3 geregelt. In diesem Rahmen sind die Zurechnungsnormen beim Handeln

---

[86] A. A. Thüsing, Sonderbeilage zu NZA Heft 22/2004, S. 3 (8), der meint, es würde ausschließlich die Benachteiligung von Beschäftigten geregelt.

Dritter anzuwenden. Bei Abs. 5 handelt es sich aber **nicht um eine Zurechnungsnorm** im eigentlichen Sinne. Vielmehr führt die Regelung dazu, dass die **Anweisung selbst bereits eine Benachteiligung darstellt**, also die Verhaltensweise ist, die unmittelbar, ohne weitere Voraussetzungen zu den Sanktionen nach §§ 15, 21 führt. Ohne Belang ist es, was die angewiesene Person tut, oder ob eine Verletzung tatsächlich eintritt.

Eine Benachteiligung i. S. des § 3 ist Voraussetzung für die in den **Abschnitten 2 und 3** normierten Benachteiligungsverbote und **Ansprüche der Betroffenen**. Während das arbeitsrechtliche Benachteiligungsverbot des § 7 Abs. 1 in den Fällen des § 2 Abs. 1 Nr. 1–4 alle Benachteiligungen des § 3 verbietet, soweit diese nicht gem. §§ 8 ff. gerechtfertigt sind, gilt das zivilrechtliche Benachteiligungsverbot nur für bestimmte Bereiche der Benachteiligung aus §§ 1 und 2, soweit diese nicht gem. § 20 zulässig sind: Eine Benachteiligung aus den in § 1 genannten Gründen mit Ausnahme der Weltanschauung ist gem. § 19 Abs. 1 ausschließlich für Massengeschäfte und privatrechtliche Versicherungen verboten. § 19 Abs. 2 sieht ein Benachteiligungsverbot bei Begründung, Durchführung und Beendigung sonstiger zivilrechtlicher Schuldverhältnisse i. S. des Abs. 1 Nr. 5–8 nur für Benachteiligungen aus Gründen der Rasse oder der ethnischen Herkunft vor. 48

§ 4 Unterschiedliche Behandlung wegen mehrerer Gründe

Erfolgt eine unterschiedliche Behandlung wegen mehrerer der in § 1 genannten Gründe, so kann diese unterschiedliche Behandlung nach den §§ 8 bis 10 und 20 nur gerechtfertigt werden, wenn sich die Rechtfertigung auf alle diese Gründe erstreckt, derentwegen die unterschiedliche Behandlung erfolgt.

Die Regelung berücksichtigt den Umstand, **dass bestimmte Personen mehrere der Merkmale aus § 1 erfüllen und deshalb typischerweise der Gefahr der Benachteiligung aus mehreren nach § 1 unzulässigen Gründen** ausgesetzt sind,[1] wie z. B. Frauen über 50, Männer mit dunkler Hautfarbe, die behindert sind. Da die Rechtfertigungsgründe der §§ 8, 9, 10, 21 bzgl. der einzelnen Merkmale des § 1 unterschiedlich ausgestaltet sind, müssen die Voraussetzungen für eine Rechtfertigung kumulativ vorliegen. 1

Die Vorschrift stellt klar, dass die Rechtfertigung einer Ungleichbehandlung für jedes betroffene Merkmal getrennt zu prüfen ist. Ist eine unterschiedliche Behandlung im Hinblick auf einen der in § 1 genannten Gründe gerechtfertigt, liegt darin nicht zugleich die Rechtfertigung der Benachteiligung wegen eines anderen in § 1 genannten – ebenfalls vorliegenden – Grundes. Die 2

---

[1] S. Gesetzesbegründung, BT-Drs. 16/1780 S. 33.

Rechtfertigung des weiteren Grundes der Ungleichbehandlung ist vielmehr in einem eigenen Prüfungsschritt zu untersuchen.

§ 5 Positive Maßnahmen

Ungeachtet der in den §§ 8 bis 10 sowie in § 20 benannten Gründe ist eine unterschiedliche Behandlung auch zulässig, wenn durch geeignete und angemessene Maßnahmen bestehende Nachteile wegen eines in § 1 genannten Grundes verhindert oder ausgeglichen werden sollen.

Inhaltsübersicht Rn.
I. Allgemeines. 1
II. Abgrenzung zu Fördermaßnahmen ohne benachteiligende Wirkung. . 2–4
III. Rechtfertigung von positiven Maßnahmen 5–8

I. Allgemeines

1   Die Regelung orientiert sich an den EU-rechtlichen Vorgaben zu positiven Maßnahmen (Art. 5 der Richtlinie 2000/43/EG [Antirassismus-Richtlinie], Art. 7 Abs. 1 der Richtlinie 2000/78/EG [Rahmenrichtlinie Beschäftigung], Art. 2 Abs. 8 der Richtlinie 76/207/EWG [Gender-Richtlinie] und Art. 6 der Richtlinie 2004/113/EG [Gender-Richtlinie]). Der Gesetzgeber hat darauf verzichtet, von den Arbeitgebern oder den Tarifvertrags- und Betriebsparteien konkrete Maßnahmen zu verlangen, die dazu dienen Benachteiligungen abzubauen. Stattdessen hat er den Weg gewählt, die Regelungsbefugnis für positive Maßnahmen ohne nähere Vorgaben auf diese zu übertragen.[1] Dies ist grundsätzlich möglich.[2]

II. Abgrenzung zu Fördermaßnahmen ohne benachteiligende Wirkung

2   **Positive Maßnahmen** sind **gezielte Maßnahmen zur Förderung bisher benachteiligter Gruppen** und können sowohl vom **Gesetzgeber** – wie etwa im Gesetz zur Gleichstellung behinderter Menschen (BGG) und im Gesetz zur Gleichstellung von Frauen und Männern (Bundesgleichstellungsgesetz – BGleiG) – als auch durch **Arbeitgeber, Tarifvertrags- und Betriebspartner** sowie seitens der Parteien eines privatrechtlichen Vertrags wirksam getroffen werden. Nach der Gesetzesbegründung[3] lässt die Vorschrift Maßnahmen

---

1 BT-Drs. 16/1780, 34.
2 Schiek-Schiek, § 5 Rn. 11; Thüsing, AGG, Rn. 389; a.A. ErfK-Schlachter, AGG, § 5 Rn. 2; Kamanabrou, RdA 06, 321 (322).
3 BT-Drs. 16/1780 S. 34.

zur **Behebung bestehender Nachteile** ebenso zu wie **präventive** Maßnahmen zur **Vermeidung künftiger Nachteile**. Im Wesen solcher Maßnahmen liegt die gezielte Anknüpfung an einen in § 1 genannten Grund für eine Besserstellung der betroffenen Personen und damit umgekehrt gewendet eine **Benachteiligung der Vergleichsgruppe**. Im Übrigen werden aus sonstigen Gründen erlaubte Bevorzugungen durch die Vorschrift nicht berührt.

Keine positive Maßnahme liegt darin, **angemessene Vorkehrungen für Behinderte** gem. Art. 5 der Richtlinie 2000/78/EG zu treffen. Die hier erforderliche unterschiedliche Behandlung soll vor allem den körperlichen Einschränkungen behinderter Menschen Rechnung tragen und ist nicht geeignet, andere Gruppen, die diese Einschränkungen nicht haben, zu benachteiligen. Kommt der Arbeitgeber seiner Verpflichtung nicht nach, angemessene Vorkehrungen zu treffen, um Menschen mit Behinderungen den Zugang zur Beschäftigung, die Ausübung eines Berufes, den beruflichen Aufstieg oder die Teilnahme an der Weiterbildung zu ermöglichen, obwohl ihm solche Maßnahmen zumutbar sind, handelt es sich vielmehr um eine Benachteiligung von Behinderten durch Unterlassen.[4] Anders zu beurteilen wären beispielsweise Subventionen für die Gründung von Handwerksbetrieben für Behinderte, die nach den allgemeinen Regeln nur zulässig sind, wenn sie zum Ausgleich bestehender Nachteile geeignet und erforderlich sind. 3

Desgleichen sind arbeitsmarktpolitisch orientierte Fördermaßnahmen etwa für ältere oder behinderte Menschen, die individuelle Benachteiligungen anderer vermeiden, als so genannte »**proaktive Maßnahmen**« regelmäßig keine positiven Maßnahmen gem. § 5, die einer Rechtfertigung bedürfen.[5] Hierunter fallen Fördermaßnahmen durch den Staat (z. B. Gesetz zur Verbesserung der Chancen älterer Menschen auf dem Arbeitsmarkt)[6] genauso, wie gezielte Maßnahmen durch Arbeitgeber (Deutschkurse für Beschäftigte mit einer anderen Muttersprache, Gesundheitstraining für Ältere, Förderkurse für Jüngere). 4

III. Rechtfertigung von positiven Maßnahmen

Maßnahmen, die eine Ungleichbehandlung verursachen, sind nach § 5 dann zulässig, wenn dadurch bestehende Nachteile tatsächlicher oder struktureller Art wegen eines in § 1 genannten Grundes verhindert oder ausgeglichen werden sollen. Die Rechtfertigung der Ungleichbehandlung besteht »ungeachtet« der anderen Rechtfertigungsgründe. § 5 stellt damit einen **eigenen** 5

---

4 Schiek, NZA 04, 870 (875).
5 Schiek-Schiek, § 5 Rn. 3.
6 BGBl. I 2007, S. 538.

Rechtfertigungstatbestand dar und ist nicht als Auffangtatbestand im Verhältnis zu §§ 8–10 und 20 zu verstehen.[7] Daher ist die Prüfung einer möglichen Rechtfertigung nach diesen Normen nicht erforderlich.

6 Die Maßnahmen müssen nach **objektivem Maßstab geeignet und angemessen** sein und bedürfen im konkreten Fall der **Abwägung** mit Rechtspositionen der von ihnen negativ Betroffenen. Maßnahmen zum Ausgleich geschlechtsbedingter Nachteile sind gem. Art. 3 Abs. 2 GG grundsätzlich zulässig, solange sie im konkreten Falle die Grundrechte der benachteiligten Gruppe nicht unverhältnismäßig beeinträchtigen. Die EU-rechtlichen Regelungen gehen jedoch vor und verdrängen das gegebenenfalls entgegenstehende deutsche Recht.[8] Ein leistungsunabhängiger Vorrang des bislang unterrepräsentierten Geschlechts bei ausreichender Qualifikation ist unzulässig.[9] Starre Quoten und automatische Vorrangregelungen auf der Grundlage gleicher Qualifikation ohne Öffnungsklausel/Härtefallregelung sind weder mit Art. 3 Abs. 3 GG, noch mit dem EU-rechtlichen Diskriminierungsverbot zu vereinbaren.[10]

7 **Zulässig** sind die Bereitstellung subventionierter Kinderbetreuungsplätze zur Förderung der besseren Vereinbarkeit von Familie und Beruf vorrangig an weibliche Arbeitnehmer,[11] Quotierung von Ausbildungsplätzen, wenn sie gewährleistet, dass der Zugang zu bestimmten Berufen für Angehörige des bislang überrepräsentierten Geschlechts dadurch nicht versperrt wird,[12] Quotenregelungen mit Öffnungsklausel,[13] Stellenausschreibung, in der ausdrücklich die Bewerbung von Frauen erwünscht ist, wenn bisher in der entsprechenden Beschäftigtengruppe Frauen unterrepräsentiert waren,[14] Berücksichtigung des Kriteriums »Frauen vor Männer« Vergabe von Stellplätzen auf einem Firmenparkplatz.[15]

8 Die Vorschrift ist **nicht verfassungswidrig**, obwohl sie über den Wortlaut des Art. 3 Abs. 2 und 3 GG positive Maßnahmen außer für die Merkmale Geschlecht und Behinderung auch bei Nachteilen wegen anderer in § 1 genannter Gründe vorsieht, für die Art. 3 Abs. 3 Satz 1 GG eine Bevorzugung verbietet. § 5 setzt höherrangiges EU-Recht um und kann daher über die bisherige

---

7 A. A. Däubler/Bertzbach – Hinrichs, § 5 Rn. 10.
8 BAG 3.6.97 – 3 AZR 910/95 – NZA 97, 1043.
9 EuGH 6.7.00 – C-407/98 – [Abrahamsson u. a.], NZA 00, 935.
10 EuGH 17.10.95 – C-450/93 – [Kalanke], NZA 95, 1095; BAG 5.3.96 – 1 AZR 590/92 [A] – NZA 96, 751.
11 EuGH 19.3.02 – C-476/99 – [Lommers], NZA 02, 501.
12 EuGH 28.3.00 – C-158/97 – [Badeck], NZA 00, 473 (477).
13 EuGH 11.11.97 – C-409/95 – [Marschall], NZA 97, 1337; EuGH 28.3.00 – C-158/97 – [Badeck], NZA 00, 473; BAG 21.1.03 – 9 AZR 307/02 – NZA 03, 1036.
14 LAG Düsseldorf 12.11.08 – 12 Sa 1102/08.
15 LAG Mainz 29.9.11 – 10 Sa 314/11.

Regelung in der Verfassung hinausgehen.[16] Die EU-Richtlinien lassen ausdrücklich positive Maßnahmen für die Mitgliedstaaten zu. Der Gesetzgeber hat mit § 5 eine Rahmenregelung getroffen, deren Ausfüllung er an die Privatpersonen, die unter den Anwendungsbereich des AGG fallen, delegieren darf.

Abschnitt 2
Schutz der Beschäftigten vor Benachteiligung

Vor §§ 6–10

1 Abschnitt 2 regelt in Umsetzung der Richtlinien 2000/43/EG (Antirassismus-Richtlinie), 2000/78/EG (Rahmenrichtlinie Beschäftigung) und 2002/73/EG (Änderung der Gender-Richtlinie), deren arbeitsrechtlicher Geltungsbereich identisch ausgestaltet ist, ein **Benachteiligungsverbot für persönlich oder wirtschaftlich abhängig Beschäftigte** und die ergänzenden Regelungen. Wesentlicher Inhalt des Abschnitts 2 ist die Übernahme der bisherigen arbeitsrechtlichen Verbote der geschlechtsbezogenen Benachteiligung der §§ 611 a, 611 b und 612 Abs. 3 BGB und der Benachteiligung wegen einer Schwerbehinderung gem. § 81 Abs. 2 Satz 2 Nr. 1–5 SGB IX in das AGG, sowie deren Ausweitung auf alle Diskriminierungsmerkmale des § 1 und auf die Diskriminierungstatbestände des § 2. Die bisherigen Vorschriften entfallen. Für Selbstständige und Organmitglieder ist der Schutz vor Benachteiligung beschränkt auf den Zugang zur Erwerbstätigkeit und den beruflichen Aufstieg.

2 §§ 6 bis 10 enthalten die Bestimmung des persönlichen Anwendungsbereichs, definieren das zentrale Benachteiligungsverbot in Beschäftigung und Beruf und regeln abschließend die Zulässigkeit einer unterschiedlichen Behandlung wegen beruflicher Anforderungen, wegen der Religion oder Weltanschauung (Tendenzbetriebe), und wegen des Alters. §§ 11 und 12 beschreiben die Pflicht zu diskriminierungsfreier Arbeitsplatzausschreibung und enthalten erstmals ausdrücklich normierte Organisationspflichten der Arbeitgeber, die die erforderlichen Maßnahmen zur Beseitigung der Benachteiligung im Einzelfall und vorbeugende Maßnahmen umfassen. Die §§ 13 bis 16 enthalten die Rechte der Beschäftigten und die privatrechtlichen Folgen bei einem Verstoß gegen das Benachteiligungsverbot. Der Gesetzgeber hat ausdrücklich auf öffentlich-rechtliche Elemente, wie z. B. Bußgelder oder eine behördliche Aufsicht verzichtet.[1] § 17 richtet sich an Tarifvertragspar-

---

16 A. A. Rieble, Ausschuss für Wirtschaft und Arbeit, Ausschussdrucksache 15 [9] 1732, S. 2.

1 BT-Drs. 16/1780 S. 25.

teien, Arbeitgeber, Beschäftigte, Betriebs- und Personalräte und Gewerkschaften mit dem Ziel einer Zusammenarbeit bei der Verwirklichung einer benachteiligungsfreien Beschäftigungswelt und eröffnet bei gravierenden Verstößen des Arbeitgebers gegen das Benachteiligungsverbot den Rechtsweg zum Arbeitsgericht für den Betriebsrat und die im Betrieb vertretene Gewerkschaft. § 18 erstreckt die Geltung des Gesetzes auf die Mitgliedschaft und Mitwirkung in Organisationen der Arbeitgeber und Beschäftigten.

3 Ziel des Gesetzgebers ist es, mit den Bestimmungen des 2. Abschnitts Benachteiligungen in Beschäftigung und Beruf wirksam begegnen zu können, Rechtsunsicherheiten zu beseitigen und die Grundlage für ein tolerantes und benachteiligungsfreies Arbeitsumfeld zu schaffen. Der Gesetzgeber verweist darauf, dass es zur dauerhaften Überwindung von Benachteiligungen einer nachhaltigen Änderung der Einstellung und insbesondere des Verhaltens jedes Einzelnen bedürfe. Er betont, dass ein positives Arbeitsklima und eine benachteiligungsfreie Beziehung zwischen Arbeitgeber und Beschäftigten wegen ihrer direkten Auswirkungen auf Motivation und Gesundheit der Beschäftigten und damit auch auf Arbeitsqualität und Produktivität im Interesse aller liegen. Das bewusste Eintreten für eine benachteiligungsfreie Beschäftigungswelt wird als Frage der wirtschaftlichen Vernunft gesehen, die sich z. B. in entsprechenden Betriebsvereinbarungen (s. Musterbetriebsvereinbarung S. 319) oder speziellen Förderprogrammen ausdrücken soll.[2]

Unterabschnitt 1
Verbot der Benachteiligung

§ 6 Persönlicher Anwendungsbereich

(1) Beschäftigte im Sinne dieses Gesetzes sind
1. Arbeitnehmerinnen und Arbeitnehmer,
2. die zu ihrer Berufsbildung Beschäftigten,
3. Personen, die wegen ihrer wirtschaftlichen Unselbstständigkeit als arbeitnehmerähnliche Personen anzusehen sind; zu diesen gehören auch die in Heimarbeit Beschäftigten und die ihnen Gleichgestellten.
Als Beschäftigte gelten auch die Bewerberinnen und Bewerber für ein Beschäftigungsverhältnis sowie die Personen, deren Beschäftigungsverhältnis beendet ist.
(2) Arbeitgeber (Arbeitgeber und Arbeitgeberinnen) im Sinne dieses Abschnitts sind natürliche und juristische Personen sowie rechtsfähige Personengesellschaften, die Personen nach Abs. 1 beschäftigen. Werden

---

2 BT-Drs. 16/1780 S. 25.

Beschäftigte einem Dritten zur Arbeitsleistung überlassen, so gilt auch dieser als Arbeitgeber im Sinne dieses Abschnitts. Für die in Heimarbeit Beschäftigten und die ihnen Gleichgestellten tritt an die Stelle des Arbeitgebers der Auftraggeber oder Zwischenmeister.

(3) Soweit es die Bedingungen für den Zugang zur Erwerbstätigkeit sowie den beruflichen Aufstieg betrifft, gelten die Vorschriften dieses Abschnitts für Selbständige und Organmitglieder, insbesondere Geschäftsführer oder Geschäftsführerinnen und Vorstände, entsprechend.

Inhaltsübersicht Rn.
I. Persönlich oder wirtschaftlich abhängig Beschäftigte. 1– 6
II. Zu ihrer Berufsbildung Beschäftigte 7
III. Wirtschaftlich abhängig Beschäftigte 8–14
IV. Öffentlicher Dienst 15
V. Arbeitgeber 16
VI. Selbstständige und Organmitglieder 17–21

I. Persönlich oder wirtschaftlich abhängig Beschäftigte

Abs. 1 legt den persönlichen Anwendungsbereich des 2. Abschnitts auf alle **persönlich oder wirtschaftlich abhängig Beschäftigten** fest. Satz 1 definiert mit einer Aufzählung, wer Beschäftigter i. S. des Gesetzes ist. Mit der Wahl des Begriffs der »Beschäftigten« übernimmt der Gesetzgeber im Wesentlichen die Formulierungen in den neueren Gesetzen wie § 2 Abs. 2 ArbSchG, § 1 Abs. 2 BeschSchG und zuletzt § 81 Abs. 2 SGB IX, die in Umsetzung von EG-Richtlinien erlassen wurden. Der Begriff des Beschäftigten wird als Oberbegriff zum bisher üblichen Arbeitnehmerbegriff gewählt. Bisher wurde der Arbeitnehmerbegriff in Abhängigkeit von Sinn und Zweck des betreffenden Gesetzes in § 5 ArbGG und § 5 BetrVG unterschiedlich behandelt und entweder ausgeweitet oder eingeschränkt. Im AGG wie auch im ArbSchG und BeschSchG wird der »Arbeitnehmer« zu einer von mehreren Gruppen von Beschäftigten, anstatt die anderen Gruppen dem Arbeitnehmerbegriff zugeschlagen. Der Begriff des Beschäftigten im Arbeitsrecht ist weiter als der Beschäftigtenbegriff im Sozialrecht, der in § 7 SGB IV definiert wird und zu dem keine arbeitnehmerähnlichen Personen zählen.

Ziff. 1 nennt mit der größten Gruppe der »Beschäftigten« zunächst die **Arbeitnehmer und Arbeitnehmerinnen**, zu denen auch Bewerberinnen und Bewerber gehören. Nach der ständigen Rechtsprechung des BAG zum Arbeitnehmerbegriff unterscheidet sich ein Arbeitsverhältnis von dem Rechtsverhältnis eines freien Mitarbeiters (Dienstvertrag) durch den Grad der **persönlichen Abhängigkeit**, in der sich der zur Dienstleistung Verpflichtete jeweils befindet, und durch seine Eingliederung in die Arbeitsorganisation. Eine wirtschaftliche Abhängigkeit ist weder erforderlich noch ausreichend. Allerdings nimmt Nr. 3 die Personen, die wirtschaftlich abhängig sind und deshalb als arbeitnehmerähnliche Personen gelten in den persönlichen Anwendungsbereich des AGG auf (s. Rn. 8 ff.). Arbeitnehmer ist derjenige Mitarbeiter, der seine Dienstleistung im Rahmen einer von Dritten bestimmten Arbeitsorganisation erbringt. Insoweit enthält § 84 Abs. 1 Satz 2 HGB ein typisches Abgrenzungsmerkmal. Nach dieser Bestimmung ist selbstständig, wer im Wesentlichen frei seine Tätigkeit gestalten und seine Arbeitszeit bestimmen kann. Unselbstständig und deshalb persönlich abhängig ist dagegen der Mitarbeiter, dem dies nicht möglich ist. Die **Eingliederung in die fremde Arbeitsorganisation** zeigt sich insbesondere darin, dass der Beschäftigte **dem Weisungsrecht** des Arbeitgebers unterliegt. Dieses Weisungsrecht kann Inhalt, Durchführung, Zeit, Dauer und Ort der Tätigkeit betreffen.[1] Allerdings kann die wirtschaftliche Abhängigkeit die persönliche Abhängigkeit bedingen. Wer ausschließlich Aufträge von einem Auftraggeber erhält und mit dem Erlös seinen Lebensunterhalt bestreitet, wird auch i. d. R. organisatorische und inhaltliche Vorgaben, Terminfestlegungen und Anwesenheitswünsche befolgen müssen.[2] Die Übergänge sind in der Praxis fließend.

3 Nach der **Definition des Arbeitnehmerbegriffs im Europarecht** bezogen auf **Art. 141 EG-Vertrag** ist Arbeitnehmer oder Arbeitnehmerin, wer während einer bestimmten Zeit für einen anderen nach dessen Weisung Leistungen erbringt, für die er als Gegenleistung eine Vergütung erhält. Selbstständige Erbringer von Dienstleistungen, die gegenüber dem Empfänger der Dienstleistungen nicht in einem Unterordnungsverhältnis stehen, fallen nicht unter den Arbeitnehmerbegriff. Allerdings betont der EuGH, dass die formale Einstufung als Selbstständiger nach innerstaatlichem Recht europarechtlich nicht verbindlich ist und für den Fall, dass die Selbstständigkeit nur fiktiv ist und ein Arbeitsverhältnis verschleiert, die betroffene Person im Sinne von Art. 141 I EG-Vertrag dennoch als Arbeitnehmer oder Arbeitnehmerin einzustufen ist.[3]

4 Nach der Rechtsprechung des EuGH kann daher die Beurteilung, ob jemand Arbeitnehmer oder Arbeitnehmerin i. S. des Art. 141 EG-Vertrag ist, anders ausfallen als nach nationalem Recht. Allerdings gilt nach der ständigen Rechtsprechung des BAG auch in Deutschland der Grundsatz, dass der **Arbeitnehmerbegriff nicht schematisch** zu handhaben ist. Die Bezeichnung einer Tätigkeit spielt demgemäß keine Rolle. Vielmehr kommt es darauf an, wie ein Beschäftigungsverhältnis tatsächlich in die Praxis umgesetzt wird.[4] Der EuGH hat sich in der Allonby-Entscheidung erstmalig mit der Defini-

---

[1] BAG 20. 8. 03 – 5 AZR 610/02 – NZA 04, 39, st. Rspr.
[2] Zur Neubestimmung des Arbeitnehmerbegriffs s. auch: Wank, Arbeitnehmer und Selbstständige, 1988, S. 29 ff.
[3] EuGH 13. 1. 04 – C-256/01 – [Allonby], NZA 04, 201 und Anmerkung Nicolai, SAE 04, 325.
[4] BAG 16. 3. 94 – 5 AZR 447/92 – NZA 94, 1132, m. w. N.

tion des Arbeitnehmerbegriffs auseinandergesetzt. Seine Rechtsprechung ist also noch nicht anhand vieler Einzelfälle gewachsen wie diejenige des BAG. Dennoch zeichnet sich ab, dass es dem EuGH gleichermaßen auf die Weisungsgebundenheit einer Tätigkeit und auf das Unterordnungsverhältnis des Beschäftigten ankommt, das auch nach der Rechtsprechung des BAG mit dem Kriterium der Eingebundenheit in den Betrieb festgestellt wird. Damit dürfte der Arbeitnehmerbegriff des deutschen Rechts dem Arbeitnehmerbegriff der EU entsprechen.[5]

Vom Arbeitnehmerbegriff des AGG erfasst sind auch **leitende Angestellte**, 5 da sie abhängig beschäftigt sind, auch wenn ihnen herausgehoben Funktionen übertragen wurden. Dies hat vor allem Konsequenzen für ein mögliches Verfahren nach § 17 Abs. 2. Denn anders als § 23 BetrVG findet § 17 Abs. 2 auch dann Anwendung, wenn der grobe Verstoß gegen das AGG Auswirkungen ausschließlich auf leitende Angestellte hat. Ist beispielsweise ein System erkennbar, dass bei der Besetzung von Positionen leitender Angestellter grundsätzlich Bewerbungen von Frauen oder Menschen nicht-deutscher Herkunft nicht berücksichtigt werden, kann der Betriebsrat dem Arbeitgeber aufgeben lassen, zukünftig diese Praxis einzustellen.

Leiharbeitnehmer i. S. des AÜG sind Arbeitnehmer des Verleihers. Inso- 6 weit der Entleiher ihnen gegenüber Arbeitgeberfunktionen ausübt, kann der Leiharbeitnehmer oder die Leiharbeitnehmerin nach dem Sinn und Zweck der Regelungen des 2. Abschnitts auch ihm gegenüber Rechte aus diesem Gesetz geltend machen (Abs. 2 Satz 2).

II. Zu ihrer Berufsbildung Beschäftigte

Beschäftigte i. S. des Gesetztes nach **Ziff. 2** sind außerdem die **zu ihrer Be-** 7 **rufsbildung Beschäftigten**. Nach der Rechtsprechung des BAG sind die zu ihrer Berufsbildung Beschäftigten regelmäßig keine Arbeitnehmer[6] und werden dementsprechend vom Gesetz eigens genannt. Die **Legaldefinition der Berufsbildung** findet sich in § 1 Abs. 1 BBiG. Danach gehören zur Berufsbildung die **Berufsausbildungsvorbereitung** (z. B. Praktikanten, Volontäre), die **Berufsausbildung** in einem anerkannten Ausbildungsberuf oder einer gleichwertigen Berufsausbildung (also alle Auszubildenden), die **berufliche Fortbildung** (von dieser ist die Fortbildung im Arbeitsverhältnis oder neben dem Arbeitsverhältnis durch den Arbeitgeber zu unterscheiden, da es sich hier um Arbeitnehmer handelt), sowie die **berufliche Umschulung**. Neben den Auszubildenden sind also alle diejenigen zur Berufsbildung

---

[5] Ausführlich zu den Merkmalen und Indizien für das Vorliegen abhängiger Beschäftigung: Däubler/Bertzbach-Schrader/Schubert, § 6 Rn. 6.
[6] BAG 20. 8. 03 – 5 AZR 436/02 – NZA 04, 205; a. A. die wohl h. M. in der Literatur, s. beispielhaft Hueck/Nipperdey, Bd. 1 § 14 Nr. 1, m. w. N.

Beschäftigte, die gem. § 26 BBiG außerhalb eines Arbeitsverhältnisses beschäftigt werden, um berufliche Kenntnisse, Fertigkeiten oder Erfahrungen zu erwerben. Berufsbildung ist mithin jede Maßnahme, die berufliche Kenntnisse und Fähigkeiten auf betrieblicher Ebene vermittelt und die aufgrund privatrechtlicher Vereinbarung erfolgt.[7]

III. Wirtschaftlich abhängig Beschäftigte

8   Gem. Ziff. 3 sind außerdem alle Personen, die wegen ihrer wirtschaftlichen Unselbstständigkeit als arbeitnehmerähnliche Personen anzusehen sind (§ 5 ArbGG), sowie die in Heimarbeit Beschäftigten und die ihnen Gleichgestellten (§ 1 des Heimarbeitsgesetzes vom 14.3.51, BGBl. I S. 191) Beschäftigte i.S. des Gesetzes. Der Begriff der **arbeitnehmerähnlichen Personen** wird zunächst in § 5 Abs. 1 Satz 2, 2. Alt. ArbGG definiert. Es handelt sich um Selbstständige, die sich von den Arbeitnehmern nur durch den Grad ihrer persönlichen Abhängigkeit unterscheiden, also nicht oder in geringerem Umfang weisungsgebunden sind und regelmäßig nicht oder nur in geringem Maße in eine betriebliche Organisation eingebunden sind. Im Unterschied zu den Arbeitnehmern, die sich durch ihre persönliche Abhängigkeit bestimmen, ist maßgebliches Kriterium für die arbeitnehmerähnlichen Personen ihre **wirtschaftliche Abhängigkeit**. Hinzukommen muss nach ständiger Rechtsprechung außerdem eine der sozialen Stellung nach einem Arbeitnehmer vergleichbare Schutzbedürftigkeit,[8] die sich aus den gesamten Umständen des Einzelfalls unter Berücksichtigung der Verkehrsanschauung ergibt.[9] Arbeitnehmerähnliche Personen erbringen ihre Dienstleistungen regelmäßig persönlich ohne Mithilfe Dritter.

9   Arbeitnehmerähnlich sind auch die Personen, deren Rechtsverhältnis mit dem Auftraggeber gem. § 12 a TVG durch Tarifvertrag geregelt ist und die überwiegend für eine Person tätig sind oder denen von einer Person im Durchschnitt mehr als die Hälfte des Entgelts zusteht, das sie insgesamt aus ihrer Erwerbstätigkeit beziehen (§ 12 a I Nr. 1 a und d TVG), bzw. bei Erbringung von künstlerischen, schriftstellerischen, journalistischen oder ähnlichen Leistungen ein Drittel des Entgelts (§ 12 a Abs. 3 TVG).[10] Auf diese **Grenzen** kann auch allgemein **für die Frage der wirtschaftlichen Abhängigkeit** abgestellt werden.[11] Nach dem Sinn und Zweck des Benachteili-

---

7 BAG 10.2.81 – 6 ABR 86/78 – DB 81, 1935; BAG 24.9.81 – 6 ABR 7/81 – DB 82, 606.
8 BAG 11.4.97 – 5 AZB 33/96 – NZA 98, 499; BGH 21.10.98 – VIII ZB 54/97 – NZA 99, 110.
9 BAG 16.7.97 – 5 AZR 312/96 – NZA 98, 368.
10 S. mit Beispielen: Däubler/Bertzbach – Schrader/Schubert, § 6 Rn. 11 ff.
11 LAG Schleswig-Holstein 28.5.86 – 3 Sa 15/86 – NZA 86, 763; BAG 17.10.90 – 5 AZR 639/89 – NZA 91, 402.

gungsschutzes findet auf Beschäftigte, die arbeitnehmerähnliche Personen sind, der 2. Abschnitt des AGG nur Anwendung im Verhältnis zu dem Auftraggeber, von dem sie die Vergütung erhalten, die nach dem genannten Maßstab ihre Existenzgrundlage ausmacht.

Ein in § 5 Abs. 3 ArbGG genannter Unterfall der arbeitnehmerähnlichen Personen sind **Handelsvertreter** gem. § 92 a HGB, also Einfirmenvertreter, die während der letzten 6 Monate durchschnittlich nicht mehr als 1000,– € im Monat einschließlich Provision und Aufwendungsersatz verdient haben. Die wirtschaftliche Abhängigkeit braucht nicht gegenüber nur einem Auftraggeber zu bestehen.

Arbeitnehmerähnlich sind auch solche Personen, die **in Heimarbeit beschäftigt** sind, d. h. die in einer eigenen Wohnung oder einer selbstgewählten Betriebsstätte allein oder mit ihren Familienangehörigen im Auftrag von Gewerbebetreibenden oder Zwischenmeistern arbeiten, jedoch die Verwertung der Arbeitsergebnisse dem unmittelbar oder mittelbar in Auftrag gebenden Gewerbetreibenden überlassen (§ 2 Abs. 1 HAG). Hierunter fällt auch der Hausgewerbetreibende (§ 2 Abs. 2 HAG), da er zwar persönlich selbstständig ist, aber seine Produkte nicht unmittelbar auf dem Markt, sondern an einen Unternehmer absetzt. Den in Heimarbeit Beschäftigten können die in § 1 Abs. 2 a bis d HAG genannten Personen durch den Heimarbeitsausschuss mit Zustimmung der zuständigen Arbeitsbehörde gleichgestellt werden, wenn dies wegen ihrer Schutzbedürftigkeit gerechtfertigt erscheint. Maßgebend für ihre Stellung als »Beschäftigte« i. S. des AGG ist allein die förmliche Gleichstellung durch den Heimarbeitsausschuss, unabhängig davon, ob diese zu Recht erfolgt ist. Auch eine partielle Gleichstellung nach § 1 Abs. 3 Satz 2 HAG genügt, um die Arbeitnehmereigenschaft zu begründen.[12]

Fraglich ist, ob das Gesetz auch auf die Menschen Anwendung findet, denen aufgrund des SGB IX eine arbeitnehmerähnliche Stellung zukommt, wie **die Beschäftigten in Werkstätten für behinderte Menschen**, § 138 I SGB IX, und **Rehabilitanten**, § 36 SGB IX. Anders als § 2 Abs. 2 Ziff. 7 ArbSchG werden die in Werkstätten für Behinderte Beschäftigten nicht ausdrücklich als Untergruppe der Beschäftigten i. S. des Gesetzes genannt. Die Gesetzesbegründung spricht lapidar davon, dass das Gesetz auf diese Rechtsverhältnisse entsprechend[13] anwendbar ist.[14] Behinderte, die aufgrund eines Berufsausbildungsvertrages, Anlernvertrages (§ 19 BBiG) oder Arbeitsvertrages beschäftigt werden, sind ohnehin als Beschäftigte nach § 6 I Ziff. 1 und 2 zu sehen. Auch Behinderte, die in einer Werkstätte nach § 136 SGB IX auf-

---

12 Germelmann/Matthes/Prütting/Müller-Glöge, ArbGG, § 5 Rn. 17.
13 BT-Drs. 16/1780 S. 34.
14 S. zur Rechtsstellung Schwerbehinderter, die in geschützten Werkstätten beschäftigt werden, Pünnel, AuR 78, 44 und Pünnel/Vater, AuR 81, 230 (236).

grund einer Vermittlung durch die Agentur für Arbeit beschäftigt werden, sind zu den Beschäftigten gem. Ziff. 1 zu zählen, da ihre Beschäftigung ausschließlich Erwerbszwecken dient und sie grundsätzlich dem Arbeitsmarkt zur Verfügung stehen, auch wenn sie nach Einschätzung der Agentur für Arbeit wegen ihrer Behinderung angesichts der Wirtschaftslage auf absehbare Zeit am Arbeitsmarkt nicht zu vermitteln sind.[15] Ausgehend vom Schutzzweck der der Regelung zugrunde liegenden EG-Richtlinien ist von einem weiten Verständnis auszugehen. Schwerbehinderte, die in einer Werkstatt für Behinderte (§ 136 SGB IX) gegen ein relativ geringes Entgelt beschäftigt sind, sind nach Ziff. 1 zu den Beschäftigten zu zählen.[16] Die historische und systematische Auslegung von § 138 Abs. 1 SGB IX zeigt jedoch, dass auf jeden Fall die Vorschriften des Arbeitsschutzrechts anwendbar sein sollen[17]. Daher ist davon auszugehen, dass auch diejenigen Behinderten, die nicht Arbeitnehmer sind, als arbeitnehmerähnliche Personen gem. Abs. 1 Ziff. 3 anzusehen sind und dem AGG unterfallen.

13 Konsequenz des weiten persönlichen Anwendungsbereiches des Gesetzes ist, dass sich die Frage der Ungleichbehandlung nicht nur im Vergleich mit Beschäftigten der gleichen Art stellt, sondern auch mit anderen Beschäftigungstypen. So ist etwa denkbar, dass bestimmte Tätigkeiten, die besonders hoch vergütet sind, von männlichen Beschäftigten ausgeführt werden, die den Status von freien Mitarbeitern haben. In einer solchen Praxis könnte eine mittelbare Benachteiligung wegen des Geschlechts liegen.

14 Satz 2 stellt klar, dass auch die **Bewerberinnen und Bewerber** für ein Beschäftigungsverhältnis sowie die **Personen, deren Beschäftigungsverhältnis beendet** ist, als Beschäftigte gelten und trägt dem Anwendungsbereich in § 2 Abs. 1 Ziff. 1 und 2 Rechnung. Für den »Bewerber«-Status spielt es keine Rolle, ob Bewerber objektiv für eine Tätigkeit geeignet sind oder ihre Bewerbung subjektiv ernsthaft ist.[18] Ein Fehlen der objektiven Eignung führt dazu, dass eine Benachteiligung gem. § 3 ausscheidet, weil die Auswahlsituation nur für Beschäftigte vergleichbar sein kann, die gleichermaßen die objektive Eignung für die zu besetzende Stelle aufweisen.[19] Fehlt es an einer subjektiven Ernsthaftigkeit der Bewerbung, ist die Geltendmachung einer Entschädigung treuwidrig (zur Rechtsprechung s. im Einzelnen Rn. 3 b zu § 3).[20]

---

15 Däubler/Kittner/Klebe-Trümmer, § 5 BetrVG Rn. 160.
16 LAG Berlin 7.6.78 – 5 Ta BV 2/78 – AuR 1978, 346; a. A. LAG Berlin 12.3.90 – 9 TaBV 1/90 – NZA 90, 788.
17 BT-Drs. 13/3904, S. 48; s. a. Kollmer/Klindt-Kohte, Arbeitsschutzgesetz, 2. Auflage 2011, § 2 Rn. 74.
18 BAG 24.1.2013 – 8 AZR 429/11.
19 BAG 18.3.10 – 8 AZR 77/09.
20 BAG 13.10.11 – 8 AZR 608/10; 16.2.12 – 8 AZR 697/10.

IV. Öffentlicher Dienst

Das Gesetz erfasst **alle Beschäftigten** und macht folglich keine Unterscheidung, ob die Beschäftigung in der Privatwirtschaft oder im öffentlichen Dienst erfolgt, erfolgen soll oder erfolgt ist. Für **Beamtinnen und Beamte und Richterinnen und Richter** gelten nach der **Sonderregelungen des § 24** die Vorschriften entsprechend aber mit der Einschränkung, dass ihre besondere Rechtsstellung zu berücksichtigen ist (s. § 24 Rn. 2 ff.).

V. Arbeitgeber

Arbeitgeber sind nach der Definition des Gesetzes in **Abs. 2** alle natürlichen oder juristischen Personen, die Personen nach Abs. 1 beschäftigen. Auf die Größe des Betriebes oder die Zahl der Beschäftigten kommt es für den persönlichen Anwendungsbereich des AGG nicht an. In Abs. 2 Satz 2 wird klargestellt, dass im Fall der Arbeitnehmerüberlassung sowohl der entleihende Arbeitgeber als auch der die Beschäftigten überlassende Arbeitgeber als Arbeitgeber im Sinne des AGG gilt. Für die Frage, ob es sich um Arbeitnehmerüberlassung oder eine andere Form des drittbezogenen Personaleinsatzes handelt, ist die tatsächliche Vertragsdurchführung maßgebend.[21] Satz 3 betrifft die Besonderheiten des Heimarbeitsverhältnisses. Satz 3 entspricht der Regelung in § 2 Abs. 3 HAG und bestimmt für die in Heimarbeit Beschäftigten und die ihnen Gleichgestellten, dass der Auftraggeber oder Zwischenmeister an die Stelle des Arbeitgebers tritt.

VI. Selbstständige und Organmitglieder

Abs. 3 regelt die entsprechende Anwendung der Vorschriften des Abschnittes 2 auf **Selbstständige und Organmitglieder**. Dies erfolgt in Umsetzung von Art. 3 I a der Richtlinien 2000/43/EG (Antirassismus-Richtlinie), 2000/78/EG (Rahmenrichtlinie Beschäftigung) und 2002/73/EG (Änderung der Gender-Richtlinie) wonach vom Diskriminierungsverbot ausdrücklich der Zugang zu unselbstständiger und selbstständiger Erwerbstätigkeit erfasst wird.

Eine **entsprechende Anwendung** der Vorschriften des 2. Abschnitts auf Selbstständige und Organmitglieder hinsichtlich der Bedingungen für den **Zugang zur Erwerbstätigkeit und den beruflichen Aufstieg** zielt auf den Schutzbereich des § 2 Abs. 1 Nr. 1, der Art. 3 Abs. 1 a der EU-Richtlinien entspricht. **Selbstständige** sind Personen, die gegen Entgelt Dienstleistungen erbringen, ohne persönlich abhängig und weisungsgebunden zu sein. Rele-

---

21 LAG Niedersachsen 15. 9. 08 – 14 Sa 1769/07 – NZA-RR 09, 126 (131), m. w. N.

vant ist die Regelung nur für Selbständige, die keine arbeitnehmerähnliche Stellung haben. Ansonsten werden sie gem. Abs. 1 Ziff. 3 bereits als Beschäftigte unmittelbar durch den Abschnitt 2 geschützt.

19 Eine **entsprechende Anwendung** der Schutzvorschriften bedeutet die Übertragung der Schutzvorschriften des Abschnitts 2 auf die Situation von Selbstständigen und setzt rechtsdogmatisch eine vergleichbare Interessenlage voraus. Eine mit Beschäftigten i. S. des Abs. 1 **vergleichbare Interessenlage** besteht für Selbstständige insbesondere für den **Abschluss von Verträgen, die den Rahmen und die Grundlage für ihre Tätigkeit bilden.** Hierunter fällt beispielsweise ein Dienstvertrag mit einem selbstständigen Alleinunternehmer, der auf Dauer oder im Wesentlichen nur für einen Auftraggeber tätig ist (§ 2 Nr. 9 SGB VI). Charakteristikum ist hier, wie beim Arbeitsverhältnis, ein auf Dauer angelegtes Schuldverhältnis. Grundlegend für die Möglichkeit, die selbstständige Erwerbstätigkeit auszuüben, sind auch z. B. der Abschluss eines langfristigen Rahmenvertrages für die Vergabe von Aufträgen, ein Vertrag zwischen Franchisegeber und Franchisenehmer oder die Aufnahme in eine Partnerschaft z. B. in einer Rechtsanwaltskanzlei bzw. ärztliche Gemeinschaftspraxis.[22] Einzelaufträge, wie Werkverträge oder Kaufverträge, haben hingegen regelmäßig kein solches Gewicht, dass sie die Grundlage für eine selbstständige Tätigkeit sind.

20 Mit dem Begriff »**Organmitglieder**« sind, wie die Beispiele des Geschäftsführers oder Vorstands zeigen, alle Personen gemeint, die kraft Gesetzes, Satzung oder Gesellschaftsvertrag allein oder als Mitglieder des Vertretungsorgans zur Vertretung einer juristischen Person oder einer Personengesamtheit berufen sind und daher nach den bisherigen Vorschriften keinen Arbeitnehmerstatus haben (§§ 5 Abs. 1 Satz 3 ArbGG, 14 Abs. 1 KSchG, § 5 Abs. 2 Ziff. 1 und 2 BetrVG). Nach der Gesetzesbegründung geht es um eine Klarstellung, dass sich **Geschäftsführer** auf den Schutz gegen Benachteiligungen berufen können, soweit es um Sachverhalte wie etwa den Zugang zur Tätigkeit als Organmitglied oder das Fortkommen in dieser Tätigkeit geht. Daher finden die Vorschriften des 2. Abschnitts und § 22 auch auf den Fall entsprechende Anwendung, dass ein Geschäftsführer einer GmbH, dessen Bestellung und Anstellung infolge einer Befristung abläuft, sich erneut um das Amt des Geschäftsführers bewirbt. Entscheidet ein Gremium über die Bestellung und Anstellung eines Bewerbers als Geschäftsführer, reicht es für die Vermutungswirkung des § 22 AGG aus, dass der Vorsitzende des Gremiums die Gründe, aus denen die Entscheidung getroffen worden ist, unwidersprochen öffentlich wiedergibt und sich daraus Indizien ergeben, die eine Benachteiligung im Sinne des § 7 Abs. 1 AGG vermuten lassen.[23] Allerdings

---

22 S. hierzu Bauer/Thüsing/Schunder, NZA 05, 32 [33].
23 BGH 23. 4. 12 – II ZR 163/10; NJW 12, 2346.

führt der weite Anwendungsbereich des AGG nicht dazu, dass der besondere Kündigungsschutz des § 85 SGB IX auf einen schwerbehinderten GmbH-Geschäftsführer Anwendung findet, wenn nach dem Inhalt des Dienstvertrages und nach den Regelungen in der Geschäftsordnung der Gesellschaft ein freier Dienstvertrag vorliegt und der Geschäftsführer somit kein Arbeitnehmer im Sinne der Schutzvorschrift ist. Eine richtlinienkonforme Auslegung ist insoweit nicht geboten.[24]

Gerichtliche Geltendmachung von Ansprüchen nach Abschnitt 2: Der Arbeitnehmerbegriff des § 5 ArbGG entspricht dem Begriff des Beschäftigten des Abs. 1, so dass Streitigkeiten zwischen Beschäftigten und Arbeitgebern nach diesem Gesetz vor dem Arbeitsgericht auszutragen sind. Für Klagen von Organmitgliedern und Selbstständigen ist weiterhin der Rechtsweg zu den Amts- und Landgerichten und nicht zu den Arbeitsgerichten eröffnet. 21

§ 7 Benachteiligungsverbot

(1) Beschäftigte dürfen nicht wegen eines in § 1 genannten Grundes benachteiligt werden; dies gilt auch, wenn die Person, die die Benachteiligung begeht, das Vorliegen eines in § 1 genannten Grundes bei der Benachteiligung nur annimmt.

(2) Bestimmungen in Vereinbarungen, die gegen das Benachteiligungsverbot des Absatzes 1 verstoßen, sind unwirksam.

(3) Eine Benachteiligung nach Abs. 1 durch Arbeitgeber oder Beschäftigte ist eine Verletzung vertraglicher Pflichten.

Inhaltsübersicht Rn.
I. Allgemeines 1– 3
II. Adressatenkreis 4, 5
III. Verstoß gegen das Benachteiligungsverbot 6– 8
   1. Benachteiligende Wirkung 6
   2. Absicht der Benachteiligung 7
   3. Anweisung zu einer Benachteiligung. 8
IV. Voraussetzungen für das Vorliegen einer Benachteiligung und Fallgruppen 9–31
   1. Benachteiligungsverbot bei der Einstellung 11–20
      a) Einbeziehung in das Einstellungsverfahren. 11, 12
      b) Zulässige Anknüpfung an ein Merkmal des § 1. 13
      c) Unzulässige oder nachgeschobene Auswahlkriterien 14, 15
      d) Vermutung für eine Benachteiligung 16, 17
      e) Benachteiligung bei der Einstellung im Hinblick auf einzelne Merkmale des § 1 18
      f) Mitbestimmung zur Vermeidung von Benachteiligungen bei der Einstellung. 19, 20

---

24 OLG Düsseldorf 18. 10. 12 – I-6 U 47/12.

2. Benachteiligungsverbot im laufenden Beschäftigungsverhältnis
einschließlich der Benachteiligung beim beruflichen Aufstieg und
der Benachteiligung durch (sexuelle) Belästigung 21–26
   a) Anspruch auf gleiche Vergütung. 21
   b) Benachteiligende Weisungen, Abmahnungen und sonstige
   Maßnahmen 22
   c) Beruflicher Aufstieg 23
   d) Mitbestimmung zur Vermeidung von Benachteiligungen
   bei Beförderungen 24
   e) Belästigungen und sexuelle Belästigungen. 25, 26
3. Benachteiligungsverbot bei der Beendigung des
Beschäftigungsverhältnisses. 27–30a
   a) Benachteiligung durch diskriminierende Kündigung 27–30
   b) Benachteiligung durch Vorruhestandsregelungen und Sozialpläne 30a
4. Benachteiligungsverbot bezüglich der Mitgliedschaft in
einer beruflichen Vereinigung. 31
V. Unwirksamkeit von Vereinbarungen. 32–51
   1. Allgemeines 32, 33
   2. Überprüfung tarifvertraglicher Regelungen nach dem AGG 34
   3. Überprüfung von Betriebsvereinbarungen 35
   4. Überprüfung von individualvertraglichen Vereinbarungen 36, 37
   5. Rechtsfolgen der Nichtigkeit einer kollektiven Vereinbarung. . . . 38–45
      a) Herstellung der Gleichbehandlung für die Zukunft 39–41
      b) Herstellung der Gleichbehandlung für die Vergangenheit. . . . 42–45
   6. Rechtsfolgen bei unwirksamen arbeitsvertraglichen Vereinbarungen 46–51

I. Allgemeines

1 Die Regelung enthält für alle Beschäftigten das Verbot der Benachteiligung im Zusammenhang mit Beruf und Erwerbstätigkeit (§ 2 Abs. 1 Nr. 1–4) bezogen auf alle Merkmale des § 1. Im Verhältnis zum Arbeitgeber galt das Benachteiligungsverbot schon **bisher** aufgrund von Art. 3 GG über §§ 138, 242 BGB oder direkt in seiner Ausformung als **allgemeiner arbeitsrechtlicher Gleichbehandlungsgrundsatz** für alle vom Arbeitgeber einheitlich für den ganzen Betrieb, einzelne Betriebsabteilungen oder Arbeitnehmergruppen aufgestellten Regelungen.[1] Der arbeitsrechtliche Gleichbehandlungsgrundsatz gilt demnach **nur für Maßnahmen innerhalb des laufenden Arbeitsverhältnisses**, nicht aber bei dessen Begründung oder Beendigung. Für Betriebsvereinbarungen ergibt sich die Pflicht zur Gleichbehandlung bereits aus § 75 BetrVG.

2 Das Benachteiligungsverbot des AGG geht über die bisherigen Regelungen hinaus, weil es ein **absolutes Gleichbehandlungsgebot** enthält. Der arbeits-

---

[1] S. hierzu im Einzelnen: Küttner-Kania, Nr. 198, Gleichbehandlung Rn. 4 und 9 ff.; ErfK-Dieterich, Art. 3 I GG, Nr. 6 Arbeitsverträge, Rn. 32 f., m. w. N.

Benachteiligungsverbot § 7

rechtliche Gleichbehandlungsgrundsatz verbietet nur die willkürliche, ohne sachlichen Grund erfolgende Differenzierung. Das Verbot der Benachteiligung **verbietet jede Differenzierung**, die an eines der in § 1 genannten Merkmale anknüpft und die nicht durch eine gesetzliche Ausnahme gem. § 8 ff. gerechtfertigt ist. Im Bereich der mittelbaren Benachteiligung muss die unterschiedliche Behandlung einem wirklichen Bedürfnis des Unternehmens dienen, für die Erreichung der unternehmerischen Ziele geeignet und nach den Grundsätzen der Verhältnismäßigkeit erforderlich sein.[2] Ein sachlicher Grund alleine ist dementsprechend nicht ausreichend, um eine Ungleichbehandlung zu rechtfertigen. Auch **Privilegierungen**, die zu einer Benachteiligung anderer Personen oder Gruppen führen, werden vom Benachteiligungsverbot umfasst und sind nur im Rahmen von § 5 (positive Maßnahmen) zulässig.

Eine wesentliche **Erweiterung** erfährt das Benachteiligungsverbot dadurch, dass das **AGG** sich nunmehr auf **alle Benachteiligungen** im Zusammenhang mit Beruf, Berufsbildung und Erwerbstätigkeit erstreckt, angefangen **von Berufsberatung** und **Berufsbildung** und weiter über **Einstellung, Arbeitsbedingungen** und **beruflichen Aufstieg** bis zur **Beendigung** des Beschäftigungsverhältnisses (§ 2 Abs. 1 Nr. 1–4). Auch gilt das Benachteiligungsverbot für **alle in § 1 genannten Gründe**. Im Zusammenhang mit den Arbeitsbedingungen wird auch der bisher nur geschlechtsbezogen normierte **Grundsatz der Entgeltgleichheit** (Art. 141 Abs. 1 EG-Vertrag und § 612 Abs. 3 BGB) auf alle in § 1 genannten Merkmale erstreckt. **Neu** ist auch die Verknüpfung des Benachteiligungsverbots mit den in §§ 12 ff. geregelten Pflichten des Arbeitgebers und den Rechten der Beschäftigten, vor allem das Zusammenspiel eines Entschädigungsanspruchs gem. § 15 und der Beweiserleichterung in § 22.

3

II. Adressatenkreis

Die passive Formulierung des **Abs. 1** verbietet eine Benachteiligung **durch alle Personen**, die insoweit Einwirkungsmöglichkeiten haben. Aus dem Regelungszusammenhang mit Abs. 3 lassen sich zunächst **vier Gruppen** von Personen, die Benachteiligungen verursachen, unterscheiden: 1) Benachteiligung durch den **Arbeitgeber** selber, das heißt durch Arbeitgeber, die natürliche Personen sind, bzw. bei juristischen Personen durch die gesetzlichen Vertreter; 2) Benachteiligung durch **Beschäftigte**, die **im Namen des Arbeitgebers** weisungsbefugt sind, also regelmäßig die Vorgesetzten; 3) Benachteiligung durch **andere Beschäftigte**, also regelmäßig die Arbeitskollegen

4

---

[2] BAG 23.1.90 – 3 AZR 58/88 – NZA 90, 778; EuGH 13.5.86 – C-170/84 – NZA 86, 599 zur geschlechtsbedingten Benachteiligung.

und 4) Benachteiligung durch **Dritte**, wie z. B. Geschäftspartner oder Kunden des Arbeitgebers.

5 Eine Benachteiligung kommt darüber hinaus im Zusammenhang mit kollektivrechtlichen Regelungen in Betracht. Als Benachteiligende kommen neben dem Arbeitgeber außerdem die **Tarifvertragsparteien** oder der **Betriebsrat** als Vertragspartner beim Abschluss einer Betriebsvereinbarung in Betracht. Einzige Sanktion diesen gegenüber ist bei einem Verstoß gem. §§ 134 BGB, § 7 Abs. 2 die **Nichtigkeit der betroffenen Regelung**, die wiederum zu einem Anspruch gegenüber dem Arbeitgeber führen kann (s. hierzu Rn. 32 ff.).

III. Verstoß gegen das Benachteiligungsverbot

1. Benachteiligende Wirkung

6 Abs. 1, 1. HS enthält ein generelles Verbot der Benachteiligung aller Beschäftigten **wegen** eines in § 1 genannten Grundes (zum Vorliegen der Merkmale s. die Kommentierungen zu § 1). Ob eine Benachteiligung vorliegt, hängt aufgrund der Formulierung der Benachteiligungstatbestände in § 3 und dem Benachteiligungsverbot in § 7 Abs. 1 zunächst von der **Wirkung einer Maßnahme oder Unterlassung** ab. Maßgeblich ist, ob eine der in § 1 genannten Gruppen hiervon nachteilig gem. § 3 betroffen ist. So liegt ein Nachteil in diesem Sinne bereits dann vor, wenn ein Bewerber im Rahmen einer Auswahlentscheidung nicht in die Auswahl einbezogen, sondern von vornherein ausgeschlossen wird. Da eine Schlechterstellung bereits in der Versagung einer Chance liege, kommt es nicht darauf an, ob im Zuge des Auswahlverfahrens ein Bewerber eingestellt wird oder nicht.[3] **Auf ein Verschulden oder eine besondere Absicht kommt es nicht an** (s. Rn. 3 zu § 3). Ein Verschulden des Arbeitgebers ist erst relevant für die Frage, ob gem. § 15 Abs. 1 Anspruch auf den Ersatz eines materiellen Schadens besteht.

2. Absicht der Benachteiligung

7 Allerdings kann nach **Abs. 1, 2. HS** auch dann eine Benachteiligung vorliegen, wenn im Ergebnis keine Nachteile bei Personen eintreten, die eines der Merkmale des § 1 aufweisen, sondern lediglich die **Absicht der Benachteiligung** wegen eines der Merkmale besteht. Die Formulierung »wegen« entspricht derjenigen in § 1 und bedeutet gem. § 3 Abs. 1 schon dann eine unmittelbare Benachteiligung, wenn eine weniger günstige Behandlung **an einen in § 1 genannten Grund anknüpft**. Die Merkmale des § 1 müssen also nicht notwendig in der Person einer **deswegen** diskriminierten Person vor-

---

[3] BAG 23. 8. 12 – 8 AZR 285/11.

liegen, um das Benachteiligungsverbot auszulösen. Es reicht aus, wenn die Person, die eine Benachteiligung begeht, subjektiv davon ausgeht, das die Benachteiligung wegen eines in § 1 genannten Merkmals erfolgt, also die entsprechende **Absicht** vorliegt. Dann ist es nicht mehr relevant, ob tatsächlich im Ergebnis eine Benachteiligung gem. §§ 3, 1 eintritt, oder nicht. Die Benachteiligung tritt hier beim Beschäftigten gegebenenfalls aus anderen Gründen, als in den in § 1 genannten ein, nämlich einer sich als falsch erweisenden Annahme des Benachteiligenden. Damit möchte der Gesetzgeber dem Umstand Rechnung tragen, dass Menschen z. B. allein aufgrund ihres äußeren Erscheinungsbildes bestimmte Eigenschaften oder Verhaltensweisen zugeschrieben werden.[4] Im Fall des Abs. 1, 2. HS reicht es also aus, eine Benachteiligung i. S. von § 3 unabhängig vom Vorliegen eines Grundes nach § 1 festzustellen, wenn die **Absicht der Benachteiligung** aus einem der in § 1 geregelten Gründen besteht.

> **Beispiel:**
> Ein Arbeitgeber befördert eine Mitarbeiterin nur deshalb nicht zur Abteilungsleiterin, weil er von ihrer Homosexualität überzeugt ist. Die Annahme erweist sich als falsch. Dennoch liegt ein Verstoß gegen das Benachteiligungsverbot des § 7 wegen der beabsichtigten Diskriminierung wegen der sexuellen Identität vor.

3. Anweisung zu einer Benachteiligung

Die Regelung wird ergänzt durch § 3 Abs. 5. Hier ist die **Möglichkeit einer Benachteiligung** aus einem in § 1 genannten Grund ausreichend, wenn die **Erteilung einer entsprechenden Anweisung** erfolgt. Auch hier kommt es weder auf die Ausführung der Anweisung bzw. deren Erfolgseintritt an: Auch die Anweisung zu einer Benachteiligung stellt bereits eine Benachteiligung dar.

> **Beispiel:**
> A weist ihre Personalleiterin an, H nicht einzustellen, weil dieser Moslem sei. Die Annahme erweist sich als falsch. H wird entgegen der Anweisung eingestellt. Dennoch liegt eine Benachteiligung vor, weil A den H wegen seiner Religion benachteiligen wollte.

IV. Voraussetzungen für das Vorliegen einer Benachteiligung und Fallgruppen

Die **Prüfung einer verbotenen Benachteiligung** nach Abs. 1 erfolgt in folgenden Schritten: (1) **persönlicher Anwendungsbereich** des § 6 (Vorliegen der Beschäftigteneigenschaft); (2) **sachlicher Anwendungsbereich** des § 2

---

4 BT-Drs. 16/1780 S. 34.

Abs. 1 Nr. 1–4 (Begründung, Ausgestaltung und Beendigung von Beschäftigungsverhältnissen einschließlich Berufsbildung); (3) Vorliegen einer **Benachteiligung** (Wirkung oder Absicht) i. S. von § 3 (unmittelbar, mittelbar oder Belästigung wegen eines in § 1 genannten Merkmals oder sexuelle Belästigung); (4) Fehlen einer Rechtfertigung gem. §§ 8 ff. bei der unmittelbaren Benachteiligung.

10 Daraus ergeben sich folgende Fallgruppen:
1. Benachteiligungsverbot bei der Einstellung (s. Rn. 11 ff.);
2. Benachteiligungsverbot im laufenden Beschäftigungsverhältnis einschließlich der Benachteiligung beim beruflichen Aufstieg und der Benachteiligung durch (sexuelle) Belästigung (s. Rn. 21 ff.);
3. Benachteiligungsverbot bei der Beendigung des Beschäftigungsverhältnisses (s. Rn. 27 ff.);
4. Benachteiligungsverbot bei der Mitgliedschaft in einer beruflichen Vereinigung (s. Rn. 31)

1. Benachteiligungsverbot bei der Einstellung

a) Einbeziehung in das Einstellungsverfahren

11 Das Benachteiligungsverbot besteht gem. § 2 Abs. 1 Nr. 1 bereits für den besonders sensiblen Bereich des Einstellungsverfahrens. Sind die Chancen eines Bewerbers oder einer Bewerberin durch ein diskriminierendes Verfahren von Anfang an beeinträchtigt worden, so kann es danach nicht mehr darauf ankommen, ob einer der in § 1 genannten Gründe bei der abschließenden Einstellungsentscheidung noch eine nachweisbare Rolle gespielt hat.[5] Deshalb stellt auch eine **Benachteiligung im Einstellungsverfahren** einen Verstoß gegen das Benachteiligungsverbot des Abs. 1 dar. Die Benachteiligung liegt in der **verminderten oder versagten Chance**, ohne dass es darauf ankommt, ob der Bewerber ohne diskriminierendes Verhalten die Stelle bekommen hätte oder ob im Zuge des Auswahlverfahrens ein Bewerber eingestellt wurde.[6]

> **Beispiel:**
> Keine Entgegennahme von Bewerbungen von Frauen mit mehreren minderjährigen Kindern und von Bewerbern über 50 Jahren wegen der Angst vor häufigen Fehlzeiten.

12 Außerdem darf der Arbeitgeber es nicht in der Hand haben, durch eine geeignete Verfahrensgestaltung die Chancen von Bewerbern wegen eines Merkmals des § 1 so zu mindern, dass seine Entscheidung praktisch un-

---

5 BVerfG 16.11.93 – 1 BvR 258/86 – NZA 94, 745.
6 BAG 23.8.12 – 8 AZR 285/11.

Benachteiligungsverbot § 7

angreifbar wird.[7] Eine Benachteiligung kommt nur in Betracht, wenn eine **ernsthafte Bewerbung und eine objektive Eignung** des Bewerbers bestehen (s. im Einzelnen § 2 Rn. 6 a m. w. N.).[8] Ansonsten kann die Nichtberücksichtigung der Bewerbung durch den Arbeitgeber von vornherein nicht mit einem Merkmal des § 1 in Verbindung gebracht werden. Geht eine Bewerbung um eine Stelle erst nach deren Besetzung ein, so kommt eine Benachteiligung gem. § 3 Abs. 1 AGG regelmäßig nicht in Betracht.[9] Anders ist es, wenn ein Arbeitgeber die ausgeschriebene Stelle vor Ablauf einer von ihm gesetzten Bewerbungsfrist besetzt.[10] Ein Anspruch auf **Unterlassung einer diskriminierenden Ausschreibung** und auf Neuausschreibung während eines laufenden Auswahlverfahrens besteht ebenso wenig, wie ein Anspruch auf Unterlassung künftiger, diskriminierender Ausschreibungen[11]. Lediglich für den Betriebsrat oder eine im Betrieb vertretene Gewerkschaft ist in § 17 Abs. 2 AGG i. V. m. § 23 Abs. 3 BetrVG bei einem groben Verstoß des Arbeitgebers ein Unterlassungsanspruch vorgesehen und kommt dann auch bei diskriminierenden Stellenausschreibungen in Betracht.[12]

b) Zulässige Anknüpfung an ein Merkmal des § 1

Der Arbeitgeber, der es künftig wegen eines in § 1 genannten Grundes ablehnt, Bewerber in das Einstellungsverfahren mit einzubeziehen und/oder einzustellen, verstößt unmittelbar gegen das Benachteiligungsverbot. **Arbeitgeber** ist hier i. S. von § 6 Abs. 2 zu verstehen und bezieht die Auftraggeber von arbeitnehmerähnlichen Personen gem. § 6 Ab. 1 Nr. 3 mit ein. Ausreichend ist es, wenn in einem **Motivbündel**, das die Entscheidung beeinflusst, **eines der Merkmale des § 1 als Kriterium enthalten** gewesen ist,[13] wenn also die Entscheidung **unter anderem** an eines der Merkmale anknüpft. Etwas anderes gilt nur, wenn die unterschiedliche Behandlung zulässig ist, weil das Vorhandensein oder Nichtvorhandensein eines der Merkmale Voraussetzung für eine sinnvolle Ausübung dieser Tätigkeit ist (berufliche Anforderung gem. § 8) oder durch die §§ 9, 10 gerechtfertigt wird. Auch künftig ist es daher zulässig, einen älteren Schauspieler für die Rolle eines Greises einzustellen und ein weibliches Model für Damenmode oder

13

---

7 BVerfG 21. 9. 06 – 1 BvR 308/03 – NZA 07, 195: Haftung für eine diskriminierende Stellenausschreibung, die der Arbeitgeber durch einen Dritten, wie z. B. die Agentur für Arbeit, vornehmen lässt.
8 BAG 18. 3. 10 – 8 AZR 77/09 – DB 10, 1534.
9 LAG Köln 1. 10. 10 – 4 Sa 796/10.
10 BAG 17. 8. 10 – 9 AZR 839/08.
11 Vgl. BayVGH 4. 12. 12 – 7 ZB 12.1816 – BayVBl. 2013, 308.
12 BAG 14. 11. 13 – 8 AZR 997/12.
13 St. Rspr. BAG 12. 12. 13 – 8 AZR 838/12 m. w. N. BVerfG 16. 11. 93 – 1 BvR 258/86 – NZA 94, 745.

einen Mitarbeiter auszusuchen, der keine Behinderungen aufweist, die die Fähigkeit zur Ausübung der Tätigkeit ausschließt (vgl. Rn. 7f. zu § 8).

c) Unzulässige oder nachgeschobene Auswahlkriterien

14 Der Arbeitgeber legt häufig bereits in der Stellenausschreibung oder im Einstellungsverfahren **Auswahlkriterien** für die Bewerber auf eine bestimmte Tätigkeit fest. Hierunter sind alle Voraussetzungen zu verstehen, die ein Bewerber nach den **subjektiven Vorgaben des Arbeitgebers** ganz allgemein oder bezogen auf den Einzelfall erfüllen muss, um eine bestimmte Tätigkeit auszuüben (wie z. B. Ausbildung, Sprachkenntnisse, Berufserfahrung aber auch Alter, Aussehen, Geschlecht etc.). Die Auswahlkriterien, die entweder unmittelbar an einem Merkmal des § 1 anknüpfen (z. B. Vorgabe eines Höchstalters) oder an scheinbar neutrale Kriterien (mittelbar) können zu einer Benachteiligung wegen eines Merkmals des § 1 führen.

> **Beispiel:**
> »Bewerber für die Stelle eines Personalleiters/-leiterin sollten eine langjährige, ununterbrochene Vollzeittätigkeit im Personalbereich vorweisen können«.

Hierin kann eine mittelbare Benachteiligung von Frauen liegen, die im Zusammenhang mit der Geburt von Kindern wesentlich häufiger unterbrochene Erwerbsbiographien und Phasen von Teilzeittätigkeit haben.

15 Der Arbeitgeber darf grundsätzlich die Anforderungen nach seinem freien Belieben festlegen. Diesem weiten Spielraum steht die Verpflichtung gegenüber, für eine benachteiligungsfreie Auswahl nur die **Auswahlkriterien** zugrunde zu legen, die er selber **von vornherein** aufgestellt hat und die in einem nachvollziehbaren Zusammenhang mit der geforderten Qualifikation stehen. Kriterien, die sich durch die Tätigkeit nicht rechtfertigen lassen, sind nicht geeignet, eine benachteiligende Auswahlentscheidung zu rechtfertigen oder eine bestehende Vermutung einer Benachteiligung gem. § 22 zu widerlegen.[14] Außerdem ist ein Nachschieben von Einstellungsvoraussetzungen grundsätzlich nicht als Nachweis einer diskriminierungsfreien Entscheidung anzuerkennen. Es muss vielmehr positiv nachgewiesen werden, dass trotz des späteren Vorbringens besondere Umstände vorliegen, wonach die geltend gemachten Gründe keine Vorwände gewesen sind. Hierzu ist erforderlich, dass in dem Motivbündel, das die Auswahlentscheidung beeinflusst hat,

---

14 BAG 12.9.06 – 9 AZR 807/05 – NZA 07, 507: rechtswidrige Benachteiligung eines Behinderten durch Verlangen einer formalen Ausbildungsvoraussetzung ohne Berücksichtigung gleichwertiger Abschlüsse; BAG 15.2.05 – 9 AZR 635/03 – NZA 05, 870: keine Benachteiligung wegen der Schwerbehinderung bei Fehlen der in der Ausschreibung geforderten Schreibmaschinenkenntnisse.

das Merkmal des abgewiesenen Bewerbers nach § 1 überhaupt nicht als negatives oder dessen Nichtvorliegen als positives Kriterium enthalten ist (s. außerdem Rn. 6 ff. zu § 2).[15] Eine Diskriminierung von Behinderten im Einstellungsverfahren kann auch dadurch erfolgen, dass angemessene Vorkehrungen (Art. 5 Richtlinie 2000/78) nicht getroffen werden (Verbot der Diskriminierung durch Verweigerung angemessener Vorkehrungen) oder eine Hilfe, deren Beschaffung dem Arbeitgeber zumutbar ist, nicht vorhanden ist (zur Benachteiligung von Behinderten durch Versagung zumutbarer Vorkehrungen, s. Rn. 19 zu § 2; Rn. 27 zu § 1 und Rn. 4 zu § 3).

d) Vermutung für eine Benachteiligung

Die **Vermutung einer Benachteiligung** aus einem der in § 1 genannten Gründe kann sich insbesondere aus der **Stellenausschreibung** ergeben (z. B. suche Mitarbeiter/in unter 40, suche Sekretär**in** etc.) oder durch unzulässige **Fragen**, die dem Beschäftigten vor der Einstellung mündlich oder schriftlich gestellt werden (Religionszugehörigkeit, Behinderung) und die nur Sinn haben können, wenn sie einen Einfluss auf die Auswahlentscheidung haben (s. hierzu Rn. 6 ff. zu § 22). Allerdings folgt allein aus der Anforderung eines Lichtbildes oder einer möglicherweise unzulässigen Frage nach der Schwerbehinderung noch keine solche Vermutung (s. hierzu im Einzelnen Rn. 12 zu § 22). Eine Vermutung kann auch durch **abfällige Bemerkungen** eines zuständigen Mitarbeiters begründet werden[16] oder durch falsche, wechselnde oder in sich widersprüchliche Begründungen für eine Ablehnung.[17] Sind überhaupt **keine Kriterien** für die Einstellung erkennbar, kann sich die Vermutung einer Benachteiligung auch allein aus der Tatsache ergeben, dass trotz einer hervorragenden Qualifikation keinerlei Berücksichtigung der Bewerbung erfolgt ist. 16

Eine Benachteiligung im Einstellungsverfahren kann auch aus der Missachtung **gesetzlicher Vorgaben** zum **Schutz von Schwerbehinderten** und zur **Förderung von Teilzeitarbeit** gefolgert werden. Ausführlich hierzu s. § 22 Rn. 10 a ff. In diesem Fall greift die Beweiserleichterung in § 22, so dass der Arbeitgeber seine Auswahl transparent machen und darlegen und beweisen muss, dass kein Fall einer Benachteiligung vorliegt. 17

---

15 BAG 5. 2. 04 – 8 AZR 112/03 – NZA 04, 540; BVerfG 16. 11. 93 – 1 BvR 258/86 – NZA 94, 745 zur geschlechtsbedingten Benachteiligung.
16 EuGH 10. 7. 08 – C-54/07 – [Feryn], NZA 08, 929: öffentliche Äußerung eines Direktors, dass er keine Beschäftigten einer bestimmten ethnischen Herkunft einstellt; EuGH 25. 4. 13 – C-81/12 – [Asociatia ACCEPT]: homophobe Äußerungen eines einflussreichen »Patrons« eines Profifußballvereins, die auf eine diskriminierende Einstellungspraxis schließen lassen.
17 BAG 21. 6. 12 – 8 AZR 364/11.

e) Benachteiligung bei der Einstellung im Hinblick auf einzelne Merkmale des § 1

18 Zu den Besonderheiten im Zusammenhang mit den einzelnen Merkmalen des § 1 s. die Kommentierung zu § 1: Rn. 10 f. zum Geschlecht, Rn. 25 zur Behinderung, Rn. 32 ff. zum Alter; zur Problematik eines Höchstalters bei Einstellungen s. auch Rn. 18 und 21 zu § 10.

f) Mitbestimmung zur Vermeidung von Benachteiligungen bei der Einstellung

19 **Mitbestimmung:** Neben der Möglichkeit zum Abschluss von Auswahlrichtlinien gem. § 95 Abs. 1 hat der Betriebsrat bei Einstellungen gem. **§ 99 Abs. 1 BetrVG** mitzubestimmen. Zunächst hat der Betriebsrat in diesem Zusammenhang einen umfassenden Anspruch auf **Unterrichtung** hinsichtlich aller Bewerber. Der Betriebsrat ist auch über den Inhalt von Vorstellungsgesprächen zu unterrichten, wenn ein Frauenförderplan besteht, Frauen und Männer zu Vorstellungsgesprächen eingeladen sind und ein Mann eingestellt werden soll.[18] Die Zustimmung zu einer Einstellung kann der Betriebsrat nur unter den Voraussetzungen des § 99 Abs. 2 BetrVG verweigern. Verstößt der Arbeitgeber hinsichtlich eines Mitbewerbers gegen das Benachteiligungsverbot, liegt darin ein **Gesetzesverstoß**, der die personelle Maßnahme rechtswidrig macht.[19] Die Wertung des § 15 AGG steht dem auch bei einer Einstellungsentscheidung nicht entgegen, da im Rahmen der Mitbestimmung des Betriebsrats keine Einstellung des Diskriminierten durchgesetzt werden kann.[20] Bei einem Verstoß gegen das Benachteiligungsverbot gegenüber einem Mitbewerber kann der Betriebsrat daher seine Zustimmung gem. **§ 99 Abs. 2 Nr. 1 BetrVG** verweigern. Dieser Möglichkeit kommt in Hinblick darauf, dass der benachteiligte Bewerber keinen Anspruch auf die Begründung eines Beschäftigungsverhältnisses hat (§ 15 Abs. 6), eine besondere Bedeutung zu.

20 Der Betriebsrat kann außerdem gem. **§ 99 Abs. 2 Nr. 2 BetrVG** seine Zustimmung zu einer Einstellung versagen, wenn diese gegen eine Richtlinie gem. § 95 verstößt, die eine diskriminierungsfreie Auswahl sicherstellen soll. Besteht die durch Tatsachen begründete Besorgnis, dass der für die personelle Maßnahme in Aussicht genommene Bewerber eine rassistische oder fremdenfeindliche Weltanschauung hat und möglicherweise den Betriebsfrieden durch eine grobe Verletzung der in § 75 Abs. 1 enthaltenen Grund-

---

18 BAG 28.6.05 – 1 ABR 26/04 – NZA 06, 111.
19 So auch ErfK-Kania, BetrVG, § 99 Rn. 24; Fitting, BetrVG, § 99 Rn. 198 f.
20 ErfK-Kania, BetrVG, § 99 Rn. 24.

2. Benachteiligungsverbot im laufenden Beschäftigungsverhältnis einschließlich der Benachteiligung beim beruflichen Aufstieg und der Benachteiligung durch (sexuelle) Belästigung

a) Anspruch auf gleiche Vergütung

Auch eine Benachteiligung im Hinblick auf die **Beschäftigungs- und Arbeitsbedingungen** verstößt gegen das Benachteiligungsverbot. Hauptanwendungsfall ist in der Praxis der **Grundsatz der gleichen Vergütung**, der gem. §§ 2 Abs. 1 Nr. 2 und 8 Abs. 2 nunmehr für alle Merkmale des § 1 gilt. Liegt eine gleiche oder gleichwertige Arbeit vor, darf diese nicht mehr aus einem der in § 1 genannten Gründe unterschiedlich bezahlt werden (s. zu den Begriffen der Vergütung und der **gleichen** oder **gleichwertigen Arbeit** Rn. 23 ff. zu § 2 mit Beispielen, sowie zur **mittelbaren Benachteiligung bei der Vergütung** Rn. 22 ff. zu § 3, jeweils mit Nachweisen der bisherigen Rechtsprechung). Benachteiligende Vereinbarungen über eine niedrigere Vergütung sind nach Abs. 2 unwirksam und generell als Folge der Diskriminierung nach oben anzupassen (s. Rn. 38 ff. und 46). Da in den seltensten Fällen die Höhe der Vergütung unmittelbar an eines der Kriterien des § 1 anknüpft, kommt der **mittelbaren Benachteiligung** in diesem Zusammenhang besondere Bedeutung zu. So kann eine höhere Bezahlung körperlich schwerer Arbeit, durch die Anforderungen bestimmter Arbeitsplätze nur gerechtfertigt werden, wenn das Eingruppierungssystem auch solche Differenzierungsmerkmale enthält und gewichtet, die an Frauenarbeitsplätzen verlangt werden.[21] Eine anteilige Kürzung von Zulagen bei Teilzeitkräften ist nur dann rechtmäßig, wenn dies dem Ziel der Zulage und ihrer tatsächlich geringeren Belastung durch die geringere Arbeitszeit entspricht.[22] Eine angeblich geringere Berufserfahrung von Teilzeitbeschäftigten kann nur dann eine geringere Vergütung bzw. einen verzögerten Zeitaufstieg rechtfertigen, wenn diese nachweislich Auswirkungen auf Qualität bzw. Quantität der verrichteten Arbeit hat.[23] Gem. § 3 Abs. 2 kann die erforderliche »besondere« Benachteiligung zum einen streng statistisch, zum anderen aber **auch ohne statistischen Nachweis** durch eine **wertende Betrachtung** belegt werden (s. Rn. 14 zu § 3).

21

---

[21] EuGH 1.7.86 – C-237/85 – NJW 86, 1138.
[22] Anspruch auf Essensgeldzuschuss: BAG 26.9.01 – 10 AZR 714/00 – AiB 02, 316; Anspruch auf Spät- und Nachtarbeitszuschläge: BAG 15.12.98 – 3 AZR 239/97 – NZA 99, 882; BAG 25.9.03 – 10 AZR 675/02 – NZA 04, 611.
[23] EuGH 17.6.98 – C - 243/95 – [Hill/Stapleton], EuGHE I 1998, 3739.

b) Benachteiligende Weisungen, Abmahnungen und sonstige Maßnahmen

22 Eine Benachteiligung ist auch bei **Weisungen** des Arbeitgebers und **Abmahnungen** wegen einem angeblichen Verstoß gegen die arbeitsvertraglichen Pflichten möglich (s. auch Rn. 33 zu § 2). Das AGG beschränkt das Direktionsrecht des Arbeitgebers, die Arbeitspflicht hinsichtlich Zeit, Ort, Inhalt und Art der Arbeit näher auszugestalten und verbietet über das ohnehin gem. § 106 GewO bestehende Willkürverbot hinaus Benachteiligungen wegen eines der in § 1 genannten Gründe. Weisungen, die gegen das Benachteiligungsverbot verstoßen, sind rechtswidrig und müssen vom Beschäftigten nicht befolgt werden. An die berechtigte Weigerung des oder der Beschäftigten darf der Arbeitgeber gem. § 16 Abs. 1 keine nachteiligen Maßnahmen wie z. B. eine Abmahnung oder Kündigung knüpfen. Der Arbeitgeber muss sich aber nicht nur bei Weisungen, sondern auch bei allen anderen Maßnahmen im laufenden Beschäftigungsverhältnis an das Benachteiligungsverbot halten. Auch Ermahnungen, Abmahnungen oder die Zuweisung von schlechteren Arbeitsbedingungen sind bei Verstoß gegen das Benachteiligungsverbot rechtswidrig. Sie können einen Anspruch auf Entschädigung und gegebenenfalls Schadensersatz auslösen.

> **Beispiel:**
> S ist schwerbehindert und weist zunehmende Fehlzeiten auf. B erhält keine Zustimmung des Integrationsamtes zur Kündigung von S und weist ihr ab sofort ein kleines, schlecht beheiztes Zimmer ohne Tageslicht zu.

c) Beruflicher Aufstieg

23 Das Benachteiligungsverbot gilt auch im Zusammenhang mit dem **beruflichen Aufstieg**. Eine direkte Anknüpfung an ein Merkmal des § 1 für eine **Beförderungsentscheidung** ist regelmäßig verboten. Eine Rechtfertigung gem. § 8 ff. ist in diesem Rahmen kaum denkbar, da es sich um Personen handelt, die in der Vergangenheit bereits beschäftigt wurden. Vom Benachteiligungsverbot werden auch alle eine **Beförderung vorbereitenden Maßnahmen**, wie insbesondere Leistungsbeurteilungen erfasst. Häufiger als eine direkte Anknüpfung an ein Merkmal des § 1 sind mittelbare Benachteiligungen. Die erforderliche Benachteiligung kann sich insbesondere mit einer Statistik belegen lassen (s. Rn. 13 zu § 3 und Rn. 13 f. zu § 22).

> **Beispiele:**
> Bei einer großen Supermarktkette werden männliche Beschäftigte im Durchschnitt 2,5 Jahre nach ihrer Einstellung befördert, weibliche Beschäftigte hingegen erst nach 5 Jahren.
> Der Gleichstellungsbericht der Behörde B mit 500 Beschäftigten belegt, dass die

Benachteiligungsverbot § 7

> 200 Teilzeitkräfte (190 davon sind weiblich) im Durchschnitt bei der turnusmäßigen Beurteilung zwei Notenstufen unter den Vollzeitkräften liegen.

Allerdings besteht trotz einem Verstoß gegen das Benachteiligungsverbot gem. § 15 Abs. 6 in diesen Fällen **kein Anspruch auf einen beruflichen Aufstieg**, so dass es ausschließlich bei den Ansprüchen auf Schadensersatz und Entschädigung bleibt. Bei groben Verstößen können außerdem der Betriebsrat oder eine im Betrieb vertretene Gewerkschaft nach § 17 Abs. 2 vorgehen (s. Rn. 9 ff. zu § 17).

d) Mitbestimmung zur Vermeidung von Benachteiligungen bei Beförderungen

Mitbestimmung: Der Betriebsrat hat gem. **§ 95 Abs. 2 BetrVG** ein Mitbestimmungsrecht bei Auswahlrichtlinien bei Versetzungen und Umgruppierungen, die im Rahmen von Beförderungen durchgeführt werden. Unabhängig von einer Beförderungsmaßnahme können Versetzungen und Umgruppierungen zumindest Einfluss auf Beförderungschancen haben. Soweit mit der Beförderung eine Versetzung, Ein- oder Umgruppierung verbunden ist, besteht für den Betriebsrat außerdem ein Mitbestimmungsrecht gem. § 99 Abs. 1 BetrVG. Bei einem Verstoß gegen das Benachteiligungsverbot gegenüber einem Mitbewerber kann der Betriebsrat seine Zustimmung gem. **§ 99 Abs. 2 Nr. 1 BetrVG** verweigern. Auch entsteht für den benachteiligten Bewerber ein Nachteil i. S. d. **§ 99 Abs. 2 Nr. 3 BetrVG**, der im Fall eines Verstoßes gegen das Benachteiligungsverbot nicht aus betrieblichen oder persönlichen Gründen gerechtfertigt ist.

24

e) Belästigungen und sexuelle Belästigungen

Belästigungen i. S. des § 3 Abs. 3 und 4 stellen ebenfalls Benachteiligungen dar, die gem. Abs. 1 verboten sind. Zwar erfolgt die sexuelle Belästigung nicht wegen eines in § 1 genannten Grundes, so dass der Wortlaut insoweit nicht recht passt. Allerdings ist nach der Gesetzessystematik davon auszugehen, dass alle Formen der Belästigung gem. § 3 von dem arbeitsrechtlichen Benachteiligungsverbot erfasst werden, da das AGG ausdrücklich das BeschSchG ersetzt, das mit Inkrafttreten des AGG gem. Art. 4 des Gesetzes zur Umsetzung europäischer Richtlinien zur Verwirklichung des Grundsatzes der Gleichbehandlung außer Kraft getreten ist. So soll auch § 4 Abs. 1 BeschSchG durch § 12 Abs. 3 ersetzt werden. Dies setzt voraus, dass auch eine sexuelle Belästigung vom Benachteiligungsverbot des § 7 Abs. 1 erfasst wird, da das bisherige Schutzniveau erhalten bleiben muss.

25

Anders als die bisher aufgeführten Fälle von Benachteiligungen gehen **Belästigungen** i. S. des § 3 Abs. 3 und 4 nicht unbedingt vom Arbeitgeber aus.

26

Häufiger dürften die Fälle sein, in denen Verursacher der Benachteiligung die Kollegen und Vorgesetzten sind. Abs. 3 stellt klar, dass es sich insoweit um eine Verletzung vertraglicher Pflichten handelt, die durch den Arbeitgeber durch Maßnahmen gem. § 12 Abs. 3 zu ahnden sind, wenn der vorbeugende Schutz gem. § 12 Abs. 1 versagt hat. Verursacht der Arbeitgeber selber die Belästigung oder ist ihm die Belästigung durch einen Erfüllungsgehilfen nach § 278 BGB zuzurechnen, bestehen Ansprüche auf Entschädigung und Schadensersatz gem. § 15 Abs. 1 und 2. Trifft der Arbeitgeber keine geeigneten Maßnahmen, um eine Belästigung durch Mitarbeiter oder Dritte zu unterbinden, haftet er gem. § 280 Abs. 1 BGB i. V. m. einer Verletzung der in § 12 Abs. 3 und 4 geregelten Fürsorgepflichten (s. zur Haftung im Einzelnen Rn. 7 und 43 zu § 15, sowie zum Mobbing Rn. 32 zu § 3).[24]

3. Benachteiligungsverbot bei der Beendigung des Beschäftigungsverhältnisses

a) Benachteiligung durch diskriminierende Kündigung

27 Das Benachteiligungsverbot wegen eines in § 1 genannten Grundes gilt für alle Kündigungen von Beschäftigten gem. § 6 Abs. 1 und ist, soweit das Kündigungsschutzgesetz Anwendung findet, im Rahmen der Sozialwidrigkeit zu prüfen. Außerhalb des Kündigungsschutzgesetzes gilt das AGG direkt (s. im Einzelnen § 2 Rn 58 und 60). Die Ausschließlichkeitsanordnung des § 2 Abs. 4 steht weder der Rechtsfolge der Unwirksamkeit einer diskriminierenden Kündigung noch einem Entschädigungsanspruch gem. § 15 Abs. 2 entgegen.[25] Das direkte Anknüpfen an ein geschütztes Merkmal ist danach ebenso verboten, wie die mittelbare Benachteiligung im Vergleich zu anderen Beschäftigtengruppen. Das Benachteiligungsverbot kommt auch Arbeitnehmern und Arbeitnehmerinnen zugute, die (noch) keinen Kündigungsschutz nach dem Kündigungsschutzgesetz haben. Gem. **§ 4 KSchG** muss die Unwirksamkeit einer Kündigung wegen eines Verstoßes gegen das Benachteiligungsverbot (§ 134 BGB i. V. m. Abs. 1) von Arbeitnehmern oder Arbeitnehmerinnen als anderer Grund für die Unwirksamkeit einer Kündigung innerhalb von **drei Wochen nach deren Zugang** gerichtlich geltend gemacht werden. Bei Versäumung der Klagefrist können sich die Betroffenen nicht mehr auf einen Verstoß gegen das Benachteiligungsverbot berufen (materielle Ausschlussfrist).

28 **Arbeitnehmerähnliche Personen** sind für die Geltendmachung der Unwirksamkeit einer Kündigung wegen eines Verstoßes gegen das Benachtei-

---

24 Zur zunehmenden Problematik des Stalking und die sich daraus im Zusammenhang mit dem AGG ergebenden Haftungsfragen: Göpfert/Siegrist, NZA 07, 473.
25 BAG 12.12.13 – 8 AZR 838/12.

ligungsverbot nicht an diese Frist gebunden. Allerdings sollten auch diese Personen zumindest außergerichtlich die Unwirksamkeit der Kündigung so bald wie möglich geltend machen, da die Rechtsprechung zu kurzen Fristen für eine **Verwirkung** tendiert, wenn es um den Bestand eines Beschäftigungsverhältnisses geht.[26] Angesichts der Tatsache, dass bei einem Verstoß gegen das Benachteiligungsverbot der Arbeitgeber selbst gegen geltende Rechtsgrundsätze verstößt, kommt aber, zumindest bei einem Verschulden des Arbeitgebers, wie auch im Fall einer Anfechtung nach § 123 BGB eine Verwirkung nur bei ganz außergewöhnlichen Umständen in Betracht.[27]

Das Benachteiligungsverbot führt regelmäßig zu der **Unwirksamkeit einer Anfechtung**, die erklärt wird, weil der oder die Beschäftigte eine Frage nach einem Merkmal des § 1 unrichtig beantwortet hat (s. insbesondere zum Frageverbot nach Behinderung und Schwangerschaft Rn. 12 ff. und 39 zu § 2). Auch **Aufhebungs- oder Abwicklungsverträge** fallen unter das Benachteiligungsverbot. Abs. 2 ordnet deren Unwirksamkeit an. Zu den Rechtsfolgen s. Rn. 46. Benachteiligungen sind im Rahmen der Beendigung eines Beschäftigungsverhältnisses außerdem verboten für Sozialplanleistungen (Rn. 26 zu § 10 insbesondere zu der Problematik einer Anknüpfung an das Lebensalter) und nachwirkende Ansprüche auf Ausstellung und Herausgabe der Arbeitspapiere, ausstehende Vergütung etc. 29

Mitbestimmung: Der Betriebsrat hat bei einer benachteiligenden Beendigung eines Arbeitsverhältnisses durch Kündigung gem. §§ 102, 103 BetrVG die Möglichkeit zur **Stellungnahme und zum Widerspruch** gegen die Kündigung. Ein Widerspruch löst zwar nur dann einen Weiterbeschäftigungsanspruch gem. § 102 Abs. 5 BetrVG aus, wenn der Betriebsrat einen der in § 102 Abs. 3 BetrVG abschließend genannten Gründe geltend machen kann. Aber auch für den Fall, dass diese Gründe auf die benachteiligende Kündigung nicht passen, ist ein begründeter Widerspruch gegen die Kündigung für betroffene Beschäftigte hilfreich, weil der Betriebsrat im Widerspruchsschreiben wichtige Informationen zum Vorliegen einer Benachteiligung geben kann, die ggf. erst die Darlegung der Vermutung einer Benachteiligung gem. § 22 ermöglichen. 30

b) Benachteiligung durch Vorruhestandregelungen und Sozialpläne

In Zusammenhang mit **Sozialplanleistungen** geht es in der Praxis regelmäßig um eine direkte Anknüpfung an das Alter oder an die Berechtigung zum Rentenbezug. Die Vergleichbarkeit mit anderen Beschäftigtengruppen be- 30a

---

26 Prozessverwirkung: LAG Tübingen 6. 6. 58 – VII Sa 39/58 – DB 58, 1468: 3 Monate; BAG 2. 12. 99 – 8 AZR 890/98 – NZA 00, 540: spätestens nach 1 Jahr.
27 BAG 6. 11. 97 – 2 AZR 162/97 – NZA 98, 374.

stimmt sich nach der zukunftsbezogenen Ausgleichs- und Überbrückungsfunktion des Sozialplans und damit regelmäßig nach der Vergleichbarkeit in Bezug auf die durch die Betriebsstilllegung verursachten, wirtschaftlichen Nachteile. Eine auf privaten Dispositionen des Einzelnen beruhende wirtschaftliche Absicherung steht in keinem Zusammenhang mit dem Verlust des Arbeitsplatzes infolge einer Betriebsänderung und der damit einhergehenden Verdiensteinbuße und darf aus diesem Grund nicht berücksichtigt werden.[28] Die unmittelbar auf dem Merkmal des Alters beruhende Ungleichbehandlung von Beschäftigtengruppen in einem Sozialplan ist nach § 10 Satz 3 Nr. 6 und Satz 2 grundsätzlich zulässig.[29] Die Sozialplanabfindung von Beschäftigten, die sofort oder im Anschluss an Leistungen der Arbeitslosenversicherung – ggf. auch vorgezogenes – Altersruhegeld in Anspruch nehmen können (rentennahe Jahrgänge), darf im Vergleich zu jüngeren Beschäftigten auf die Hälfte begrenzt werden.[30] Außerdem können in einem Sozialplan Beschäftigte mit Abfindungsleistungen ausgeschlossen werden, die nach dem Bezug von Arbeitslosengeld I rentenberechtigt sind und zuvor die Fortsetzung des Arbeitsverhältnisses an einem anderen Unternehmensstandort abgelehnt haben.[31] § 10 Satz 3 Nr. 6 Alt. 2 ist auch dann anwendbar, wenn die betroffenen Beschäftigten zwar nicht unmittelbar nach dem Bezug von Arbeitslosengeld I rentenberechtigt sind, die Abfindung aber ausreichend bemessen ist, um die wirtschaftlichen Nachteile auszugleichen, die sie in der Zeit nach der Erfüllung ihres Arbeitslosengeldanspruchs bis zum frühestmöglichen Bezug einer Altersrente erleiden. Dies ist stets der Fall, wenn die Abfindungshöhe für diesen Zeitraum den Betrag der zuletzt bezogenen Arbeitsvergütung erreicht.[32] Beschäftigte können von Sozialplanleistungen ausgenommen werden, wenn sie wegen des Bezugs einer befristeten vollen Erwerbsminderungsrente nicht beschäftigt sind und mit der Wiederherstellung ihrer Arbeitsfähigkeit auch nicht zu rechnen ist.[33] Jedenfalls eine gesetzliche **Abfindung** kann aber nicht allein deswegen versagt werden, weil Beschäftigte eine **Altersrente beziehen können**. Besteht ein Wahlrecht, ob sie weiterhin dem Arbeitsmarkt zur Verfügung stehen oder eine Altersrente in Anspruch nehmen wollen, ist der Wegfall der Abfindung nur in dem Fall verhältnismäßig, dass die Altersrente tatsächlich in Anspruch genommen wird.[34] Unter bestimmten Umständen darf ggf. allein die Möglichkeit, bei Ausscheiden eine gesetzliche Rente zu beziehen,

---

28 BAG 7.6.11 – 1 AZR 34/10.
29 BAG 23.4.13 – 1 AZR 916/11.
30 BAG 23.4.13 – 1 AZR 25/12.
31 BAG 9.12.14 – 1 AZR 102/13.
32 BAG 26.3.13 – 1 AZR 857/11.
33 BAG 7.6.11 – 1 AZR 34/10.
34 EuGH 12.10.10 – C-499/08 – [Andersen].

dazu führen, dass eine Abfindung ganz entfällt. Dies kommt in Betracht, sofern diese Regelung zum einen objektiv und angemessen ist und durch ein legitimes Ziel aus den Bereichen der Beschäftigungspolitik und des Arbeitsmarkts gerechtfertigt ist und zum anderen ein angemessenes und erforderliches Mittel zur Erreichung dieses Ziels darstellt. Die Prüfung ist Sache der nationalen Gerichte.[35] S. im einzelnen Rn. 26 zu § 10 und Rn. 35 zu § 1.

Eine Sozialplanregelung, die für rentennahe Beschäftigte einen pauschalierten Rentenausgleich vorsieht, stellt **keine Altersdiskriminierung** dar. Allerdings verstoßen Regelungen eines Sozialplans, die wegen der Möglichkeit eines früheren Rentenbeginns wegen einer Behinderung zu einer Minderung der Abfindung führen, gegen das Verbot einer mittelbaren **Diskriminierung wegen einer Behinderung**.[36] Das Gleiche dürfte für eine **Benachteiligung wegen des Geschlechts** gelten, wenn weibliche Beschäftigte zu einem früheren Zeitpunkt als »rentennah« gelten, da sie bei Vorliegen der Voraussetzungen des § 237 a Abs. 1 SGB VI bereits nach Vollendung des 60. Lebensjahres und damit früher als männliche Beschäftigte vorgezogene Altersrente in Anspruch nehmen können.[37] Schwerbehinderte, die nach § 236 a Abs. 1 Satz 2 SGB VI eine vorgezogene Altersrente in Anspruch nehmen können, werden durch eine Abfindungsregelung für über 59-Jährige, die nicht an den frühestmöglichen Renteneintritt, sondern ausschließlich an das Lebensalter anknüpft, nicht weniger günstig behandelt als andere Beschäftigte, die eine Abfindung nach einer Standardabfindungsformel erhalten.[38]

Eine tarifvertragliche **Vorruhestandsregelung,** nach der das Übergangsgeld zu dem Zeitpunkt endet, an dem Versorgungsempfänger vorzeitig Altersrente in Anspruch nehmen können, kann weibliche Beschäftigte bestimmter Geburtsjahrgänge, die bereits nach Vollendung des 60. Lebensjahres vorzeitige rentenberechtigt sind, gegenüber Männern benachteiligen, weil sie dadurch weniger Übergangsgeld erhalten. Ob eine Diskriminierung vorliegt, hängt auch von dem Sinn und Zweck des gezahlten Vorruhestandsgeldes ab. Entscheidend ist, ob zwischen der vom Arbeitgeber geschuldeten Leistung und dem in Bezug genommenen Renteneintrittsalter ein sachlicher Zusammenhang besteht. Ist es das Ziel der Maßnahme, Versorgungslücken (vollständig) zu überbrücken, müssen männliche und weibliche Beschäftigte beide so behandelt werden, dass sie keine unterschiedlichen rentenrechtlichen Nachteile erleiden. Ist aber ohnehin klar, dass die versprochene Leistung für die Aufhebung des Arbeitsvertrages allenfalls einen Beitrag zur Milderung der Probleme darstellen kann, die bis zum Erreichen des Renten-

---

35 EuGH 26.2.15 – C-515/13 – [Ingeniørforeningen i Danmark].
36 EuGH 6.12.12 – C 385/11 [Odar].
37 a. A. LAG Düsseldorf 14.6.11 – 16 Sa 401/11.
38 BAG 23.4.13 – 1 AZR 916/11.

alters entstehen werden (»Überbrückungsbeihilfe«), kann es gerechtfertigt sein, an das frühestmögliche Renteneintrittsalter anzuknüpfen.[39]

4. Benachteiligungsverbot bezüglich der Mitgliedschaft in einer beruflichen Vereinigung

31 Das Benachteiligungsverbot bezieht sich auch auf die Mitgliedschaft und Mitwirkung in einer beruflichen Vereinigung (s. hierzu im Einzelnen Rn. 3 ff. zu § 18). Das Benachteiligungsverbot richtet sich an die Vereinigungen selbst und nicht an den Arbeitgeber, der insoweit regelmäßig keinen Einfluss hat. Ansprüche auf Schadensersatz und Entschädigung gem. § 15 Abs. 1 und 2 scheiden daher aus. Ansprüche aus § 21 Abs. 1 und 2 auf Beseitigung, Unterlassung und Schadensersatz kommen ebenfalls nicht in Betracht, da regelmäßig weder ein Sachverhalt des § 19 Abs. 1 vorliegt, noch Schuldverhältnisse gem. § 2 Abs. 1 Nr. 5–8 betroffen sind. Es bleibt daher bei den allgemeinen Haftungsansprüchen (s. auch Rn. 48 sowie Rn. 41 f. zu § 15 Abs. 5).

V. Unwirksamkeit von Vereinbarungen

1. Allgemeines

32 Abs. 2 stellt für **Vereinbarungen** die **Rechtsfolge bei einem Verstoß gegen das Benachteiligungsverbot** des Abs. 1 klar.[40] Damit setzt der Gesetzgeber Art. 14 der Richtlinie 2000/43/EG (Antirassismus-Richtlinie), Art. 16 der Richtlinie 2000/78/EG (Rahmenrichtlinie Beschäftigung) und Art. 3 Abs. 2 der Richtlinie 76/207/EWG (Gender-Richtlinie) um, und regelt explizit die **Nichtigkeit von Klauseln in Individual- oder Kollektivverträgen**. Die Vorschrift hat deklaratorischen Charakter, da auch ohne diese Norm solche Regelungen, die gegen das Diskriminierungsverbot des § 7 Abs. 1 verstoßen, gem. § 134 BGB nichtig sind. Sie soll nach dem Willen des Gesetzgebers die primäre Sanktionierung derartiger Rechtsverstöße deutlich machen ohne sonstige Unwirksamkeits- oder Nichtigkeitsgründe zu berühren.[41] Abs. 2 findet **keine Anwendung auf Gesetze**, da das AGG als Prüfungsmaßstab für die Wirksamkeit gleichrangiger Normen von vornherein nicht in Betracht kommt.[42] Nationale Gesetze, die gegen die dem AGG zugrundeliegenden EG-Richtlinien verstoßen, sind unwirksam und können von den Gerichten

---

[39] BAG 15.2.11 – 9 AZR 584/09; LAG Mecklenburg-Vorpommern 25.9.12 – 5 Sa 297/11.
[40] S. hierzu Wiedemann, NZA 07, 950 ff.
[41] BT-Drs. 16/1780 S. 34.
[42] BVerfG 18.11.08 – 1 BvL 4/08 – EzA § 622 BGB 2002 Nr. 6 zu § 622 Abs. 2 S. 2 BGB.

unangewendet bleiben, ohne dass ein Vorlageverfahren beim EuGH erforderlich ist.[43]

Die Nichtigkeit erfasst gem. § 139 HS 2 BGB nur die benachteiligende Bestimmung selbst und nicht den gesamten Vertrag und auch nicht die mit der Benachteiligung ggf. einhergehende Bevorzugung eines Dritten.[44] Die Folge der Nichtigkeit von kollektivrechtlichen und individualvertraglichen Vereinbarungen sind Regelungslücken, die grundsätzlich zugunsten der benachteiligten Personen auszufüllen sind. Die bisherige Rechtsprechung im Zusammenhang mit Diskriminierungsverboten, die sich aus dem **arbeitsrechtlichen Gleichbehandlungsgrundsatz** und den Regelungen der früheren §§ 611 a, 612 Abs. 3 BGB und 81 Abs. 2 SGB IX, 4 TzBfG ergeben, kann insoweit herangezogen werden. Der EuGH hat grundsätzlich eine **Anpassung nach oben** verlangt.[45] Das BAG hat sich dem angeschlossen.[46] Allerdings gilt dieser Grundsatz nicht uneingeschränkt: aus einer wegen Altersdiskriminierung unwirksamen Betriebsvereinbarung können die benachteiligten (jüngeren) Beschäftigten keinen Anspruch auf Anwendung der günstigeren Regelung herleiten, wenn ansonsten der Betrieb zum Erliegen käme. In diesem Fall haben sie lediglich ein Leistungsverweigerungsrecht, falls der Arbeitgeber die Regelung weiter anwendet.[47]

2. Überprüfung tarifvertraglicher Regelungen nach dem AGG

Für die **Tarifvertragsparteien** konkretisiert sich in § 7 für den Bereich des AGG die Pflicht zur Beachtung des Gleichbehandlungsgrundsatzes. Auch das BAG hat die grundsätzliche Pflicht zur Gleichbehandlung durch die Tarifpartner festgestellt (zu den Grenzen der Überprüfung tarifl. Regelungen s. § 10 Rn. 13ff.).[48] Diese Pflicht findet dort ihre Grenze, wo für verschiedene Arbeitnehmergruppen Tarifverträge mit verschiedenen Gewerkschaften abgeschlossen werden, weil dann die unterschiedlichen Arbeitsbedingungen Folge der Organisationsentscheidung der Arbeitgeber sind und nicht an ein Merkmal des § 1 anknüpfen. Den Tarifvertragsparteien kommt als selbstän-

---

43 EuGH 19.1.10 – C-555/07 – [Kücükdeveci] NZA 10, 85.
44 LAG Baden-Württemberg 23.4.07 – 15 Sa 116/06 – NZA-RR 07, 630 für arbeitsvertragliche Zusagen; Wiedemann, NZA 07, 950 für Regelungen in Kollektivverträgen.
45 EuGH 27.6.90 – C-33/89 – NZA 90, 771 zu Art. 119 EGV; EuGH 15.1.98 – C-15/96 – [Schöning-Kougebetopoulou], NZA 98, 205 zu Art 48 EGV.
46 BAG 20.3.12 – 9 AZR 529/10 – bei diskriminierender Staffelung der Urlaubsdauer nach dem Alter höherer Urlaubsanspruch für alle Beschäftigten (entschieden für den TVöD).
47 BAG 14.5.13 – 1 AZR 44/12: altersdiskriminierende Grundsätze der Dienstplangestaltung von Flugbegleitern/altersbezogene Gruppenbildung ohne Rechtfertigung.
48 BAG 30.8.00 – 4 AZR 563/99 – NZA 01, 613.

digen Grundrechtsträgern außerdem aufgrund der von Art. 9 Abs. 3 GG geschützten Tarifautonomie ein weiter Gestaltungsspielraum zu. Wie weit dieser Spielraum reicht, hängt von den Differenzierungsmerkmalen im Einzelfall ab. Hinsichtlich der tatsächlichen Gegebenheiten und betroffenen Interessen liegt die Einschätzungsprärogative bei den Tarifvertragsparteien. Sie brauchen nicht die sachgerechteste oder zweckmäßigste Regelung zu finden. Eine auf wenige Ausnahmefälle in einer Übergangszeit beschränkte, mittelbare Benachteiligung älterer Beschäftigter durch eine Besitzstandsregelung (hier zum früheren fingierten Bewährungsaufstieg), verfolgt ein rechtmäßiges Ziel und ist von der Generalisierungs- und Typisierungsbefugnis der Tarifvertragsparteien gedeckt, wenn eine Besserstellung nur unter Schwierigkeiten vermeidbar wäre.[49] Ein direktes Anknüpfen gem. § 3 Abs. 1 an ein Merkmal des § 1 bezieht sich in der Praxis vor allem auf das Alter. Hier ist in jedem Fall eine strenge Verhältnismäßigkeitsprüfung gem. § 10 erforderlich.

Näherer Betrachtung bedürfen in diesem Zusammenhang insbesondere die gängigen tariflichen Regelungen zum **Bestandsschutz** (Regelungen zur Verlängerung der Kündigungsfrist und zum Ausschluss der ordentlichen Kündigung, die an Beschäftigungszeit und/oder Lebensalter anknüpfen), **Entgelt** (Staffelung der Tarifentgelte altersbezogen oder nach der Betriebszugehörigkeit, sowie Regelungen zur Verdienstsicherung/Schutz vor Abgruppierung in Abhängigkeit von Lebensalter und Beschäftigungszeit), **Abfindungsregelungen/Tarifsozialpläne** (Abfindungszahlungen bei Beendigung des Arbeitsverhältnisses in Abhängigkeit von Betriebszugehörigkeit und Lebensalter), **Arbeitszeit,** (unterschiedliche Arbeitszeiten oder höherer Urlaubsanspruch in Abhängigkeit vom Lebensalter und/oder Betriebszugehörigkeit vorsehen) **Weiterbildung,** (Weiterbildungsanspruch/Qualifizierungsanspruch für bestimmte Beschäftigungsgruppen), **Krankengeldzuschuss** (ab einer bestimmten Beschäftigungszeit und/oder einem bestimmten Lebensalter) (s. zur Frage der Überprüfung tarifl. Regelungen auch Rn. 14 ff. zu § 10).

3. Überprüfung von Betriebsvereinbarungen

35 Für **Betriebsvereinbarungen** gilt neben dem Benachteiligungsverbot des AGG für Arbeitgeber und Betriebsrat § 75 BetrVG. Auch hieraus ergibt sich eine Pflicht zur Gleichbehandlung von Beschäftigten und Beschäftigtengruppen beim Abschluss von Regelungsabreden und Betriebsvereinbarungen. Problematisch können in der Praxis vor allem Regelungen sein, die Vergünstigungen an ein bestimmtes Alter knüpfen oder mittelbar zu einer Benachteiligung wegen eines Merkmals des § 1 führen. So darf beispielsweise der Nachmittag nur freigegeben werden, wenn dies streng anlassbezo-

---

49 BAG 29. 1. 14 – 6 AZR 943/11.

gen geschieht, wie am 24. und 31.12. oder am Faschingsdienstag, weil ansonsten eine ungerechtfertigte Benachteiligung bei Teilzeitbeschäftigten entstehen kann, die nicht nur gem. § 4 Abs. 1 TzBfG verboten ist, sondern auch zu einer mittelbaren Diskriminierung von Frauen führen kann.[50] Die Gewährung von Freizeit anlässlich eines Geburtstages ist hingegen von ihrer Lage her nicht unbedingt an einen Nachmittag gebunden.

4. Überprüfung von individualvertraglichen Vereinbarungen

Das Benachteiligungsverbot des AGG erstreckt sich auf alle auch **individualrechtlichen Vereinbarungen** zwischen Arbeitgeber und Beschäftigten. Bisher wurde der Arbeitgeber in seiner Vertragsfreiheit durch den arbeitsrechtlichen Gleichbehandlungsgrundsatz nur bei einheitlichen Regelungen für alle oder für bestimmte Gruppen von Arbeitnehmern eingeschränkt. Abs. 2 erfasst nunmehr unabhängig vom Bestehen eines solchen kollektiven Tatbestandes alle **Vereinbarungen**, die vom Ergebnis her eine Benachteiligung nach § 3 aus einem der in § 1 geschützten Merkmale bedingen.

36

> **Beispiel:**
> A vereinbart mit der schwerbehinderten B wegen ihrer Schwerbehinderung weniger günstige Arbeitsbedingungen als er es ohne Vorliegen der Behinderung getan hätte. Wenn kein Rechtfertigungsgrund besteht, liegt hierin ein Verstoß gegen das Benachteiligungsverbot, auch wenn nur B betroffen ist. Der Arbeitsvertrag ist daher insoweit unwirksam.

Die Beschränkung der Vertragsfreiheit besteht also auch bei individuell ausgehandelten Bedingungen. Allerdings ist es in solchen Fällen in der Praxis schwerer, ohne kollektiven Tatbestand gem. § 22 Umstände glaubhaft zu machen, die eine Benachteiligung aus einem der in § 1 genannten Gründe vermuten lassen.

Das für Vereinbarungen geltende **Benachteiligungsverbot** wird damit zum einen bei Abschluss eines Beschäftigungsvertrages (im Regelfall eines Arbeitsvertrages) und zum anderen bei vertraglicher Beendigung des Beschäftigungsverhältnisses relevant. Zum anderen kommt es während des bestehenden Beschäftigungsverhältnisses vor allem dort zum Tragen, wo der Arbeitgeber über eine einseitige Gestaltungsmacht verfügt, also z.B. bei **freiwillig und generell gewährten Leistungen** wie Gratifikationen, Versorgungszulagen usw. Aber auch bei widerruflichen Leistungszulagen, die nach der Rechtsprechung in Höhe von 15–20% des Bruttogehaltes als zulässig angesehen werden[51] und in der Praxis zunehmende Bedeutung erhalten, ist das

37

---

50 BAG 26.5.93 – 5 AZR 184/92 – NZA 94, 413.
51 BAG 7.1.71 – 5 AZR 92/70 – DB 71, 392; BAG 7.10.82 – 2 AZR 455/80 – DB 83, 1368; BAG 15.11.95 – 2 AZR 521/95 – NZA 96, 603; bei übertariflicher Zahlung ge-

Benachteiligungsverbot von entscheidender Bedeutung.[52] Dessen ungeachtet besteht in Fällen, in denen die Gruppe der Bevorzugten hinsichtlich der Höhe der Vergütung relativ klein ist, ein Problem der Unterscheidung zwischen einer Benachteiligung wegen eines Merkmals des § 1 und der Begünstigung Einzelner im Rahmen von individuell vereinbarten Löhnen und Gehältern.[53]

5. Rechtsfolgen der Nichtigkeit einer kollektiven Vereinbarung

38 Die **Rechtsfolgen** der **Nichtigkeit einer Vereinbarung**, die gegen das Benachteiligungsverbot verstößt, stellen sich wie folgt dar: die aufgrund eines Verstoßes gegen das Benachteiligungsverbot nach § 134 BGB entstandene **Regelungslücke** ist bei arbeitsvertraglichen Einheitsregelungen, Gesamtzusagen und Betriebsvereinbarungen, Tarifverträgen und gesetzlichen Regelungen **durch richterliche Anpassung grundsätzlich nach oben zu schließen**.[54] Dies gilt uneingeschränkt für die **Vergangenheit**, aber für die Zukunft nur mit der Maßgabe, dass ein entsprechender Wille der Parteien vorausgesetzt werden kann.

a) Herstellung der Gleichbehandlung für die Zukunft

39 Problematisch ist die **Herstellung der Gleichbehandlung für die Zukunft**, wenn eine ergänzende Vertragsauslegung scheitert. Das ist dann der Fall, wenn bereits die Gesamtregelung unwirksam ist.[55] Wenn ganze Gruppen von Arbeitnehmern durch **Gesetz oder Tarifvertrag** ungerechtfertigt benachteiligt werden, kann nach Auffassung des **BAG** nicht durch ergänzende Vertragsauslegung davon ausgegangen werden, dass generell die höhere Leistung gewährt werden muss. Ein Anspruch auf die höhere Leistung besteht in einem solchen Fall nur dann, wenn lediglich eine benachteiligende Teilregelung für nichtig erklärt wird.[56] Ist dies nicht der Fall, kommt in solchen Fällen eine richterliche **Anpassung für die Zukunft** nur in Betracht, wenn aufgrund des Regelungsgegenstandes unter Berücksichtigung der zusätzlichen Belastung davon auszugehen ist, dass der Gesetzgeber bzw. die Tarifvertragsparteien die Regelung selbst dann getroffen hätten, wenn sie die

---

gebenenfalls auch bei 25–30 % des tariflichen Stundenlohns BAG 13. 5. 87 – 5 AZR 125/86 – NZA 88, 95.
52 S. zur Ungleichbehandlung durch Widerruf einer Leistungszulage wegen einer Behinderung ArbG München 9. 3. 05 – 38 Ca 13399/04.
53 BAG 13. 2. 02 – 5 AZR 712/00 – NZA 03, 215 [216f.].
54 BAG 20. 7. 93 – 3 AZR 52/93 – NZA 94, 125.
55 BAG 13. 11. 85 – 4 AZR 234/84 – NZA 86, 321.
56 BAG 15. 12. 98 – 3 AZR 239/97 – NZA 99, 882; BAG 24. 5. 00 – 10 AZR 629/99 – NZA 01, 216.

Benachteiligungsverbot § 7

Gleichheitswidrigkeit der von ihnen vorgenommenen Gruppenbildung gekannt hätten.[57] Allerdings ist dem Willen der Tarifvertragsparteien regelmäßig keine Beschränkung einer Leistung auf ein festes Leistungsvolumen zu entnehmen, so dass eine Angleichung auf dem höheren Niveau erfolgt, ohne dass hierin ein Verstoß gegen die Tarifautonomie gem. Art. 9 Abs. 3 GG liegt.[58] Scheidet eine ergänzende Auslegung aus, bleibt es dem Gesetzgeber bzw. den Tarifparteien überlassen, auf welchem Niveau die Gleichbehandlung hergestellt wird.[59]

Der **EuGH** hat hingegen die Gleichbehandlung über den Schutz der Tarifautonomie gestellt und unabhängig von verschiedenen Gestaltungsmöglichkeiten der Tarifpartner bei Verstößen **tarifvertraglicher Regelungen** gegen EU-Recht eine Anpassung nach oben verlangt.[60] Wie sich die Rechtsprechung nach Inkrafttreten des AGG weiter entwickelt, bleibt abzuwarten. Jedenfalls bei einer Betriebsvereinbarung scheidet eine günstigere Behandlung auch der diskriminierten Beschäftigten für die Zukunft aus, wenn ansonsten der Betrieb zum Erliegen käme. In diesem Fall haben die Benachteiligten lediglich ein Leistungsverweigerungsrecht, falls der Arbeitgeber die Regelung weiter anwendet.[61] 40

Der **Arbeitgeber** kann **im Bereich arbeitsvertraglicher Einheitsregelungen** die Gleichstellung für die Zukunft nicht ohne weiteres dadurch herstellen, dass er gegenüber der bevorzugten Gruppe eine Änderungskündigung zur Verschlechterung der Arbeitsbedingungen ausspricht. Die Wahrung des Gleichbehandlungsgrundsatzes stellt keinen betriebsbedingten Grund zur sozialen Rechtfertigung einer Änderungskündigung dar. Vielmehr gelten der Bestandsschutz der bevorzugten Gruppe und das dem Gleichbehandlungsgrundsatz entspringende Prinzip der Gleichbehandlung nach oben.[62] Etwas anderes kann für Leistungen gelten, die unter Widerrufsvorbehalt gewährt werden. Hier kann ein Widerruf zur Vereinheitlichung der Leistungen in der Zukunft in Betracht kommen. Allerdings ist zumindest für vorformulierte Arbeitsverträge, die nach dem 1.1.2002 abgeschlossen wurden, die 41

---

57 BAG 28.5.96 – 3 AZR 752/95 – NZA 97, 101; BAG 7.3.95 – 3 AZR 282/94 – NZA 96, 48.
58 BAG 24.9.03 – 10 AZR 675/02 – NZA 04, 611 [614] zum Anspruch Teilzeitbeschäftigter auf eine Spätarbeitszulage.
59 BVerfG 30.5.90 – 1 BvL 2/83 – NZA 90, 721 zur Verfassungswidrigkeit der unterschiedlichen Kündigungsfristen für Arbeiter und Angestellte und im Anschluss daran BAG 21.3.91 – 2 AZR 296/87 – NZA 91, 801, sowie BAG 13.11.85 – 4 AZR 234/84 – NZA 86, 321 zur Nichtigkeit einer verfassungswidrigen tariflichen Ehefrauenzulage.
60 EuGH 27.6.90 – C-33/89 – NZA 90, 771; EuGH 15.1.98 – C-15/96 – [Schöning-Kougebetopoulou], NZA 98, 205.
61 BAG 14.5.13 – 1 AZR 44/12.
62 BAG 28.4.82 – 7 AZR 1139/79 – DB 82, 1776.

Inhaltskontrolle gem. §§ 305 ff. BGB vorgegeben. Insbesondere muss eine solche Regelung einschließlich der Voraussetzungen für einen Widerruf gem. § 307 Abs. 1 Satz 2 BGB transparent sein. Eine Klausel, nach der übertarifliche Lohnbestandteile jederzeit unbeschränkt widerruflich sind, ist hiermit nicht zu vereinbaren.[63]

b) Herstellung der Gleichbehandlung für die Vergangenheit

42 **Für die Vergangenheit** kann den Anforderungen des Gleichheitssatzes im Entgeltbereich unter Abwägung der unterschiedlichen Auffassungen **nur durch Gewährung der Leistung auch an die bisher ausgeschlossene Gruppe entsprochen werden**, auch wenn dies im Einzelfall zu erheblichen finanziellen Belastungen führen kann;[64] das gilt auch für Entgeltregelungen im Kollektivvertrag.[65] Dementsprechend stehen auch gleichheitswidrig gewährte kürzere Arbeitszeiten und längere Urlaubsansprüche für die Vergangenheit allen Benachteiligten zu.[66]

43 Ist die Benachteiligung Folge **eines insgesamt diskriminierenden Entgeltsystems**, das die für Frauenarbeitsplätze typischen Anforderungen gar nicht bewertet oder diskriminierend gewichtet, ist das System nicht anzuwenden.[67] Allerdings soll nach der Rechtsprechung des EuGH auf die Angehörigen der benachteiligten Gruppe solange dieselbe Regelung angewandt werden wie auf die übrigen Arbeitnehmerinnen und Arbeitnehmer, bis das Entgeltgleichheitsgebot ggf. durch eine Neuregelung wirksam umgesetzt worden ist.[68]

44 Wie sich die Rechtsprechung im Rahmen einer **rückwirkenden Gleichstellung** bei einem Verstoß gegen das Benachteiligungsverbot gem. § 7 entwickeln wird, bleibt abzuwarten. Der EuGH hat bisher die unmittelbare Wirkung von Art 141 EG-Vertrag zur Stützung der Forderung nach Gleichbehandlung auf dem Gebiet der Betriebsrenten aus Gründen der Rechtssicherheit auf Leistungen beschränkt, die für Beschäftigungszeiten nach dem Tag der Verkündung des maßgeblichen Barber-Urteils erworben wurden.[69] Gegebenenfalls kommt als Zeitpunkt der Rückwirkung der Zeitpunkt des Erlasses der maßgeblichen EG-Richtlinien oder des AGG in Betracht, jeden-

---

63 BAG 12.7.05 – 5 AZR 364/04 – NZA 05, 465.
64 BAG 7.3.95 – 3 AZR 282/94 – NZA 96, 48; EuGH 8.4.76 – C-43/75 – NJW 76, 2068.
65 EuGH 27.6.90 – C-33/89 – NZA 90, 771.
66 LAG Düsseldorf 15.2.08 – 9 Sa 955/07 – NZA-RR 09, 22.
67 EuGH 27.6.90 – C-33/89 – NZA 90, 771; EuGH 13.12.89 – C-102/88 – NZA 91, 59; EuGH 7.2.91 – C-184/89 – DB 91, 660 zur Verdoppelung der Bewährungszeit für teilzeitbeschäftigte Arbeitnehmer.
68 EuGH 28.9.94 – C-200/91 – NZA 94, 1073; EuGH 7.2.91 – C-184/89, DB 91, 660.
69 EuGH 17.5.90 – C-262/88 – [Barber], NZA 90, 775; EuGH 6.10.93 – C-109/91 – [Ten Oever], NZA 93, 1125; EuGH 28.9.94 – C-200/91 – NZA 94, 1073.

falls soweit das Benachteiligungsverbot nicht vorher schon nach Art. 3 GG und dem daraus entwickelten arbeitsrechtlichen Gleichbehandlungsgebot bestand. Allerdings scheint die Notwendigkeit eines Vertrauensschutzes nach der jahrelangen Diskussion um die Umsetzung der Richtlinien über die zu ihrer Umsetzung bestimmte Frist hinaus fraglich.

Für die Vergangenheit bestehen neben den vertraglichen Ansprüchen wegen des Verstoßes gegen das Benachteiligungsverbot außerdem Ansprüche auf Entschädigung und Schadensersatz gegenüber dem Arbeitgeber gem. § 15 Abs. 1 und 2. Ein materieller Schaden ist verschuldensunabhängig im Rahmen einer gem. § 15 Abs. 2 festzusetzenden Entschädigung zu berücksichtigen (s. Rn. 11 und 21 zu § 15). 45

6. Rechtsfolgen bei unwirksamen arbeitsvertraglichen Vereinbarungen

Auch **Einzelarbeitsverträge**, die gegen das Benachteiligungsverbot verstoßen, sind nach Abs. 2 nichtig. Gem. § 139, 2. HS ergreift die Nichtigkeit regelmäßig nur die verbotswidrige Regelung selbst, nicht aber den Arbeitsvertrag im Übrigen. Auch die begünstigende Vereinbarung mit anderen Beschäftigten oder Beschäftigtengruppen wird von der Unwirksamkeit nicht erfasst, denn der Gleichbehandlungsgrundsatz wirkt nur zugunsten der Beschäftigten. Den benachteiligten Beschäftigten steht bei ergänzender Vertragsauslegung grundsätzlich ein Anspruch auf die höhere Leistung zu, soweit es um die Teilhabe an der einheitlichen Regelung geht.[70] Für den Anspruch auf die höhere Leistung aufgrund ergänzender Vertragsauslegung kommt es damit auf ein Verschulden des Arbeitgebers nicht an. Scheitert eine ergänzende Vertragsauslegung z. B. deswegen, weil eine einheitliche Regelung für andere Beschäftigte nicht festgestellt werden kann, gilt hinsichtlich der Vergütung § 612 BGB. Die Üblichkeit einer Vergütung ist nicht auf einen Betrieb oder ein Unternehmen beschränkt und muss notfalls mit Hilfe eines Gutachtens festgestellt werden. 46

Einseitige Maßnahmen des Arbeitgebers sind nicht vom Wortlaut des Abs. 2 erfasst, sind aber bei einem Verstoß gegen das Benachteiligungsverbot gem. Abs. 1 i. V. m. § 134 BGB unwirksam. So sind benachteiligende **Weisungen** (»Maßnahmen«) des Arbeitgebers unwirksam mit der Folge, dass den Betroffenen nach allgemeinen Grundsätzen ein **Leistungsverweigerungsrecht** in Bezug auf diese Weisung zusteht. Wirkt die Benachteiligung weiter, kann gem. Abs. 1 i. V. m. § 1004 BGB analog eine Beseitigung der Benachteiligung und bei Besorgnis zukünftiger Beeinträchtigungen auch Unterlassung verlangt werden. 47

---

70 BAG 11. 9. 85 – 7 AZR 371/83 – NZA 87, 156.

48 Abs. 3 stellt klar, dass eine Benachteiligung durch den Arbeitgeber oder durch Beschäftigte im Rahmen von § 7 Abs. 1 eine **Verletzung vertraglicher Pflichten** darstellt. Ein diskriminierungsfreies Verhalten im Bereich des Beschäftigungsverhältnisses wird damit zur gesetzlich explizit geregelten Nebenpflicht sowohl für den Arbeitgeber als auch für die Beschäftigten. Sie ist Ausdruck der allgemein bestehenden Pflicht zur Rücksichtnahme auf die Interessen und die Persönlichkeitssphäre der anderen Vertragspartei (§ 241 Abs. 2 BGB). Nach § 32 gelten außerdem die Vorschriften des allgemeinen Schuldrechts des BGB. Deshalb sind die Regelungen des vertraglichen Leistungsstörungsrechts (§§ 275 ff. BGB) auch bei einem Verstoß gegen das Benachteiligungsverbot anwendbar.[71] Vertragspflichtverletzungen durch Benachteiligungen können gem. §§ 280 Abs. 1, 241 Abs. 2, 282 BGB zu Schadensersatzansprüchen führen. Eine Haftung besteht für eigenes Verhalten und für Benachteiligungen durch einen Erfüllungsgehilfen, die gem. § 278 BGB zuzurechnen sind (s. Rn. 41 f. zu § 15).

49 Handelt es sich um eine Benachteiligung von Beschäftigten untereinander, ist Abs. 3 dahingehend zu verstehen, dass der Handelnde die Nebenpflicht aus seinem Arbeitsvertrag zum Arbeitgeber verletzt, dessen Interesse an einem störungsfreien Betriebsablauf nicht zu beeinträchtigen.[72] Relevant sind in diesem Zusammenhang insbesondere Benachteiligungen durch Belästigung und sexuelle Belästigung gem. § 3 Abs. 3 und 4 und eine Beteiligung hieran. Der Arbeitgeber kann bzw. muss gem. § 12 Abs. 1 und 3 geeignete Maßnahmen gegenüber einem Störer ergreifen und das vertragswidrige Verhalten i. d. R. durch Ermahnung, Abmahnung, Umsetzung, Versetzung oder Kündigung ahnden (s. hierzu auch Rn. 10 ff. zu § 12). Auch die Pflichten aus § 12 stellen gesetzliche Nebenpflichten dar. Ein Verstoß gegen die Pflichten aus § 12 ist aber nicht mit einer Benachteiligung durch den Arbeitgeber gleichzusetzen. Die Haftung des Arbeitgebers folgt daher in einem solchen Fall aus § 280 Abs. 1 BGB (s. Rn. 43 zu § 15).

50 Verstößt der Arbeitgeber gegenüber einem Bewerber gegen das Benachteiligungsverbot, bevor ein Beschäftigungsverhältnis zustande gekommen ist, greift gem. § 2 Abs. 1 Nr. 1, § 6 Abs. 1 Satz 2 bereits die Haftung aus § 15 Abs. 1 und 2. Daneben besteht die Pflicht zu diskriminierungsfreiem Verhalten sowohl für Bewerber, Mitbewerber, Beschäftigte und Arbeitgeber gem. § 241 Abs. 2 BGB, auch wenn noch kein Beschäftigungsvertrag zustande gekommen ist.

51 Das AGG regelt bei einem Verstoß gegen das Benachteiligungsverbot in **§ 15 Abs. 1 und 2** ausschließlich Ansprüche von Beschäftigten im Verhältnis zum Arbeitgeber. Gem. § 2 Abs. 3 richten sich **Ansprüche gegenüber anderen Beteiligten** (gegenüber anderen Beschäftigten und Dritten) nach den allge-

---

71 Schieck-Schmidt, § 7 Rn. 6.
72 ErfK-Schlachter, § 7 Rn. 7.

meinen Regeln. Hier kommt insbesondere die Verletzung des allgemeinen Persönlichkeitsrechts mit einem daraus resultierenden Anspruch auf Ersatz des materiellen und immateriellen Schadens,[73] sowie ein Anspruch gem. § 823 Abs. 2 BGB i. V. m. § 7 Abs. 1 (Benachteiligungsverbot als Schutzgesetz) in Betracht. Das Benachteiligungsverbot ist wie der frühere § 611 a Abs. 1 BGB als **Schutzgesetz i. S. d. § 823 Abs. 2 BGB** zu verstehen.[74]

§ 8 Zulässige unterschiedliche Behandlung wegen beruflicher Anforderungen

(1) **Eine unterschiedliche Behandlung wegen eines in § 1 genannten Grundes ist zulässig, wenn dieser Grund wegen der Art der auszuübenden Tätigkeit oder der Bedingungen ihrer Ausübung eine wesentliche und entscheidende berufliche Anforderung darstellt, sofern der Zweck rechtmäßig und die Anforderung angemessen ist.**
(2) **Die Vereinbarung einer geringeren Vergütung für gleiche oder gleichwertige Arbeit wegen eines in § 1 genannten Grundes wird nicht dadurch gerechtfertigt, dass wegen eines in § 1 genannten Grundes besondere Schutzvorschriften gelten.**

Inhaltsübersicht	Rn.
I. Allgemeines	1, 2
II. Wesentliche und entscheidende berufliche Anforderung	3– 6
III. Bezug zur Tätigkeit	7– 9
IV. Bezug zu den Bedingungen der Ausübung der Tätigkeit	10
V. Strenge Verhältnismäßigkeitsprüfung	11
VI. Beispiele und bisherige Rechtsprechung	12–15
VII. Verhältnis zu §§ 9, 10	16
VIII. Schutzvorschriften	17
IX. Grundsatz der gleichen Vergütung	18, 19

I. Allgemeines

Abs. 1 macht von der Möglichkeit nach Art. 4 Abs. 1 der Richtlinien 2000/43/EG (Antirassismus-Richtlinie) und 2000/78/EG (Rahmenrichtlinie Beschäftigung) und Art. 2 Abs. 6 der Richtlinie 76/207/EWG (Gender-Richtlinie) Gebrauch, Ungleichbehandlungen wegen beruflicher Anforderungen im Hinblick auf die in § 1 genannten Merkmale zuzulassen. **1**

Die Rechtfertigung einer unterschiedlichen Behandlung wegen beruflicher Anforderungen wird nach der Gesetzessystematik nur für den Fall einer **unmittelbaren Benachteiligung** gem. § 3 Abs. 1 **oder** der **Anweisung** zu ei- **2**

---

[73] Palandt, § 823 BGB Rn. 175 ff., 199 ff.
[74] LAG Hamm 21. 11. 96 – 17 Sa 987/96 – BB 97, 844.

ner solchen Benachteiligung gem. § 3 Abs. 5 relevant. Nur bei einer direkten Anknüpfung an ein Merkmal gem. § 1 kann dieses als wesentliche und entscheidende berufliche Anforderung gefordert oder abgelehnt werden. Besondere Relevanz kommt der Regelung bei **Einstellungen** oder der Beendigung des **Einsatzes von Beschäftigten für eine bestimmte Aufgabe** zu, für die eine sinnvolle Eignung aufgrund eines Merkmals nach § 1 von vornherein nicht besteht oder entfällt. Die Frage einer Rechtfertigung ist auch bei einer benachteiligenden Kündigung zu prüfen. Das BAG hat explizit darauf hingewiesen, dass die Diskriminierungsverbote und die Rechtfertigungsgründe gem. §§ 8–10 im Rahmen der Sozialwidrigkeit einer Kündigung zu überprüfen sind (s. hierzu im Einzelnen § 2 Rn. 58f.).[1] Bei einer mittelbaren Benachteiligung gem. § 3 Abs. 2 entfällt bei einer Rechtfertigung durch einen sachlichen Grund bereits der Tatbestand einer Benachteiligung, so dass es auf deren Zulässigkeit gem. § 8 nicht mehr ankommt. Bei einer Belästigung gem. § 3 Abs. 3 oder einer sexuellen Belästigung gem. § 3 Abs. 4 ist eine Rechtfertigung regelmäßig ausgeschlossen. Außerdem ist der Anknüpfungspunkt hier nicht eine unterschiedliche Behandlung, sondern eine rechtserhebliche Belästigung, die schon dem Wortlaut nach nicht unter Abs. 1 fällt.

II. Wesentliche und entscheidende berufliche Anforderung

3 **Abs. 1** lässt eine unterschiedliche Behandlung entsprechend den EU-rechtlichen Vorgaben nur dann zu, wenn der Grund hierfür in **wesentlichen und entscheidenden beruflichen Anforderungen** liegt, die geeignet sein müssen einem **rechtmäßigen Zweck** zu dienen und hierfür eine **angemessene Anforderung** darstellen. Die Formulierung unterscheidet sich vom Verbot der Benachteiligung im Zivilrecht (§ 19), für deren Rechtfertigung gem. § 20 ein »sachlicher Grund« ausreicht, der dort mit Beispielen genauer definiert wird. Nach der Systematik des Gesetzes besteht im arbeitsrechtlichen Bereich ein höherer Schutz für Beschäftigte im Vergleich zu anderen zivilrechtlichen Schuldverhältnissen. Das Erfordernis »wesentlicher und entscheidender beruflicher Anforderungen« geht über das Vorliegen eines sachlichen Grund und damit über das bisherige Willkürverbot des arbeitsrechtlichen Gleichbehandlungsgrundsatzes hinaus.

4 Abs. 1 schafft einen **einheitlichen Rechtfertigungsmaßstab bezüglich aller in § 1 AGG genannten Gründe**. Er weicht in der Formulierung vom bisherigen § 611a Abs. 1 BGB ab, nach dem eine Benachteiligung wegen des Geschlechts nur zulässig war, wenn ein bestimmtes Geschlecht **unverzichtbare** Voraussetzung für diese Tätigkeit war. Die Regelung entsprach damit dem früheren Wortlaut von Art. 2 Abs. 2 der Richtlinie 76/207/EWG (Gender-

---

1 BAG 6.11.08 – 2 AZR 523/07 – AuR 09, 358.

Richtlinie), die durch die Richtlinie 2002/73/EG (Änderung der Gender-Richtlinie) in den Rechtfertigungsgründen den anderen Richtlinien angepasst wurde. Der Verzicht auf unterschiedliche Rechtfertigungsmaßstäbe für Benachteiligungen wegen des Geschlechts einerseits und den übrigen in § 1 AGG genannten Gründen andererseits erfolgt nach dem Willen des Gesetzgebers nur aus redaktionellen Gründen in Angleichung an die EG-Richtlinien. Eine Absenkung des Schutzstandards ist damit nicht verbunden[2] und wäre nach Art. 8 e Abs. 2 der Richtlinie 76/207/EWG (Gender-Richtlinie), eingefügt durch die Richtlinie 2002/73/EG (Änderung der Gender-Richtlinie), auch verboten.

Im Hinblick auf die von der EU gewollte Anpassung und damit dem Zugrundelegen des gleichen Maßstabs einer Rechtfertigung für alle Formen der Benachteiligung einschließlich der Benachteiligung wegen des Geschlechts sind bei einer Auslegung i. S. des EU-Rechts strenge Anforderungen anzulegen. Als **unverzichtbar** wurde in der Vergangenheit eine Anknüpfung an das Geschlecht nur dann angesehen, wenn ein Angehöriger des jeweils anderen Geschlechts die vertragsgemäße Leistung nicht erbringen konnte und dieses Unvermögen auf Gründen beruht, die ihrerseits der gesetzlichen Wertentscheidung der Gleichberechtigung beider Geschlechter genügen.[3]

Wesentliche und entscheidende berufliche Anforderungen i. S. der jetzigen Formulierung können deshalb nur dann vorliegen, wenn die Beschäftigung einer Person mit einem dieser Merkmale auch unter Berücksichtigung des Schutzzwecks zu einem **unzumutbaren Nachteil für den Arbeitgeber** führen würde. Auch muss der Zweck, den der Arbeitgeber mit einer Unterscheidung aus Gründen des § 1 im Hinblick auf die Tätigkeit verfolgt, rechtmäßig und die Anforderung angemessen sein. In der Begründung zum Gesetzentwurf heißt es hierzu, dass eine Ungleichbehandlung nicht durch Erwägungen der bloßen Zweckmäßigkeit gerechtfertigt werden kann, sondern dass sie erforderlich sein und dem Grundsatz der Verhältnismäßigkeit zwischen beruflichem Zweck und Schutz vor Benachteiligung entsprechen muss.[4] Hiervon zu unterscheiden ist die Frage der grundsätzlichen **objektiven Eignung** von Bewerbern für die ausgeschriebene Stelle. Wenn sie dem in der Stellenausschreibung enthaltenen Anforderungsprofil nicht ansatzweise entsprechen und der Arbeitgeber bei der Auswahlentscheidung vom Anforderungsprofil nicht abweicht, liegt bereits keine Benachteiligung vor, ohne dass es noch auf eine Rechtfertigung ankommt.[5]

---

2 BAG 28. 5. 09 – 8 AZR 536/08 – NZA 09, 1016; BT-Drs. 16/1780 S. 35.
3 BAG 12. 11. 98 – 8 AZR 365/97 – NZA 99, 371; BAG 27. 4. 00 – 8 AZR 295/99 – AuA 00, 281.
4 BT-Drs. 16/1780 S. 35.
5 LAG Hamburg 29. 10. 08 – 3 Sa 15/08 – AuR 09, 97 mit Besprechung von Kocher AuR 09, 78.

§ 8 Ungleichbehandlung wegen beruflicher Anforderungen

III. Bezug zur Tätigkeit

7 Die wesentlichen und entscheidenden beruflichen Anforderungen müssen also **tätigkeitsbezogen** sein oder mit den Bedingungen der Ausübung der Tätigkeit zusammenhängen. Maßgebliches Abgrenzungskriterium ist, ob Personen, die ein Merkmal des § 1 tragen, für den Arbeitgeber den Zweck ihrer Tätigkeit gleichermaßen erfüllen können. Abzustellen ist auf die konkret auszuübende Tätigkeit, die sich nach dem vom Arbeitgeber festgelegten **Unternehmenskonzept** richtet. Das vom Arbeitgeber geforderte Merkmal muss, um wesentlich sein zu können, für die vom Arbeitgeber vorgegebene berufliche Anforderung eine prägende Bedeutung haben, wobei es nicht darauf ankommt, welcher zeitliche Anteil der Tätigkeit betroffen ist, sondern darauf, ob das Merkmal für die Erreichung des unternehmerischen Zwecks und nicht nur für unbedeutende, den Arbeitsplatz nicht charakterisierende Tätigkeiten erforderlich ist.[6] Hier können also **drei Kategorien** der Rechtfertigung gebildet werden: zum einen führt ein Merkmal des § 1 oder dessen Fehlen zum **persönlichen Unvermögen**, die Tätigkeit auszufüllen (Schauspieler für die Rolle eines alten Mannes). Zum anderen können bestimmte **Konzepte des Arbeitgebers** zugrunde liegen, die aus seiner Sicht das Vorliegen oder Fehlen eines bestimmten Merkmals des § 1 bedingen (wie z.B. pädagogisches Konzept für ein Betreuungsteam der Jugendhilfe) oder es bestehen **diskriminierende Kundenerwartungen**, die mit wirtschaftlichen Interessen des Arbeitgebers einhergehen (Verbot des muslimischen Kopftuchs bei einer Verkäuferin im Kaufhaus wegen der Befürchtung, es könne zu negativen Reaktionen der Kunden kommen.[7]

8 In diesem Zusammenhang spielt die Zumutbarkeit für den Arbeitgeber und daher eine Abwägung der geschützten Rechtspositionen beider Seiten eine Rolle. Führt das Merkmal zu einem **Unvermögen, die vertragsgemäßen Leistungen in einer für den Arbeitgeber sinnvollen Art und Weise zu erbringen**, ist es regelmäßig angemessen für den Arbeitgeber, und dient einem rechtmäßigen Zweck, Personen mit diesem Merkmal nicht zu beschäftigen. Das gesetzliche Verbot religiöser Bekundungen in der Schule darf für Lehrkräfte und andere pädagogische und sozialpädagogische Mitarbeiter das Tragen eines islamischem Kopftuchs bzw. einer das Kopftuch ersetzende andere Kopfbedeckung mit gleichem Zweck erfassen. Das Neutralitätsgebot des Staates in Bezug auf Religion kann gem. § 8 Abs. 1 ein pauschales Kopftuchverbot für Lehrkräfte nur dann rechtfertigen, wenn eine konkrete Gefahr für den Schulfrieden bzw. für die staatliche Neutralität besteht. Andern-

---

6 BAG 28.5.09 – 8 AZR 536/08 – NZA 09, 1016: Betreuerstelle für ein Mädcheninternat; BAG 18.3.10 – 8 AZR 77/09 – DB 10, 1534: kommunale Gleichstellungsbeauftragte mit Integrationsarbeit für zugewanderte muslimische Frauen.
7 BAG 10.10.02 – 2 AZR 472/01 – NJW 03, 1685.

falls gewährleistet das Grundrecht auf Glaubens- und Bekenntnisfreiheit gem. Art. 4 GG auch Lehrkräften in einer öffentlichen, bekenntnisoffenen Schule die Freiheit, einem aus religiösen Gründen als verpflichtend verstandenen Bedeckungsgebot zu genügen, wie dies etwa durch das Tragen eines islamischen Kopftuchs der Fall sein kann.[8] In privaten Arbeitsverhältnissen wird der Arbeitgeber solche religiösen Symbole, wie ein Kopftuch, nur verbieten dürfen, wenn es dafür objektive Gründe, wie z. B. Hygienevorschriften oder Sicherheitsvorschriften gibt. In kirchlichen Einrichtungen richtet sich die Rechtfertigung einer Benachteiligung nach den Voraussetzungen von § 9. Danach darf das Tragen eines Kopftuchs als Symbol der Zugehörigkeit zum islamischen Glauben und damit als Kundgabe einer abweichenden Religionszugehörigkeit untersagt werden.[9]

Auch **diskriminierende Kundenwünsche** rechtfertigen in aller Regel keine diskriminierende Einstellungspolitik eines Unternehmens.[10] Das BAG hat schon vor Inkrafttreten des AGG verlangt, dass der Arbeitgeber nicht einfach nur behaupten kann, seine Kunden würden ein bestimmtes Merkmal nicht akzeptieren (hier: Kopftuch bei einer Verkäuferin im Kaufhaus). Es muss entweder einen gesicherten Erfahrungssatz geben, dass dies tatsächlich so ist oder aber es ist dem Arbeitgeber zumindest bei einem bestehenden Arbeitsverhältnis zunächst einmal zuzumuten, die betroffenen Beschäftigten vertragsgemäß einzusetzen und abzuwarten, ob sich seine Befürchtungen in einem entsprechenden Maße realisieren und ob etwaigen Störungen nicht auf andere Weise begegnet werden kann.[11] Zwar ist grundsätzlich auch ein wesentliches, oft auch bestandsbezogenes Unternehmensinteresse an einer Ungleichbehandlung tätigkeitsbezogen. Aber eben nicht alle legitimen Unternehmensinteressen können eine Ungleichbehandlung wegen eines Merkmals des § 1 rechtfertigen.[12]

> **Beispiel:**
> Die Erwartung eines Kaufhausinhabers, eine Beschäftigung von Menschen dunkler Hautfarbe werde zu Umsatzeinbußen führen, ist nicht tätigkeitsbezogen und regelmäßig auch kein wesentliches Unternehmensinteresse.

---

8 BVerfG 27.1.15 – 1 BvR 471/10 und 1 BVR 1181/10; a. A. BAG 20.8.09 – 2 AZR 499/08 – NZA 10, 227; BAG 10.12.09 – 2 AZR 55/09 – AuR 10, 271, das die staatliche Neutralitätspflicht als ausreichende Rechtfertigung verstanden hat für staatliche Einrichtungen und, in denen die Neutralität in Bezug auf die Religion eine Wirkung nach außen und auf Dritte hat, wie z. B. in Schulen oder staatlichen Kindergärten.
9 BAG 24.9.14 – 5 AZR 611/12.
10 EuGH 10.7.08 – C-54/07 – [Feryn], NZA 08, 929.
11 BAG 10.10.02 – 2 AZR 472/01 – NZA 03, 483.
12 Schiek, NZA 04, 870 [879].

§ 8 Ungleichbehandlung wegen beruflicher Anforderungen

9 Eine fehlende **Behinderung** kann dann eine wesentliche und entscheidende berufliche Anforderung darstellen, wenn für die Tätigkeit eine bestimmte körperliche Funktion Voraussetzung ist. So darf z. b. der Arbeitgeber bei einem/r Stationssekretär/in gute Schreibmaschinenkenntnisse als berufliche Anforderung vorgeben.[13] Allerdings hat auch in einem solchen Fall der Arbeitgeber vorrangig nach Art. 5 der Richtlinie 2000/78/EG (Rahmenrichtlinie Beschäftigung) eventuell mögliche **angemessene und ihm zumutbare Vorkehrungen** zu treffen, wenn hierdurch eine Beschäftigungsmöglichkeit geschaffen werden kann (z. B. Anschaffung einer speziellen Tastatur). Kriterien, die sich von der Tätigkeit her nicht rechtfertigen lassen, sind hingegen nicht geeignet, eine benachteiligende Auswahlentscheidung zu rechtfertigen oder eine bestehende Vermutung einer Benachteiligung gem. § 22 zu widerlegen.

> **Beispiel:**
> A wird wegen einer Sehschwäche nicht in den Schalterdienst bei der Bank B eingestellt, weil sie Probleme mit einem herkömmlichen Computerbildschirm hat. Die Sehschwäche könnte durch einen speziellen Filteraufsatz auf den Computerbildschirm mit geringem Aufwand ausgeglichen werden. B hat keine Rechtfertigung für die Benachteiligung der A, weil die Beschäftigung mit einer zumutbaren Maßnahme möglich war.

IV. Bezug zu den Bedingungen der Ausübung der Tätigkeit

10 Wesentliche und entscheidende berufliche Anforderungen können nach dem Gesetzeswortlaut auch mit den **Bedingungen der Ausübung der Tätigkeit zusammenhängen**. Damit sind die rechtmäßigen Ziele des Arbeitgebers nicht eng auf die fachliche, berufliche Tätigkeit beschränkt, sondern beziehen den **betrieblichen Rahmen** mit ein, in dem die Tätigkeit auszuüben ist. In diesem Zusammenhang sind zum Schutz der anderen Beschäftigten die Grundsätze von § 75 Abs. 1 und 2 BetrVG zu beachten. Arbeitgeber und Betriebsrat haben darüber zu wachen, dass **alle** im Betrieb tätigen Personen nach den Grundsätzen von Recht und Billigkeit behandelt und insbesondere nicht wegen eines der in § 1 genannten Gründe benachteiligt werden. Damit gehört zu den beruflichen Anforderungen, die ein potentieller Bewerber erfüllen muss, auch das Fehlen von Einstellungen, die die Zusammenarbeit mit anderen Beschäftigten im Betrieb ernsthaft beeinträchtigen.[14] Der Betriebsrat hat gem. § 99 Abs. 2 Nr. 6 BetrVG das Recht, die Zustimmung zur

---

13 BAG 15. 2. 05 – 9 AZR 635/03 – NZA 05, 870.
14 Weitergehend ArbG Berlin 30. 7. 09 – 33 Ca 5772/09 – NZA-RR 10, 70, das eine Rechtfertigung für eine mittelbare Benachteiligung bejaht, wenn wegen der Weltanschauung eines Bewerbers ein Konflikts mit anderen langjährig Beschäftigten absehbar ist.

Ungleichbehandlung wegen beruflicher Anforderungen § 8

Einstellung eines solchen Bewerbers zu verweigern[15] und gem. § 104 BetrVG ein Recht darauf, dass solche Arbeitnehmer, die bereits beschäftigt werden, wieder aus dem Betrieb entfernt werden.

> **Beispiele:**
> A betrachtet Ausländer als minderwertig und lehnt eine Zusammenarbeit mit den Ausländern im Betrieb strikt ab. B ist Moslem und macht geltend, dass er aufgrund seiner Religion seine Vorgesetzte wegen ihres Geschlechts nicht akzeptieren könne. Beide können aufgrund ihrer Einstellung abgelehnt werden.

V. Strenge Verhältnismäßigkeitsprüfung

Nach dem Gesetzeswortlaut ist jede wesentliche und entscheidende Anforderung einer strengen Verhältnismäßigkeitsprüfung zu unterziehen.[16] Der EuGH fordert entsprechend, dass der Rechtfertigungsgrund für eine Ungleichbehandlung in einem angemessenen Verhältnis zum Grad der Ungleichbehandlung steht, also von ausreichendem Gewicht ist, um das konkrete Ausmaß der Ungleichbehandlung zu rechtfertigen.[17]   11

VI. Beispiele und bisherige Rechtsprechung

Der **Gesetzgeber** nennt als **Beispiele** für berechtigte Ungleichbehandlungen die bevorzugte Einstellung von Personen, die der jeweiligen Gruppe angehören bei Organisationen der in Deutschland anerkannten nationalen Minderheiten und der anerkannten Regional- oder Minderheitensprachen.[18] Im Gesetzgebungsverfahren zu § 611 a BGB wurden als Beispiele eine männliche Schauspielrolle oder die Aufsicht über weibliche Gefangene als rechtmäßige Ziele genannt.[19] In einer Mitteilung an die EG-Kommission[20] hat die Bundesregierung in Erfüllung einer Auflage des EuGH[21] außerdem den Schutz der Persönlichkeitsrechte von Patienten oder Betreuten und die Aufrechterhaltung eines sozialpädagogischen oder therapeutischen Konzepts als rechtmäßige Ziele benannt.   12

Anhaltspunkte kann auch die Rechtsprechung zur **geschlechtsbedingten Benachteiligung** geben. Die Unverzichtbarkeit des weiblichen Geschlechts wurde **bejaht**: für getrennte Einstellungsverfahren für den Strafvollzugs-   13

---

15 S. hierzu auch BAG 16.11.04 – 1 ABR 48/03 – NZA 05, 776.
16 S. zum zugrunde liegenden EU-Recht: Schiek, NZA 04, 870 [876].
17 EuGH 22.11.05 – C-365/02 – [Mangold/Helm], NZA 05, 1345.
18 BT-Drs. 16/1780 S. 35.
19 BT-Drucks. 8/3317, S. 9.
20 BArbBl. 11/1987, 40 ff.
21 EuGH 21.5.85 – C-248/83 – NZA 85, 627.

dienst,[22] Zugang zum Hebammenberuf,[23] Betreuerstelle für ein Mädcheninternat,[24] Tätigkeit einer Gleichstellungsbeauftragten,[25] Tätigkeit einer Arzthelferin,[26] Frauenreferentin einer politischen Partei,[27] Geschäftsführerin eines Frauenverbands[28] und Pflegekraft einer kleinen Belegarztklinik mit ganz überwiegend gynäkologischen Operationen und u. a. Patientinnen mit mohammedanischem Glauben bei nur einer Pflegekraft nachts und am Wochenende,[29] sowie den Verkauf von Damenbadebekleidung.[30] Für eine Bundestagsfraktion als **Tendenzträger** wurde eine Ausnahme vom Gleichbehandlungsgebot bejaht.[31]

14 Die Unverzichtbarkeit des Geschlechts wurde **verneint** für: schwere körperliche Arbeit;[32] Arbeit in Tischlerei- und Baubetrieb, Einbau von Fenstern;[33] Gleichstellungsbeauftragte;[34] Spätdienst und Bewachung in einem Tierheim;[35] zur Aufrechterhaltung eines sozialpädagogischen Konzepts;[36] nicht ausreichend bestimmtes Konzept des Arbeitgebers, aber offen gelassen für ein von vornherein bestimmtes pädagogisches Konzept;[37] Pflegekraft, wenn der Einsatz bei Patientinnen möglich ist, die die Pflege durch männliche Krankenpfleger nicht abgelehnt haben;[38] Arzthelferin/Arzthelfer.[39]

15 Ein Großteil der zitierten Entscheidungen bezieht sich auf eine Verletzung des Gebots zur geschlechtsneutralen **Stellenausschreibung**, das nunmehr in § 11 für alle Merkmale gem. § 1 geregelt ist. Eine Verletzung dieses Gebots reicht allein schon aus, um die Vermutung einer Benachteiligung gem. § 7 Abs. 1 zu begründen und führt zur Darlegungs- und Beweislast des Arbeitgebers gem. § 22 (s. dort Rn. 11 und 15).

---

22 EuGH 30. 6. 88 – C 318/86 – EuGHE 88, 3559.
23 EuGH 8. 11. 83 – C 165/82 – NJW 1985, 539.
24 BAG 28. 5. 09 – 8 AZR 536/08 – NZA 09, 1016.
25 BAG 18. 3. 10 – 8 AZR 77/09 – DB 10, 1534.
26 BAG 21. 2. 91 – 2 AZR 449/90 – NZA 91, 719.
27 LAG Berlin 14. 1. 98 – 8 Sa 118/97 – NZA 98, 312.
28 ArbG München 14. 2. 01 – 38 Ca 8663/00 – NZA-RR 01, 365.
29 ArbG Hamburg 10. 4. 01 – 20 Ca 188/00 – PflR 01, 322.
30 LAG Köln 19. 7. 96 – 7 Sa 499/96 – NZA-RR 97, 84.
31 ArbG Bonn 16. 9. 87 – 4 Ca 1398/87 – NZA 88, 133.
32 LAG Köln 8. 11. 00 – 3 Sa 974/00 – NZA 01, 787.
33 LAG Hamburg 18. 8. 99 – 4 Sa 41/99 – AiB 00, 443.
34 BAG 12. 11. 98 – 8 AZR 365/97 – NZA 99, 371.
35 BAG 14. 3. 89 – 8 AZR 447/8 – NZA 90, 21.
36 LAG Düsseldorf 1. 2. 02 – 9 Sa 1451/01 – NZA-RR 02, 345.
37 BAG 14. 3. 89 – 8 AZR 351/86 – NZA 90, 24.
38 ArbG Bonn 31. 3. 01 – 5 Ca 2781/00 – PflR 01, 318.
39 ArbG Düsseldorf 15. 11. 00 – 8 Ca 6041/00 – PflR 01, 437.

VII. Verhältnis zu §§ 9, 10

Für Beschäftigte von Religionsgemeinschaften regelt § 9 weitere Möglichkeiten für die Zulässigkeit einer Ungleichbehandlung, die sich ggf. mit § 8 überschneiden können. Für eine Ungleichbehandlung wegen des Alters reichen neben einer Rechtfertigung nach Abs. 1 gem. § 10 bereits objektive und angemessene und durch ein legitimes Ziel gerechtfertigte Gründe aus (s. hierzu im Einzelnen § 10 Rn. 2).

16

VIII. Schutzvorschriften

Abs. 2 stellt klar, dass **besondere Schutzvorschriften** für Personen wegen eines in § 1 genannten Merkmals nicht ausreichen, um eine Ungleichbehandlung im Hinblick auf das Entgelt zu rechtfertigen. Bei dieser Bestimmung handelt es sich um eine Ausprägung des Grundsatzes, dass nur solche Zwecke zur Rechtfertigung eines benachteiligend wirkenden Differenzierungskriteriums verwendet werden dürfen, die selbst unabhängig von einem Merkmal des § 1 sind und zudem fair und gleichmäßig angewendet werden.[40] Besondere Schutzvorschriften im Sinne von Abs. 2 sind vor allem die Vorschriften zum **Schutz von Behinderten**, **Mutterschutz** etc. Im Hinblick darauf, dass bestehende Schutzvorschriften allenfalls einen sachlichen Grund für eine Ungleichbehandlung darstellen, dieser aber nach Abs. 1 für die Rechtfertigung einer Ungleichbehandlung nicht ausreicht, wäre eine ausdrückliche Regelung nicht erforderlich gewesen.

17

IX. Grundsatz der gleichen Vergütung

Durch den Wortlaut von Abs. 2 wird klar, dass § 7 i.V.m. § 2 Abs. 1 Nr. 2 den in Art. 141 Abs. 1 EGV normierten und durch den früheren § 612 Abs. 3 BGB in das deutsche Recht übernommenen **Grundsatz der gleichen Vergütung** über das Merkmal Geschlecht hinaus auf alle in § 1 genannten Merkmale erstreckt und künftig in Verbindung mit § 2 Abs. 1 Nr. 2 und § 8 Abs. 2 die neue Grundlage für Ansprüche auf gleiches Entgelt für gleiche oder gleichwertige Arbeit darstellt (zur gleichen oder gleichwertigen Arbeit s. Rn. 23 ff. zu § 2, sowie zur mittelbaren Benachteiligung bei der Höhe der Vergütung Rn. 22 ff. zu § 34; zur nunmehr notwendigen Rechtfertigung einer höheren Vergütung für ältere Arbeitnehmer s. Rn. 19 zu § 10). Nach Abs. 2 AGG besteht nunmehr für alle Diskriminierungstatbestände für die Vergangenheit und für die Zukunft ein Anspruch auf Gleichstellung mit den (meist-)begünstigten Arbeitnehmern (»Anpassung nach oben«), bis es zu

18

---

40 ErfK-Preis, § 612 Abs. 3 BGB Rn. 64.

einer Neuregelung kommt – auch wenn dies eine ganze Vergütungsordnung betrifft.[41]

19 Zu beachten ist, dass anders als beim **bisherigen § 612 Abs. 3**, der keine Rechtfertigungsmöglichkeit vorsah, nunmehr auch geschlechtsbezogene Differenzierungen beim Entgelt grundsätzlich nach Abs. 1 gerechtfertigt sein können. Hierfür gelten die gleichen Rechtfertigungsmöglichkeiten wie bei anderen Benachteiligungen gem. § 2 Abs. 1 Nr. 1–4. Da inhaltlich eine geschlechtsbezogene Benachteiligung bei der Entgelthöhe eine gleiche oder gleichwertige Arbeit voraussetzt, ist allerdings eine Rechtfertigung durch tätigkeitsbezogene, wesentliche und entscheidende berufliche Anforderungen nicht denkbar. Eine gem. Art. 8 e Abs. 2 der Richtlinie 76/207/EWG (Gender-Richtlinie) verbotene Absenkung des Schutzstandards liegt deswegen nicht vor.

§ 9 Zulässige unterschiedliche Behandlung wegen der Religion oder Weltanschauung

(1) Ungeachtet des § 8 ist eine unterschiedliche Behandlung wegen der Religion oder der Weltanschauung bei der Beschäftigung durch Religionsgemeinschaften, die ihnen zugeordneten Einrichtungen ohne Rücksicht auf ihre Rechtsform oder durch Vereinigungen, die sich die gemeinschaftliche Pflege einer Religion oder Weltanschauung zur Aufgabe machen, auch zulässig, wenn eine bestimmte Religion oder Weltanschauung unter Beachtung des Selbstverständnisses der jeweiligen Religionsgemeinschaft oder Vereinigung im Hinblick auf ihr Selbstbestimmungsrecht oder nach der Art der Tätigkeit eine gerechtfertigte berufliche Anforderung darstellt.
(2) Das Verbot unterschiedlicher Behandlung wegen der Religion oder der Weltanschauung berührt nicht das Recht der in Absatz 1 genannten Religionsgemeinschaften, der ihnen zugeordneten Einrichtungen ohne Rücksicht auf ihre Rechtsform oder der Vereinigungen, die sich die gemeinschaftliche Pflege einer Religion oder Weltanschauung zur Aufgabe machen, von ihren Beschäftigten ein loyales und aufrichtiges Verhalten im Sinne ihres jeweiligen Selbstverständnisses verlangen zu können.

Inhaltsübersicht	Rn.
I. Richtlinienkonforme Auslegung	1
II. Selbstbestimmungsrecht der Kirchen, Religionsgesellschaften und Weltanschauungsgemeinschaften	2–5
1. Einrichtungen	2
2. Gemeinschaftliche Pflege einer Religion oder Weltanschauung . . .	3, 4
3. Andere Vereinigungen	5
III. Rechtfertigung einer Ungleichbehandlung wegen der Religion oder Weltanschauung	6, 6a

---

41 ArbG Berlin 22. 8. 07 – 86 Ca 1696/07 – AuA 07, 749.

IV. Verpflichtung zu loyalem Verhalten 7
V. Rechtfertigung einer Ungleichbehandlung wegen anderer Merkmale
des § 1 8

I. Richtlinienkonforme Auslegung

Die Vorschrift macht von der Möglichkeit in Art. 4 Abs. 2 der Richtlinie **1**
2000/78/EG (Rahmenrichtlinie Beschäftigung) Gebrauch und erlaubt in bestimmten Fällen eine unterschiedliche Behandlung der Beschäftigten wegen ihrer Religion und/oder Weltanschauung. Der Wortlaut definiert den Anwendungsbereich zum einen enger als das EU-Recht und sieht eine Ausnahme nur für **Religionsgesellschaften und Vereinigungen, die sich die gemeinschaftliche Pflege einer Religion oder Weltanschauung zur Aufgabe machen** vor. Andere Tendenzbetriebe i. S. von § 118 BetrVG fallen nicht hierunter. Zum anderen erlaubt die EG-Richtlinie aber nur dann eine unterschiedliche Behandlung, wenn die Religion oder die Weltanschauung der betroffenen Person »nach der Art dieser Tätigkeiten oder der Umstände ihrer Ausübung eine wesentliche, rechtmäßige und gerechtfertigte berufliche Anforderung angesichts des Ethos der Organisation darstellt«. Hiervon weicht der Wortlaut ab, da nach Abs. 1 die unterschiedliche Behandlung auch dann gerechtfertigt ist, wenn ohne Ansehen der Art der Tätigkeit ausschließlich aufgrund des Selbstbestimmungsrechts der Gemeinschaft die Religion oder Weltanschauung eine gerechtfertigte berufliche Anforderung darstellt. Eine gerechtfertigte berufliche Anforderung kann aber bei **richtlinienkonformem Verständnis** nur dann vorliegen, wenn die berufliche Anforderung **in Bezug auf die konkrete berufliche Tätigkeit verhältnismäßig** ist. Die EG-Kommission hat die mangelhafte Umsetzung der EG-Richtlinien in diesem Punkt gerügt.[1] Eine Festlegung einer bestimmten Religion oder Weltanschauung als berufliche Anforderung allein aufgrund des Selbstbestimmungsrechts ohne Berücksichtigung der Tätigkeit ist nach der Richtlinie ausgeschlossen.

II. Selbstbestimmungsrecht der Kirchen, Religionsgesellschaften und Weltanschauungsgemeinschaften

1. Einrichtungen

Abs. 1 geht in seiner Formulierung auf die Vorgaben des deutschen Verfas- **2**
sungsrechts zurück (Art. 140 GG i. V. m. Art. 136 ff. Weimarer Reichsverfassung). Danach steht den **Kirchen, sonstigen Religionsgesellschaften und**

---

[1] Schreiben der EG-Kommission vom 31. 1. 2008 (IP/08/155); s. auch Nollert-Borasio, AuR 08, 332.

Weltanschauungsgemeinschaften das Recht der Selbstbestimmung über Ordnung und Verwaltung in ihren Angelegenheiten zu. Dies erstreckt sich auch auf die ihnen zugeordneten Einrichtungen ohne Rücksicht auf ihre Rechtsform, insbesondere im kirchlichen Bereich auch auf die karitativen und erzieherischen Einrichtungen, mit deren Hilfe die Kirchen ihre erzieherischen und sozialen Aufgaben erfüllen.[2] Dieses Recht umfasst grundsätzlich auch die Berechtigung, die Religion oder Weltanschauung als berufliche Anforderung für die bei ihnen Beschäftigten zu bestimmen. Von der Ausnahme des Abs. 1 werden daher auch die **rechtlich selbstständigen Einrichtungen in kirchlicher Trägerschaft**, wie Krankenhäuser, Kindergärten, Schulen etc. und die dort Beschäftigten umfasst. Träger des kirchlichen Selbstbestimmungsrechts sind nicht nur die Kirchen selbst, sondern alle ihr zugeordneten Institutionen, Gesellschaften, Organisationen und Einrichtungen, wenn und soweit sie nach dem glaubensdefinierten Selbstverständnis der Kirchen entsprechend ihrem Zweck oder ihrer Aufgabe berufen sind, Auftrag und Sendung der Kirchen wahrzunehmen und zu erfüllen. Dies gilt unbeschadet der Rechtsform der einzelnen Einrichtung auch dann, wenn der kirchliche Träger sich privatrechtlicher Organisationsformen bedient. Die Kirchen können die jedermann offen stehenden privatautonomen Gestaltungsformen nutzen, Dienstverhältnisse begründen und nach ihrem Selbstverständnis ausgestalten. Ganz überwiegend der Gewinnerzielung dienende Organisationen und Einrichtungen können das Privileg der Selbstbestimmung allerdings nicht in Anspruch nehmen, da bei ihnen der enge Konnex zum glaubensdefinierten Selbstverständnis aufgehoben ist.[3] Nicht erfasst werden also Einrichtungen von Kirchen, die weder mit dem eigentlichen Verkündungsauftrag noch mit den daran anknüpfenden erzieherischen oder sozialen Aufgaben etwas zu tun haben, sondern z. B. nur der Personal- oder Vermögensverwaltung dienen.[4]

2. Gemeinschaftliche Pflege einer Religion oder Weltanschauung

3   Weniger klar ist der Begriff der **Vereinigungen, die sich die gemeinschaftliche Pflege einer Religion oder Weltanschauung zur Aufgabe machen**. Hierunter sind in jedem Fall die **Weltanschauungsgemeinschaften** selbst zu verstehen, die nach Art. 137 Abs. 7 WeimRVerf den Religionsgesellschaften gleichgestellt sind. Weltanschauungsgemeinschaften sind Vereinigungen, die sich die gemeinschaftliche Pflege einer Weltanschauung zur Aufgabe ge-

---

2 BVerfG 11. 10. 77 – 2 BvR 209/76 – DB 77, 2379; BAG 25. 4. 78 – 1 AZR 70/76 – DB 78, 2175.
3 BVerfG 22. 10. 14 – 2 BvR 661/12.
4 LAG Frankfurt 8. 7. 11 – 3 Sa 742/10: keine Anwendung der Kirchenklausel auf die Evangelische Zusatzversorgungskasse.

macht haben, d. h. einer Lehre, die ohne Bindung an ein religiöses Glaubensbekenntnis das Wertganze universell zu begreifen und die Stellung des Menschen in der Welt zu erkennen und zu bewerten sucht (s. auch Rn. 15f. zu § 1).[5] Keine Religionsgemeinschaften oder Weltanschauungsgemeinschaften sind die verschiedenen **Scientology**-Organisationen und ähnliche Vereinigungen, bei denen die religiösen oder weltanschaulichen Lehren nur als Vorwand für die Verfolgung wirtschaftlicher Ziele dienen.[6]

Der gemeinschaftlichen Pflege einer Religion oder Weltanschauung dienen nach der Rechtsprechung des **BVerfG** auch **Vereinigungen**, die sich nicht die allseitige, sondern nur die **partielle Pflege des religiösen oder weltanschaulichen Lebens ihrer Mitglieder** zum Ziel gesetzt haben. Voraussetzung dafür ist aber, dass der **Zweck der Vereinigung** gerade auf die Erreichung eines solchen Zieles gerichtet ist. Das gilt ohne weiteres für organisatorisch oder institutionell mit Kirchen verbundene Vereinigungen wie kirchliche Orden, deren Daseinszweck eine Intensivierung der gesamtkirchlichen Aufgaben enthält. Es gilt aber auch für andere selbstständige oder unselbstständige Vereinigungen, wenn und soweit ihr Zweck die Pflege oder Förderung eines religiösen Bekenntnisses oder die Verkündung des Glaubens ihrer Mitglieder ist. Maßstab für das Vorliegen dieser Voraussetzungen kann das Ausmaß der institutionellen Verbindung mit einer Religionsgemeinschaft oder die Art der mit der Vereinigung verfolgten Ziele sein.[7]   4

3. Andere Vereinigungen

Andere **Vereinigungen, deren Ethos lediglich auf religiösen Grundsätzen oder Weltanschauungen beruht**, wie z. B. eine politische Partei, die sich in ihrem Programm humanistischen Grundsätzen verpflichtet, fallen nicht darunter. Ihre Aufgabe ist die Mitwirkung an der politischen Willensbildung und nicht die gemeinschaftliche Pflege einer Weltanschauung. Daher fallen weder politische Parteien noch weltanschaulich oder konfessionell geprägte Vereinigungen und Koalitionen (z. B. Christliche Gewerkschaften, Bund katholischer Unternehmer, denen nach Art. 9 Abs. 3 GG Zweckautonomie zukommt) unter den Ausnahmetatbestand des Abs. 1.[8]   5

---

5 Maunz/Dürig, Art. 140/137 WeimRVerf, Rn. 54.
6 BAG 22. 3. 95 – 5 AZB 21/94 – NZA 95, 823.
7 BVerfG 16. 10. 68 – 1 BvR 241/66 – DB 68, 2119; BVerfG 11. 10. 77 – 2 BvR 209/76 – DB 77, 2379; BVerfG 4. 6. 85 – 2 BvR 1703/83, 2 BvR 1718/83, 2 BvR 856/84 – DB 85, 2103.
8 So auch Rieble, Ausschuss für Wirtschaft und Arbeit, Ausschussdrucksache 15[9]1731 vom 1. 3. 05, S. 3.

III. Rechtfertigung einer Ungleichbehandlung wegen der Religion oder Weltanschauung

6 Abs. 1 **gestattet eine Ungleichbehandlung** bei Religionsgemeinschaften oder Weltanschauungsgemeinschaften dann, wenn die Religion oder Weltanschauung einer Person **unter Beachtung des Selbstverständnisses** der jeweiligen Religionsgemeinschaft oder Vereinigung aufgrund des Selbstbestimmungsrechts oder **nach der Art der Tätigkeit** eine gerechtfertigte berufliche Anforderung darstellt. Maßgeblich für eine Rechtfertigung der Ungleichbehandlung von Beschäftigten wegen ihrer Religion oder Weltanschauung ist also das **Selbstbestimmungsrecht und das Selbstverständnis** und damit die von der jeweiligen Religionsgemeinschaft oder Vereinigung selbst gesetzten Regeln.[9] Mit dem Wortlaut und dem Sinn und Zweck der EG-Richtlinie ist diese weite Ausnahmeregelung jedoch nicht zu vereinbaren (s. Rn. 1). Die Rechtfertigung einer beruflichen Anforderung hängt nicht nur vom Selbstbestimmungsrecht der Religionsgemeinschaft oder Vereinigung ab, sondern auch von den **Erfordernissen einer konkreten Tätigkeit**. Eine andere Auslegung, die tatsächlich das Selbstbestimmungsrecht allein als Rechtfertigung einer Ungleichbehandlung gelten lässt, wäre weder mit dem Wortlaut noch mit dem Sinn und Zweck der Rahmenrichtlinie vereinbar. Es muss also auch bei dieser Prüfung der Rechtfertigung die Frage der Verhältnismäßigkeit geklärt werden. Insofern erfasst die Ausnahmeregelung in jedem Fall den **Bereich der Glaubensverkündung**. Außerhalb dieses sog. Verkündungsbereichs ist eine **Prüfung der Verhältnismäßigkeit** im Hinblick auf die Tätigkeit vorzunehmen. Deshalb dürfen regelmäßig für einfache Arbeiten oder Hilfstätigkeiten (z. B. Hausmeister einer kirchlichen Schule oder Putzhilfe) keine besonderen Anforderungen an die Religionszugehörigkeit gestellt werden. In solchen Fällen genügen die Möglichkeiten des Abs. 2 zur Wahrung der Interessen der Religionsgemeinschaft. In diese Richtung geht auch die Entscheidung des Europäischen Gerichtshofs für Menschenrechte, die das Recht der Religionsgemeinschaften auf Eigenständigkeit mit den Rechten der kirchlichen Beschäftigten unter maßgeblicher Beachtung der von ihnen ausgeübten Tätigkeiten abwägt.[10]

6a Wo genau die Grenze verläuft, ist bislang ungeklärt. Erstinstanzlich wurde der Ausschluss einer muslimischen Bewerberin aus dem Auswahlverfahren um die Besetzung einer von einer Einrichtung des Diakonischen Werkes der Evangelischen Kirche in Deutschland ausgeschriebenen Stelle einer Sozialpädagogin für ein aus Mitteln des Europäischen Sozialfonds sowie des Bundes finanziertes Projekt zur beruflichen Integration von Migrantinnen und

---

9 BVerfG 22. 10. 14 – 2 BvR 661/12.
10 EuGHMR 23. 9. 10 Obst gegen Deutschland [Beschwerde-Nr. 425/03] und Schüth gegen Deutschland [Beschwerde-Nr. 1620/03].

§ 9

Migranten wegen Nichtzugehörigkeit zur christlichen Religion als unzulässiger Verstoß gegen das Benachteiligungsverbot des § 7 gesehen, die nicht durch das Selbstbestimmungsrecht der evangelischen Kirche oder durch eine nach der Art der Tätigkeit gerechtfertigte berufliche Anforderung im Sinne von § 9 abgedeckt ist.[11] Das Tragen eines islamischen Kopftuches muss als Kundgabe einer abweichenden Religionszugehörigkeit von einer Einrichtung der evangelischen Kirche nicht hingenommen werden.[12] Das BAG hat die außerordentliche Kündigung eines Sozialarbeiters in einer Kinderbetreuungseinrichtung nach Kirchenaustritt als gerechtfertigt beurteilt.[13] Im Einzelfall kann die Abgrenzung zu einer Benachteiligung wegen der Weltanschauung, die auch die Freiheit der Abkehr von einer Religionsgemeinschaft grundsätzlich beinhaltet, schwierig sein. Eine Benachteiligung wegen der Weltanschauung kann aber bei **richtlinienkonformer Auslegung** von Abs. 1 ebenfalls nur dann gerechtfertigt sein, wenn ein **Zusammenhang zwischen kirchlichem Selbstbestimmungsrecht und der Art der Tätigkeit** besteht (Rn. 1).

IV. Verpflichtung zu loyalem Verhalten

Abs. 2 ergänzt Abs. 1 hinsichtlich der Frage, welche **Verhaltensanforderungen** eine Religions- oder Weltanschauungsgemeinschaft an ihre Mitarbeiter stellen darf. Im Wesentlichen enthält die Vorschrift eine **Klarstellung**, dass das **Verbot einer Diskriminierung wegen der Religion oder Weltanschauung keine Einschränkung** in dieser Hinsicht **mit sich bringt**. Danach können die Organisationen ein loyales und aufrichtiges Verhalten von den für sie arbeitenden Personen verlangen, auch wenn diese eine abweichende Religion oder Weltanschauung haben. Es obliegt den Kirchen und Weltanschauungsgemeinschaften selbst, dementsprechende verbindliche innere Regelungen zu schaffen. Dies entspricht der bisherigen Rechtsprechung des BVerfG, nach der Loyalitätspflichten ohne weiteres mit dem Arbeitsverhältnis verbunden sind und nicht von der Nähe der Tätigkeit zu spezifisch kirchlichen Aufgaben und der damit verbundenen Gefahr für die Glaubwürdigkeit der Kirche abhängig gemacht werden dürfen.[14] Es kommt weder auf die Auffassung der einzelnen betroffenen kirchlichen Einrichtungen noch auf die einzelner Arbeitnehmer an, sondern bleibt grundsätzlich den verfassten Kirchen über-

7

---

11 ArbG Hamburg 4.12.07 – 20 Ca 105/07; offen gelassen von den Folgeinstanzen LAG Hamburg 29.10.08 – 3 Sa 15/08 – AuR 09, 97 und BAG 19.8.10 – 8 AZR 466/09 –, mit der Begründung, dass wegen fehlender objektiver Eignung keine Benachteiligung vorliegt, die hätte gerechtfertigt werden müssen.
12 BAG 24.9.14 – 5 AZR 611/14.
13 BAG 25.4.13 – 2 AZR 579/12.
14 BVerfG 4.6.85 – 2 BvR 1703/83, 2 BvR 1718/83, 2 BvR 856/84 – DB 85, 2103.

lassen, verbindlich zu bestimmen, was »die Glaubwürdigkeit der Kirche und ihre Verkündigung erfordert« und welche die »wesentlichen Grundsätze der Glaubens- und Sittenlehre« sind bzw. was gegebenenfalls als schwerer Verstoß gegen diese anzusehen ist.[15] Allerdings ist im Rahmen der Verhältnismäßigkeitsprüfung das Recht der betroffenen Beschäftigten auf Achtung ihres Privat- und Familienlebens nach Artikel 8 EMRK zu beachten, so dass die Religionsgemeinschaften im Ergebnis nur eine abgestufte Loyalität abhängig von der Verkündungsnähe einer Tätigkeit fordern dürfen.[16] Insofern ist die bisherige Rechtsprechung zu modifizieren, nach der Beschäftigte, die die wesentlichen kirchlichen Grundsätze nicht leben, akzeptieren und nicht bereit sind, sie einzuhalten, die beruflichen Anforderungen nicht erfüllen.[17] Abs. 2 enthält aber keine Rechtfertigung einer Ungleichbehandlung wegen eines Merkmals des § 1. **Anknüpfungspunkt** für eine mögliche Benachteiligung nach Abs. 2 ist nicht unmittelbar die Religion oder Weltanschauung des Beschäftigten, sondern ein **Verhalten**, das den Grundsätzen der Religions- oder Weltanschauungsgemeinschaft widerspricht.

> **Beispiel:**
> Beschäftigte im kirchlichen Bereich können sich nicht auf eine liberale Weltanschauung berufen, wenn es um Fragen der kirchlichen Sexualmoral geht, mit denen sie nicht übereinstimmen. Die Frage, welche arbeitsrechtlichen Folgen ein Verstoß gegen derartige Verhaltenspflichten haben kann, beurteilen die Arbeitsgerichte unter Berücksichtigung des Grundsatzes der Verhältnismäßigkeit.

Ist das vorgeworfene Verhalten aber gleichzeitig notwendiger Ausdruck einer anderen Weltanschauung, kann bei einer **richtlinienkonformen Auslegung** von Abs. 1 eine Benachteiligung nur gerechtfertigt sein, wenn Anknüpfungspunkt nicht lediglich die von den Religionsgemeinschaften selbst festgelegten beruflichen Anforderungen sind, sondern diese Anforderungen im konkreten Zusammenhang mit der Art der Tätigkeit stehen (Rn. 1 und 6). Auch das BVerfG betont, dass es absolute Kündigungsgründe nicht gibt und daher immer eine Interessenabwägung vorzunehmen ist. Die Prüfung soll allerdings auf zwei Stufen erfolgen, wobei auf einer ersten Prüfungsstufe zunächst im Rahmen einer Plausibilitätskontrolle auf der Grundlage des glaubensdefinierten Selbstverständnisses der verfassten Kirche zu überprüfen ist, ob eine Organisation oder Einrichtung an der Verwirklichung des kirchlichen Grundauftrags teilhat, ob eine bestimmte Loyalitätsobliegenheit Ausdruck eines kirchlichen Glaubenssatzes ist und welches Gewicht dieser Loya-

---

15 BVerfG 4.6.85 – 2 BvR 1703/83, 2 BvR 1718/83 und 2 BvR 856/84 – NJW 86, 367.
16 EuGHMR 23.9.10 Obst gegen Deutschland [Beschwerde-Nr. 425/03] und Schüth gegen Deutschland [Beschwerde-Nr. 1620/03].
17 So noch BAG 22.5.03 – 2 AZR 426/02 – NZA 04, 399; BAG 16.9.04 – 2 AZR 447/03 – NZA 05, 1263.

litätsobliegenheit und einem Verstoß hiergegen nach dem kirchlichen Selbstverständnis zukommt. Dabei richtet sich die Frage, welche kirchlichen Grundverpflichtungen als Gegenstand des Arbeitsverhältnisses bedeutsam sein können, nach Ansicht des BVerfG alleine nach den von der verfassten Kirche anerkannten Maßstäben. Auf einer zweiten Prüfungsstufe ist sodann unter dem Gesichtspunkt der Schranken des »für alle geltenden Gesetzes« eine Gesamtabwägung vorzunehmen. Dies setzt zunächst die positive Feststellung voraus, dass der Arbeitnehmer sich der ihm vertraglich auferlegten Loyalitätsanforderungen und der Möglichkeit arbeitsrechtlicher Sanktionierung von Verstößen bewusst war oder hätte bewusst sein müssen. In der Abwägung ist sodann ein Ausgleich der – im Lichte des Selbstbestimmungsrechts verstandenen – kirchlichen Belange und der korporativen Religionsfreiheit mit den Grundrechten der betroffenen Arbeitnehmer und deren in den allgemeinen arbeitsrechtlichen Schutzbestimmungen enthaltenen Interessen vorzunehmen. Dem Selbstverständnis der Kirche ist dabei ein besonderes Gewicht beizumessen, ohne dass die Interessen der Kirche die Belange des Arbeitnehmers dabei prinzipiell überwiegen.[18]

Auch bei Kündigungen wegen Enttäuschung der berechtigten Loyalitätserwartungen eines kirchlichen Arbeitgebers kann daher die stets erforderliche Interessenabwägung im Einzelfall zu dem Ergebnis führen, dass dem Arbeitgeber die Weiterbeschäftigung des Arbeitnehmers zumutbar und die Kündigung deshalb unwirksam ist. Abzuwägen sind das Selbstverständnis der Kirchen einerseits und das Recht des Arbeitnehmers auf Achtung seines Privat- und Familienlebens andererseits.[19]

V. Rechtfertigung einer Ungleichbehandlung wegen anderer Merkmale des § 1

Nicht erfasst von Abs. 1 und 2 sind Fälle einer **Benachteiligung aus anderen in § 1 genannten Gründen**, die nicht an die Religion oder Weltanschauung anknüpfen. Art. 4 Abs. 2 der Richtlinie 2000/78/EG gibt vor, dass die zulässige Ungleichbehandlung wegen der Religion oder Weltanschauung eine Diskriminierung aus einem anderen Grund nicht rechtfertigt. Insoweit ist eine Benachteiligung nur nach den allgemeinen Regeln der §§ 8 und 10 zulässig. Zu beachten ist in diesem Zusammenhang auch die Regelung über mehrfache Benachteiligungen in § 4. Eine Benachteiligung, die beispiels-

8

---

18 BVerfG 22.10.14 – 2 BvR 661/12.
19 BAG 8.9.11 – 2 AZR 543/10: Unwirksamkeit der verhaltensbedingten Kündigung eines katholischen Chefarztes wegen Wiederverheiratung, aufgehoben von BVerfG 22.10.14 – 2 BvR 661/12 – mit der Begründung, dass das BAG Bedeutung und Tragweite des kirchlichen Selbstbestimmungsrechts bislang nicht ausreichend berücksichtigt habe und eine abschließende Interessenabwägung vornehmen müsse.

weise sowohl an der Religion, wie am Geschlecht anknüpft (z. B. Zulassung nur katholischer Männer zur Ausbildung zum Priesteramt), muss für beide Merkmale gerechtfertigt sein. Das gleiche gilt in Zukunft auch für die Praxis der katholischen Kirche, Behinderte nicht zum Altardienst zuzulassen.

§ 10 Zulässige unterschiedliche Behandlung wegen des Alters

Ungeachtet des § 8 ist eine unterschiedliche Behandlung wegen des Alters auch zulässig, wenn sie objektiv und angemessen und durch ein legitimes Ziel gerechtfertigt ist. Die Mittel zur Erreichung dieses Ziels müssen angemessen und erforderlich sein. Derartige unterschiedliche Behandlungen können insbesondere Folgendes einschließen:

1. die Festlegung besonderer Bedingungen für den Zugang zur Beschäftigung und zur beruflichen Bildung sowie besonderer Beschäftigungs- und Arbeitsbedingungen, einschließlich der Bedingungen für Entlohnung und Beendigung des Beschäftigungsverhältnisses, um die berufliche Eingliederung von Jugendlichen, älteren Beschäftigten und Personen mit Fürsorgepflichten zu fördern oder ihren Schutz sicherzustellen,
2. die Festlegung von Mindestanforderungen an das Alter, die Berufserfahrung oder das Dienstalter für den Zugang zur Beschäftigung oder für bestimmte mit der Beschäftigung verbundene Vorteile,
3. die Festsetzung eines Höchstalters für die Einstellung auf Grund der spezifischen Ausbildungsanforderungen eines bestimmten Arbeitsplatzes oder auf Grund der Notwendigkeit einer angemessenen Beschäftigungszeit vor dem Eintritt in den Ruhestand,
4. die Festsetzung von Altersgrenzen bei den betrieblichen Systemen der sozialen Sicherheit als Voraussetzung für die Mitgliedschaft oder den Bezug von Altersrente oder von Leistungen bei Invalidität einschließlich der Festsetzung unterschiedlicher Altersgrenzen im Rahmen dieser Systeme für bestimmte Beschäftigte oder Gruppen von Beschäftigten und die Verwendung von Alterskriterien im Rahmen dieser Systeme für versicherungsmathematische Berechnungen,
5. eine Vereinbarung, die die Beendigung des Beschäftigungsverhältnisses ohne Kündigung zu einem Zeitpunkt vorsieht, zu dem der oder die Beschäftigte eine Rente wegen Alters beantragen kann; § 41 des Sechsten Buches Sozialgesetzbuch bleibt unberührt,
6. Differenzierungen von Leistungen in Sozialplänen im Sinne des Betriebsverfassungsgesetzes, wenn die Parteien eine nach Alter oder Betriebszugehörigkeit gestaffelte Abfindungsregelung geschaffen haben, in der die wesentlich vom Alter abhängenden Chancen auf dem Arbeitsmarkt durch eine verhältnismäßig starke Betonung des Lebensalters erkennbar berücksichtigt worden sind, oder Beschäftigte von

den Leistungen des Sozialplans ausgeschlossen haben, die wirtschaftlich abgesichert sind, weil sie, gegebenenfalls nach Bezug von Arbeitslosengeld, rentenberechtigt sind.

Inhaltsübersicht Rn.
I. Funktion der Vorschrift 1
II. Verhältnis zu § 8 . . . . 2, 3
III. Anwendungsbereich 4, 5
IV. Prüfung der Rechtfertigung 6–10
   1. Legitimes Ziel 7, 8
   2. Interessenabwägung – Angemessenheit und Erforderlichkeit der Mittel 9, 10
V. Regelbeispiele nach Satz 3 11–26
   1. Streichung der Regelungen zu Sozialauswahl und Unkündbarkeit (Nr. 6 und 7 a. F.) 11–15
   2. Förderung der beruflichen Eingliederung und positive Maßnahmen zum Schutz besonderer Altersgruppen 16
   3. Festlegung von Mindestanforderungen an das Alter oder die Berufserfahrung 17–20
   4. Festlegung eines Höchstalters für die Einstellung 21
   5. Festsetzung von Altersgrenzen bei den betrieblichen Systemen der sozialen Sicherheit 22, 23
   6. Befristung oder auflösende Bedingung auf den Zeitpunkt eines Anspruchs auf Altersrente 24–25a
   7. Differenzierung von Leistungen in Sozialplänen 26

I. Funktion der Vorschrift

Die Vorschrift regelt die Rechtfertigung einer unterschiedlichen Behandlung 1
wegen des Alters und macht von der Möglichkeit einer Ausnahmeregelung gem. Art. 6 Abs. 1 der Richtlinie 2000/78/EG Gebrauch. Der Wortlaut folgt den EU-rechtlichen Vorgaben und stellt in Satz 1 und 2 die maßgebliche Regel für eine sachlich gerechtfertigte Ungleichbehandlung auf. Im Folgenden geben die Nr. 1–6 Beispiele für mögliche legitime Ziele vor, ohne dass damit aber automatisch die Voraussetzungen einer Rechtfertigung gem. Satz 1 vorliegen, wenn es sich um eine Maßnahme handelt, die unter eines der Beispiele von Satz 3 zu subsumieren ist. Vielmehr müssen die Voraussetzungen von Satz 1 auch bei jeder unter den Beispielskatalog fallenden Maßnahme erfüllt sein. Sie sind deshalb in jedem Fall zu prüfen und gegebenenfalls zu beweisen. Unter den Voraussetzungen der Sätze 1 und 2 können deshalb über die im Gesetz normierten Fallkonstellationen hinaus auch andere Maßnahmen wegen ihrer legitimen Ziele eine Ungleichbehandlung wegen des Alters rechtfertigen.

§ 10   Zulässige unterschiedliche Behandlung wegen des Alters

II. Verhältnis zu § 8

2   Nach Satz 1 soll die Vorschrift **neben § 8** gelten (»auch«). Die zulässige Unterscheidung nach dem Alter erfordert allerdings lediglich einen sachlichen Grund und steht außerdem unter dem Vorbehalt der Verhältnismäßigkeit. Sie unterliegt daher geringeren Anforderungen, als eine unterschiedliche Behandlung wegen anderer Merkmale des § 1 nach dem strengeren Maßstab des § 8. Dennoch hat § 8 eine eigene Bedeutung für **tätigkeitsbezogene Rechtfertigungsgründe**, die sich konkret an den Bedürfnissen eines Arbeitsplatzes orientieren, während § 10 zwar zulässigerweise keine abschließende Aufzählung der legitimen Ziele für eine Differenzierung nach dem Alter enthält, aber im Hinblick auf Art. 6 Abs. 1 der Richtlinie 2000/78/EG nur Maßnahmen zulässt, die durch **rechtmäßige sozialpolitische Ziele** wie solche aus den Bereichen Beschäftigungspolitik, Arbeitsmarkt und berufliche Bildung gerechtfertigt sind.[1] Strittig ist, inwieweit der Arbeitgeber auch eigenwirtschaftliche Interessen als Rechtfertigungsgrund verfolgen darf, wie etwa die Steigerung der Produktivität, die Wettbewerbsfähigkeit und Wirtschaftlichkeit (dazu Rn. 7 f.). Eine bloße Kostenersparnis ist jedenfalls kein legitimes Ziel in diesem Sinne.[2]

3   Unklar ist das **Verhältnis von § 8 Abs. 2 zu § 10**. Allerdings ist davon auszugehen, dass auch nach dem Maßstab von § 10 eine geringere Vergütung für eine bestimmte Altersgruppe nicht aufgrund von Schutzvorschriften für diese Personen gerechtfertigt werden kann. § 8 Abs. 2 normiert insofern einen allgemeinen Rechtsgrundsatz (Rn. 16 f. zu § 8). Die Prüfung einer Rechtfertigung der Ungleichbehandlung führt in diesem Fall bei beiden Vorschriften zum gleichen Ergebnis.

III. Anwendungsbereich

4   Geschützt werden durch das Merkmal Alter **grundsätzlich alle Altersgruppen**. In der Gesetzesbegründung heißt es hierzu, dass zum einen dem Schutz Älterer im Beschäftigungsverhältnis besondere Bedeutung zukomme und daher bei gleicher Qualifikation nicht automatisch jüngeren der Vorzug vor älteren Bewerbern gegeben werden solle. Zum anderen seien durch das Merkmal Alter alle Beschäftigten betroffen, die während ihres Berufslebens einmal ein »kritisches« Alter durchlaufen. Dies könne z. B. sowohl der Zugang zum Beruf nach der Ausbildung für 20-jährige als auch die Verdrängung aus dem Arbeitsmarkt für 55-jährige Beschäftigte sein. Wegen der

---

1 EuGH 5. 3. 09 – C-388/07 – [Age Concern England], NZA 09, 305, s. hierzu auch den Vorlagebeschluss BAG 17. 6. 09 – 7 AZR 112/08 (A) – ArbR 10, 38 zur Frage, ob Gründe der Flugsicherheit eine Altersgrenze von 60 Jahren rechtfertigen können.
2 LAG Saarland 11. 2. 09 – 1 TaBV 73/08.

komplexen Zusammenhänge beschränke sich die Vorschrift daher auf die Umsetzung der in den Richtlinien vorgegebenen allgemeinen Grundsätze und bleibe flexibel handhabbar.[3]

Nach dem Wortlaut von § 10 ist eine unterschiedliche Behandlung immer dann möglich, wenn sie **objektiv und angemessen und durch ein legitimes Ziel gerechtfertigt** ist **und die Verhältnismäßigkeit der Mittel** gewahrt bleibt. Der Wortlaut ist bisher im deutschen Recht nicht gebräuchlich und folgt demjenigen der EG-Richtlinie.[4] Der Maßstab der Rechtfertigung entspricht demjenigen des allgemeinen Gleichbehandlungsgrundsatzes und der Rechtsprechung des EuGH, nach der eine Ungleichbehandlung auf Grund objektiver, unabhängiger Erwägungen gerechtfertigt sein und in angemessenem Verhältnis zu einem legitimen Zweck stehen muss.[5] Hierin drückt sich zugleich der verfassungsrechtliche Grundsatz der Verhältnismäßigkeit aus, der auch im Rahmen einer Ungleichbehandlung gem. Art. 3 Abs. 1 GG gewahrt werden muss[6] und im Arbeitsrecht seinen Niederschlag in § 315 BGB (billiges Ermessen) und § 75 BetrVG (Grundsatz von Recht und Billigkeit) gefunden hat.

IV. Prüfung der Rechtfertigung

Die Prüfung, ob eine Ungleichbehandlung wegen des Alters gerechtfertigt ist, muss deswegen in zwei Schritten erfolgen: Zunächst ist das Vorliegen eines sachlichen Grundes, also eines objektiv nachvollziehbaren, **legitimen Zieles** zu prüfen. In einem zweiten Schritt ist **dann die Verhältnismäßigkeit der Mittel** (angemessen und erforderlich) im Hinblick auf die Bedeutung des Nachteils für die betroffenen Beschäftigten festzustellen.

1. Legitimes Ziel

Die **Legitimität eines Zieles** ist nach der Begründung zum Gesetzentwurf[7] unter Berücksichtigung der fachlich-beruflichen Zusammenhänge aus Sicht des Arbeitgebers oder der Tarifvertragsparteien zu beurteilen. § 10 enthält zulässigerweise keine abschließende Aufzählung der legitimen Ziele für eine Differenzierung nach dem Alter.[8] Legitime Ziele sind **insbesondere** solche,

---

3 BT-Drs. 16/1780 S. 36.
4 Zur Kritik an der reinen Wiedergabe des Richtlinientextes, die nach richtiger Auffassung keine Umsetzung der Richtlinie darstellt vgl. Däubler/Bertzbach-Brors, § 10 Rn. 2–6.
5 EuGH 15.7.04 – C-365/02 – [Lindfors], DB 04, 1710; EuGH 22.11.05 – C-144/04 [Mangold/Helm], NZA 05, 1345.
6 BVerfG 15.3.00 – 1 BvL 18/97 – DB 00, 1568.
7 BT-Drs. 16/1780 S. 35.
8 EuGH 5.3.09 – C-388/07 – [Age Concern England], NZA 09, 305.

die über die Situation eines einzelnen Unternehmens oder einer Branche hinausgehen und **von allgemeinem Interesse** sind, wie die in Art. 6 Abs. 1 der Richtlinie 2000/78/EG genannten Ziele **Beschäftigungspolitik, Förderung von Arbeitsmarkt oder beruflicher Bildung**. Ob dieser Aufzählung des EU-Rechts entnommen werden kann, dass ausschließlich im Interesse der Allgemeinheit liegende Ziele eine Ungleichbehandlung wegen des Alters rechtfertigen können oder auch legitime Ziele des Arbeitgebers, wie beispielsweise eine ausgewogene Altersstruktur der Belegschaft, grundsätzlich ebenso zu berücksichtigen sind, ist fraglich.[9] Das BAG hat bislang die Bildung von Altersgruppen zum Erhalt einer ausgewogenen Altersstruktur für zulässig gehalten, da der Erhalt einer altersgemischten Belegschaft sowohl im Interesse des Unternehmens, als auch im Interesse der Beschäftigten liege.[10] Insofern liegt es durchaus im Interesse der Allgemeinheit, eine Kontinuität von Fachwissen, die für die Funktionsfähigkeit eines Betriebes oder Unternehmens erforderlich ist, auch über eine ausgewogene Altersstruktur zu sichern.[11]

7a Im Sinne der Richtlinie 2000/78/EG (Rahmenrichtlinie Beschäftigung) reichen allerdings rein wirtschaftliche Gründe für die Rechtfertigung einer Benachteiligung als legitimes Ziel nicht aus.[12] Der Begriff »insbesondere« sowohl in Art. 6 Abs. 1 der Richtlinie 2000/78/EG (Rahmenrichtlinie Beschäftigung), als auch in Satz 2 von § 10 verdeutlicht, dass andere, nicht genannte Ziele und Maßnahmen sich an den genannten orientieren müssen. Damit ist ein **Bezug zu Gemeinwohlinteressen** notwendig.[13] Ein legitimes sozialpolitisches Ziel ist zu bejahen bei der Berücksichtigung des Alters im Rahmen der Sozialauswahl generell oder durch ein Punkteschema in einem Sozialplan, weil ältere Beschäftigte schlechter auf einen neuen Arbeitsplatz zu vermitteln sind und ihnen deshalb ein größerer Schutz zusteht.[14] Bei der Frage des legitimen Zieles muss außerdem das Ziel konkret und differenziert benannt werden. Der nicht näher konkretisierte Hinweis auf die Herstellung einer ausgewogenen Personalstruktur reicht nicht aus, um zu begründen,

---

9 S. Vorlagebeschluss ArbG Siegburg 27. 1. 10 – 2 Ca 2144/09 – DB 10, 1466, über den wegen Erledigung nicht entschieden wurde.
10 BAG 6. 11. 08 – 2 AZR 523/07 – AuR 09, 358; LAG Rheinland-Pfalz 11. 3. 10 – 10 Sa 581/09.
11 S. auch BAG 19. 6. 07 – 2AZR 304/06 zur Rechtmäßigkeit eines Punkteschemas; BAG 15. 12. 11 – 2 AZR 42/10 zur Sozialauswahl mit Altersgruppenbildung.
12 BAG 18. 8. 08 – 1 ABR 47/08 – NZA 10, 222: unzulässige mittelbare Benachteiligung wegen des Alters durch Beschränkung einer Ausschreibung auf Bewerber im ersten Berufsjahr wegen des vorgegebenen Personalbudgets; LAG Saarland 11. 2. 09 – 1 TaBV 73/08: Benachteiligung wegen des Alters aus Gründen der Kostenersparnis; a. A. Bauer/Göpfert/Krieger, AGG §§ 3 Rn. 32, 10 Rn. 20.
13 EuGH 5. 3. 09 – C-388/07 – [Age Concern England], NZA 09, 305.
14 BAG 13. 10. 09 – 9 AZR 722/08 – NZA 10, 327.

weshalb nur Beschäftigte einer bestimmten Altersgruppe einem sog. »Personalüberhang« zugeordnet und zu einem sog. Stellenpool versetzt werden.[15]
Das legitime Ziel muss objektiv und angemessen sein. Objektiv bedeutet, dass die Zielsetzung nicht nur am Merkmal Alter anknüpft und ohne subjektive Elemente erfolgt. Angemessen ist das Ziel dann, wenn es mindestens dem Gewicht des Diskriminierungsschutzes entspricht.[16]

2. Interessenabwägung – Angemessenheit und Erforderlichkeit der Mittel

Die Mittel, die gewählt werden, um das Ziel zu erreichen, müssen nach S. 2 angemessen und erforderlich sein. Dabei ist in einem ersten Prüfungsschritt die **Geeignetheit** des Mittels zu überprüfen. Insofern sind Maßnahmen, bei denen von vornherein feststeht, dass mit ihnen das legitime Ziel nicht verwirklicht werden kann, weder angemessen noch erforderlich. So bestehen etwa bei der in § 14 Abs. 3 TzBfG vorgesehenen Möglichkeit der sachgrundlosen Befristung ab dem 52. Lebensjahr ernsthafte Zweifel, dass gerade mit diesem Mittel die Erwerbsquote von Menschen ab diesem Alter tatsächlich verbessert werden kann.[17]

Die Legitimität einer Unterscheidung wegen des Alters kann anschließend nur aufgrund einer **Abwägung der Interessen** aller Seiten, also dem Interesse des Gesetzgebers, des Arbeitgebers, Betriebsrats oder der Tarifvertragspartei an der Verwirklichung eines legitimen Ziels auf der einen Seite und dem Interesse des Beschäftigten an einer Gleichbehandlung auf der anderen Seite festgestellt werden. Die Möglichkeit einer Rechtfertigung bezieht sich grundsätzlich auf alle Maßnahmen oder Unterlassungen, die eine Benachteiligung gem. § 3 Abs. 1, 2 und 5 darstellen können.

V. Regelbeispiele nach Satz 3

1. Streichung der Regelungen zu Sozialauswahl und Unkündbarkeit (Nr. 6 und 7 a. F.)

Maßnahmen, die diese Anforderungen erfüllen, werden **beispielhaft** in den Nr. 1–6 genannt. Ursprünglich enthielt § 10 acht Regelbeispiele: unter Nr. 6 und 7 fanden sich die Regelung zur Berücksichtigung des Merkmales Alter bei der Sozialauswahl nach dem Kündigungsschutzgesetz (Nr. 6) und Bestimmungen in Kollektiv- und Individualverträgen, die ab einem bestimmten Alter bei Vorliegen einer bestimmten Betriebszugehörigkeit die

---

15 BAG 22. 1. 09 – 8 AZR 906/07 – NZA 09, 945.
16 Däubler/Bertzbach-Brors, § 10 Rn. 33.
17 Kothe, AuR 07, 169.

§ 10   Zulässige unterschiedliche Behandlung wegen des Alters

ordentliche Kündigung ausschließen (Nr. 7). Im 2. Gesetz zur Änderung des Betriebsrentengesetzes[18] wurden diese Regelungen vom Gesetzgeber mit Wirkung zum 11.12.2006 wieder gestrichen, mit dem Argument, dass infolge der Herausnahme des Kündigungsschutzes aus dem Anwendungsbereich des AGG nach § 2 Abs. 4 die Notwendigkeit einer Rechtfertigung kündigungsrechtlicher Bestimmungen, die an das Alter anknüpfen entfalle. Eine inhaltliche Änderung ist hierin nicht zu sehen. Im Hinblick darauf, dass die »Insbesondere«-Regelung von § 10 Satz 3 nur Beispiele nennt und die Diskriminierungsverbote trotz § 2 Abs. 4 auch bei Kündigungen Anwendung finden (s. § 2 Rn. 58 f.), sind sowohl die Kriterien nach § 1 Abs. 3 KSchG, als auch die Unkündbarkeitsvorschriften in Arbeits- und Tarifverträgen an § 10 Satz 1 und 2 zu messen und, soweit möglich, richtlinienkonform auszulegen.[19] Das BAG hat explizit darauf hingewiesen, dass nicht nur die Diskriminierungsverbote im Rahmen der Sozialwidrigkeit der Kündigung als Konkretisierungen des Sozialwidrigkeitsbegriffs zu überprüfen sind, sondern auch die Rechtfertigungsgründe gem. §§ 8 – 10.[20] Außerdem werden sowohl die Regelungen zur Berücksichtigung des Alters bei der Sozialauswahl, als auch diejenigen zur Unkündbarkeit als Schutzmaßnahmen für ältere Beschäftigte bei der Beendigung des Beschäftigungsverhältnisses, von dem Regelbeispiel in Nr. 1 erfasst, da sie der beruflichen Eingliederung von älteren Beschäftigten dienen. Nr. 2 kommt in Betracht, soweit es um Vorteile durch die Unkündbarkeit geht.

12 Regelungen zur **Sozialauswahl**, die an das Alter anknüpfen, sind daher gem. § 10 Satz 1 und 2, sowie Nr. 1 auf ihre Rechtfertigung hin zu überprüfen unabhängig davon, ob sie sich in einem Sozialplan oder in einem durch den Arbeitgeber vorgegebenen Schema finden. Soweit mit der Berücksichtigung des Alters bei der Sozialauswahl die schlechteren Chancen älterer Beschäftigter auf dem Arbeitsmarkt ausgeglichen werden sollen, ist dies zulässig. Hierbei handelt es sich um ein legitimes sozialpolitisches Ziel mit der Folge, dass das Lebensalter im Rahmen der Sozialauswahl auch weiterhin pauschalierend in einem Punkteschema berücksichtigt werden darf.[21] Auch die Bildung von Altersgruppen mit dem Ziel der Erhaltung einer auch altersmäßig ausgewogenen, betrieblichen Personalstruktur ist zulässig.[22] Zum Nachweis der Rechtsprechung s. § 1 Rn. 35.

---

18 BGBl. 2006 I, 2742, 2745.
19 Schiek-Schmidt, § 10 Rn. 38 u. 41.
20 BAG 6.11.08 – 2 AZR 523/07 – AuR 09, 358.
21 BAG 13.10.09 – 9 AZR 722/08 – NZA 10, 327; BAG 5.11.09 – 2 AZR 676/08 – NZA 10, 457.
22 BAG 6.11.08 – 2 AZR 523/07 – AuR 09, 358; s. Rn. 7 f. zur Frage, ob eine ausgewogene Altersstruktur ein legitimes Allgemeininteresse darstellt und ob ggf. betriebliche Interessen ausreichen.

Tarifliche Regelungen zur Unkündbarkeit können jüngere Arbeitnehmer 13 vor allem dadurch benachteiligen, dass unkündbare Arbeitnehmer von vornherein aus der Sozialauswahl herausgenommen werden oder deren Belange bei der Gesamtabwägung der sozialen Schutzbedürftigkeit in höherem Maße Berücksichtigung finden. Ziff. 7 a. f. hatte die Rechtfertigung solcher Regelungen dahingehend eingeschränkt, dass »der Kündigungsschutz anderer Beschäftigter im Rahmen der Sozialauswahl nach § 1 Abs. 3 KSchG« nicht »grob fehlerhaft gemindert« werden darf. Zwar sind die EG-Richtlinien nicht unmittelbar auf private Vertragsparteien einschließlich der Tarifparteien bzw. tarifgebundene Arbeitsvertragsparteien anwendbar.[23] Das Gericht muss aber bei Rechtsstreitigkeiten zwischen Privaten das gesamte nationale Recht und damit das AGG, das die Richtlinien zumindest teilweise umsetzt, richtlinienkonform auslegen. Dementsprechend hält es der EuGH für erforderlich, Bestimmungen in Tarifverträgen über eine Altersgrenze, die für die Betroffenen einen Zwangseintritt in den Ruhestand bedeuten, entsprechend den EG-Richtlinien auch dann auf ihren diskriminierenden Charakter hin zu untersuchen, wenn ein Gesetz diese Bestimmungen für wirksam erklärt und damit formal die Überprüfung des Gesetzes erfolgt.[24]

Bei der Beurteilung des benachteiligenden Charakters der tarifvertraglichen 14 Regelungen ist aber zu berücksichtigen, dass sie immer Teil eines Gesamtgefüges sind, d. h. der Erwerb von Unkündbarkeit ab einem gewissen Lebensalter regelmäßig gegen andere Leistungen, wie beispielsweise höhere Lohnabschlüsse eingetauscht und/oder diese »Vergünstigung« teilweise durch Streik erstritten wurde. Insofern steht dem Anspruch ein Verzicht an anderer Stelle gegenüber. Wird eine Unterscheidung nach Altersgruppen durch die Tarifvertragsparteien vorgenommen, war sie schon vor Inkrafttreten des AGG am allgemeinen arbeitsrechtlichen und verfassungsrechtlichen Gleichbehandlungsgrundsatz zu messen. Da die Tarifvertragsparteien nur mittelbar an die Grundrechte gebunden sind, muss bei der personenbezogenen Ungleichbehandlung vergleichbarer Fallgruppen auch die durch Art. 9 Abs. 3 GG geschützte **Tarifautonomie** Berücksichtigung finden. In der BAG-Rechtsprechung ist deshalb anerkannt, dass den Tarifvertragsparteien eine **Einschätzungsprärogative** bezüglich der tatsächlichen Gegebenheiten und betroffenen Interessen zukommt. Sie sind nicht dazu verpflichtet, die jeweils zweckmäßigste, vernünftigste oder gerechteste Lösung zu wählen. Eine Ungleichbehandlung wird erst dann unzulässig, wenn »bei einer am allgemeinen Gerechtigkeitsdenken orientierten Betrachtungsweise« tatsächliche Gleichheiten oder Ungleichheiten hätten beachtet werden müssen, die Tarifregelung sich als »offensichtlich sachfremd und willkürlich« darstellt.[25]

---

23 EuGH 5. 10. 04 – C-397–01 – [Pfeiffer] NZA 04, 1145.
24 EuGH 15. 2. 07 – C-411/05 – [Palacios de la Villa], NZA 07, 1219.
25 Ständige Rspr.: BAG 14. 10. 03 – 9 AZR 146/03 – NZA 04, 860 Rn. 27 m. w. N.

§ 10 **Zulässige unterschiedliche Behandlung wegen des Alters**

15 Im Übrigen hat auch der EuGH den Tarifvertragsparteien einen weiten Ermessensspielraum eingeräumt für die Wahl der angemessenen Mittel zur Erreichung eines legitimen (arbeitsmarktpolitischen) Zieles und ist sogar so weit gegangen die Überprüfung darauf zu beschränken, ob die Entscheidung »unvernünftig« war.[26] Das LAG Baden Württemberg[27] hat jedenfalls in einer tariflichen Regelung zur Unkündbarkeit keinen Verstoß gegen das AGG gesehen. Allerdings gilt der Ausschluss ordentlicher Kündigungen in Tarifverträgen nicht, falls er bei der Sozialauswahl zu einem grob fehlerhaften Auswahlergebnis führt. Insoweit sind Tarifverträge unionsrechtskonform und gesetzeskonform im Sinne von § 10 Satz 1 bzw. § 1 Abs. 3 KSchG auszulegen.[28]

2. Förderung der beruflichen Eingliederung und positive Maßnahmen zum Schutz besonderer Altersgruppen

16 Nr. 1 entspricht Art. 6 Abs. 1 a) der Richtlinie 2000/78/EG und nennt die **Förderung der beruflichen Eingliederung** sowie den Schutz von jugendlichen und älteren Beschäftigten und von Personen mit Fürsorgepflichten als legitimes Ziel. Diese Regelung stellt eine **Spezialregelung zu § 5** dar und erfasst **positive Maßnahmen zum Schutz besonderer Altersgruppen** im Zusammenhang mit deren beruflicher Eingliederung. Als geeignete Maßnahmen zur Erreichung dieser Ziele werden die Festlegung besonderer Bedingungen für den Zugang zur Beschäftigung und besondere Beschäftigungs- und Arbeitsbedingungen, einschließlich der Beendigung des Arbeitsverhältnisses genannt. Damit sind vor allem abstrakt generelle Regelungen, wie Gesetze, Tarifverträge und Betriebsvereinbarungen angesprochen, die insoweit einem übergeordneten Interesse der Allgemeinheit Rechnung tragen. Nr. 1 erfasst auch Schutzmaßnahmen bei der Beendigung des Arbeitsverhältnisses. Insofern kommt schon aufgrund dieser Regelung die Rechtfertigung des Sonderkündigungsschutzes für Ältere und auch die Berücksichtigung des Alters bei der Sozialauswahl wegen der erschwerten Bedingungen auf dem Arbeitsmarkt in Betracht. Außerdem sind auch Qualifizierungsmaßnahmen im Zusammenhang mit betriebsbedingten Kündigungen, die an das Merkmal Alter anknüpfen, und die ebenfalls auf die Verbesserung der Chancen auf dem Arbeitsmarkt abzielen, in der Regel weiterhin gerechtfertigt.

---

26 EuGH 15. 2. 07 – C-411/05 – [Palacios de la Villa], NZA 07, 1219.
27 15. 3. 07 – 21 SA 97/06.
28 BAG 20. 6. 13 – 2 AZR 295/12.

3. Festlegung von Mindestanforderungen an das Alter oder die Berufserfahrung

Nr. 2 entspricht Art. 6 Abs. 1 b) der Richtlinie 2000/78/EG und nennt ohne Angabe eines konkreten Ziels als grundsätzlich geeignete Maßnahmen die **Festlegung von Mindestanforderungen** an das Alter oder die Berufserfahrung **für den Zugang zur Beschäftigung** oder bestimmte mit der Beschäftigung verbundene Vorteile. Da es sich hierbei um eine nähere Konkretisierung der bereits in Nr. 1 genannten Maßnahmen handelt, kann der eigene Anwendungsbereich der Nr. 2 nur zum Tragen kommen, wenn damit andere Ziele verfolgt werden als die Förderung der beruflichen Eingliederung sowie der Schutz von jugendlichen und älteren Beschäftigten und von Personen mit Fürsorgepflichten. Hierunter fallen insbesondere Entgeltregelungen, aber auch alle Regelungen und Einzelmaßnahmen, die zu einer Bevorzugung der mittleren Altersgruppen führen. In diesem Zusammenhang ist nunmehr entschieden, dass die gesetzliche Regelung der Kündigungsfristen **in § 622 Abs. 1 Satz 2 BGB** zur Berücksichtigung von Betriebszugehörigkeitszeiten erst ab Vollendung des 25. Lebensjahres und die damit einhergehende Diskriminierung wegen des Alters nicht gerechtfertigt ist.[29] Bei Kündigungen, die nach dem 2.12.2006 ausgesprochen wurden, besteht regelmäßig kein Vertrauensschutz für Arbeitgeber.[30] In der Regel können also Betroffene, unter Berücksichtigung von Verjährungs- und Ausschlussfristen Ansprüche auf Nachzahlung von Entgelt für die verlängerten Kündigungsfristen geltend machen. Ein anderweitiger Verdienst ist gemäß § 615 Satz 2 BGB anrechenbar.

Die **Anknüpfung der Neueinstellung von Beschäftigten an das Lebensalter** ist nicht mehr ohne weiteres möglich. Vor Inkrafttreten des AGG wurde dies im Rahmen der Vertragsfreiheit für zulässig gehalten. Im Hinblick gerade auf die Benachteiligung älterer Beschäftigter auf dem Arbeitsmarkt bedarf künftig eine Anknüpfung an das Alter einer Rechtfertigung.[31] Wegen der Spezialregelung in Nr. 3 (Festsetzung eines Höchstalters für die Einstellung) betrifft Nr. 2 insbesondere die Festsetzung eines **Mindestalters**, sowie bessere Arbeitsbedingungen für bestimmte Altersgruppen. Eine innerbetriebliche Stellenausschreibung ausschließlich für Arbeitnehmer und Arbeitnehmerinnen im 1. Berufsjahr ist mittelbar altersdiskriminierend

---

29 EuGH 19.1.10 – C-555/07 – [Kücükdeveci], NZA 10, 85.
30 LAG Düsseldorf 17.2.10 – 12 Sa 1311/07.
31 S. hierzu auch Waltermann, NZA 05, 1265 [1268], der als legitimes Ziel des Arbeitgebers bei der Einstellungsentscheidung auch eine ausgewogene Altersstruktur im Betrieb sieht, aber wegen der Bedeutung des Zugangs zur Beschäftigung für eine strenge Verhältnismäßigkeitsprüfung plädiert.

§ 10 Zulässige unterschiedliche Behandlung wegen des Alters

und nicht durch die Berufung auf das (beschränkte) Personalbudget gerechtfertigt.[32]

19 Die in Nr. 2 genannten **Vorteile**, die an die Erfüllung von Mindestanforderungen an das Alter oder die Berufserfahrung anknüpfen, bestehen in der Praxis vor allem in einer **höheren Vergütung, Zusatzurlaub und Arbeitszeitverkürzung**. Künftig müssen sich Tarifverträge, Betriebsvereinbarungen und Individualarbeitsverträge an den Kriterien für eine Unterscheidung nach dem Alter messen lassen. Eine Entgeltregelung, die die Höhe der Vergütung **ausschließlich an das Lebensalter** als lineare Rechengröße anknüpft, ist mit § 7 Abs. 1, § 1 und § 2 Abs. 1 Ziff. 2 regelmäßig nicht vereinbar.[33] Die Betriebszugehörigkeit oder das **Dienstalter** ist hingegen ein legitimes Entgeltkriterium, auch wenn es zu einer mittelbaren Benachteiligung wegen des Alters, des Geschlechts und/oder wegen anderer Merkmale (z. B. Ethnie) führen kann.[34] Der EuGH ist hier von einer abstrakt-generellen, arbeitsplatzbezogenen Betrachtungsweise ausgegangen: die Anknüpfung an das Dienstalter muss regelmäßig vom Arbeitgeber nicht individuell gerechtfertigt werden. Vielmehr wird vermutet, dass sie grundsätzlich von dem legitimen Ziel gedeckt ist, die Berufserfahrung zu honorieren, die den Arbeitnehmer befähigt, seine Arbeit besser zu verrichten. Der Arbeitnehmer kann und muss in Bezug auf einen konkreten Arbeitsplatz Anhaltspunkte liefern, die geeignet sind, ernstliche Zweifel in dieser Hinsicht aufkommen zu lassen, um die Vermutung zu widerlegen. Auf die konkrete bessere Eignung und Befähigung eines Arbeitnehmers, die Arbeit im Vergleich zu anderen Arbeitnehmern besser zu verrichten, kommt es nicht an.[35]

20 Auch die Zahlung einer **Abfindung**, die das Lebensalter als Multiplikationsfaktor einsetzt, stellt eine Mindestanforderung für den Zugang zu einem mit der Beschäftigung verbundenen Vorteil i. S. von Nr. 2 dar. Sie bedarf einer Rechtfertigung unabhängig davon, ob der Anspruch auf Abfindung in einem Sozialplan geregelt ist, oder auf einer einseitigen Handhabung des

---

32 BAG 18. 8. 09 – 1 ABR 47/08 – AuR 09, 310; LAG Saarland 11. 2. 09 – 1 TaBV 73/08: Das Verbot einer Benachteiligung wegen des Alters gilt bereits für die Ausschreibung der Stelle (§ 11). LAG Hamburg 23. 6. 10 – 5 Sa 14/10 »junges Team«; BAG 18. 8. 09 – 1 ABR 47/08 »Beschränkung interner Bewerbungen auf 1. Berufsjahr«.

33 H. M.; LAG Berlin-Brandenburg 11. 9. 08 – 20 Sa 2244/07 – NZA 09, 804; LAG Hessen 6. 1. 10 – 2 Sa 1121/09 stellt außerdem einen Anspruch auf Angleichung nach oben für die jüngeren Arbeitnehmer fest; BAG 10. 11. 11 – 6 AZR 148/09 zu Lebensaltersstufen nach dem BAT – Altersdiskriminierung und Pflicht zur Anpassung nach oben; BAG 8. 12. 11 – 6 AZR 319/09 Überleitung von BAT zu TvöD keine Altersdiskriminierung trotz diskriminierender Regelungen im BAT, da TvöD diskriminierungsfrei ist.

34 EuGH 3. 10. 06 – C-17/5 – [Cadman], NZA 06, 1205; EuGH 17. 10. 89 – C-109/88 – [Danfoss], NZA 90, 772.

35 EuGH 3. 10. 06 – C-17/5 – [Cadman], NZA 06, 1205.

Arbeitgebers beruht. Für Ansprüche auf Abfindung, die in einem Sozialplan vereinbart sind, trifft Nr. 8 eine Spezialregelung (Rn. 26). Ebenso begründet eine Unkündbarkeit nach tarifvertraglichen Bestimmungen einen Vorteil in diesem Sinne.

4. Festlegung eines Höchstalters für die Einstellung

Nr. 3 entspricht Art. 6 Abs. 1 c) der Richtlinie 2000/78/EG und lässt als geeignete Maßnahme die Festlegung eines **Höchstalters für die Einstellung** zu. Dem liegt nach der Begründung zum Gesetzentwurf[36] die Überlegung zugrunde, dass bei älteren Beschäftigten, deren Rentenalter bereits absehbar ist, einer aufwendigen Einarbeitung am Arbeitsplatz auch eine betriebswirtschaftlich sinnvolle Mindestdauer einer produktiven Arbeitsleistung gegenüberstehen muss. Damit soll es insbesondere bei spezifischen Ausbildungsanforderungen um die Zumutbarkeit einer aufwendigen Einarbeitung im Verhältnis zu der zu erwartenden Beschäftigungszeit gehen, so dass beide im Gesetz genannten Gründe zusammenkommen und nicht zwei voneinander unabhängige Ziele definiert werden. Fraglich ist, ob das Erreichen einer angemessenen Beschäftigungszeit umgekehrt auch aufgrund anderer Umstände, als einer aufwendigen Einarbeitung ein legitimes Ziel sein kann. Beispiele hierfür finden sich in der Begründung zu Gesetzentwurf nicht, so dass abzuwarten bleibt, ob in der Praxis das »oder« nicht als »und« zu verstehen ist. Ein Höchstalter von 30 Jahren für die Einstellung von Feuerwehrleuten stellt demgegenüber eine gerechtfertigte berufliche Anforderung i. S. von § 8 dar, weil kaum ein Feuerwehrmann über 45 noch körperlich in der Lage ist, seinen Dienst vollständig zu verrichten und daher nur mit der streitigen Altersgrenze die Funktionsfähigkeit der Berufsfeuerwehr gewährleistet werden kann.[37] Demgegenüber stellt es eine unzulässige Benachteiligung dar, wenn ohne tatsächliche sachliche Begründung ein bestimmtes Höchstalter für eine Einstellung angegeben wird. Auch die Begründung, eine Verbeamtung sei nur bis zum 30. Lebensjahr möglich, rechtfertigt nicht die Beschränkung auf Bewerber von 20–25 Jahren für die Stellenausschreibung auf ein Arbeitsverhältnis und die Zurückweisung eines 28-jährigen, auch wenn eine spätere Verbeamtung erfolgen sollte.[38] (Das Gleiche gilt für ein Höchstalter von 40,5 Jahren für Nachwuchswissenschaftler[39] und das Höchstalter von 33 Jahren für die Einstellung von Piloten, die bei anderen Fluggesellschaften ausgebildet wurden.[40]

---

36 BT-Drs. 16/1780 S. 36.
37 EuGH 12. 1. 10 – C 229/08 – [Wolf], AuR 10, 130.
38 LAG Hamm 7. 8. 08 – 11 Sa 284/08 – AuR 09, 280.
39 BAG 6. 4. 11 – 7 AZR 524/09.
40 LAG Hessen 17. 3. 09 – 4 TaBV168/08 – sieht keine Gefährdung des Luftverkehrs durch die Notwendigkeit eines Umlernens einstudierter Verhaltensmuster.

Die Rechtswirksamkeit einer Höchstaltersgrenze für den Zugang zum Beamtenverhältnis setzt voraus, dass ihrer Festlegung ein angemessener Ausgleich zwischen der durch Art. 33 Abs. 2 GG geschützten Zugangschance nach unmittelbar leistungsbezogenen Kriterien und dem in Art. 33 Abs. 5 GG angelegten Interesse des Dienstherrn an einer langen Lebensdienstzeit zugrunde liegt.[41] Als gerechtfertigt werden gesehen: ein Höchstalter von 30 Jahren für die Einstellung von Feuerwehrleuten.[42]

5. Festsetzung von Altersgrenzen bei den betrieblichen Systemen der sozialen Sicherheit

22 Nr. 4 stellt die Regel auf, dass die Festsetzung von **Altersgrenzen bei den betrieblichen Systemen der sozialen Sicherheit** – insbesondere der betrieblichen Altersversorgung – keine Benachteiligung wegen des Alters darstellt. Die Ausnahmeregelung wäre für die betriebliche Altersversorgung im Prinzip überflüssig, da das AGG gem. § 2 Abs. 2 Satz 2 hierauf keine Anwendung finden soll (zur begrenzten Anwendbarkeit zu § 2). Tatsächlich muss aber auch in Bezug auf betriebliche Altersversorgung eine Regelung, die an das Alter anknüpft zur Erreichung eines legitimen Zieles angemessen und erforderlich sein. Dies hat insbesondere Folgen für den Erwerb unverfallbarer Anwartschaften, Wartezeiten und Altersabstandsklauseln für die **Hinterbliebenenversorgung**. Die bestehende Regelung zur **Unverfallbarkeit** dürfte gerechtfertigt sein in der Abwägung von dem personalpolitischen Interesse, das der Arbeitgeber mit der Zusage einer betrieblichen Altersversorgung verfolgt (Honorierung der Betriebstreue) und der Begrenztheit der vom Arbeitgeber hierfür zur Finanzierung zur Verfügung gestellten Mitteln auf der einen Seite und der Tatsache, dass die Fluktuation bei jüngeren Arbeitnehmern höher ist, als bei Älteren auf der anderen Seite. Das gleiche dürfte auch für Wartezeiten gelten, soweit sie nicht unangemessen lang sind. Insofern bleibt es hier bei den von der Rechtsprechung festgelegten Grundsätzen.[43] Dies gilt auch für die ratierliche Kürzung der Versorgungsbezüge bei vorzeitigem Ausscheiden[44] und für die Begrenzung der anrechnungsfähigen Dienstzeiten.[45] **Altersabstandsklauseln** für den Ausschluss der Hinterbliebenenversorgung können durch das legitime Ziel, die finanzielle Belastung durch die Versorgung zu begrenzen und kalkulierbar zu machen,

---

41 BVerwG 23. 2. 12 – 2 C 76/10: bejaht für eine Höchstaltersgrenze von 40 Jahren für Lehrer, die begründete Ausnahmen zulässt.
42 EuGH 12. 1. 10 – C 229/08 – [Wolf], AuR 10, 130.
43 BAG 19. 4. 05 – 3 AZR 469/04 – NZA 05, 57.
44 LAG Köln 6. 5. 09 – 9 Sa 1/09.
45 LAG Niedersachsen 21. 4. 09 – 3 Sa 957/08 B.

gerechtfertigt sein.⁴⁶ Eine so genannte **Spätehenklausel**, die die Hinterbliebenenversorgung ausschließt, wenn die Ehe erst nach Eintritt in den Ruhestand geschlossen wird, ist aus den gleichen Gründen gerechtfertigt.⁴⁷ Ebenso sind Stichtagsregelungen gerechtfertigt, da sie zwar eine Benachteiligung in Anknüpfung an das Alter darstellen, aber erforderlich und angemessen sind, um dem Arbeitgeber eine Reaktion auf sich verändernde Verhältnisse zu ermöglichen.⁴⁸ Unter dem Gesichtspunkt der Anerkennung von Betriebstreue hat das LAG Niedersachsen⁴⁹ die Begrenzung der für die Höhe der Altersversorgung anrechnungsfähigen Dienstzeiten für gerechtfertigt gehalten. Unter dem gleichen Gesichtspunkt rechtfertigt das LAG Köln⁵⁰ die ratierliche Kürzung von Anwartschaften bei Ausscheiden aus dem Arbeitsverhältnis vor dem Versorgungsfall nach § 2 Abs. 1 Satz 1 BetrAVG.

Bei anderen Systemen der sozialen Sicherung wäre ausgehend vom Gesetzestext bei jedweder Altersgrenze keine einzelfallbezogene Verhältnismäßigkeitsprüfung mehr erforderlich. Dies widerspricht jedoch – jedenfalls in dieser Allgemeinheit – der Rechtsprechung des EuGH,⁵¹ nach der das grundsätzlich legitime Ziel in einem angemessenen Verhältnis zu dem Ausmaß der dadurch bewirkten Ungleichbehandlung stehen muss. Gegebenenfalls ist der Gesetzestext **europarechtskonform** dahingehend **auszulegen**, dass zwar grundsätzlich Altersgrenzen in betrieblichen Systemen der sozialen Sicherheit zulässig sind, für die konkrete Regelung aber eine Verhältnismäßigkeitsprüfung gem. Abs. 1 durchzuführen ist. Nach der Gesetzesbegründung sollen auch unterschiedliche Altersgrenzen für bestimmte Beschäftigte oder Gruppen von Beschäftigten zulässig sein, solange diese nicht zu einer Benachteiligung wegen eines in § 1 genannten Grundes führen.⁵²   **23**

6. Befristung oder auflösende Bedingung auf den Zeitpunkt eines Anspruchs auf Altersrente

Nr. 5 und 6 haben **keine Parallele in der EG-Richtlinie** und wurden eingefügt, um legitime Ziele für eine Benachteiligung wegen des Alters zu konkre-   **24**

---

46 LAG Rheinland-Pfalz 19. 12. 08 – 6 Sa 399/08 – für einen Altersabstand von 15 Jahren; offen gelassen von EuGH 23. 9. 08 – C-427/06 – (Bartsch) wegen Fehlens des gemeinschaftsrechtlichen Bezuges vor Ablauf der Umsetzungsfrist.
47 LAG Baden-Württemberg 12. 11. 09 – 11 Sa 41/09 – NZA-RR 10, 315; BAG 15. 10. 13 – 3 AZR 294/ 11 – Ausschluss auch dann, wenn eine erste Ehe mit derselben Frau bereits während des Arbeitslebens bestand.
48 BAG 11. 8. 09 – 3 AZR 23/08 – NZA 10, 408.
49 21. 4. 09 – 3 Sa 957/08 B.
50 6. 5. 09 – 9 Sa 1/09.
51 EuGH 22. 11. 05 – C-144/04 – [Mangold/Helm], NZA 05, 1345; EuGH 19. 1. 10 – C-555/07 – [Kücükdeveci] NZA 10, 85.
52 BT-Drs. 16/1780 S. 36.

tisieren. Der Gesetzgeber wollte hierdurch klarstellen, dass auch weiterhin das Alter bei der Beendigung von Arbeitsverhältnissen und der damit in Zusammenhang stehenden Leistungen des Arbeitgebers berücksichtigt werden kann.[53]

25 **Nr. 5** bezieht sich auf die in Tarifverträgen und Arbeitsverträgen gängige Klausel, dass das Arbeitsverhältnis **befristet oder auflösend bedingt** ist **auf den Zeitpunkt**, zu dem eine **Berechtigung zum Bezug einer Altersrente** entsteht und definiert damit die Rentenberechtigung als legitimen Grund für eine Unterscheidung nach dem Alter ohne dass es einer konkreten Prüfung der Verhältnismäßigkeit bedarf. Hinter solchen Regelungen stehen z. T. mit dem Alter abnehmende Fähigkeiten, die arbeitsvertraglich vereinbarten Leistungen angemessen zu erbringen, z. T. aber auch die in der EG-Richtlinie 2000/78/EG genannten legitimen Ziele aus den Bereichen Beschäftigungspolitik und Arbeitsmarkt. Im Hinblick auf die zunehmende Lebenserwartung und die durch Art. 12 GG Abs. 1 geschützte Freiheit der Berufsausübung ist auch hier bei europarechtskonformer Auslegung eine Verhältnismäßigkeitsprüfung gem. Abs. 1 erforderlich. In diesem Zusammenhang stellt sich auch die Frage nach der Gültigkeit von **Altersgrenzen**, die sich in vielen Tarifverträgen, aber auch in Individualarbeitsverträgen finden. Eine in Tarifverträgen enthaltene Klausel über die Zwangsversetzung in den Ruhestand oder eine Befristung auf den Zeitpunkt, in dem Beschäftigte die im nationalen Recht festgesetzte Altersgrenze für den **Anspruch auf Bezug einer beitragsbezogenen Altersrente** erfüllen, werden von der Rechtsprechung regelmäßig anerkannt, weil sie dem legitimen Ziel dienen, im Rahmen der nationalen Beschäftigungspolitik jüngeren Beschäftigten Chancen auf dem Arbeitsmarkt zu eröffnen, wenn die Mittel hierfür angemessen und erforderlich sind.[54] Die Regelaltersgrenze wurde gem. § 35 SGB VI auf die Vollendung des 67. Lebensjahres angehoben. Für schwerbehinderte Menschen gilt gem. § 37 SGB VI die Vollendung des 65. Lebensjahres. Das BAG geht dementsprechend von einem sachlichen Grund (§ 14 Abs. 1 Satz 1 TzBfG) bei einer Befristung auf den Zeitpunkt des Erreichens der Regelaltersgrenze aus, ohne die konkret ausgeübte Tätigkeit oder die konkrete wirtschaftliche Absicherung der betroffenen Beschäftigten zu beachten.[55] Dies erscheint im Einzelfall im Hinblick auf die gestiegene Leistungsfähigkeit im Alter und die gerade bei Frauen mit durchbrochener Erwerbsbiographie häufig nicht gewährleistete Absicherung durch eine Altersrente problematisch.[56] Eine Höchstaltersgrenze von 68 Jahren für

---

53 BT-Drs. 16/1780 S. 36.
54 EuGH 12. 10. 10 – C-45/09 8 – [Rosenbladt]; EuGH 16. 10. 07 – C-411/05 – [Palacios de la Villa], NZA 07, 1219.
55 BAG 18. 6. 08 – 7 AZR 116/07 – NZA 08, 1302.
56 Dickerhof-Borello, ArbuR 09, 251.

die Tätigkeit als Zahnarzt mit Kassenzulassung ist hingegen gerechtfertigt, wenn sie tatsächlich zum Schutz der Gesundheit der Patienten geeignet und erforderlich ist oder das legitime Ziel einer Verteilung der Berufschancen zwischen den Generationen innerhalb der Berufsgruppe der Vertragszahnärzte verfolgt.[57] Das Gleiche gilt für eine Altersgrenze von 70 Jahren für die Ausübung des Notarberufs.[58] **Unzulässig** hingegen ist eine Höchstaltersgrenze für öffentlich bestellte und vereidigte Sachverständige.[59]

Die Vereinbarung einer **Beendigung** des Arbeitsverhältnisses zu einem Zeitpunkt **vor Erreichen des Regelrentenalters** für die gesetzliche Altersrente fällt nicht unter Nr. 5 und kann nur dann Bestand haben, wenn sie nach § 10 Satz 1 und 2 bzw. § 8 gerechtfertigt ist. Dabei sind bei einer Altersgrenze, die ein Ausscheiden aus dem Beschäftigungsverhältnis vor Erreichen des Regelrentenalters vorsieht, sowohl an eine Rechtfertigung gem. § 10, wie auch an das Vorliegen eines sachlichen Grundes (§ 14 Abs. 1 Satz 1 TzBfG) schon deshalb erhöhte Anforderungen zu stellen, weil in diesen Fällen regelmäßig keine ausreichende Absicherung durch einen Rentenanspruch besteht. Unzulässig sind: die tarifrechtliche Altersgrenze von 60 Jahren für Flugingenieure[60] und für Piloten[61] sowie für Flugbegleiter.[62] Eine tarifvertragliche Bestimmung, die eine Versetzung in den Ruhestand für weibliche Chormitglieder mit Vollendung des 60. Lebemsjahres und für männliche Chormitglieder mit Vollendung des 63. Lebensjahres vorsieht, ist wegen der altersdiskriminierenden Wirkung unwirksam.[63] Zur Rechtsprechungsübersicht s. im Einzelnen § 1 Rn. 35 und § 7 Rn. 30 a.

25a

7. Differenzierung von Leistungen in Sozialplänen

Nr. 8 nennt als legitimes Ziel die **Differenzierung von Leistungen in Sozialplänen**. Das BAG hat seine bisherige Rechtsprechung aufrechterhalten und sieht eine Staffelung von Sozialplanleistungen nach Lebensalter und Betriebszugehörigkeit auch weiterhin als zulässig an.[64] Gerechtfertigt sein kann auch eine Regelung, die Beschäftigte dann von einem Sozialplan ausschließt, wenn sie unmittelbar nach dem Ausscheiden oder einem daran anschließenden Bezug von ALG I Anspruch auf Altersrente haben.[65] Eine **Abfindung**

26

---

57 EuGH 12.1.10 – C-341/08 – [Petersen], AuR 10, 86.
58 BGH 23.7.12 – NotZ (Brfg) 15/11.
59 BVerwG 1.2.12 – 8 C 24/11.
60 BAG 15.2.12 – 7 AZR 904/08.
61 EuGH 13.9.11 – C 447/09 – [Prigge]; BAG 18.1.12 – 7 AZR 112/08.
62 BAG 23.6.10 – 7 AZR 1021/08.
63 ArbG München 16.6.10 – 38 Ca 1892/10.
64 BAG 26.5.09 – 1 AZR 198/08 – NZA 09, 849.
65 BAG 23.3.10 – 1 AZR 832/08 – NZA 10, 774.

kann aber nicht allein deswegen versagt werden, weil Beschäftigte eine Altersrente beziehen können. Besteht ein Wahlrecht, ob sie weiterhin dem Arbeitsmarkt zu Verfügung stehen oder eine Altersrente in Anspruch nehmen wollen, ist der Wegfall der Abfindung nur in dem Fall verhältnismäßig, dass die Altersrente tatsächlich in Anspruch genommen wird.[66] Zur Rechtsprechungsübersicht s. § 1 Rn. 35 und § 7 Rn. 30 a.

Unterabschnitt 2
Organisationspflichten des Arbeitgebers

§ 11 Ausschreibung

Ein Arbeitsplatz darf nicht unter Verstoß gegen § 7 Abs. 1 ausgeschrieben werden.

Inhaltsübersicht	Rn.
I. Allgemeines	1
II. Adressat	2
III. Inhalt der Verpflichtung	3
IV. Rechtsfolge einer Verletzung	4

I. Allgemeines

1 Die Vorschrift erstreckt das früher in § 611 b BGB geregelte Verbot der geschlechtsbezogenen Stellenausschreibung auf jede benachteiligende Form der Stellenausschreibung bezogen auf alle Merkmale des § 1 AGG. Die Vorschrift betrifft den sensiblen Bereich des Zugangs zu einem Arbeitsplatz und soll schon bei der Ausschreibung einer Stelle eine mögliche Benachteiligung bestimmter Gruppen von Bewerbern verhindern. Nach der Begründung zum Gesetzentwurf[1] bedeutet die sprachliche Straffung gegenüber dem vergleichbaren § 611 b BGB und § 7 Abs. 1 TzBfG durch den Verzicht auf die Formulierung »weder öffentlich noch innerhalb des Betriebs« keine inhalt-

---

66 EuGH 12.10.10 – C-499/08 – [Andersen]; weitergehend: EuGH 26.2.15 – C-515/13 – [Ingeniørforeningen i Danmark], wonach unter bestimmten Umständen allein die Möglichkeit, bei Ausscheiden eine gesetzliche Rente zu beziehen, dazu führen darf, dass eine Abfindung ganz entfällt, wenn diese Regelung zum einen objektiv und angemessen ist und durch ein legitimes Ziel aus den Bereichen der Beschäftigungspolitik und des Arbeitsmarkts gerechtfertigt ist und zum anderen ein angemessenes und erforderliches Mittel zur Erreichung dieses Ziels darstellt.

1 BT-Drs. 16/1780 S. 36.

liche Änderung. Der Begriff der **Ausschreibung** ist weit zu verstehen und erfasst jede mündliche oder schriftliche Äußerung einer Einstellungsabsicht, die geeignet ist, mögliche Bewerber anzusprechen oder wegen eines Merkmals des § 1 von einer Bewerbung abzusehen. Darunter fällt daher auch die öffentliche Äußerung eines Arbeitgebers, er werde keine Beschäftigten einer bestimmten ethnischen Herkunft oder Rasse einstellen.[2] Die Vorschrift erfasst jede Ausschreibung einer Stelle für den in § 6 Abs. 1 genannten Kreis von Beschäftigten einschließlich des Bereichs der beruflichen Aus- und Weiterbildung, also sowohl außerbetriebliche als auch innerbetriebliche Ausschreibungen. Die Anwendbarkeit von § 11 setzt eine Stellenausschreibung voraus, begründet aber keine Verpflichtung des Arbeitgebers zur Ausschreibung einer zu besetzenden Stelle. Eine gezielt an eine Person gerichtete Aufforderung zur Bewerbung ist keine Ausschreibung im Sinne des § 11. Der Betriebsrat kann gem. § 93 BetrVG die Ausschreibung von Arbeitsplätzen verlangen.

II. Adressat

Primärer Adressat der Pflicht zur diskriminierungsfreien Stellenausschreibung ist der **Arbeitgeber**. Für den Fall, dass sich der Arbeitgeber zur Stellenausschreibung eines Dritten bedient (zum Beispiel eines Personalberatungsunternehmens oder der Bundesagentur für Arbeit), und der eingeschaltete Dritte die Pflicht zur diskriminierungsfreien Stellenausschreibung verletzt, ist diese Pflichtverletzung dem Arbeitgeber zuzurechnen, da ihn die Sorgfaltspflicht trifft, die Ordnungsmäßigkeit der Ausschreibung zu überwachen.[3] Auf ein Verschulden kommt es gem. § 3 Abs. 1 und 5 nicht an.

2

III. Inhalt der Verpflichtung

Eine Stellenausschreibung darf weder unmittelbar, noch mittelbar an ein Merkmal gem. § 1 anknüpfen, wenn hierfür keine Rechtfertigung gem. §§ 5, 8, 9 oder 10 vorliegt. Alle in der Ausschreibung genannten Anforderungen, die Rückschlüsse auf eines der Merkmale aus § 1 zulassen, sind gerichtlich überprüfbar und können eine Vermutung für eine Benachteiligung begründen.

3

> **Beispiele:**
> Langjährige, ununterbrochene Berufserfahrung (mögliche mittelbare Diskriminierung von Frauen im Hinblick auf die Inanspruchnahme von Elternzeit); ausgezeichnete Deutschkenntnisse für Putzhilfe (mögliche Benachteiligung wegen

---

2 EuGH 10.7.08 – C-54/07 – [Feryn], NZA 08, 929.
3 BVerfG 21.9.06 – 1 BvR 308/03 – NZA 07, 195; BAG 5.2.04 – 8 AZR 112/03 – NZA 04, 540.

der ethnischen Herkunft); Ausschreibung einer Stelle für ein Ehepaar (mögliche Benachteiligung wegen der sexuellen Identität); Suche nach »jüngeren« oder »jungen« Bewerbern;[4] Beschränkung des Bewerberkreises in einer innerbetrieblichen Stellenausschreibung auf Beschäftigte im ersten Berufs-/Tätigkeitsjahr;[5] »junges Team«.[6]

Eine Vermutung für eine Benachteiligung wird aber noch **nicht** allein dadurch begründet, dass für eine Bewerbung ein Lichtbild, Lebenslauf und/oder Zeugnisse gefordert werden, aus denen Alter oder ethnische Herkunft hervorgehen (s. hierzu Rn. 12 zu § 22).

IV. Rechtsfolge einer Verletzung

4 Die **Verletzung** des Gebots der diskriminierungsfreien Ausschreibung begründet eine **Vermutung für das Vorliegen einer Benachteiligung** gem. § 7 Abs. 1 AGG und führt zur Beweiserleichterung gem. § 22 (s. dort Rn. 11).[7] Die Vermutung kann widerlegt werden z. B. durch Einstellung eines Bewerbers, der nicht dem ausdrücklich benannten Geschlecht angehört.[8] Nach § 22 hat der Arbeitgeber die Beweislast dafür zu tragen, dass nicht auf ein Merkmal des § 1 bezogene, sachliche Gründe eine unterschiedliche Behandlung rechtfertigen oder die unterschiedliche Behandlung wegen eines in § 1 genannten Grundes nach Maßgabe dieses Gesetzes gem. §§ 8, 9, 10 oder 21 zulässig ist.

§ 12 Maßnahmen und Pflichten des Arbeitgebers

(1) Der Arbeitgeber ist verpflichtet, die erforderlichen Maßnahmen zum Schutz vor Benachteiligungen wegen eines in § 1 genannten Grundes zu treffen. Dieser Schutz umfasst auch vorbeugende Maßnahmen.

---

4 BAG 19. 8. 10 – 8 AZR 530/09; LAG Schleswig-Holstein 9. 12. 08 – 5 Sa 286/08 – AuA 09, 619.
5 BAG 18. 8. 09 – 1 ABR 47/08 – NZA 10, 222: mittelbare Benachteiligung wegen des Alters.
6 LAG Hamburg 23. 6. 10 – 5 Sa 14/10 und LAG Schleswig-Holstein 29. 10. 13 – 1 Sa 142/13: Die Bezeichnung »junges und motiviertes Team« lässt darauf schließen, dass sich der Begriff »jung« auf die Mitglieder des Teams bezieht und nicht darauf, dass das Team erst vor kurzem zusammengestellt wurde; a. A. LAG Nürnberg 16. 5. 12 – 2 Sa 574/11 und LAG München 13. 11. 12 – 7 Sa 105/12 für den Fall, dass es sich um eine reine Selbstdarstellung des Arbeitgebers losgelöst von den folgenden Beschreibungen der Stellenanzeige handelt.
7 EuGH 10. 7. 08 – C-54/07 – [Feryn], NZA 08, 929 für die öffentliche Äußerung eines Arbeitgebers; so auch die bisherige Rechtsprechung zum früheren § 611 b BGB: BAG 14. 3. 89 – 8 AZR 447/87 – NZA 90, 21; BAG 5. 2. 04 – 8 AZR 112/03 – NZA 04, 540; BVerfG 16. 11. 93 – 1 BvR 258/86 – NZA 94, 745.
8 LAG Berlin 16. 5. 01 – 3 Sa 393/01 – PflR 01, 439; ArbG Frankfurt 19. 3. 03 – 7 Ca 8038/01 – ArbRB 02, 190.

(2) Der Arbeitgeber soll in geeigneter Art und Weise, insbesondere im Rahmen der beruflichen Aus- und Fortbildung, auf die Unzulässigkeit solcher Benachteiligungen hinweisen und darauf hinwirken, dass diese unterbleiben. Hat der Arbeitgeber seine Beschäftigten in geeigneter Weise zum Zwecke der Verhinderung von Benachteiligung geschult, gilt dies als Erfüllung seiner Pflichten nach Absatz 1.

(3) Verstoßen Beschäftigte gegen das Benachteiligungsverbot des § 7 Abs. 1, so hat der Arbeitgeber die im Einzelfall geeigneten, erforderlichen und angemessenen Maßnahmen zur Unterbindung der Benachteiligung wie Abmahnung, Umsetzung, Versetzung oder Kündigung zu ergreifen.

(4) Werden Beschäftigte bei der Ausübung ihrer Tätigkeit durch Dritte nach § 7 Abs. 1 benachteiligt, so hat der Arbeitgeber die im Einzelfall geeigneten, erforderlichen und angemessenen Maßnahmen zum Schutz der Beschäftigten zu ergreifen.

(5) Dieses Gesetz und § 61 b des Arbeitsgerichtsgesetzes sowie Informationen über die für die Behandlung von Beschwerden nach § 13 zuständigen Stellen sind im Betrieb oder in der Dienststelle bekannt zu machen. Die Bekanntmachung kann durch Aushang oder Auslegung an geeigneter Stelle oder den Einsatz der im Betrieb oder der Dienststelle üblichen Informations- und Kommunikationstechnik erfolgen.

Inhaltsübersicht	Rn.
I. Präventionsmaßnahmen.	1– 6
1. Informationspflichten	3
2. Bildungsmaßnahmen – Schulungen	4– 6
II. Personelle Maßnahmen bei Benachteiligung	7–17
III. Maßnahmen gegenüber Dritten.	18–21
IV. Bekanntmachungspflichten	22

I. Präventionsmaßnahmen

Abs. 1 und 2 dienen der Prävention von Diskriminierungen. **Abs. 1** verpflichtet den Arbeitgeber, die erforderlichen Maßnahmen zum **Schutz der** bei ihm **Beschäftigten** vor Benachteiligungen zu treffen. Der erforderliche Schutz bezieht sich auf **Benachteiligungen durch Vorgesetzte, Arbeitskollegen oder Dritte**, wie z. B. Kunden, und selbstverständlich auch auf Benachteiligungen durch den Arbeitgeber selbst.[1]   1

Welche **konkreten Maßnahmen** der Arbeitgeber treffen muss, ist weder dem Gesetz, noch der Gesetzesbegründung zu entnehmen. Dort heißt es lediglich: »Was erforderlich ist, ist nach objektiven Gesichtspunkten zu beurteilen, nicht nach der subjektiven Einschätzung auf Arbeitgeber- oder Ar-   2

---

1 Däubler/Bertzbach-Buschmann, § 12 Rn. 7.

beitnehmerseite. Welche Maßnahmen geboten sind, kann je nach der Größe des Betriebes unterschiedlich zu beurteilen sein. Die Verpflichtung kann immer nur so weit gehen, wie der Arbeitgeber rechtlich und tatsächlich zur Pflichterfüllung in diesem Bereich in der Lage ist. Die Sätze 1 und 2 sind an § 2 Abs. 1 des BschSchutzG angelehnt. Zu denken ist sowohl an organisatorische Maßnahmen als auch an eine Aufklärung über die Problematik der Benachteiligung«.[2] Der Arbeitgeber hat demnach verschiedene Möglichkeiten, wie er seinen Pflichten zur Prävention nachkommt.[3] Ganz wesentlich für eine wirkliche Prävention ist hier zunächst das generelle und deutliche **Bekenntnis des Arbeitgebers zur Ablehnung von Benachteiligung und Belästigung,**[4] das sich beispielsweise in einer Regelung zum Beschwerdeverfahren oder einer entsprechenden Betriebsvereinbarung ausdrücken kann. Nicht zuletzt liegen vorbeugende Maßnahmen zum Schutz der Beschäftigten auch im besonderen **Interesse des Arbeitgebers,** weil Benachteiligungen sich, ähnlich wie Mobbing, negativ auf die Leistungsbereitschaft und -fähigkeit von Beschäftigten auswirken können (s. hierzu auch Rn. 32 zu § 3). Gegebenenfalls kommen bei einer Verletzung der Pflicht des Arbeitgebers zu präventiven Maßnahmen Schadensersatzansprüche wegen Verletzung einer vertraglichen Nebenpflicht gemäß § 280 Abs. 1 BGB in Betracht.

1. Informationspflichten

3   Zu einer **Bekanntmachung** der geltenden Regelungen ist der Arbeitgeber nach **Abs. 5** verpflichtet (Rn. 22). Weitergehende **Aufklärung** über die Gesetzeslage und eine Sensibilisierung der Beschäftigten für ggf. vorhandene Diskriminierungen, deren Auswirkungen auf die Betroffenen und Möglichkeiten ihrer Verhinderung kann beispielsweise im Rahmen einer **Betriebsversammlung** stattfinden oder durch eine **schriftliche Information,** wie sie z. T. im öffentlichen Dienst im Rahmen der Korruptionsprävention üblich ist und die von den Arbeitnehmern gegengezeichnet werden muss. Je konkreter diese Information ist und je eindringlicher der Arbeitgeber den Beschäftigten klar macht, welches Verhalten nicht geduldet werden kann, desto leichter tut sich der Arbeitgeber mit einer eventuell erforderlichen personellen Maßnahme gegen den Schädiger. (s. zur Möglichkeit einer Abmahnung bzw. Kündigung als geeignete und erforderliche Maßnahme Rn. 11 ff.).

---

2 BT-Drs. 16/1780 S. 37.
3 S. dazu auch Däubler/Bertzbach-Buschmann, § 12 Rn. 11.
4 S. hierzu Däubler/Bertzbach-Buschmann, § 12 Rn. 15, 16.

2. Bildungsmaßnahmen – Schulungen

Der Arbeitgeber hat außerdem gem. **Abs. 2** die Möglichkeit **betriebliche Bildungsmaßnahmen** (unter Einbeziehung eines vorhandenen Betriebsrats gem. § 98 BetrVG) durchzuführen. Darüber hinaus kann der Arbeitgeber auf den Abschluss einer **Betriebsvereinbarung** hinwirken (s. hierzu Rn. 3f. zu § 17 und die Musterbetriebsvereinbarung). Welche Intensität von Maßnahmen schließlich »erforderlich« i. S. des Gesetzes ist, wird in der Praxis auch davon abhängen, ob bereits Beschwerden gem. § 13 Abs. 1 vorliegen oder ob der Arbeitgeber Kenntnis von konkreten Diskriminierungen hat, und wie die Beschäftigtenstruktur aussieht. Die in der Gesetzesbegründung als Kriterium genannte Größe des Betriebs ist dabei sicherlich nur eine Komponente. 4

Von der Frage der »Erforderlichkeit« von Maßnahmen ist die Frage zu trennen, wann der Arbeitgeber seine Pflicht zur Prävention schuldhaft verletzt hat. Nach **Abs. 2 Satz 2** gilt als **Erfüllung der Verpflichtung** nach Abs. 1 die **Schulung der Beschäftigten** in geeigneter Weise zum Zweck der Verhinderung von Benachteiligung. Dies trägt allerdings zur Rechtsklarheit wenig bei, denn weder ist der notwendige Umfang noch der notwendige Inhalt noch die Häufigkeit einer solchen Schulung vorgegeben. Insofern ist der unbestimmte Rechtsbegriff zukünftig »in geeigneter Weise« von der Rechtsprechung auszufüllen. In jedem Fall muss eine Schulung weiter gehen als die reine Information gem. Abs. 5. Entsprechend dem Gesetzeszweck müssen Schulungsmaßnahmen insbesondere geeignet sein, Benachteiligungen, die auf Vorurteilen beruhen, bewusst zu machen mit dem Ziel, zu einer Verhaltensänderung oder größeren Sensibilität beizutragen. Sie müssen so angeboten werden, dass jeder Mitarbeiter hiervon Kenntnis erlangt und die Gelegenheit zur Teilnahme hat. Damit sie ihren präventiven Charakter erfüllen können, ist für Führungskräfte oder für Mitarbeiter, die bereits gegen das Benachteiligungsverbot verstoßen haben, eine obligatorische Teilnahme denkbar. Dies ist auch für den Arbeitgeber sinnvoll, da ihm diskriminierende Handlungen durch Mitarbeiter mit Weisungsbefugnis gem. § 278 BGB zuzurechnen sind.[5] Möglicherweise kann die Erfüllung der Schulungspflicht bei der Festsetzung einer Entschädigung gem. § 15 Abs. 2 Berücksichtigung finden.[6] Im Übrigen entlastet der Verweis auf die durchgeführten Schulungen den Arbeitgeber nur bedingt und kann in keinem Fall konkret erforderliche Maßnahmen gem. Abs. 3 und 4 ersetzen. 5

Mitbestimmung: Bei **betrieblichen Bildungsmaßnahmen gem. Abs. 2** hat der Betriebsrat ein Mitbestimmungsrecht gem. § 98 BetrVG. Als betriebliche Bildungsmaßnahme gilt auch die Durchführung von Schulungen zum AGG. 6

---

5 BAG 25. 10. 07 – 8 AZR 593/06.
6 So Bezani/Richter, AGG im ArbR, Rn. 308.

II. Personelle Maßnahmen bei Benachteiligung

7 Abs. 3 verpflichtet den Arbeitgeber, **geeignete Maßnahmen** zu ergreifen, wenn ein Beschäftigter einen anderen Beschäftigten benachteiligt hat. Sinn und Zweck der Regelung ist auch hier der Schutz von Beschäftigten am Arbeitsplatz und im beruflichen Umfeld. Der Arbeitgeber kann nur dann gegen Beschäftigte vorgehen, wenn es sich um ein Fehlverhalten im Zusammenhang mit der geschuldeten Tätigkeit handelt, der Beschäftigte also seine vertraglichen Pflichten oder Nebenpflichten verletzt. In § 7 Abs. 3 ist ausdrücklich geregelt, dass eine **Benachteiligung** von anderen Beschäftigten eine **Verletzung vertraglicher Pflichten** darstellt.

8 Steht ein Verstoß eines Beschäftigten gegen § 7 Abs. 1 fest, stellt sich die Frage nach einer angemessenen **Sanktion**. Das Gesetz nennt beispielhaft mögliche arbeitsrechtliche Maßnahmen, mit denen der Arbeitgeber auf die Benachteiligung reagieren kann. Hierbei handelt es sich **nicht um eine abschließende Aufzählung**. Vielmehr ist die zu treffende Maßnahme im Einzelfall nach den Gesamtumständen, insbesondere der Schwere des Verstoßes und der Wiederholungsgefahr zu bestimmen. Geeignet im Sinne der Verhältnismäßigkeit sind nur solche Maßnahmen, von denen der Arbeitgeber annehmen darf, dass sie die Benachteiligung für die Zukunft abstellen, also eine Wiederholung ausschließen.[7] In Anlehnung an den nunmehr aufgehobenen § 4 Abs. 1 Ziff. 1 BschSchG, kann die vom Arbeitgeber zu treffende Maßnahme von einer einfachen Ermahnung, einer Abmahnung und Versetzung bis hin zur außerordentlichen Kündigung reichen.

9 **Beispiel:**
Ein Arbeitnehmer beleidigt einen Kollegen vor anderen Mitarbeitern wiederholt mit antisemitischen Schimpfworten. Der beschimpfte Arbeitnehmer kennt lediglich den Spitznamen des Beleidigers. Der Arbeitgeber muss nicht nur, wie bisher, Auskunft über die Person des Schädigers erteilen, sondern auch gegen diesen vorgehen, weil er seinen Kollegen gem. § 3 Abs. 3 aufgrund seiner ethnischen Herkunft in einer Weise beleidigt hat, die die Würde seiner Person verletzt und ein feindliches Umfeld schafft und hierdurch gem. § 7 Abs. 3 gegen seine vertraglichen Pflichten verstoßen hat. Der Arbeitgeber muss ihn deswegen gem. § 12 Abs. 2 abmahnen, ggf. versetzen oder umsetzen oder ihm je nach den Umständen kündigen, sowie Präventionsmaßnahmen gem. § 12 Abs. 1 treffen. Der Betroffene hat außerdem ein Beschwerderecht gem. § 13. Wie bisher kann der Betroffene außerdem einen Anspruch gegenüber dem Beleidiger auf Ersatz des materiellen und immateriellen Schadens wegen einer Verletzung des allgemeinen Persönlichkeitsrechts geltend machen.

10 Es liegt im Ermessen des Arbeitgebers, mit welchen Maßnahmen er auf Benachteiligungen von Beschäftigten untereinander reagiert. Die Betroffe-

---
7 BAG 9. 6. 11 – 2 AZR 323/10.

Maßnahmen und Pflichten des Arbeitgebers § 12

nen haben allerdings einen Anspruch auf die Ausübung rechtsfehlerfreien Ermessens und damit auf die Ergreifung solcher Maßnahmen, die nach den Umständen des Einzelfalles verhältnismäßig und zumutbar sind. Ggf. kommt nach diesen Maßstäben nur eine einzige konkrete Maßnahme in Betracht, um den erforderlichen Schutz sicherzustellen.[8]

Die gleichen Grundsätze gelten im **öffentlichen Dienst**: In schweren Fällen innerdienstlicher sexueller Belästigung weiblicher oder männlicher Mitarbeiter, insbesondere unter Ausnutzung einer Vorgesetzteneigenschaft, kann sich grundsätzlich die Frage seiner weiteren Tragbarkeit im öffentlichen Dienst stellen, während in minderschweren Fällen eine mildere Disziplinarmaßnahme verhängt werden kann.[9]   11

Eine sexuelle Belästigung i. S. v. § 3 Abs. 4 AGG stellt nach § 7 Abs. 3 AGG eine Verletzung vertraglicher Pflichten dar und ist »an sich« als wichtiger Grund für den Ausspruch einer Kündigung i. S. v. § 626 Abs. 1 BGB geeignet. Ob im Einzelfall eine außerordentliche Kündigung berechtigt ist, hängt von den Umständen des Einzelfalls ab. Grundsätzlich muss auch **bei sexuellen Belästigungen** mit Ausnahme von Extremfällen und von Fällen, die die Grenze zur Strafbarkeit überschreiten, einer Kündigung des Arbeitsverhältnisses regelmäßig eine Abmahnung vorausgehen, um eine negative Prognose zu begründen.[10] Sind mehrere Maßnahmen geeignet und möglich, die Benachteiligung infolge sexueller Belästigung für eine Arbeitnehmerin abzustellen, so hat der Arbeitgeber diejenige zu wählen, die den Täter am wenigsten belastet.[11] Eine Kündigung ist ggf. erforderlich, wenn eine Abmahnung nicht ausreicht, um die Fortsetzung einer (sexuellen) Belästigung mit der gebotenen Sicherheit zu unterbinden und eine Umsetzung oder Versetzung des Störers nicht in Betracht kommt.[12] Im Falle eines **strafbaren Verhaltens** kann auch eine außerdienstliche, sexuelle Belästigung zur Berechtigung einer außerordentlichen Kündigung führen, wenn das Opfer in enger Beziehung zu Mitarbeitern steht und das außerdienstliche Verhalten sich auf den betrieblichen Bereich auswirkt und dort zu Störun-   12

---

8 BAG 25. 10. 07 – 8 AZR 593/06 – NZA 08, 223: Anspruch auf Ausspruch einer konkreten Abmahnung und ggf. auf das Angebot eines gleichwertigen Arbeitsplatzes, an dem Betroffene nicht mehr mit einem Schädiger zusammenarbeiten müssen, wenn ein solcher Arbeitsplatz im Unternehmen vorhanden ist.
9 BVerwG 16. 7. 09 – 2 AV 4/09.
10 BAG 9. 6. 11 – 2 AZR 323/10.
11 LAG Niedersachsen 13. 10. 09 – 1 Sa 832/09 – ArbN 10, 31.
12 LAG Hamm 22. 10. 96 – 6 Sa 730/96 – NZA 97, 769; zur außerordentlichen Kündigung eines Vorgesetzten wegen sexueller Belästigung einer Mitarbeiterin BAG 25. 3. 04 – 2 AZR 341/03 – NZA 04, 1214; zur Entbehrlichkeit einer Abmahnung bei sexueller Belästigung BAG 9. 1. 86 – 2 ABR 24/85 – NZA 86, 467; zur Verhältnismäßigkeit und zum Vorrang einer Abmahnung bei unbeabsichtigter, sexueller Belästigung: LAG Hamm 13. 2. 97 – 17 Sa 1544/96 – NZA-RR 97, 250.

gen führt.[13] Auch bei einem langjährigen Beschäftigten berechtigt die Frage nach der Echtheit der Oberweite einer **Auszubildenden** und die anschließende Berührung der Brust zu einer fristlosen Kündigung ohne vorherige Abmahnung.[14] Das Gleiche gilt für die Kündigung eines Lehrers bei sexueller Belästigung einer Schülerin.[15]

13 Bei **Belästigungen** ist zu beachten, dass zwar die Schaffung eines feindlichen Umfelds regelmäßig ein fortgesetztes und mehrmaliges Handeln erfordert. Gleichwohl muss der Arbeitgeber aber schon **bei einmaligen Verhaltensweisen eingreifen**, weil im Fall ihrer fortgesetzten Duldung ein feindliches Umfeld entstehen kann.[16]

14 **Rechtsschutz:** Der **von einer Sanktion betroffene Beschäftigte** kann insbesondere Abmahnungen, Versetzungen und Kündigungen auf ihren diskriminierenden Charakter hin arbeitsgerichtlich überprüfen lassen und Klage erheben. Für Entschädigungsansprüche ist der Rechtsweg zu den Arbeitsgerichten gemäß § 2 Abs. 1 Nr. 3 Buchst c ArbGG eröffnet, wenn sich die Klage gegen den potenziellen Arbeitgeber richtet. Schaltet der potenzielle Arbeitgeber einen Dritten ein (hier Veröffentlichung einer Stellenanzeige durch einen beauftragten Anwalt) sind die Arbeitsgerichte nicht zuständig, wenn Bewerber den Dritten auf Auskunft über die Identität des Auftraggebers oder gemäß § 15 Abs. 2 auf Entschädigung in Anspruch nehmen.[17] Für die Frage der Rechtmäßigkeit und Angemessenheit der Maßnahme sind die allgemeinen arbeitsrechtlichen Grundsätze insbesondere zum Ausspruch einer verhaltensbedingten Kündigung oder außerordentlichen Kündigung innerhalb der gem. § 626 Abs. 2 BGB einzuhaltenden 2-Wochen-Frist maßgebend. Allein der Vorwurf einer Diskriminierung ohne Vorliegen eines entsprechenden Tatnachweises gibt dem Arbeitgeber regelmäßig noch kein Recht zur Kündigung.[18] Für die Möglichkeit des Ausspruchs einer Verdachtskündigung nach Anhörung des Arbeitnehmers gelten ebenfalls die allgemeinen Grundsätze.[19] Stellt sich heraus, dass ein Beschäftigter wahrheitswidrig einen anderen einer verbotenen Diskriminierung bezichtigt, kommt die Kündigung des vermeintlich belästigten Arbeitnehmers in Betracht.[20]

15 Beschäftigte, **die sich diskriminiert fühlen** und eine verhängte Sanktion als nicht ausreichend erachten, **können** gem. § 12 Abs. 3 vom Arbeitgeber die

---

13 LAG Hessen 21. 2. 14 – 14 Sa 609/13.
14 LAG Niedersachsen 6. 12. 13 – 6 Sa 391/13.
15 LAG Hamm 8. 5. 13 – 5 Sa 513/12.
16 Wisskirchen DB 06, 1491.
17 BAG 27. 8. 08 – 5 AZB 71/08 – NZA 08, 1259.
18 BAG 8. 6. 00 – 2 ABR 1/00 – NZA 01, 91.
19 BAG 8. 6. 00 – 2 ABR 1/00 – NZA 01, 91.
20 LAG Rheinland Pfalz 16. 2. 96 – NZA-RR 97, 169 für den Fall der wahrheitswidrigen Behauptung einer sexuellen Belästigung.

Verhängung einer im Einzelfall geeigneten, erforderlichen und angemessenen Sanktion zur Unterbindung der Benachteiligung verlangen. Da der Arbeitgeber hier einen erheblichen Spielraum hat, wird sich ein Anspruch gegenüber dem Arbeitgeber zur Verhängung einer konkreten Maßnahme gerichtlich nur sinnvoll durchsetzen lassen, wenn entweder der Entscheidungsspielraum des Arbeitgebers im Antrag gewahrt wird oder im Einzelfall der Schutz des Betroffenen nur durch eine ganz bestimmte Maßnahme (beispielsweise durch eine Kündigung oder Abmahnung) erreicht werden kann. Wie schon bei § 4 Abs. 1 BeschSchG gelten insoweit die Grundsätze des § 104 BetrVG entsprechend. Der Arbeitgeber haftet außerdem nach § 278 BGB für Schäden, die einer seiner Arbeitnehmer dadurch erleidet, dass ihn sein Vorgesetzter schuldhaft in seinen Rechten verletzt.[21]

Verletzt der Arbeitgeber schuldhaft seine **Fürsorgepflicht** gem. Abs. 3, haftet er dem Betroffenen Beschäftigten nach den allgemeinen Vorschriften (§ 280 Abs. 1 BGB) auf Schadensersatz. Eine Benachteiligung durch den Arbeitgeber i. S. von § 3 liegt nur dann vor, wenn der Arbeitgeber den Beschäftigten, der die Benachteiligung ausführt, hierzu angewiesen hat. Allein die Tatsache, dass keine oder keine ausreichenden Sanktionen getroffen werden, stellt zunächst noch keine eigene Benachteiligung dar. Sie kann aber eine Benachteiligung durch Unterlassen bewirken, da Abs. 4 eine Handlungspflicht des Arbeitgebers zum Schutz vor einer Benachteiligung durch Dritte vorsieht. Eine Haftung für das Verhalten Dritter sieht das AGG nicht vor (zur Haftung über §§ 278, 831 BGB s. Rn. 7 und 42 zu § 15). 16

Mitbestimmung: Ohne dass es einer expliziten Normierung wie in § 4 Abs. 1 BeschSchG bedarf, sind bei der Durchführung von personellen Maßnahmen gem. Abs. 3 die Mitbestimmungsrechte des Betriebsrats (insbesondere §§ 99, 102 BetrVG) zu beachten. Außerdem kann der Betriebsrat bei Vorliegen der Voraussetzungen des § 104 BetrVG (Störung des Betriebsfriedens durch gesetzwidriges Verhalten oder durch grobe Verletzung der Grundsätze von § 75 BetrVG) im Beschlussverfahren die Entlassung oder Versetzung des Schädigers verlangen. 17

III. Maßnahmen gegenüber Dritten

Abs. 4 verpflichtet den Arbeitgeber, seine Beschäftigten in Ausübung ihrer Tätigkeit auch vor einer **Benachteiligung durch Dritte** zu schützen und geeignete, erforderliche und angemessene Maßnahmen zu ergreifen. Die Begründung zum Gesetzentwurf[22] nennt als Beispiel einen Auslieferungsfahrer, der von Kunden wegen seiner ethnischen Herkunft schikaniert wird, 18

---

21 BAG 25.10.07 – 8 AZR 593/06 – NZA 08, 223: Anspruch auf Abmahnung.
22 BT-Drs. 16/1730 S. 37.

und führt an, dass gerade in Kundenbeziehungen die Form einer angemessenen Reaktion anhand der konkreten Umstände des Einzelfalls zu bestimmen ist.

19 Der Gesetzeswortlaut normiert den **Verhältnismäßigkeitsgrundsatz** ohne genauere Bestimmung, was der Arbeitgeber zu tun hat. Die Zumutbarkeit und die Form des Tätigwerdens des Arbeitgebers hängen damit von der Schwere der Beeinträchtigung des betroffenen Beschäftigten und den Möglichkeiten seines Schutzes ab. Grundsätzlich sind sowohl innerbetriebliche Maßnahmen denkbar, wie etwa ein geänderter Einsatzplan des Auslieferungsfahrers, der damit keine Kunden mehr beliefern muss, die ihn diskriminieren, als auch **Maßnahmen den Kunden gegenüber** etwa in Form eines Gesprächs, einer Aufforderung, die Diskriminierung zu unterlassen oder gar Kündigung der Vertragsbeziehungen.

20 Besteht die Möglichkeit, durch **innerbetriebliche Maßnahmen**, wie Umsetzung oder Versetzung oder andere organisatorische Maßnahmen, der Diskriminierung wirksam zu begegnen, werden solche Maßnahmen dem Arbeitgeber immer zumutbar sein. Allerdings muss ausgeschlossen sein, dass der betroffene Beschäftigte durch eine solche »Schutzmaßnahme« eine Benachteiligung erfährt.

21 Nach den Umständen des Einzelfalles wird bei **Maßnahmen gegenüber Kunden** eine Grenze dessen zu beachten sein, was dem Arbeitgeber wirtschaftlich zumutbar ist. Hier sind zum einen die Schwere des diskriminierenden Verhaltens einschließlich dessen Außenwirkung, eine Wiederholungsgefahr sowie die Wichtigkeit des Kunden für den Bestand des Betriebs zu beachten. Kommt es z.B. in einem Restaurant zu der sexuellen Belästigung einer Bedienung oder zu einer schweren Beleidigung aus ethnischen Gründen, wird dem Arbeitgeber ein Lokalverweis als angemessene Reaktion zumutbar sein, gegebenenfalls auch die vorherige Abfrage von Namen und Anschrift des Schädigers, um dem Beschäftigten ein weitergehendes Vorgehen zu ermöglichen. Wird der Arbeitgeber nicht oder nicht ausreichend tätig und verletzt dadurch schuldhaft seine **Fürsorgepflicht**, haftet er dem Betroffenen Beschäftigten nach den allgemeinen Vorschriften (§ 280 Abs. 1 BGB) auf Schadensersatz.

IV. Bekanntmachungspflichten

22 **Abs. 5** setzt Art. 10 der Richtlinie 2000/43/EG (Antirassismus-Richtlinie), Art. 12 der Richtlinie 2000/78/EG (Rahmenrichtlinie Beschäftigung) und Art. 8 der Richtlinie 76/207/EWG (Gender-Richtlinie) um und enthält die Verpflichtung des Arbeitgebers, die gesetzlichen **Vorschriften** einschließlich der maßgeblichen Klagefrist des § 61 b ArbGG **in geeigneter Weise bekannt zu machen**. Die **Adressaten** für die Bekanntmachung sind nach den EG-Richtlinien die Betroffenen, also die bei dem Arbeitgeber **Beschäftigten**.

Dem Arbeitgeber wird außerdem die Pflicht auferlegt, über die für die Behandlung von Beschwerden nach § 13 Abs. 1 zuständigen Stellen zu informieren. Welchen Weg der Bekanntmachung der Arbeitgeber wählt, ist ihm überlassen. Es muss lediglich sichergestellt sein, dass Beschäftigte auch tatsächlich Kenntnis erlangen können. Üblich sind bisher vor allem der Aushang oder die Auslegung im Betrieb oder die modernen Formen der Informations- und Kommunikationstechnik, wie z. B. das Intranet oder E-Mail-Verteiler.

Unterabschnitt 3
Rechte der Beschäftigten
Vor §§ 13–16

Von Benachteiligung Betroffene haben verschiedene Möglichkeiten, gegen ihre Benachteiligung vorzugehen. **Gegenüber dem Arbeitgeber** ist das Beschwerderecht in § 13 im Normalfall das erste Mittel der Wahl und kann, je nach den Umständen, ggf. Voraussetzung für ein Leistungsverweigerungsrecht gem. § 14 sein, das ein Unterlassen oder ungeeignetes Handeln des Arbeitgebers voraussetzt. Unabhängig vom Erheben und dem Erfolg einer Beschwerde haftet der Arbeitgeber für eine Benachteiligung (auch über § 278 BGB) gem. § 15 Abs. 1 und 2 auf Schadensersatz und Entschädigung. Der Schadensersatzanspruch umfasst entgangenes Entgelt bei unterbliebener Einstellung und Beförderung sowie die Bewerbungskosten sowohl für die erfolglose Bewerbung als auch für eine neue Stelle. Bei einer durch die Benachteiligung verursachten Erkrankung sind auch die Arzt- und Therapiekosten zu ersetzen. 1

Außerdem bleiben gem. § 15 Abs. 5 durch die Regelungen im AGG weitere Ansprüche gegenüber dem Arbeitgeber unberührt. In Betracht kommen gem. §§ 280, 823 BGB insbesondere Ansprüche, die sich aus der schuldhaften Verletzung von Pflichten aus dem AGG (wie z. B. §§ 12 oder 17) ergeben und die keinen Verstoß gegen das Benachteiligungsverbot von § 7 Abs. 1 bedingen. 2

Nicht ausdrücklich geregelt sind außerdem die nach allgemeinen Rechtsvorschriften bestehenden Ansprüche auf Unterlassen einer Benachteiligung (§ 1004 BGB i. V. m. § 7, s. Rn. 41 zu § 15) und die Möglichkeit des Ausspruchs einer Eigenkündigung gem. § 626 BGB mit der Folge des Schadensersatzanspruchs von § 628 Abs. 2 BGB. 3

Ein **Unterlassungsanspruch** richtet sich gegen den Schädiger, also denjenigen, der gegen das Benachteiligungsverbot gem. § 7 Abs. 1 verstößt. Der betroffene Beschäftigte kann in analoger Anwendung des § 1004 BGB einen Anspruch auf künftige Unterlassung des belästigenden Verhaltens geltend machen. 4

Vor §§ 13–16

4a Die Speicherung, Nutzung oder Übermittlung von Bewerberdaten oder auch nur des Namens eines Bewerbers als sog. AGG-Hopper, womit der Vorwurf einer rechtsmissbräuchlichen Inanspruchnahme der Schutzvorschriften dieses Gesetzes verbunden wird, sind rechtswidrig und deswegen zu unterlassen. Dennoch hatte eine größere Stuttgarter Anwaltssozietät ein sog. AGG-Archiv zur Auskunft an jeden Arbeitgeber, jeden Rechtsanwalt und jedes Gericht betrieben, »ob ein bestimmter Bewerber in der Vergangenheit bereits mit Entschädigungsklagen wegen angeblicher Diskriminierung bei Bewerbungen aufgefallen ist«. Dieses Vorgehen ist mit den Schutzvorschriften des AGG (insbesondere dem Maßregelungsverbot in § 16) und dem BDSG nicht vereinbar.[1] Das baden-württembergische Innenministerium als zuständige Aufsichtsbehörde hatte den Verstoß gegen das BDSG bereits am 9.7.2008[2] beanstandet. Die Sozietät hat sich deshalb nach eigenen Angaben entschlossen, ab dem 15.8.2009 Anfragen nach potentiellen AGG-Hoppern nicht mehr zu beantworten und auch keine Auskünfte über gespeicherte Personen mehr zu erteilen. Es ist zu hoffen, dass es bei diesem Versuch bleibt, da eine Sammlung von Daten über klagende Arbeitnehmer gegen das BDSG verstößt und geeignet ist, zur Benachteiligung von Personen insbesondere bei der Einstellung beizutragen, die nichts anderes getan haben, als die Ihnen eingeräumten Rechte wahrzunehmen.

5 Wird ein Beschäftigter vom Arbeitgeber rechtswidrig i. S. von § 3 benachteiligt, kommt neben einem Unterlassungsanspruch bei einem bestehenden Arbeitsverhältnis regelmäßig eine **Eigenkündigung** gem. § 626 BGB aus wichtigem Grund in Betracht. Gegenüber den Interessen des Arbeitgebers an der Einhaltung der ordentlichen Kündigungsfrist bedarf es einer Interessenabwägung. Bei ehrverletzenden Belästigungen und sexuellen Belästigungen, die als Benachteiligung i. S. von § 3 Abs. 3 und 4 zu sehen sind, überwiegen regelmäßig auch dann die Interessen des Beschäftigten, wenn die Belästigung von anderen Mitarbeitern oder Dritten ausgeht und der Arbeitgeber keinen effektiven Schutz gewährt. Allerdings muss der betroffene Beschäftigte in einem solchen Fall zunächst das mildere Mittel einer Beschwerde gem. § 13 wählen, um dem Arbeitgeber die Möglichkeit des Handelns zu geben. Eine außerordentliche Kündigung muss gem. § 626 Abs. 2 BGB innerhalb von zwei Wochen ab Kenntnis des Kündigungsgrundes erfolgen. Bei fortdauernden Verletzungen, also etwa ständigen Belästigungen, beginnt die Ausschlussfrist mit dem letzten Vorfall, der ein weiteres und letztes Glied in der Kette der Ereignisse bildet, die zum Anlass für eine Kündigung genommen werden.[3] Zusätzlich kommt bei einer berechtigten Kündi-

---

1 S. auch Däubler/Bertzbach-Buschmann, AGG, § 13 Rn. 11.
2 2–0552/B25/08, dokumentiert in AuR 09, 307.
3 BAG 6.7.72 – 2 AZR 386/71 – DB 72, 2119.

gung aus wichtigem Grund ein Schadensersatzanspruch gem. § 628 Abs. 2 BGB in Betracht.

Gegenüber anderen Beschäftigten oder Dritten, die gegen das Benachteiligungsverbot des § 7 Abs. 1 verstoßen, bestehen Schadensersatzansprüche gem. § 823 Abs. 1 und 2 BGB und ggf. Ansprüche auf Schmerzensgeldzahlungen gem. § 253 Abs. 2 BGB. Daneben besteht gegenüber anderen Beschäftigten oder Dritten gegebenenfalls ein Anspruch auf Entschädigung wegen Verletzung des allgemeinen Persönlichkeitsrechts, der auch nach der Einfügung des § 253 Abs. 2 BGB mit unveränderten Voraussetzungen fortbesteht. Nur gegenüber dem Arbeitgeber sieht das AGG in § 15 Abs. 2 insoweit eine abschließende Sonderregelung vor (s. zu einer Verletzung des allgemeinen Persönlichkeitsrechts Rn. 19 ff. zu § 15 m. w. N.). Außerdem kommt auch ihnen gegenüber ein Anspruch auf Unterlassung in analoger Anwendung des § 1004 BGB in Betracht (s. Rn. 4 oben). 6

Ansprüche gegenüber einem schädigenden Dritten können auch **für den Arbeitgeber** bestehen. Wird beispielsweise Entgeltfortzahlung geleistet bei einer Arbeitsunfähigkeit, die auf einer Diskriminierung beruht, besteht gegenüber dem Schädiger gem. § 6 EFZG ein Anspruch auf Rückzahlung der geleisteten Entgeltfortzahlung. 7

Rechtsschutz: Der oder die von einer Diskriminierung betroffene Beschäftigte kann regelmäßig die genannten Ansprüche gegen den Arbeitgeber und gegen andere Beschäftigte vor dem Arbeitsgericht geltend machen (§§ 2 Abs. 1 Ziff. 3 a) und d), Ziff. 9 ArbGG), da sich der Arbeitnehmerbegriff des § 5 ArbGG weitgehend mit dem Begriff des Beschäftigten gem. § 6 Abs. 1 deckt. Ansprüche gegenüber nicht betriebsangehörigen Dritten können nur dann gem. § 2 Abs. 3 ArbGG im arbeitsgerichtlichen Verfahren durchgesetzt werden, wenn gleichzeitig Klage gegen den Arbeitgeber wegen der gleichen Benachteiligung erhoben wird. Anders als i. R. des AGG haften Dritte nur bei Verschulden. Die Beweislastregelung des § 22 sieht eine Beweiserleichterung nur für die Geltendmachung einer Benachteiligung, nicht aber hinsichtlich des Verschuldens vor. Von einer Benachteiligung Betroffene sollten die aus ihrer Sicht erfolgten Benachteiligungen nach Zeit, Situation und sonstigen Umständen, sowie möglichen Beweismitteln (schriftliche Unterlagen, Zeugen etc.) sorgfältig dokumentieren, da nur dann im innerbetrieblichen Beschwerdeverfahren oder bei einem sich ggf. daran anschließenden Rechtsstreit Aussicht auf Erfolg besteht.[4] 8

---

4 LAG Berlin 7.11.02 – 16 Sa 938/02 – AiB 04, 108 zum erforderlichen Vortrag bei Mobbing.

§ 13 Beschwerderecht

(1) Die Beschäftigten haben das Recht, sich bei den zuständigen Stellen des Betriebs, des Unternehmens oder der Dienststelle zu beschweren, wenn sie sich im Zusammenhang mit ihrem Beschäftigungsverhältnis vom Arbeitgeber, von Vorgesetzten, anderen Beschäftigten oder Dritten wegen eines in § 1 genannten Grundes benachteiligt fühlen. Die Beschwerde ist zu prüfen und das Ergebnis der oder dem Beschwerde führenden Beschäftigten mitzuteilen.
(2) Die Rechte der Arbeitnehmervertretungen bleiben unberührt.

Inhaltsübersicht   Rn.
  I. Benennung oder Einrichtung der Beschwerdestelle 1, 2
 II. Mitbestimmung des Betriebsrates   3
III. Beschwerdeverfahren. 4– 7
 IV. Rechtsfolgen der Beschwerde.   8–11
  V. Verhältnis zu anderen Beschwerdeverfahren 12, 13
 VI. Rechtsschutz   14

I. Benennung oder Einrichtung der Beschwerdestelle

1   Abs. 1 enthält das **Recht der Beschäftigten**, sich wegen einer eingetretenen Benachteiligung **bei einer zuständigen Stelle** des Betriebs oder bei der Arbeitnehmervertretung **zu beschweren**. Beim Beschwerderecht nach § 13 handelt es sich ebenso wie bei der früheren Regelung in § 3 Abs. 1 BeschSchG und dem Beschwerderecht bei nicht ausreichenden Arbeitsschutzmaßnahmen nach § 17 Abs. 2 ArbSchG um eine Spezialvorschrift, die nach herrschender Meinung das allgemeine Beschwerderecht nach § 84 BetrVG nicht einschränkt.[1] Allerdings ist im **betriebsverfassungsrechtlichen Beschwerdeverfahren** gem. § 85 Abs. 2 Satz 3 die Anrufung der Einigungsstelle ausgeschlossen, soweit Gegenstand der Beschwerde ein Rechtsanspruch ist. Soweit also der Beschwerdeführer Ansprüche nach dem AGG oder allgemeinen Regelungen aus der Feststellung einer Benachteiligung herleiten kann, ist die Bedeutung der zusätzlichen Möglichkeit einer Beschwerde nach § 84 BetrVG eingeschränkt. Der Gesetzgeber hat das Beschwerderecht noch einmal ausdrücklich im AGG normiert, weil die Beschwerde sowohl Grundlage für Maßnahmen des Arbeitgebers als auch für weitere Ansprüche von Beschäftigten sein kann.[2] Außerdem wird damit **auch** für **betriebsratslose Betriebe** ein Beschwerdeverfahren gewährleistet und dieses auch auf Fälle erstreckt, in denen eine dritte, nicht betriebsan-

---
1 Fitting, BetrVG, § 84 Rn. 2.
2 BT-Drs. 16/1780 S. 37.

Beschwerderecht § 13

gehörige Person beschuldigt wird. Es besteht ein Anspruch auf Errichtung einer Beschwerdestelle. Bestehen innerhalb eines Unternehmens mehrere Betriebe, kann der Arbeitgeber entweder in jedem seiner Betriebe eine Beschwerdestelle einrichten, oder diese überbetrieblich im Unternehmen ansiedeln.[3] Deshalb ist es nicht relevant ob der Betriebsbegriff i. S. v. Abs. 1 Satz 1 AGG identisch ist mit demjenigen des Betriebsverfassungsrechts.

Nach der Gesetzesbegründung ist der Begriff »**zuständige Stelle**« umfassend zu verstehen und kann beispielsweise einen Vorgesetzten, eine Gleichstellungsbeauftragte oder eine betriebliche Beschwerdestelle gem. § 86 BetrVG meinen. Es muss sich also nicht eigens um eine vom Arbeitgeber zu diesem Zweck geschaffene Stelle handeln. Vielmehr reicht es aus und ist gleichzeitig zwingend erforderlich, dass **der Arbeitgeber die zuständige(n) Stelle(n) benennt** und gem. **§ 12 Abs. 5 bekannt gibt**, da ansonsten die Zuständigkeit für die Beschäftigten kaum zu erkennen ist. Es können also konkrete Personen im Betrieb benannt werden, die die Funktion der Beschwerdestelle übernehmen. Der Arbeitgeber kann aber auch eine förmliche Stelle einrichten oder einen eigenen Funktionsbereich schaffen, der die Funktion der Beschwerdestelle einnimmt. Dabei geht der Begriff der »Einrichtung« weiter als der Begriff der »Benennung«, da Einrichtung auch die Schaffung einer bestimmten Organisation und einer bestimmten Struktur beinhaltet. Außerdem ist es möglich, externe Personen, z. B. Anwälte oder unabhängige externe Stellen zu benennen.[4] Allerdings muss in jedem Fall gewährleistet sein, dass das Beschwerderecht tatsächlich auch ausgeübt werden kann. Insbesondere muss ein relativ einfacher Zugang, vor allem auch örtlich gewährleistet sein, da ansonsten das Beschwerderecht vereitelt würde.[5] Der Wortlaut »bei den zuständigen Stellen« geht außerdem davon aus, dass **ggf. mehrere Anlaufstellen** im Betrieb bestehen, an die sich der oder die betroffene Beschäftigte wenden kann. 2

II. Mitbestimmung des Betriebsrates

Mitbestimmung: § 13 Abs. 1 AGG begründet selbständig keine Mitbestimmungsrechte des Betriebsrats. Der Betriebsrat hat hinsichtlich der **Einführung und Ausgestaltung des Beschwerdeverfahrens** ein Mitbestimmungsrecht gem. § 87 Abs. 1 Nr. 1 BetrVG. Es handelt sich um eine Frage der betrieblichen Ordnung, da die Ausgestaltung des Verfahrens darauf angelegt ist, das Ordnungsverhalten der Arbeitnehmer in standardisierter Weise zu 3

---

3 LAG Hamburg 17. 4. 07 – 3 TaBV 6/07 – DB 07, 1417; Schiek-Kocher, AGG, § 13 Rn. 12; Oetker, NZA 08, 264, 266.
4 Gach/Julis, BB 07, 773.
5 Däubler/Bertzbach-Buschmann, § 13 Rn. 18.

steuern.[6] Das Mitbestimmungsrecht umfasst auch ein entsprechendes **Initiativrecht**, das in Abhängigkeit davon, wo der Arbeitgeber eine Beschwerdestelle eingerichtet hat (im Betrieb oder betriebsübergreifend) dem örtlichen Betriebsrat oder dem Gesamtbetriebsrat zusteht.[7]

Kein Mitbestimmungsrecht besteht bei der Frage, **wo** der Arbeitgeber die Beschwerdestelle errichtet und **wie** er diese **personell besetzt**. Diese Fragen sind grundsätzlich Teil seiner mitbestimmungsfreien Organisation.[8] Allerdings darf der Arbeitgeber die Beschwerdestelle nicht so bestimmen, dass davon der Effekt einer Abschreckung für die Beschäftigten ausgeht und sie schon durch die Bestimmung und Auswahl der Stelle von der Erhebung einer Beschwerde nach § 13 abgehalten werden.[9] Falls der Arbeitgeber seine Verpflichtung, eine den Erfordernissen des AGG genügende Beschwerdestelle einzurichten, in grober Weise verletzt, kann der Betriebsrat dagegen nach § 17 Abs. 2 Satz 1 vorgehen. Allerdings liegt es bei der Benennung und/oder Einrichtung der Beschwerdestelle gerade auch im Interesse des Arbeitgebers, eine von allen Seiten akzeptierte Anlaufstelle zu schaffen, mit dem Ziel, auftretende Konflikte schon in einem möglichst frühen Stadium zu lösen. Die Einbindung des Betriebsrats auf freiwilliger Basis kann daher sinnvoll sein.

III. Beschwerdeverfahren

4   Abs. 1 Satz 2 enthält die Verpflichtung, die Beschwerde inhaltlich zu prüfen und dem Beschwerdeführer oder der Beschwerdeführerin das Ergebnis der Prüfung mitzuteilen. **Beschwerdeberechtigt** sind alle Beschäftigten, die sich im Zusammenhang mit ihrem Beschäftigungsverhältnis wegen eines in § 1 genannten Merkmals benachteiligt fühlen, ohne dass es darauf ankommt, ob tatsächlich eine Benachteiligung vorliegt.[10] Nach dem Gesetzestext ist es nicht relevant, ob die behauptete Benachteiligung vom Arbeitgeber, Vorgesetzten, anderen Beschäftigten oder Dritten ausgeht. Voraussetzung ist lediglich, dass die Betroffenen **in eigener Sache** Beschwerde einlegen.

---

6   BAG 21.7.09 – 1 ABR 42/08 – NZA 09, 1049 und für § 75 Abs. 3 Nr. 15 BPersVG bzw. die entsprechende Vorschrift in Hessen: Hess. VGH 20.3.08 – 22 TL 2257/07 – PersR 08, 337.

7   BAG 21.7.09 – 1 ABR 42/08 – NZA 09, 1049. Ausführlich zu den Inhalten, zu denen das Mitbestimmungsrecht besteht, Biere, AiB 10, 84.

8   BAG 21.7.09 – 1 ABR 42/08 – NZA 09, 104; LAG Hamburg 29.10.08 – 5 TaBV 5/08 – EzA-SD 09, Nr. 4, 18, Rechtsbeschwerde eingelegt unter 1 ABR 101/08; LAG Rh-Pf 17.4.08 – 9 TaBV 9/09 – DB 08, 1636; a.A. noch LAG Hamburg 17.4.07 – 3 TaBV 6/07 – DB 07, 1417.

9   Hess. VGH 20.3.08 – 22 TL 2257/07 – PersR 08, 337.

10 S. a. Oetker, NZA 08, 264, 265.

Beschwerderecht § 13

Das **Beschwerdeverfahren** ist **weder form- noch fristgebunden**. Fraglich ist, ob § 86 BetrVG auch für das Beschwerdeverfahren gem. § 13 Abs. 1 gilt. § 13 Abs. 2 legt dies nahe. Damit können durch **Tarifvertrag oder Betriebsvereinbarung** bestimmte Verfahrensregeln auch für das Beschwerdeverfahren gem. § 13 Abs. 1 festgelegt werden. Da das Beschwerdeverfahren dem Schutz des von Benachteiligung betroffenen Beschwerdeführers dient, hat dieser das Verfahren in der Hand und muss die Möglichkeit haben, durch eine Rücknahme der Beschwerde das Verfahren jederzeit zu beenden.[11]   **4a**

Bei der **inhaltlichen Prüfung** hat der Arbeitgeber Verpflichtungen nach zwei Seiten: Auf der einen Seite steht die Pflicht zur Prüfung der behaupteten Benachteiligung und zum angemessenen Einschreiten. Andererseits muss der Arbeitgeber sich zum Schutz der anderen Beschäftigten und ggf. beschuldigter Dritter bei seiner Prüfung im Rahmen der allgemeinen rechtlichen Grenzen halten und ist auch gegenüber dem Beschuldigten verpflichtet, alle ihm zur Verfügung stehenden Aufklärungsmittel auszuschöpfen. Die zu § 3 BeschSchG entwickelte Rechtsprechung zum Grundsatz der Verhältnismäßigkeit kann hier herangezogen werden.[12]   **4b**

Fraglich ist, ob der Arbeitgeber gegenüber dem Beschuldigten die **Person des Beschwerdeführers bekannt geben** muss. Dies kann allenfalls dann in Betracht kommen, wenn der Arbeitgeber auf Grund der Vorwürfe die Verhängung konkreter und schwerwiegender personeller Maßnahmen wie Abmahnung oder Kündigung plant.[13]   **5**

Ein formelles Verfahren zur Sachverhaltsaufklärung oder Zwangsmittel gegenüber nicht aussagewilligen Beschäftigten bestehen für den Arbeitgeber nicht. Er ist also in der Praxis auf eine **Befragung der unmittelbar beteiligten Personen und eventueller Zeugen** beschränkt. Soweit der Arbeitgeber selber in die Vorwürfe involviert ist oder persönliche Beziehungen zum beschuldigten Mitarbeiter bestehen, kann ggf. die Hinzuziehung einer unparteiischen Person zur Sachverhaltsaufklärung und/oder Mediation zwischen Betroffenem und Beschuldigten notwendig sein. Ist ein Betriebsrat vorhanden, kommt außerdem die **freiwillige Errichtung einer Einigungsstelle** im Einvernehmen mit dem Betriebsrat in Betracht, da eine sachgerechte Behandlung der Beschwerde in diesem frühen Verfahrensstadium oftmals ein ansonsten später folgendes gerichtliches Verfahren entbehrlich machen kann.[14] Im Anschluss an die inhaltliche Prüfung müssen der Arbeitgeber bzw. die im Betrieb zuständige Stelle die Beschwerde bescheiden.   **6**

---

11 Küttner-Kreitner, Nr. 100, Beschwerderecht [Arbeitnehmer], Rn. 6.
12 LAG Hamm 13.2.97 – 17 Sa 1544/96 – NZA-RR 97, 250 zur Vorrangigkeit einer Abmahnung; LAG Hamm 22.10.96 – 6 Sa 730/96 – NZA 97, 769 zur Angemessenheit einer (außerordentlichen) Kündigung.
13 ErfK-Kania, § 84 BetrVG Rn. 10.
14 Küttner-Kreitner, Nr. 379, Sexuelle Belästigung, Rn. 10.

7 Die **Mitteilungspflicht** hat den Zweck, dass betroffene Beschäftigte durch die Antwort erfahren, inwieweit sie Unterstützung oder Schutz erwarten dürfen, aber auch, wenn infolge der Beschwerde keine konkreten Maßnahmen ergriffen werden.[15] In Anlehnung an das Verfahren des § 84 BetrVG kann der Betroffene regelmäßig bei länger dauernden Beschwerdeverfahren einen Zwischenbescheid und die Begründung eines ablehnenden Bescheids verlangen.[16] Allerdings können nach dem Wortlaut von Abs. 1 Satz 2 keine zu hohen Anforderungen an die Mitteilung des Ergebnisses gestellt werden.

IV. Rechtsfolgen der Beschwerde

8 Wenn der Arbeitgeber im Rahmen der Prüfung eine tatsächlich erfolgte Belästigung feststellt, ist er gem. § 12 Abs. 3 verpflichtet, geeignete Maßnahmen zur Unterbindung dieser Benachteiligung zu treffen (Rn. 10 ff. zu § 12). Eine Verpflichtung zur Abhilfe der Beschwerde muss daher nicht wie in § 84 Abs. 2 BetrVG ausdrücklich genannt werden.

9 Die Durchführung eines Beschwerdeverfahrens ist **keine formelle Anspruchsvoraussetzung für die Geltendmachung anderer Ansprüche** und deren klageweiser Geltendmachung. Allerdings ist die Beschwerde regelmäßig als erster Schritt für betroffene Beschäftigte sinnvoll, weil sie der frühzeitigen Deeskalation dient und damit dem Fortbestand des Beschäftigungsverhältnisses ggf. mehr nützen kann als eine sofortige Klage vor dem Arbeitsgericht. Auch für den Arbeitgeber ist es sinnvoll, trotz der geringen gesetzlichen Anforderungen an die Mitteilung des Prüfungsergebnisses sich bereits an dieser Stelle in angemessener Weise mit betroffenen Beschäftigten auseinanderzusetzen, um negative Folgen für das Betriebsklima von vornherein möglichst zu vermeiden (Rn. 6 ff. zu § 12).

10 Der Arbeitgeber darf wegen der Erhebung einer Beschwerde keine nachteiligen Maßnahmen treffen (§ 16 Maßregelungsverbot).

11 Beschäftigte, die Arbeitnehmer i. S. von § 5 BetrVG sind, können im Beschwerdeverfahren gem. § 84 Abs. 1 Satz 2 BetrVG auch ein **Mitglied des Betriebsrats zur Unterstützung** oder Vermittlung hinzuziehen. Allerdings kann die Mitwirkung des Betriebsrats mangels einer entsprechenden Anspruchsgrundlage nicht erzwungen werden. Weigert sich hingegen der Arbeitgeber, ein von der oder dem Betroffenen ausgewähltes Betriebsratsmitglied zu beteiligen, besteht die Möglichkeit, dessen Hinzuziehung gerichtlich zu erzwingen.[17] Auch der Anspruch auf Hinzuziehung eines Betriebsratsmitglieds ist im Urteilsverfahren geltend zu machen.[18]

---

15 BT-Drs. 16/1780 S. 37.
16 H. M. Fitting, BetrVG, § 84 Rn. 16.
17 ErfK-Kania, § 84 BetrVG Rn. 9; Fitting, BetrVG, § 84 Rn. 22.
18 BAG 24. 4. 79 – 6 AZR 69/77 – DB 79, 1755.

V. Verhältnis zu anderen Beschwerdeverfahren

Abs. 2 stellt klar, dass **Rechte der Arbeitnehmervertretungen**, wie z. B. das Beschwerdeverfahren gem. § 85 BetrVG, unberührt bleiben. Allerdings ist zu beachten, dass der Arbeitnehmerbegriff des BetrVG und der Begriff des Beschäftigten gem. § 6 Abs. 1 voneinander abweichen und das Verfahren des § 85 BetrVG nur für Arbeitnehmer i. S. d. § 5 BetrVG in Betracht kommt. Auch scheidet gem. § 85 Abs. 2 Satz 3 BetrVG eine Anrufung der Einigungsstelle aus, da individualrechtlich durchsetzbare Rechtsansprüche der betroffenen Beschäftigten Gegenstand der Beschwerde sind.

Werden aufgrund einer Beschwerde i. R. des § 12 Abs. 2 vom Arbeitgeber personelle Maßnahmen gegenüber einem Schädiger durchgeführt, sind die **Mitbestimmungsrechte des Betriebsrats** insbesondere gem. §§ 99, 102 BetrVG zu beachten. Gem. § 104 BetrVG kann der Betriebsrat die Entfernung des Schädigers aus dem Betrieb verlangen, wenn es sich bei diesem um einen Arbeitnehmer oder eine Arbeitnehmerin gem. § 5 BetrVG handelt. Zu den Möglichkeiten der Mitwirkung des Betriebsrats an präventiven Maßnahmen s. Rn. 3 ff. zu § 17.

VI. Rechtsschutz

Rechtsschutz: Der Beschäftigte hat gegenüber dem Arbeitgeber einen **Anspruch auf Entgegennahme und Bescheidung seiner Beschwerde** (nach dem Wortlaut von § 13 Abs. 1: Prüfung und Mitteilung des Prüfungsergebnisses). Dieser Anspruch kann notfalls im Wege einer **Klage** erzwungen werden. Ein Anspruch auf eine konkrete Beschwerdeentscheidung besteht allerdings nicht. Wenn die Prüfung des Arbeitgebers das Vorliegen einer Benachteiligung ergibt, besteht für den betroffenen Beschäftigten ein **Anspruch auf Tätigwerden des Arbeitgebers gem. § 12**. Dabei liegt es grundsätzlich im Ermessen des Arbeitgebers, mit welchen Maßnahmen er reagiert, so dass die Entlassung des Vorgesetzten in der Regel nicht verlangt werden kann. Einen Anspruch auf das Angebot eines gleichwertigen Arbeitsplatzes, an dem die Betroffenen nicht mehr den Weisungen des bisherigen Vorgesetzten unterstehen, kommt nur dann in Betracht, wenn ein solcher Arbeitsplatz im Unternehmen vorhanden ist. Beschäftigte haben aber einen Anspruch auf Ausübung rechtsfehlerfreien Ermessens durch den Arbeitgeber, das sich im Einzelfall auf die Durchführung einer bestimmten Maßnahme (wie den Ausspruch einer Abmahnung) reduzieren kann.[19] Bleibt er dennoch untätig oder weigert er sich, Maßnahmen zur Abhilfe zu ergreifen, kann der Beschäftigte solche Maßnahmen auch mit einer Klage erzwingen. Ganz überwiegend handelt es sich bei Beschäftigten i. S. von § 6 um Arbeit-

---

[19] BAG 25.7.07 – 8 AZR 593/06 – NZA 08, 223.

nehmer i. S. von § 5 ArbGG, so dass der Rechtsweg zum Arbeitsgericht gegeben ist. Die Ansprüche können gem. § 2 Abs. 1 Ziff. 3 ArbGG im Urteilsverfahren durchgesetzt werden.

§ 14 Leistungsverweigerungsrecht

Ergreift der Arbeitgeber keine oder offensichtlich ungeeignete Maßnahmen zur Unterbindung einer Belästigung oder sexuellen Belästigung am Arbeitsplatz, sind die betroffenen Beschäftigten berechtigt, ihre Tätigkeit ohne Verlust des Arbeitsentgelts einzustellen, soweit dies zu ihrem Schutz erforderlich ist. § 273 des Bürgerlichen Gesetzbuchs bleibt unberührt.

Inhaltsübersicht	Rn.
I. Voraussetzungen	1–3
II. Erforderlichkeit und Verhältnismäßigkeit der Leistungsverweigerung	4–9

I. Voraussetzungen

1 Die Vorschrift ersetzt § 4 BeschSchG und regelt eine Ausnahme vom Grundsatz »Kein Lohn ohne Arbeit«, ohne dass die Voraussetzungen des § 615 BGB vorliegen müssen. Wenn der Arbeitgeber keine ausreichenden Maßnahmen zur Unterbindung der Belästigung oder sexuellen Belästigung ergreift, kann der oder die benachteiligte Beschäftigte die Tätigkeit ohne Verlust des Entgeltanspruchs einstellen, soweit dies zu seinem Schutz erforderlich ist. Es müssen also drei Voraussetzungen vorliegen, damit ein Beschäftigter berechtigt ist, seine Arbeitsleistung zu verweigern:
- das Vorliegen einer einzelfallbezogenen Benachteiligung in Form einer (sexuellen) Belästigung (s. hierzu Rn. 27 ff. und 36 ff. zu § 3),
- Unterlassung ausreichender Schutzmaßnahmen durch den Arbeitgeber und
- eine fortbestehende Gefahr weiterer Benachteiligungen, die anders nicht beseitigt werden kann.

2 Eine **Unterlassung ausreichender Schutzmaßnahmen** durch den Arbeitgeber kann insbesondere vorliegen, wenn dieser auf eine Beschwerde nicht ausreichend reagiert und die (sexuelle) Belästigung durch andere Beschäftigte oder Dritte gem. § 12 Abs. 3 oder 4 deshalb fortdauert. Eine vorausgehende Beschwerde ist zwar regelmäßig sinnvoll, aber nicht erforderlich. Es reicht aus, wenn der Arbeitgeber von einer konkreten Belästigung **Kenntnis hat und untätig bleibt oder die von ihm ergriffenen Maßnahmen nicht ausreichend oder unwirksam sind.** Eine Verletzung der allgemeinen Pflicht des Arbeitgebers zu Schutzmaßnahmen nach § 12 Abs. 1 genügt nicht. Geht die Belästigung vom Arbeitgeber selbst aus, liegt hierin naturgemäß auch immer eine Unterlassung des erforderlichen Schutzes.

Eine **fortbestehende Gefahr weiterer Benachteiligungen**, die **anders nicht** 3
beseitigt werden kann und die deshalb eine Verweigerung der Arbeitsleistung zum Schutz des oder der Betroffenen erforderlich macht, setzt außerdem eine **Wiederholungsgefahr** voraus. Dies ist regelmäßig bei vorausgehenden Belästigungen oder sexuellen Belästigungen gem. § 3 Abs. 3 und 4 dann gegeben, wenn keine ausreichenden Schutzmaßnahmen getroffen wurden.

II. Erforderlichkeit und Verhältnismäßigkeit der Leistungsverweigerung

Auch wenn eine Wiederholungsgefahr besteht, ist die Einstellung der Tätig- 4
keit regelmäßig nur dann **erforderlich**, wenn die Gefahr nicht durch andere, für den Arbeitgeber weniger einschneidende und dem oder der Beschäftigten zumutbare Maßnahmen beseitigt werden kann. Schon bei der § 14 vorausgehenden Vorschrift, dem § 4 Abs. 2 BeschSchG, war die »Erforderlichkeit« Voraussetzung für die Berechtigung der Beschäftigten zur Einstellung der Tätigkeit und sollte den Anwendungsbereich erheblich einschränken.[1] Die Rechtmäßigkeit der Leistungsverweigerung wird demnach von der Verhältnismäßigkeit zwischen der Belästigung und der Reaktion bestimmt. Regelmäßig muss daher der Arbeitgeber vorher über die geplante Einstellung der Tätigkeit informiert und ihm ggf. unter Fristsetzung die Verweigerung der Arbeitsleistung angedroht werden. Anders kann der Fall liegen, wenn die Belästigung vom Arbeitgeber selber ausgeht.

Bei der **Prüfung der Verhältnismäßigkeit** handelt es sich um einen **objekti-** 5
ven Maßstab, so dass die Ausübung des Leistungsverweigerungsrechts auch dann rechtswidrig ist, wenn der oder die Belästigte das Vorhandensein geeigneter milderer Mittel nicht erkannt hat.[2] Der Gesetzgeber geht außerdem davon aus, dass bei der Erfüllung vordringlicher öffentlicher oder privater Aufgaben in bestimmten Tätigkeitsfeldern (Polizei, Feuerwehr, Krankenhaus usw.) das Recht zur Leistungsverweigerung ausgeschlossen sein kann, wenn die Erbringung der Arbeitsleistung für die Erfüllung der genannten Aufgaben unverzichtbar ist (s. auch Rn. 2 ff. zu § 24).[3] Da das Bedürfnis nach Schutz vor einer Belästigung stark subjektiv geprägt ist und in dieser Situation die Wahrnehmungsfähigkeit für die Interessen des Arbeitgebers eingeschränkt sein kann, sollte der oder die Betroffene sich vor Ausübung eines Leistungsverweigerungsrechts im eigenen Interesse von einem unvoreingenommenen Dritten beraten lassen.

---

1 BT-Drs. 12/5468 S. 47 f.
2 ErfK-Schlachter, § 14 Rn. 1.
3 BT-Drucks. 16/1780 S. 49.

6 Der Arbeitgeber kann die Leistungsverweigerung auch dadurch abwenden, dass er der oder dem Betroffenen **einen anderen, dem Arbeitsvertrag entsprechenden, Arbeitsplatz** im Betrieb anbietet, an dem sie oder er vor der Benachteiligung geschützt ist. Zwar enthält der Wortlaut von § 14 nicht mehr die in § 4 Abs. 2 BeschSchG normierte Einschränkung, dass die Tätigkeit nur »am betreffenden Arbeitsplatz« eingestellt werden kann. Dennoch entfällt bei einem solchen Angebot auch nach der neuen Regelung die Erforderlichkeit der Leistungsverweigerung, da der Arbeitgeber im Rahmen seines Direktionsrechts eine solche Maßnahme in den Grenzen des § 106 GewO sogar einseitig treffen könnte und hierdurch seine Pflicht gem. § 12 Abs. 1 zum Schutz des Betroffenen vor Benachteiligung erfüllt.

7 Nur wenn alle Voraussetzungen vorliegen ist eine Verweigerung der Arbeitsleistung rechtmäßig. Ist dies nicht der Fall, verlieren der Arbeitnehmer oder die Arbeitnehmerin seinen/ihren **Vergütungsanspruch**.

8 In der Praxis ist für die Beschäftigten bei der Geltendmachung eines Leistungsverweigerungsrechts gem. § 14 Vorsicht geboten. Der oder die Beschäftigte trägt ein erhebliches Risiko, da er oder sie die Darlegungs- und Beweislast für das Vorliegen der Voraussetzungen und damit erstens für alle Umstände trägt, die eine (sexuelle) Belästigung gem. § 22 im Einzelfall vermuten lassen, zweitens für die Unterlassung von geeigneten Maßnahmen durch den Arbeitgeber und drittens für die Erforderlichkeit der Einstellung der Tätigkeit. **Verweigern** Beschäftigte **zu Unrecht** die Arbeitsleistung kann der Arbeitgeber ihnen eine **Abmahnung** erteilen (sinnvollerweise mit konkreter Begründung, warum aus seiner Sicht die Voraussetzungen nicht vorliegen bzw. ausreichende Schutzmaßnahmen getroffen sind) und bei fortdauernder Leistungsverweigerung unter Umständen verhaltensbedingt kündigen. Das Maßregelungsverbot gem. § 16 greift dann nicht ein, da es nur bei zulässiger Rechtsausübung gilt.

9 Das Zurückbehaltungsrecht des § 273 BGB bleibt unberührt. Nach der Begründung zum Gesetzentwurf verfolgen die Vorschriften unterschiedliche Ziele, weil § 273 BGB einen Zwang zur Erfüllung einer Verbindlichkeit ausüben soll, während § 14 dem Schutz der Beschäftigten vor weiteren Benachteiligungen dient.

Rechtsschutz: Ob ein Leistungsverweigerungsrecht besteht, kann im Wege einer Feststellungsklage geklärt werden. Dazu ist es erforderlich, den Grund für das Leistungsverweigerungsrecht, handelnde Personen, Art und Form der (sexuellen) Belästigung und mögliche (unterlassene) Gegenmaßnahmen so genau wie möglich zu benennen.[4]

---

4 BAG 23. 1. 07 – 9 AZR 557/06.

§ 15 Entschädigung und Schadensersatz

(1) Bei einem Verstoß gegen das Benachteiligungsverbot ist der Arbeitgeber verpflichtet, den hierdurch entstandenen Schaden zu ersetzen. Dies gilt nicht, wenn der Arbeitgeber die Pflichtverletzung nicht zu vertreten hat.

(2) Wegen eines Schadens, der nicht Vermögensschaden ist, kann der oder die Beschäftigte eine angemessene Entschädigung in Geld verlangen. Die Entschädigung darf bei einer Nichteinstellung drei Monatsgehälter nicht übersteigen, wenn der oder die Beschäftigte auch bei benachteiligungsfreier Auswahl nicht eingestellt worden wäre.

(3) Der Arbeitgeber ist bei der Anwendung kollektivrechtlicher Vereinbarungen nur dann zur Entschädigung verpflichtet, wenn er vorsätzlich oder grob fahrlässig handelt.

(4) Ein Anspruch nach Absatz 1 oder 2 muss innerhalb einer Frist von zwei Monaten schriftlich geltend gemacht werden, es sei denn, die Tarifvertragsparteien haben etwas anderes vereinbart. Die Frist beginnt im Falle einer Bewerbung oder eines beruflichen Aufstiegs mit dem Zugang der Ablehnung und in den sonstigen Fällen einer Benachteiligung zu dem Zeitpunkt, in dem der oder die Beschäftigte von der Benachteiligung Kenntnis erlangt.

(5) Im Übrigen bleiben Ansprüche gegen den Arbeitgeber, die sich aus anderen Rechtsvorschriften ergeben, unberührt.

(6) Ein Verstoß des Arbeitgebers gegen das Benachteiligungsverbot des § 7 Abs. 1 begründet keinen Anspruch auf Begründung eines Beschäftigungsverhältnisses, Berufsausbildungsverhältnisses oder einen beruflichen Aufstieg, es sei denn, ein solcher ergibt sich aus einem anderen Rechtsgrund.

Inhaltsübersicht	Rn.
I. Vorbemerkung – Steuer- und Sozialversicherungsfreiheit von Schadensersatz und Entschädigung	1– 3
II. Schadensersatz	4–18
1. Allgemeines	4
2. Anspruchsberechtigte und Anspruchsgegner	5
3. Pflichtverletzung	6– 8
4. Verschulden	9–13
5. Umfang der Haftung	14–18
III. Entschädigung	19–28
1. Allgemeines	19–19b
2. Anspruchsvoraussetzung	20
3. Höhe der Entschädigung	21–25
4. Eignung und Ernsthaftigkeit der Bewerbung	26, 27
5. Obergrenze für die Entschädigung	28
IV. Entschädigung bei benachteiligenden Kollektivvereinbarungen	29–31

§ 15　　　　　　　　　　　　　　　　　　Entschädigung und Schadensersatz

   V. Ausschlussfristen 32–40
      1. Schriftliche Geltendmachung 32–32b
      2. Gerichtliche Geltendmachung 33
      3. Tarifvertragliche Ausschlussfristen 34
      4. Dokumentationspflicht für den Arbeitgeber? 35–37
      5. Fristbeginn bei Bewerbung und beruflichem Aufstieg 38
      6. Fristbeginn in sonstigen Fällen 39, 40
  VI. Ansprüche außerhalb des AGG 41–44
 VII. Ausschluss des Anspruchs auf einen Arbeitsplatz 45

I. Vorbemerkung – Steuer- und Sozialversicherungsfreiheit von Schadensersatz und Entschädigung

1 Die Regelung dient der Umsetzung des in Art. 15 der Richtlinie 2000/43/EG (Antirassismus-Richtlinie), Art. 17 der Richtlinie 2000/78/EG (Rahmenrichtlinie Beschäftigung) und Art. 6 und 8 d der Richtlinie 76/207/EWG (Gender-Richtlinie) normierten Gebots einer effektiven Sanktionierung verbotener Benachteiligungen. Sie enthält den für das AGG zentralen Anspruch der unrechtmäßig benachteiligten Beschäftigten gegenüber dem Arbeitgeber auf angemessene Wiedergutmachung der entstandenen Schäden. Anders als in der bisherigen Regelung des § 611 a BGB besteht **neben** dem Anspruch auf Gewährung einer verschuldensunabhängigen Entschädigung gem. Abs. 2 eine verschuldensabhängige Haftung auf **Schadensersatz** (Abs. 1). Damit steht der Anspruch auf Entschädigung **kumulativ** neben dem Anspruch auf Schadensersatz, wie im Zivilrecht der Anspruch auf Ersatz des materiellen Schadens neben dem Schmerzensgeld, und ist anders als in § 611 a BGB und § 81 Abs. 2 SGB IX nicht mehr auf Benachteiligungen bei Einstellung oder Beförderung beschränkt, sondern erstreckt sich auf alle benachteiligenden Maßnahmen wie z. B. auch auf Abmahnung und Kündigungen (zur Anwendbarkeit des AGG auf Kündigungen s. Rn. 58 ff. zu § 2). Solche Maßnahmen sind also nicht nur gem. § 7 Abs. 1 i. V. m. § 134 BGB oder § 7 Abs. 2. unwirksam, sondern lösen außerdem Ansprüche auf Schadensersatz und Entschädigung aus. Ein Anspruch auf Begründung eines Beschäftigungsverhältnisses oder eine Beförderung besteht gem. Abs. 6 grundsätzlich nicht.

2 Der Gesetzgeber hat sich mit der Regelung des § 15 für die zivilrechtliche Sanktion einer Benachteiligung entschieden. Allerdings ist das **Erfordernis eines Verschuldens** für den Anspruch auf Schadensersatz **nicht vereinbar mit EU-Recht**, da es nach der Rechtsprechung des EuGH keine effektive Sanktion darstellt, wenn bei einer zivilrechtlichen Regelung Ansprüche der Betroffenen vom Verschulden des Arbeitgebers abhängen.[1] Die Regelung

---

1 EuGH 8. 11. 90 – C-177/88 – [Dekker], NZA 91, 171; EuGH 22. 4. 97 – C-180/95 – [Draehmpaehl], NZA 97, 645; s. a. VG Frankfurt 21. 4. 08, ArbRB 08, 261; HWK-Annuß/Rupp, § 15 AGG Rn. 3; Däubler/Bertzbach-Deinert, § 15 Rn. 30; Schiek/Ko-

muss daher durch **Auslegung** den europarechtlichen Vorgaben angepasst werden.² Ein Weg ist es, das Verschuldenserfordernis in § 15 Abs. 1 Satz 2 als europarechtswidrig zu sehen und Satz 2 nicht anzuwenden.³ Alternativ hierzu wird z. T. eine europarechtskonforme Auslegung des Begriffs des Vertretenmüssens im Sinne von Zurechnung vorgeschlagen.⁴ Außerdem kann die erforderliche, verschuldensunabhängige Haftung für materielle Schäden auch durch die hier vertretene europarechtskonforme Auslegung von § 15 Abs. 2 erzielt werden, wenn für die Festsetzung der Höhe der Entschädigung entsprechend der Rechtsprechung zu § 611 a BGB auch die Höhe eines entstandenen Schadens miteinbezogen wird (s. hierzu und zu den Rechtsfolgen im Einzelnen Rn. 11 ff. und 21).⁵ Bestehen in der Praxis Zweifel an der Vereinbarkeit der Norm mit EU-Recht, ist ein Vorabentscheidungsersuchen geboten.

Im Zusammenhang mit Schadensersatz oder Entschädigung stellt sich außerdem die in der Praxis häufige Frage, ob benachteiligte Arbeitnehmerinnen und Arbeitnehmer ohne nachteilige sozialrechtliche Folgen für das Arbeitslosengeld das Arbeitsverhältnis beenden können (Eigenkündigung, Aufhebungs- oder Abwicklungsvertrag) und unter welchen Voraussetzungen die **Vereinbarung einer (steuer- und sozialversicherungsfreien) Zahlung gem. Abs. 1 oder 2** gegebenenfalls neben einer Abfindung zulässig ist. Steht eine Benachteiligung fest oder ist eine solche nachvollziehbar dargelegt, kann in einer Vereinbarung (Aufhebungs- oder Abwicklungsvertrag, gerichtlicher Vergleich) Schadensersatz und/oder eine angemessene Entschädigung vereinbart werden. Während die Entschädigung ein Ausgleich für die mit einer Benachteiligung regelmäßig einhergehende Persönlichkeitsrechtsverletzung ist, erfolgt die Zahlung einer Abfindung als Ausgleich für die mit einer Beendigung des Arbeitsverhältnisses verbundenen Nachteile. Wegen der unterschiedlichen steuerlichen Behandlung ist es sinnvoll, Abfindung und Entschädigung in der Vereinbarung jeweils voneinander getrennt auszuweisen. Zugunsten der Beschäftigten gilt, dass die erlittene Be-

---

cher, § 15 Rn. 20; Münchner-Komm-Thüsing, § 15 AGG Rn. 24, 33; ErfK-Schlachter, § 15 AGG Rn. 1 ff.; Kamanabrou, RdA 06, 321 (336); a. A. Bauer/Göpfert/Krieger, § 15 Rn. 15.

2 A. A. Stoffels, RdA 09, 204 (209) und Thüsing, Arbeitsrechtlicher Diskriminierungsschutz, Rn. 536: Ausschluss einer richtlinienkonformen Auslegung wegen des Wortlauts, der Systematik und des gesetzgeberischen Willens.

3 So Schiek-Kocher, § 15 Rn. 20; Däubler/Bertzbach-Deinert, § 15 Rn. 30; Bauer/Thüsing/Schunder, NZA 06, 774 [776]; Lehmann, Die Höhe des finanziellen Ausgleichs nach § 15 Abs. 1 und 2 AGG unter besonderer Berücksichtigung der Rechtsprechung des EuGH, 2010, 41 ff.

4 Meinel/Heyn/Herms, § 15 Rn. 9; noch weitergehender KR-Pfeiffer, AGG, Rn. 134: Auslegung des § 276 BGB i. S. einer verschuldensunabhängigen Haftung.

5 So differenzierend für die unmittelbare Benachteiligung auch ErfK-Schlachter, § 15 AGG Rn. 1 ff., Wendeling-Schröder/Stein, § 15 Rn. 16.

nachteiligung regelmäßig einen wichtigen Grund für die Beendigung des Beschäftigungsverhältnisses gem. § 144 SGB III darstellt, mit der Folge dass keine Sperrzeit verhängt werden darf.[6]

II. Schadensersatz

1. Allgemeines

4 Abs. 1 regelt den **Ersatz materieller Schäden** und lehnt sich an die Formulierung von § 280 Abs. 1 Satz 1 und 2 BGB an. Damit wollte der Gesetzgeber klarstellen, »dass der materielle Schadensersatzanspruch – anders als bei der Entschädigung – nur entsteht, wenn der Arbeitgeber die Pflichtverletzung zu vertreten hat«.[7] Der Arbeitgeber soll nach dem Willen des Gesetzgebers **für eigenes und fremdes Verschulden** gem. §§ 276 bis 278 BGB **für alle Schäden haften**, die durch die Verletzung des Benachteiligungsverbots des § 7 Abs. 1 kausal verursacht worden sind. Zur Frage einer verschuldensunabhängigen Haftung des Arbeitgebers s. Rn. 2, 11 und 21. Eine Beschränkung des Schadensersatzanspruchs in der Höhe ist bei den materiellen Schäden nicht vorgesehen.

2. Anspruchsberechtigte und Anspruchsgegner

5 Einen Anspruch auf Schadensersatz können unter Berücksichtigung der systematischen Stellung von § 15 und dem Bezug zu einem Verstoß gegen das Benachteiligungsverbots des § 7 Abs. 1 **alle Beschäftigten** i. S. des § 6 Abs. 1 **gegenüber dem Arbeitgeber** gem. § 6 Abs. 2 geltend machen. Die im Gesetzestext formulierte Verpflichtung des Arbeitgebers zum Schadensersatz bedeutet nicht, dass nur Ansprüche aus einem laufenden Beschäftigungsverhältnis erfasst werden. Gem. § 2 Abs. 1 Nr. 1 und Nr. 2 werden sowohl Benachteiligungen beim Zugang zur Beschäftigung vor Abschluss eines Beschäftigungsvertrages, als auch alle Maßnahmen bei der Beendigung eines Beschäftigungsverhältnisses einschließlich der nachgehenden Ansprüche miterfasst.

3. Pflichtverletzung

6 Anspruchsvoraussetzung ist das Vorliegen einer Pflichtverletzung des Arbeitgebers, die gem. § 7 Abs. 3 **alle Verstöße gegen das Benachteiligungsverbot** meint, die nicht gerechtfertigt sind. Hiervon erfasst werden die verschiedenen

---

[6] Zur Problematik der Strafbarkeit falscher Angaben insbesondere in einem Vergleich s. Cornelius/Lipinski, BB 07, 496.
[7] BT-Drs. 16/1780 S. 38.

Formen einer Benachteiligung im Sinne § 3, die der **Arbeitgeber selbst** vorgenommen hat. Verstöße gegen sonstige Pflichten aus diesem Gesetz (insbesondere Informations- und Schulungspflichten oder mangelnder Schutz vor Benachteiligungen durch andere Beschäftigte oder Dritte gem. § 12) stellen als solche noch keinen Verstoß gegen das Benachteiligungsverbot dar. Eine Haftung kommt aber gem. § 280 Abs. 1 BGB in Betracht (s. Rn. 8 u. 43).

Benachteiligungen, die von Dritten ausgehen, führen nur dann zu einer Haftung des Arbeitgebers aus § 15 Abs. 1, wenn die Pflichtverletzung dem Arbeitgeber analog § 278 BGB zuzurechnen ist.[8] Die **Zurechnung** betrifft in diesem Fall nicht das Verschulden, sondern den geleisteten Handlungsbeitrag.[9] Die Haftung des Arbeitgebers erfasst daher auch Schäden, die auf eine Pflichtverletzung seiner **Erfüllungsgehilfen** sowohl hinsichtlich eines Tuns, als auch eines Unterlassens zurückgehen. Erfüllungsgehilfe ist, wer nach den tatsächlichen Gegebenheiten des Falles mit dem Willen des Schuldners bei der Erfüllung einer diesem obliegenden Verbindlichkeit als seine Hilfsperson tätig wird.[10] Bei der Erfüllung der dem Arbeitgeber obliegenden Verpflichtungen aus einem Beschäftigungsverhältnis werden andere Beschäftigte tätig, denen der Arbeitgeber eine **Vorgesetztenfunktion** gegenüber dem Betroffenen einräumt und denen er (teilweise) die Ausübung des arbeitsrechtlichen Weisungsrechts übertragen hat,[11] die betreffende Person also personalbezogene Pflichten wahrnimmt. Dabei ist es unerheblich, ob die Verletzungshandlung in Ausübung oder bei Gelegenheit der Tätigkeit begangen wird.[12] Andere Beschäftigte, auf die das nicht zutrifft, nehmen keine Verpflichtungen des Arbeitgebers gegenüber dem Beschäftigten wahr und sind deshalb keine Erfüllungsgehilfen. Erfüllungsgehilfen müssen aber nicht dem Weisungsrecht des Arbeitgebers unterliegen,[13] so dass auch Dritte, denen der Arbeitgeber Verpflichtungen gegenüber Beschäftigten überträgt, grundsätzlich in Betracht kommen. So haftet der Arbeitgeber für eine diskriminierende Stellenausschreibung, die er durch einen Dritten, wie z. B. die Agentur für Arbeit, vornehmen lässt, wie für eigenes Verhalten.[14] Verneint wurde allerdings die Haftung des Arbeitgebers für einen Werkunternehmer, der auf dem Betriebsgelände ohne Bezug zu den Arbeitnehmern eingesetzt war.[15]

---

8 Kummer, S. 116 f., Däubler/Bertzbach-Deinert, § 15 Rn. 26.
9 Schiek-Kocher, § 15 Rn. 21.
10 BGH 21. 4. 54 – VI ZR 55/53 – BGHZ 13, 111; BGH 9. 10. 86 – I ZR 138/84 – DB 87, 682.
11 BAG 16. 5. 07 – 8 AZR 709/06 – NZA 07 1154 und BAG 25. 10. 07 – 8 AZR 593/06 – NZA 08, 223.
12 Stoffels, RdA 09, 204, 208.
13 BGH 24. 11. 95 – V ZR 40/94 – DB 96, 370.
14 BVerfG 21. 9. 06 – 1 BvR 308/03 – NZA 07, 195.
15 BAG 25. 5. 00 – 8 AZR 518/99 – DB 00, 1869.

8 Abs. 1 enthält für einen Schadensersatzanspruch im Zusammenhang mit einer Benachteiligung **keine Spezialregelung zu § 280 Abs. 1 BGB**, sondern findet gem. Abs. 5 daneben Anwendung.[16] Ansonsten bestünden bei einer Benachteiligung für einen Anspruch auf Schadensersatz gem. Abs. 1 höhere Anforderungen als an § 280 BGB, da bei einer Benachteiligung, die durch eine Verletzung anderer Pflichten aus dem Arbeitsverhältnis erfolgt, neben der gem. § 280 BGB allein maßgebenden Pflichtverletzung auch noch deren benachteiligende Wirkung dargelegt werden müsste (z. B. zu späte Ausstellung von Arbeitspapieren, um einen Arbeitnehmer wegen seiner ethnischen Herkunft zu benachteiligen). Außerdem gilt für einen Anspruch gem. § 280 BGB nicht die Ausschlussfrist des Abs. 4. Die Anspruchsgrundlagen bleiben deshalb nebeneinander bestehen.

Machen Beschäftigte einen Anspruch auf Ersatz ihres Erwerbsschadens geltend, obliegt ihnen grundsätzlich die Darlegungs- und Beweislast dafür, dass die Benachteiligung für die Ablehnung ihrer Bewerbung ursächlich geworden ist. Ihnen kommt aber eine **Beweiserleichterung** zugute, wenn nach der Lebenserfahrung eine tatsächliche Vermutung oder Wahrscheinlichkeit für eine Einstellung bei regelgerechten Vorgehen besteht.[17]

4. Verschulden

9 Nach Satz 2 wird das Verschulden des Arbeitgebers im Rahmen der Beweislastverteilung vermutet. Dieser kann indessen bei einer feststehenden Pflichtverletzung sein fehlendes Verschulden geltend machen und sich hierdurch von der Haftung befreien. Ein **Verschulden als Anspruchsvoraussetzung** für den Ersatz materieller Schäden ist **mit** dem **europarechtlichen Erfordernis** einer effektiven Sanktion **nicht vereinbar**. Das EU-Recht sieht bei einer Benachteiligung wegen des Geschlechts in Art. 6 Abs. 2 der Richtlinie 76/297/EWG in der Fassung der Richtlinie 2002/73/EG (Gender-Richtlinie) ausdrücklich einen vollständigen und effektiven Schadensausgleich vor, der nach der Rechtsprechung des EuGH wirksam, verhältnismäßig und abschreckend und damit verschuldensunabhängig gewährt werden muss.[18] In der Literatur wird daher von der herrschenden Meinung vertreten, dass § 15 Abs. 1 Satz 2 gegen vorrangiges Europarecht verstößt.[19] Die Regelung muss daher entweder durch Auslegung den euro-

---

16 A. A. Däubler/Bertzbach-Deinert, § 15 Rn. 24.
17 BGH 23. 4. 12 – II ZR 163/10 – NJW 12, 2346.
18 EuGH 8. 11. 90 – C-177/88 – [Dekker], NZA 91, 171, EuGH 22. 4. 97 – C-180/95 – [Draehmpaehl], NZA 97, 645.
19 So Schiek-Kocher, § 15 Rn. 20; Däubler/Bertzbach-Deinert, § 15 Rn. 30; Bauer/Thüsing/Schunder, NZA 06, 774, 776; Deinert, DB 07, 398; HWK-Annuß/Rupp, § 15 AGG Rn. 3; Münchner-Komm.-Thüsing, § 15 AGG Rn. 24, 33; ErfK-Schlachter, § 15 AGG Rn. 1ff.; Kamanabrou, RdA 06, 321 (336).

parechtlichen Vorgaben angepasst werden oder das Verschuldenserfordernis in § 15 Abs. 1 Satz 2 wird als europarechtswidrig gesehen und Satz 2 bleibt unangewandt mit der Folge, dass der Arbeitgeber sich im Rahmen der Beweislastverteilung nicht auf ein fehlendes Verschulden berufen könnte (s. auch Rn. 2).[20]

Allerdings ist nationales Recht, soweit möglich, **richtlinienkonform auszulegen**.[21] Nur, wenn eine richtlinienkonforme Auslegung nicht möglich ist, bleibt eine entgegenstehende Bestimmung des nationalen Rechts unangewandt.[22] Die Frage einer richtlinienkonformen Auslegung bezieht sich in diesem Fall nicht nur auf § 15 Abs. 1, sondern auf die Gesamtregelung von § 15 Abs. 1 und 2, da es dem Gesetzgeber freisteht, ob er die EU-rechtlich erforderliche, volle und verschuldensunabhängige Haftung durch einen Anspruch auf Schadensersatz und/oder einen Anspruch auf Entschädigung herstellt. Der EuGH hat dementsprechend in der Vergangenheit die auf einen Entschädigungsanspruch beschränkte Regelung des § 611 a BGB nicht beanstandet.[23] Eine Möglichkeit einer richtlinienkonformen Auslegung besteht darin, bei der Haftung gem. § 15 Abs. 1 Satz 2 die Regelung des § 276 Abs. 1 so anzuwenden, dass ein »Vertretenmüssen« auch ohne Verschulden des Arbeitgebers besteht.[24] Diese Lösung führt aber entgegen dem erklärten Willen des Gesetzgebers zu einem Regelungsgehalt des § 15 Abs. 1, der von den zivilrechtlichen Grundsätzen des vertraglichen Schadensersatzes gem. § 280 Abs. 1 BGB abweicht.

10

Vorzuziehen ist demgegenüber eine **EU-rechtskonforme Auslegung des § 15 Abs. 2**. Wenn bei der Höhe der festzusetzenden Entschädigung der materielle Schaden mit einbezogen wird, ist dem EU-rechtlichen Gebot einer verschuldensunabhängigen Haftung genüge getan. Zwar sieht der Wortlaut der Vorschrift eine Entschädigung nur für Schäden vor, die nicht Vermögensschäden sind. Allerdings wird nach Satz 2 die Beschränkung der Entschädigung auf drei Monatsgehälter davon abhängig gemacht, ob der Bewerber bei benachteiligungsfreier Auswahl eingestellt worden wäre, oder nicht. Die Höhe der Entschädigung hängt also auch nach dem Willen des Gesetzgebers in diesem Fall davon ab, ob ein materieller Schaden beim Bewerber eingetreten ist, oder nicht. Der materielle Schaden soll dann über eine erhöhte Entschädigungsleistung ausgeglichen werden und nicht durch

11

---

20 So Schiek-Kocher, § 15 Rn. 20; Däubler/Bertzbach-Deinert, § 15 Rn. 30; Bauer/Thüsing/Schunder, NZA 06, 774 (776).
21 EuGH 10. 4. 84 – C-14/83 – NZA 84, 157; BAG 2. 4. 96 – 1 ABR 47/95 – NZA 96, 998.
22 EuGH 22. 11. 05 – C-144/04 – [Mangold/Helm], NZA 05, 1345.
23 EuGH 22. 4. 97, NZA 97, 645.
24 So KR-Pfeiffer, AGG, Rn. 134; ähnlich Meinel/Heyn/Herms, § 15 Rn. 9: europarechtskonforme Auslegung des Begriffs des Vertretenmüssens im Sinne von Zurechnung.

Schadensersatz.[25] Dementsprechend kann Abs. 2 insgesamt dahingehend verstanden werden, dass die Höhe des Schadens immer auch bei der verschuldensunabhängig zu gewährenden Entschädigung zu berücksichtigen ist. Bei einer entsprechenden Auslegung von Abs. 2 bleibt es bei dem durch das Gesetz vorgegebenen Erfordernis eines Verschuldens für einen Anspruch auf Schadensersatz gem. Abs. 1.

> **Beispiel:**
> Der Arbeitgeber A gibt dem Personalleiter P als Kriterium für Einstellungen eine langjährige, durchgehende Erwerbstätigkeit vor. Die bestqualifizierte F bewirbt sich. Als Mutter zweier Kinder war sie in den 15 Jahren ihrer Berufstätigkeit insgesamt 5 Jahre in Elternzeit und ist erst seit 5 Jahren wieder durchgehend tätig. Vom Personalleiter P wurde B eingestellt, der seit 9 Jahren durchgehend beschäftigt war. Die Ablehnung der besseren Bewerbung der F erfolgte aufgrund der geringeren, ununterbrochenen Beschäftigungszeit, obwohl für dieses Kriterium keine konkrete Rechtfertigung bestand. Ohne dieses Kriterium hätte F die Stelle bekommen. Da durch das Kriterium wegen Zeiten der Kindererziehung statistisch belegbar wesentlich mehr Frauen betroffen sind als Männer, handelt es sich um eine mittelbare Benachteiligung. A haftet F auf Schadensersatz für die erlittene Benachteiligung der Nichteinstellung, die gem. § 7 Abs. 3 eine Pflichtverletzung darstellt. Das Handeln des P ist dem A über § 278 BGB zurechenbar. Wenn A und P auch bei Zugrundelegung der erforderlichen Sorgfalt davon ausgehen durften, dass das Kriterium nicht zu einer unzulässigen Benachteiligung der F führt, entfällt gem. § 15 Abs. 1 Satz 2 die Haftung auf Schadensersatz. F hat in diesem Fall jedoch einen Anspruch auf Entschädigung gem. § 15 Abs. 2 bei dem verschuldensunabhängig die Höhe ihres Schadens mit einzubeziehen ist und bei deren Festsetzung für sie als Bestqualifizierte keine Beschränkung der Entschädigung auf 3 Monatsverdienste besteht.

12 Ein Problem entsteht dann, wenn der materielle Schaden eingeklagt und verschuldensbejahend zugesprochen wird und gleichzeitig bei der Bemessung der Höhe einer Entschädigung gem. Abs. 2 noch einmal Berücksichtigung findet. Um eine Doppelleistung zu vermeiden, muss in einem solchen Fall zum einen eine gem. Abs. 2 zugesprochene Entschädigung mit ihrem Teil, der den materiellen Schaden ausgleichen soll, schadensmindernd für Ansprüche nach Abs. 1 berücksichtigt werden. Zum anderen muss ein verschuldensabhängig zugesprochener Schadensersatzanspruch gem. Abs. 1 dazu führen, dass der materielle Schaden in diesem Fall nicht zusätzlich bei der Bemessung der Entschädigung nach Abs. 2 berücksichtigt werden kann.

> **Beispiel:**
> B wird wegen ihrer Behinderung, die keine Auswirkung auf ihre tätigkeitsbezogene Leistungsfähigkeit hat, nicht eingestellt. Das Gericht spricht ihr eine Entschädigung in Höhe von 6 Monatsverdiensten zu, von denen jeweils 3 Monats-

---

25 ErfK-Schlachter, § 15 AGG Rn. 2.

verdienste zum einen für den Ausgleich der Persönlichkeitsverletzung und zum anderen für den materiellen Schaden durch Ausfall des vorgesehen Verdienstes festgesetzt werden.[26]

Würde B nach der neuen Rechtslage zusätzlich Schadensersatz fordern, wäre der festgestellte Schaden um den Betrag von 3 Monatsverdiensten zu mindern, da er insoweit bereits ausgeglichen ist.

In der Praxis sollte die Klage auf Entschädigung mit der Klage auf Schadensersatz verbunden werden, da dann das Urteil bei der Angemessenheit der Entschädigung berücksichtigen kann, ob für den Schadensersatzanspruch der Nachweis des Verschuldens geglückt ist und ein über die Entschädigung hinausgehender Anspruch auf Schadensersatz zugesprochen wurde.

5. Umfang der Haftung

Die Haftung erstreckt sich auf **Personen-, Sach- und Vermögensschäden**. In Betracht kommen vor allem Schäden in Form von **Verdienstausfall**, der durch eine Diskriminierung bei der Einstellung, Beförderung oder Beendigung des Beschäftigungsverhältnisses verursacht wird, oder dadurch, dass unter Verstoß gegen das Benachteiligungsverbot während des laufenden Beschäftigungsverhältnisses geringere Leistungen an den Betroffenen gezahlt werden, als an andere Beschäftigte. Ein Schaden wird durch die Benachteiligung nur dann verursacht, wenn ohne die Benachteiligung eine Einstellung oder Beförderung erfolgt wäre bzw. das Arbeitsverhältnis fortbestanden hätte. Für die **Höhe des Verdienstausfallschadens**, ist das **positive Interesse** zugrunde zu legen. Der oder die Geschädigte soll so gestellt werden, wie er oder sie es ohne die Benachteiligung gewesen wäre. Allerdings ist gem. **Abs. 6** bei einer Benachteiligung im Hinblick auf Einstellung oder Beförderung der Anspruch auf den versagten Arbeitsplatz gem. § 249 BGB **ausgeschlossen** (zu einem eventuellen Anspruch aus anderen Rechtsgründen s. Rn. 41 ff.).

Das **positive Interesse** besteht in solchen Fällen in der entgangenen Nettovergütung unter Anrechnung der stattdessen erlangten Einkünfte/Sozialleistungen.[27] Umstritten ist der **Zeitraum**, für den Vergütung zu zahlen ist. Die Höhe des Schadens ist gem. § 287 ZPO unter Beachtung konkreter Schadensposten und Schätzungsgrundlagen zu ermitteln. Eine Orientierung an der ordentlichen Kündigungsfrist ist abzulehnen wegen der hierin liegenden unzulässigen Unterstellung, dass das Arbeitsverhältnis auch ohne Benachteiligung beendet worden wäre, weil der Arbeitgeber den Bewerber ab-

---

26 S.o ArbG Berlin 13.7.05 – 86 Ca 24618/04 – NZA-RR 05, 608
27 Däubler/Bertzbach-Deinert, § 15 Rn. 33 ff.; KR-Pfeiffer, AGG, Rn. 138; a. A. Schiek-Kocher, § 15 Rn. 10, m. w. N.: Bruttoentgelt.

lehnt.[28] Bei Wegfall der diskriminierenden Beweggründe des Arbeitgebers wäre dies aber gerade nicht der Fall. Nach einer Einstellung bestehen die meisten Arbeitsverhältnisse über den Ablauf der Probezeit hinaus – viele auch bis zum Ruhestand. Anhaltspunkt für eine angemessene Höhe der Entschädigung können ggf. die Grundsätze für die Schadensberechnung bei einem Anwalts-Haftungsfall in einer Bestandsschutzstreitigkeit sein. Dort wird aber gerade keine Begrenzung in Bezug auf die Länge des möglichen Arbeitsverhältnisses vorgenommen. Der nach Abs. 1 zu leistende materielle Schadensersatz besteht daher im Fall einer Diskriminierung bei der Stellenbesetzung in Höhe der Vergütungsdifferenz zwischen der tatsächlich erhaltenen und der Vergütung, die auf der höherwertigen Stelle ggf. bis zum Renteneintritt gezahlt wird (unter Berücksichtigung des durchschnittlichen Verlaufs eines Arbeitsverhältnisses).[29] Versuche, die Wahrscheinlichkeit der Einstellung oder Beförderung bei der Festsetzung der Höhe des Schadens zu berücksichtigen[30] oder eine durchschnittliche Beschäftigungsdauer im betroffenen Beruf und in dem jeweiligen Unternehmen zugrunde zu legen,[31] sind demgegenüber in der Praxis schwer umzusetzen. Praktikabel, aber dogmatisch nicht zu begründen, sind Versuche in der Literatur, mit einer Pauschale zu arbeiten.[32] Anders liegt der Fall bei einer benachteiligenden Versetzung: ein materieller Schadensersatzanspruch in Höhe der Vergütungsdifferenz für die Zukunft besteht solange nicht, wie das Arbeitsverhältnis unverändert fortbesteht und die Beschäftigung auf dem alten Arbeitsplatz geltend gemacht werden kann.[33]

16 Bei der Festsetzung der Höhe des Schadensersatzes ist gem. § 254 BGB ein **Mitverschulden** des oder der Beschäftigten zu berücksichtigen. Ein Mitverschulden liegt aber nicht vor, wenn benachteiligte Arbeitnehmer nicht rechtzeitig gem. § 7 Abs. 3 KSchG Klage erheben, da kein Zwang zur Fortsetzung des Arbeitsverhältnis nach erfolgter Benachteiligung bestehen darf (Umkehrschluss zu § 15 Abs. 6: kein Kontrahierungszwang für den Arbeitgeber). Entsprechend dem Rechtsgedanken des § 628 Abs. 2 BGB liegt auch dann kein Mitverschulden vor, wenn ein Diskriminierungsopfer berechtigter-

---

28 Gegen jede zeitliche Begrenzung: Bauer/Thüsing/Schunder, NZA 06, 774 (776), Schlachter, Anm. zu EuGH 22. 4. 97 [Draehmpahl], NZA 97, 645; a. A. Annuß, BB 06, 1629 (1634); Hanau, ZIP 06, 2189 (2200): wie bei § 628 BGB nur ordentliche Kündigungsfrist.
29 LAG Berlin-Brandenburg 26. 11. 08 – 15 Sa 517/08 – NZA 09, 43 unter Hinweis auf die ständige Rechtsprechung zu Art. 33 Abs. 2 GG in vergleichbaren Fällen.
30 Wagner/Potsch, JZ 06, 1085.
31 Wagner, AcP 206 [2006], 352, (396).
32 4 Monate: Zwanziger, DB 98, 1330; 6 Monate APS-Linck, § 611 a BGB Rn. 104; 3 Monate: ArbG Berlin 13. 7. 05 – 86 Ca 24618/04 – NZA-RR 05, 608.
33 ArbG Wiesbaden 18. 12. 08 – 5 Ca 46/08 – EzA-SD 09, Nr. 2, 5.

weise vorzeitig aus dem Arbeitsverhältnis austritt.[34] Der Schadensersatzanspruch im Falle einer diskriminierenden Kündigung steht neben dem Anspruch aus Annahmeverzug gem. § 615 BGB und besteht auch dann, wenn der Arbeitnehmer seine Arbeitsleistung wegen der erfahrenen Benachteiligung nicht mehr anbietet.

Personenschäden sind insbesondere im Zusammenhang mit Benachteiligungen durch (sexuelle) Belästigung relevant, da sich ein feindliches Umfeld und/oder Angriffe auf die sexuelle Selbstbestimmung regelmäßig nachteilig auf die Gesundheit der Betroffenen auswirken. Der in § 104 SGB VII vorgesehene Haftungsausschluss für Personenschäden bezieht sich nur auf Versicherungsfälle gem. § 7 Abs. 2 SGB VII und setzt einen Arbeitsunfall oder eine Berufskrankheit voraus. Eine Berufskrankheit liegt nur vor, wenn zum einen die Krankheit durch die versicherte Tätigkeit hervorgerufen worden und zum anderen in der Anlage zur BKV vom 31.10.97 als solche aufgeführt ist. Diese Voraussetzungen sind bei körperlichen und psychischen Beschwerden durch Belästigung als krankmachendem Faktor nicht gegeben. 17

Der Anspruch auf Schadensersatz schließt einen Ersatz von Aufwendungen aus, die auch bei rechtmäßigem Alternativverhalten des Arbeitgebers angefallen wären. Insofern ist die Benachteiligung **nicht kausal**. Ein Beispiel hierfür sind die **Kosten der Bewerbung**. 18

III. Entschädigung

1. Allgemeines

Abs. 2 Satz 1 enthält eine **verschuldensunabhängige** Haftung des Arbeitgebers für **immaterielle Schäden**,[35] die über § 7 Abs. 1 allein an das Vorliegen einer Benachteiligung gem. § 3 und damit an das Ergebnis anknüpft und deshalb als »**Ergebnishaftung**« bezeichnet werden kann. Die Entschädigung gem. § 15 Abs. 2 hat den Charakter eines Schmerzensgeldes, auf das unabhängig davon Anspruch besteht, ob ein materieller Schaden eingetreten ist, oder nicht und das neben die Sanktion der Unwirksamkeit einer diskriminierenden Maßnahme tritt (zur Anwendbarkeit von Abs. 2 bei Kündigungen s. Rn. 19 b).[36] Der Wortlaut kann Zweifel daran begründen, ob Abs. 2 lediglich an Abs. 1 Satz 1 anknüpft oder auch an Abs. 1 Satz 2 und damit für einen Anspruch auf Entschädigung für immaterielle Schäden ebenfalls ein Verschulden voraussetzt. Die verschuldensunabhängige Ausgestaltung ist EU- 19

---

34 Schiek-Kocher, § 15 Rn. 18.
35 Ausführlich zur Verschuldensunabhängigkeit: BAG 22.1.09 – 8 AZR 906/07 – NZA 09, 945.
36 BAG 22.1.09 – 8 AZR 906/07 – NZA 09, 945 (952 f.): die Unwirksamkeit einer Maßnahme beeinträchtigt nicht die Höhe des Anspruchs auf Entschädigung.

rechtlich erforderlich[37] und vom Gesetzgeber als verschuldensunabhängige Haftung für immaterielle Schäden und **Spezialregelung zu § 253 BGB** gewollt.[38]

19a Die Entschädigung wird also als »Schmerzensgeld« wegen der mit einer Benachteiligung verbundenen Persönlichkeitsverletzung gewährt. Das Vorliegen einer schwerwiegenden Persönlichkeitsverletzung ist nicht erforderlich.[39] Als Spezialregelung schließt Abs. 2 deshalb Ansprüche wegen Verletzung des allgemeinen Persönlichkeitsrechts aus, da solche nur dann in Betracht kommen, wenn der oder die Verletzte auf andere Weise keine Wiedergutmachung des immateriellen Schadens erhalten kann.[40] Dieses Auffangtatbestandes bedarf es nun bei einem Verstoß gegen das Benachteiligungsverbot nicht mehr. Abs. 2 enthält somit eine für den **Ersatz immaterieller Schäden** insgesamt **abschließende Regelung**.

19b Eine Entschädigung kann **auch bei diskriminierenden Kündigungen** geltend gemacht werden. Neben dem Ausspruch der Unwirksamkeit der Kündigung kann es zu einem Anspruch auf Entschädigung wegen immaterieller Schäden nach § 15 Abs. 2 kommen, der durch § 2 Abs. 4 nicht gesperrt wird. Eine merkmalsbezogene Belastung im Zusammenhang mit dem Ausspruch einer Kündigung führt jedenfalls dann zu einem Entschädigungsanspruch nach § 15 Abs. 2, wenn sie über das Normalmaß hinausgeht, wie dies auch bisher schon im Falle einer schwerwiegenden Persönlichkeitsrechtsverletzung Voraussetzung ist.[41] Die Geltendmachung einer Entschädigung ist unabhängig von der Erhebung einer Kündigungsschutzklage. Der Anspruch besteht auch dann, wenn sich der Arbeitnehmer gegen eine Probezeitkündigung von einem Monat nicht hätte wehren können. Die Ausschließlichkeitsanordnung des § 2 Abs. 4 steht dem nicht entgegen.[42] In jedem Fall ist dem EU-rechtlichen Erfordernis einer abschreckenden Sanktion und der erforderlichen Ahndung eines Verstoßes gegen Gemeinschaftsrecht durch ähnliche sachliche und verfahrensmäßige Regelungen, wie bei einem nach Art und Schwere gleichartigen Verstoß gegen nationales Recht Rechnung zu tragen.[43]

---

37 EuGH 22. 4. 97 [Draehmpahl], NZA 97, 645; Verbot der Verschlechterung Art. 8 e Abs. 2 der Richtlinie 76/207/EWG (Gender-Richtlinie), eingefügt durch die Richtlinie 2002/73/EG (Änderung der Gender-Richtlinie).
38 BT-Drs. 16/1780 S. 38.
39 BAG 22. 1. 09 – 8 AZR 906/07 – NZA 09, 945; LAG Niedersachsen 15. 9. 08 – 14 Sa 1769/07 – NZA-RR 09, 126.
40 BVerfG 4. 3. 04 – 1 BvR 2098/01 – NJW 04, 2371.
41 BAG 12. 12. 13 – 8 AZR 838/12.
42 LAG Bremen 29. 6. 10 – 1 Sa 29/10 mit Anmerkung Bissels in jurisPR-ArbR 44/2010 Anm. 6.
43 EuGH 21. 9. 89 – C-68/88 – EuGHE 89, 2965 und EuGH 22. 4. 97 – C-180/95 – [Draehmpaehl], NZA 97, 645.

2. Anspruchsvoraussetzung

Für die **Feststellung einer Benachteiligung** bedarf es anders als bei einer Haftung für Verschulden keiner Darlegung konkret benachteiligender Handlungen oder Unterlassungen durch den Arbeitgeber. Eine Benachteiligung gem. § 3 Abs. 1, 2 und 5 liegt vielmehr in jeder Form der Zurücksetzung wegen eines in § 1 genannten Grundes, so dass **vom Ergebnis her** auf die Benachteiligung geschlossen werden kann. Allerdings muss die Benachteiligung vom Arbeitgeber ausgehen oder ihm analog § 278 BGB zurechenbar sein (s. zur Haftung für Erfüllungsgehilfen Rn. 7). Einzige Voraussetzung für den Anspruch auf Entschädigung ist daher ein dem Arbeitgeber zurechenbarer Verstoß gegen das Benachteiligungsverbot des § 7, ohne dass es auf ein Verschulden des Arbeitgebers oder auf das Vorliegen einer schwerwiegenden Persönlichkeitsverletzung der Betroffenen ankommt. Bei einem Verstoß des Arbeitgebers gegen das Benachteiligungsverbot ist grundsätzlich das Entstehen eines immateriellen Schadens beim Arbeitnehmer anzunehmen, welcher zu einem Entschädigungsanspruch führt.[44]

20

3. Höhe der Entschädigung

§ 15 Abs. 2 eröffnet den Anspruch auf eine **angemessene Entschädigung**, gibt aber weder hinsichtlich der Bemessungskriterien noch der **Höhe der Entschädigung** nähere Anhaltspunkte. Zur Gewährleistung eines tatsächlichen und wirksamen Rechtsschutzes muss die hierfür zu zahlende Entschädigung nach EU-Recht geeignet sein, eine wirklich **abschreckende Wirkung** gegenüber dem Arbeitgeber zu haben **und** auf jeden Fall **in einem angemessenen Verhältnis zum erlittenen Schaden stehen**.[45] Dem Arbeitsgericht bleibt damit ein erheblicher Spielraum, um die Besonderheiten jedes einzelnen Falles zu berücksichtigen (zu den Kriterien für die Angemessenheit einer Entschädigung s. im Einzelnen Rn. 23 ff.).

21

Die Entschädigung soll nach dem Wortlaut des Abs. 2 verschuldensunabhängig ausschließlich **immaterielle Schäden** ausgleichen in Ergänzung zu dem verschuldensabhängigen Schadensersatzanspruch in Abs. 1. Dies ist mit der zitierten EU-Rechtsprechung nicht zu vereinbaren (s. hierzu ausführlich Rn. 9 ff.). Der Wortlaut ist deshalb **europarechtskonform** dahingehend **auszulegen**, dass die Bemessung der verschuldensunabhängig zu zahlenden Entschädigung einen tatsächlich entstandenen Schaden berücksichtigt, auch wenn der Anspruch auf Ersatz des materiellen Schadens nunmehr in Abs. 1

21a

---

44 BAG 22.1.09 – 8 AZR 906/07 – NZA 09, 945; LAG Niedersachsen 15.9.08 – 14 Sa 1769/07 – NZA-RR 09, 126.
45 EuGH 22.4.97 [Draehmpahl], NZA 97, 645.

geregelt ist und neben dem Anspruch auf Entschädigung besteht. Wäre der **tatsächlich entstandene Schaden** nicht **unabhängig vom Verschulden zu berücksichtigen**, würde die Neuregelung gegen Europarecht verstoßen (s. Rn. 9ff.). Hierin läge außerdem bei Fehlschlagen des Verschuldensnachweises eine **Verschlechterung gegenüber der bisherigen Rechtslage**, soweit es um eine Benachteiligung wegen des Geschlechts oder wegen einer Schwerbehinderung im Zusammenhang mit Einstellung oder Beförderung geht. Eine Absenkung des Schutzstandards ist aber nach Art. 8 e Abs. 2 der Richtlinie 76/207/EWG (Gender-Richtlinie), eingefügt durch die Richtlinie 2002/73/EG (Änderung der Gender-Richtlinie) verboten. (Zur Höhe eines gegebenenfalls im Rahmen der Entschädigung zu berücksichtigenden Vergütungsausfallschadens s. Rn. 14).

22 Grund für die nach Abs. 2 Satz 1 zu zahlende **Entschädigung** ist eine in der Verletzung des Benachteiligungsverbotes liegende Persönlichkeitsverletzung. Das BAG[46] hat ausgeführt, dass ein Arbeitgeber, der einen Bewerber beim Zugang zu einem Arbeitsverhältnis wegen seines Geschlechts benachteiligt, dessen berufliche Fähigkeiten herabwürdigt und ihn an der Entfaltung seiner individuellen Persönlichkeit hindert. Das gleiche gilt grundsätzlich wegen jeder in § 3 geregelten Benachteiligung wegen eines in § 1 genannten Grundes. **Nicht erforderlich** ist eine Verletzung der Betroffenen in ihrem allgemeinen Persönlichkeitsrecht, die nach der Rechtsprechung eine **erhebliche Persönlichkeitsverletzung** voraussetzt. Bei einem Verstoß des Arbeitgebers gegen das Benachteiligungsverbot ist grundsätzlich das Entstehen eines immateriellen Schadens bei den Betroffenen anzunehmen, welcher zu einem Entschädigungsanspruch führt.[47]

23 **Kriterien für die Angemessenheit einer Entschädigung** sind in Anlehnung an § 253 Abs. 2 BGB unter Abwägung aller Umstände des Einzelfalles vor allem die **Art und die Schwere** der Beeinträchtigung, **Nachhaltigkeit und Fortdauer** der Interessenschädigung des Benachteiligten, **Anlass und Beweggründe des** Handelns des Arbeitgebers sowie das gemeinschaftsrechtliche Erfordernis einer **abschreckenden Wirkung** der Sanktion.[48] Maßgebliches Kriterium für die Bemessung ist außerdem der **Grad des Verschuldens**[49] mit der Folge, dass unmittelbare Diskriminierung höher zu bewerten ist als mittelbare Diskriminierung und vorsätzliches Vorgehen höher als fahrlässiges

---

46 BAG 14.3.89 – 8 AZR 351/86 – NZA 90, 24.
47 BAG 22.1.09 – 8 AZR 906/07 – NZA 09, 945; LAG München 19.11.08 – 5 Sa 556/08: unwiderlegliche Vermutung eines immateriellen Schadens im Falle einer verbotenen Benachteiligung.
48 EuGH 25.4.13 – C 81/12 – [Accept]; BAG 22.1.09 – 8 AZR 906/07 – NZA 09, 945, BAG 5.2.04 – 8 AZR 112/03 – NZA 04, 540; LAG Hamm 22.11.96 – 10 Sa 1069/96 – BB 97, 525.
49 BAG 12.9.06 – 9 AZR 807/05 – NZA 07, 507.

Entschädigung und Schadensersatz § 15

oder gar schuldloses.[50] Auch wird etwa eine erhöhte Entschädigung geboten sein, wenn ein Beschäftigter aus mehreren Gründen unzulässig benachteiligt oder belästigt wird.[51] Demgegenüber erscheint die **Monatsvergütung als Bemessungsgrundlage** für die Höhe einer Entschädigung entgegen einer in der Praxis zu beobachtenden Tendenz **ungeeignet**, weil damit die Benachteiligung von Geringverdienern ohne nachvollziehbare Begründung geringer entschädigt wird, als bei besser Verdienenden.[52] Lediglich die Höchstgrenze hat der Gesetzgeber gem. Abs. 2 Satz 2 an das Monatsgehalt gekoppelt. Das BAG beschränkt die strikte Orientierung an der Monatsvergütung auf Nichteinstellungen und Entlassungen und löst sich hiervon bei sonstigen Benachteiligungen auch im Hinblick auf die notwendige abschreckende Wirkung.[53] Bei Orientierung der Höhe der Entschädigung an der Höhe der Vergütung ist auf die Vergütung abzustellen, die ein Bewerber oder eine Bewerberin bezogen hätten, wenn ihre Einstellung erfolgreich gewesen wäre. Welche Vorstellung diese hinsichtlich der zu erzielenden Vergütung möglicherweise gehabt haben, ist unbeachtlich.[54] Wegen des bestehenden Beurteilungsspielraums des Gerichts ist ein unbezifferter Zahlungsantrag zulässig. Betroffene müssen gleichwohl Tatsachen benennen, die das Gericht bei der Bestimmung des Betrages heranziehen soll, und die Größenordnung der geltend gemachten Forderung angeben.[55] Die Entschädigung darf drei Monatsgehälter nicht übersteigen, wenn diese auch bei benachteiligungsfreier Auswahl nicht eingestellt worden wären, § 15 Abs. 2 Satz 2 AGG.

Grundsätzlich steht der Anspruch auf angemessene Entschädigung neben einem Anspruch auf Ausgleich eines materiellen Schadens, der ggf. bei der Festsetzung der Höhe der Entschädigung zu berücksichtigen ist.[56] S. auch Rn. 9 ff. Ob in Ausnahmefällen eine Persönlichkeitsrechtsverletzung bereits durch den materiellen Schadensersatz als ausgeglichen angesehen werden kann, muss noch durch die Rechtsprechung geklärt werden.[57]

24

---

50 Münchner-Komm. BGB-Thüsing, § 15 AGG Rn. 13. Ausführlich zur gesamten Thematik: Lehmann, Die Höhe des finanziellen Ausgleichs nach § 15 Abs. 1 und 2 AGG unter besonderer Berücksichtigung der Rechtsprechung des EuGH, 2010, 85 ff.
51 BAG 12. 9. 06 – 9 AZR 807/05 – NZA 07, 507.
52 Däubler/Bertzbach-Deinert, § 15 Rn. 85.
53 BAG 22. 1. 09 – 8 AZR 906/07 – NZA 09, 945 (952).
54 LAG Hamburg 3. 4. 13 – 4 Ta 4/13.
55 LAG Niedersachsen 12. 3. 10 – 10 Sa 583/09 – ArbR 10, 301; Revision anhängig unter 8 AZN 576/10.
56 So auch ArbG Mainz 2. 9. 08 – 3 Ca 1133/08 – AuA 08, 623: Schadensersatz wegen entgangenem Verdienst und zusätzlich auf angemessene Entschädigung.
57 LAG Hessen 24. 3. 10 – 6/7 Sa 1373/09: für den Fall einer Anfechtung des Arbeitsvertrages, die auf die Falschbeantwortung der unzulässigen, tätigkeitsneutralen Frage nach der Schwerbehinderteneigenschaft gestützt wurde; Revision anhängig unter 2 AZR 396/10.

25 Bei der **Rechtsprechung zum AGG** wurden folgende Entschädigungen ohne Einbeziehung eines materiellen Schadens zugesprochen:
Alter: BAG 22.1.09 – 8 AZR 906/07 – NZA 09, 945 (952) und LAG Berlin-Brandenburg 19.9.07 – 15 Sa 1144/07 – ZTR 08, 110 (Vorinstanz): altersdiskriminierende Zuordnung zum Personalüberhang = 1000,00 €; BAG 19.8.10 – 8 AZR 530/09: altersdiskriminierende Stellenausschreibung = 1 Monatsgehalt; LAG Baden-Württemberg 20.3.09 – 9 Sa 5/09: Diskriminierung eines Bewerbers wegen des Alters = 1 Monatsgehalt als absolute Untergrenze des Vertretbaren, da aus prozessualen Gründen keine höhere Entschädigung zugesprochen werden konnte; LAG Hamm 26.2.09 – 17 Sa 923/08: altersdiskriminierende Versagung einer befristeten Weiterbeschäftigung = 6 Monatsgehälter; LAG Niedersachsen 15.9.08 – 14 Sa 1769/07 – NZA-RR 09, 126: Altersdiskriminierung einer Bewerberin für eine auf 5 Tage befristete Stelle, die nach einem Tag doch noch eingestellt worden war = 1000,00 €; LAG Hamm 7.8.08 – 11 Sa 284/08 – AuR 09, 280: Benachteiligende Höchstaltersgrenze für die Einstellung = 2 Monatsgehälter.
Schwerbehinderung: fahrlässiges **Übersehen der Schwerbehinderteneigenschaft** und in der Folge Nichtbeachtung des vorgeschriebenen Verfahrens BAG 16.9.08 – 9 AZR 791/07 – NZA 09, 79: = 1 Monatsgehalt; **Nichteinladung eines schwerbehinderten Menschen zu einem Vorstellungsgespräch:** LAG Hessen 28.8.09 – 19/3 Sa 2136/08 – und – 19/3 Sa 1636/08 – BB 09, 2533: = 1 Monatsgehalt; LAG Hessen 28.8.09 – 19/3 Sa 1742/08: bei dreimaliger Benachteiligung (Bewerbung auf drei verschiedene Stellen und jeweils Nichteinladung) für jeden Verstoß, der eine unbefristete Stelle betrifft = 1 Monatsgehalt und bei einer auf weniger als einen Monat befristeten Stelle = 1/8 Monatsgehalt; LAG München 19.11.08 – 5 Sa 556/08: = 1,5 Monatsgehälter; ArbG Cottbus 11.6.08 – 7 Ca 108/08: = 2 Monatsgehälter.
Geschlecht: LAG Sachsen 27.7.12 – 3 Sa 129/12: schwerwiegende, bewusste und gewollte Benachteiligung einer Schwangeren durch völlig unangemessene Reaktion eines Geschäftsführers auf ihre Weigerung, während des Beschäftigungsverbotes zu arbeiten: 4 Bruttomonatsgehälter – bestätigt durch BAG 12.12.13 – 8 AZR 838/12; ArbG Mainz 2.9.08 – 3 Ca 1133/08 – AuA 08, 623: benachteiligende Versagung der Weiterbeschäftigung einer Schwangeren = etwas unter 3 Monatsgehältern entsprechend dem Klageantrag; Benachteiligung bei der **Einstellung:** ArbG Düsseldorf 10.6.08 – 11 Ca 754/08 – NZA-RR 08, 511: = 1,5 Monatsgehälter; ArbG Stuttgart 26.4.07 – 15 Ca 11133/06 – AiB Newsletter 07, Nr. 10, 6: = 1500,00 € bei auf 10 Monate befristeter Stelle; benachteiligende **Stellenanzeige:** ArbG Berlin 28.11.07 – 75 Ca 12083/07: = 3 Monatsgehälter; ArbG Stuttgart 5.9.07 – 29 Ca 2793/07: = 1 Monatsgehalt.
Ethnie: ArbG Hamburg 26.1.10 – 25 Ca 282/09 – AuR 2010, 223: Benachteiligung weil »kein Muttersprachler« = 3 Monatsgehälter; ArbG Berlin

Entschädigung und Schadensersatz § 15

11.2.09 – 55 Ca 16952/08 – NZA-RR 10, 16: Benachteiligung einer Bewerberin wegen ihrer ethnischen Herkunft = Höchstgrenze von 3 Monatsgehältern; LAG Bremen 29.6.10 – 1 Sa 29/10: diskriminierende **Probezeitkündigung** wegen russischem Akzent (kein Kündigungsschutz) = drei Bruttomonatsverdienste.

Religion: ArbG Hamburg 28.8.09 – 11 Ca 121/09 – AuR 10, 43: Nichtverlängerung eines befristeten Vertrages wegen der Mitgliedschaft in der neuapostolischen Kirche = 5 Monatsgehälter; ArbG Wiesbaden 18.12.08 – 5 Ca 46/08 – EzA-SD 09, Nr. 6, 9–10: Benachteiligung durch Zuweisung eines minderwertigen Arbeitsplatzes nach Rückkehr aus der Mutterschutzfrist = 3 Monatsgehälter.

Im Folgenden finden sich Beispiele aus der früheren Rechtsprechung zu § 611 a BGB für zugesprochene Entschädigungen, in denen überwiegend kein materieller Schaden mit einbezogen wurde, so dass auch hier die gewährte Entschädigung im Wesentlichen die Schwere der mit einer Benachteiligung verbundenen Verletzung des Persönlichkeitsrechts bewertet:

LAG Hamm 22.11.96 – 10 Sa 1069/96 – BB 97, 525 bei einem diskriminierten Bewerber, der sich zum Zeitpunkt der Bewerbung in einem ungekündigten Arbeitsverhältnis befand: 500,00 DM; ArbG Berlin 13.7.05 – 86 Ca 24618/04 – NZA-RR 05, 608 bei Nichteinstellung wegen einer Behinderung, die die Leistungsfähigkeit für die vorgesehene Tätigkeit nicht beeinträchtigt: 6 Monatsverdienste, wobei hiervon 3 auf den pauschalierten Schaden entfallen; ArbG Bonn 31.3.01 – 5 Ca 2781/00 – PflR 01, 318: weniger als eine Bruttomonatsvergütung wegen der ausreichenden Verfügbarkeit ähnlicher Arbeitsplätze und sachlich nachvollziehbarer Gründe des Arbeitgebers, die die persönliche Kränkung auf ein relativ geringes Maß reduzieren; ArbG Düsseldorf 15.11.00 – 8 Ca 6041/00 – PflR 01, 437: 1 Monatsgehalt für einen diskriminierten Bewerber, der auch bei benachteiligungsfreier Auswahl nicht eingestellt worden wäre; ArbG Bochum 12.7.91 – 2 Ca 2552/90 – BB 92, 68 Ersatz des materiellen und immateriellen Schadens bei schuldhafter Diskriminierung einer Schwangeren dadurch, dass ihre Nichtübernahme in ein unbefristetes Arbeitsverhältnis einzig durch die Schwangerschaft begründet war: 28 800 DM = 9,5 Monatsgehälter.

4. Eignung und Ernsthaftigkeit der Bewerbung

Im Einzelfall kann die Geltendmachung eines Entschädigungsanspruches **rechtsmissbräuchlich** sein.[58] Dies wird im Fall einer geschlechtsbezogenen Benachteiligung bei der Begründung eines Arbeitsverhältnisses bejaht, wenn sich jemand nur deswegen auf eine Stelle bewirbt, um eine Entschädi-

26

---

[58] BAG 13.10.11 – 8 AZR 608/10.

gung zu erhalten. Dies wird dann angenommen, wenn der Anspruchsteller in einer Vielzahl von Fällen eine Entschädigung verlangt, so dass es sich bei der Entschädigung faktisch um einen Nebenverdienst handelt. Voraussetzung ist, dass der Bewerber oder die Bewerberin das ausgeschriebene Arbeitsverhältnis tatsächlich nicht begründen wollte. Der Arbeitgeber ist insoweit für das Vorbringen konkreter Tatsachen, die den Einwand des Rechtsmissbrauchs belegen, darlegungs- und beweispflichtig.[59] Indizien für ein solches rechtsmissbräuchliches Verhalten können gleichzeitige, identische Bewerbungen ausschließlich auf Stellen, die für das andere Geschlecht ausgeschrieben sind, mangelnde Eignung der Stelle im Hinblick auf die berufliche Qualifikation des Bewerbers bzw. der Bewerberin oder ein anderweitig bestehendes, ungekündigtes Arbeitsverhältnis mit höherer Vergütung sein. Darauf kann jedoch nicht allein aus der Zahl von Bewerbungen und Entschädigungsforderungen geschlossen werden, wenn sich der Bewerber auch erfolgreich beworben und Anstellungen erreicht hat.[60] Außerdem ist die Speicherung, Nutzung oder Übermittlung von Bewerberdaten oder des Namens eines Bewerbers als sog. AGG-Hopper mit dem inzidenten Vorwurf einer rechtsmissbräuchlichen Inanspruchnahme der Schutzvorschriften dieses Gesetzes rechtswidrig und deswegen zu unterlassen. Das von einer Stuttgarter Anwaltssozietät betriebene sog. AGG-Archiv zur Auskunft darüber an jeden Arbeitgeber, Rechtsanwalt und Gericht »ob ein bestimmter Bewerber in der Vergangenheit bereits mit Entschädigungsklagen wegen angeblicher Diskriminierung bei Bewerbungen aufgefallen ist«, war mit den Schutzvorschriften des AGG (insbesondere dem Maßregelungsverbot in § 16) und dem BDSG nicht vereinbar[61] und wurde nach eigenen Angaben der Sozietät zum 15. 8. 2009 geschlossen.

27 Nach der Rechtsprechung des **BAG** kommt es auf die Rechtsmissbräuchlichkeit regelmäßig nicht an. Eine ungerechtfertigte **Benachteiligung** eines Bewerbers oder einer Bewerberin wegen eines Merkmals des § 1 kommt danach gem. § 3 Abs. 1 Satz 1 **nur** dann in Betracht, wenn er oder sie in einer vergleichbaren Situation eine ungünstigere Behandlung erfährt. Vergleichbar ist die Auswahlsituation aber nur für Beschäftigte, die gleichermaßen die **objektive Eignung** für die zu besetzende Stelle aufweisen.[62] Gleiches gilt, wenn es einer Bewerbung an der notwendigen **Ernsthaftigkeit**

---

59 LAG Hamm 22. 11. 96 – 10 Sa 1069/96 – BB 97, 525; LAG Rheinland-Pfalz 16. 8. 96 – 4 Ta 162/96 – NZA 97, 115.
60 BAG 13. 10. 11 – 8 AZR 608/10.
61 S. auch Däubler/Bertzbach-Buschmann, AGG, § 13 Rn. 11.
62 BAG 18. 3. 10 – 8 AZR 77/09 – DB 10, 1534; LAG Köln 10. 2. 10 – 5 Ta 408/09: offenkundig fehlende Eignung eines Bewerbers wegen provokantem Auftreten im Bewerbungsverfahren; LAG Hamburg 29. 10. 08 – 3 Sa 15/08 – AuR 09, 97: Stellenbewerber, der dem Anforderungsprofil nicht ansatzweise entspricht.

fehlt.[63] Dabei stellt allein die Tatsache, dass sich ein Arbeitnehmer parallel und zeitnah auf zahlreiche Stellen bewirbt und in mehreren Verfahren Ansprüche nach § 15 AGG geltend macht, noch nicht die Ernsthaftigkeit seiner Bewerbung in Frage.[64] Ein Anspruch auf Entschädigung und/oder Schadensersatz wegen Diskriminierung in einem Bewerbungsverfahren scheidet auch dann aus, wenn der Stellenbewerber an dem Vorstellungstermin, zu dem er eingeladen ist, nicht teilnimmt und seine Bewerbung vor Abschluss des Verfahrens zurückzieht.[65] In diesen Fällen kann die Nichtberücksichtigung der Bewerbung durch den Arbeitgeber von vornherein nicht mit einem Merkmal des § 1 in Verbindung gebracht werden. Den Arbeitgeber trifft die Darlegungs- und Beweislast für eine nicht ernsthaft gemeinte Bewerbung.[66]

5. Obergrenze für die Entschädigung

Abs. 2 Satz 2 entspricht hinsichtlich der **Obergrenze** einer Entschädigung für den Fall eines Bewerbers oder einer Bewerberin, die auch ohne Benachteiligung nicht eingestellt worden wäre, den früheren Regelungen des § 611 a Abs. 3 Satz 1 BGB und § 81 Abs. 2 Nr. 3 SGB IX. Der Maximalbetrag für eine Entschädigung ist für diesen Fall auf das dreifache der voraussichtlichen oder konkret vorgesehenen Höhe des Bruttomonatsverdienstes für die in Aussicht genommene Stelle beschränkt. Die Regelung bedeutet für benachteiligte Beschäftigte, dass nur dann, wenn der Nachweis einer Vermutung gelingt, dass sie oder er bei diskriminierungsfreier Auswahl eingestellt worden wäre (§ 22), eine höhere Entschädigung in Betracht kommt. Damit bleibt es bei der für die Praxis schwierigen Unterscheidung von bestqualifizierten Bewerbern und anderen Bewerbern. Weil der Arbeitgeber als Einziger das Verfahren im Ganzen überblickt, gilt eine abgestufte Darlegungs- und Beweislast: Es reicht zunächst die Behauptung von Bewerbern, er oder sie sei am besten geeignet. In der Folge ist es dann die Sache des Arbeitgebers, darzulegen, aus welchem Grunde klagende Bewerber oder Bewerberinnen nicht ausgewählt worden sind. Die Begrenzung der Entschädigung auf maximal

28

---

63 LAG Hamm 26.6.09 – 15 Sa 63/08: ausschließlich Bewerbungen auf altersdiskriminierende Stellenausschreibungen; LAG Baden-Württemberg 13.8.07 – 3 Ta 119/07: Bewerbungsfoto vom Schachturnier und die Selbstbeschreibung »auf Bahnhofpennerniveau verharzt«; LAG Hamburg 19.11.08 – 3 Ta 19/08: Ausschlagung der Einladung zum Vorstellungsgespräch ohne Grund; LAG Hamburg 12.1.09 – 3 Ta 26/08: Vielzahl von AGG-Klagen und Bewerbungsschreiben aus Textbausteinen ohne Aussagekraft.
64 LAG Baden-Württemberg 20.3.09 – 9 Sa 5/09; LAG Schleswig-Holstein 9.12.08 – 5 Sa 286/08.
65 LAG Köln 29.1.09 – 7 Sa 980/08 – PersR 10, 2.
66 ErfK-Schlachter, § 611 a Rn. 37; a. A. Walker, SAE 00, 64, 66.

drei Monatsgehälter findet aber dann keine Anwendung, wenn der Arbeitgeber Beschäftigte bereits mehrmals im Rahmen befristeter Arbeitsverträge beschäftigt hat und daher davon ausgegangen werden kann, dass mit der oder dem Betroffenen bei benachteiligungsfreier Vorgehensweise erneut ein befristetes Arbeitsverhältnis abgeschlossen worden wäre.[67] In diesem Zusammenhang stellt sich die Frage, ob die Begrenzung mit der Forderung der Richtlinien nach wirksamen, verhältnismäßigen und vor allem abschreckenden Sanktionen zu vereinbaren ist. Die höhenmäßige Beschränkung der Entschädigung gilt nach der neuen Regelung **nicht mehr** für eine diskriminierende **Versagung des beruflichen Aufstiegs.**

IV. Entschädigung bei benachteiligenden Kollektivvereinbarungen

29   Abs. 3 enthält eine **Ausnahme vom verschuldensunabhängigen Anspruch auf Zahlung einer Entschädigung** für die Fälle, in denen die Benachteiligung des Arbeitgebers auf der **Anwendung kollektivrechtlicher Vereinbarungen** beruht. Hierunter fallen **Tarifverträge** und **Betriebsvereinbarungen**. Tarifrechtliche Regeln gelten gem. § 4 TVG bei beiderseitiger Tarifbindung der Parteien, bei allgemeinverbindlich erklärten Tarifverträgen und auch, wenn die Geltung von Tarifverträgen im Arbeitsvertrag vereinbart ist. Betriebsvereinbarungen gelten gem. § 77 Abs. 4 BetrVG unmittelbar und zwingend. Den Arbeitgeber soll nach dem Willen des Gesetzgebers bei Anwendung von Regeln eines Tarifvertrages oder einer Betriebsvereinbarung, die gegen das Benachteiligungsverbot verstoßen, eine Entschädigungspflicht nur dann treffen, wenn er vorsätzlich oder grob fahrlässig die Benachteiligung herbeiführt, also ihn ein hoher Grad an Verschulden trifft. Allerdings ist bereits die Erforderlichkeit eines einfachen Verschuldens für einen Anspruch auf Entschädigung **mit dem EU-Recht nicht vereinbar** (s. hierzu auch Rn. 9ff. und 19).[68] Wäre der **tatsächlich entstandene, immaterielle Schaden** nicht **unabhängig vom Verschulden zu berücksichtigen**, würde die Neuregelung zudem eine Schlechterstellung im Vergleich zur früheren Rechtslage darstellen und auch deswegen gegen Europarecht verstoßen (s. Rn. 21 a).

30   Der Wortlaut lässt keinen Spielraum für eine EU-rechtskonforme Auslegung. Der Gesetzgeber begründet die eingeschränkte Haftung des Arbeitgebers mit der unmittelbaren Bindungswirkung von Bestimmungen eines Tarifvertrages, wenn Arbeitgeber und Arbeitnehmer einem tarifschließenden Verband angehören, sowie Betriebsvereinbarungen, die ggf. über den Spruch der Einigungsstelle diese Wirkung entfalten. Allerdings ist ein Ar-

---

67 ArbG Hamburg 28. 8. 09 – 11 Ca 121/09 – AuR 10, 43.
68 So auch Däubler/Bertzbach, § 15 Rn. 93; Schiek-Kocher, § 15 Rn. 52; Thüsing in Bauer/Thüsing/Schunder, NZA 05, 32 (35); Kamanabrou, RdA 06, 321 (337f.); offen gelassen in BAG 22. 1. 09 – 8 AZR 906/07 – und BAG 16. 2. 12 – 8 AZR 697/10.

Entschädigung und Schadensersatz § 15

beitgeber nie verpflichtet, benachteiligende Regelungen aus Kollektivverträgen anzuwenden. Diese sind bereits gem. § 7 Abs. 2 nichtig. Entgegen der Gesetzesbegründung gibt es auch keinen Erfahrungssatz, nach dem kollektiven Vereinbarungen eine »höhere Richtigkeitsgewähr« zugesprochen werden kann und er es deshalb rechtfertigt, die Rechtsfolgen benachteiligender kollektiver Regelungen anders auszugestalten als bei Maßnahmen, für die der Arbeitgeber allein verantwortlich ist.[69] Der Arbeitgeber ist außerdem für den Inhalt tariflicher Normen zumindest dann verantwortlich, wenn es sich um einen Firmentarifvertrag handelt. Das gleiche gilt für Betriebsvereinbarungen, die durch ein Einvernehmen der Betriebsparteien und nicht durch den Spruch einer Einigungsstelle zustande gekommen sind. Auch hier soll nach dem Willen des Gesetzgebers eine Haftung nur bei Vorsatz oder grober Fahrlässigkeit greifen, obwohl dies mit der zitierten Begründung nicht ohne weiteres zu rechtfertigen ist. Da keine Möglichkeit einer richtlinienkonformen Auslegung besteht, muss die Vorschrift wegen **Verstoßes gegen das EU-Recht** unangewandt bleiben, so dass es für den Entschädigungsanspruch bei der in Abs. 2 geregelten verschuldensunabhängigen Haftung bleibt.[70] Trifft den Arbeitgeber kein Verschulden oder nur eine leichte Fahrlässigkeit, wirkt sich das auf die Höhe der festzusetzenden Entschädigung aus, da regelmäßig die persönliche Kränkung in einem solchen Fall auf ein geringes Maß reduziert ist.

Benachteiligende kollektive Regelungen sind **nach § 7 Abs. 2 unwirksam**. 31
Für die Bereiche des Kollektivvertragsrechts bleibt es bei den von der Rechtsprechung entwickelten Folgen von Verstößen gegen höherrangiges Recht. Regelmäßig besteht in solchen Fällen ein Anspruch auf die bessere Leistung (Rn. 33 und 38 ff. zu § 7). Eine Haftung der Tarifvertragsparteien oder des Betriebsrats ist ausgeschlossen. Die falsche, benachteiligende Anwendung einer diskriminierungsfreien Kollektivvereinbarung wird von der Regelung des Abs. 3 nicht erfasst.[71]

V. Ausschlussfristen

1. Schriftliche Geltendmachung

Abs. 4 schreibt eine Frist von zwei Monaten zur Geltendmachung **aller Ansprüche auf Schadensersatz und Entschädigung** fest. Hierbei handelt es sich um eine materielle Ausschlussfrist. Die rechtzeitige **schriftliche** Geltendmachung gehört zu den Anspruchsvoraussetzungen und ist daher grundsätzlich von dem oder der betroffenen Beschäftigten darzulegen und 32

---

69 BT-Drs. 16/1780 S. 38.
70 Däubler/Bertzbach, § 15 Rn. 93; Schiek-Kocher, § 15 Rn. 52.
71 BAG 16.2.12 – 8 AZR 697/10 für eine Rahmenintegrationsvereinbarung.

zu beweisen. Maßgeblich ist der Zugang beim Anspruchsgegner. Für die Fristberechnung gelten im Übrigen §§ 187 ff. BGB. Die Wahrung der Ausschlussfrist setzt nicht die Einhaltung der gesetzlichen Schriftform (§ 126 BGB) voraus. Da die Geltendmachung keine Willenserklärung, sondern eine rechtsgeschäftsähnliche Handlung ist und damit nach der Interessenlage eine eigenhändige Unterschrift (§ 126 BGB) nicht erforderlich erscheint, ist die Wahrung der Textform (§ 126b) und damit auch ein Telefax zur Geltendmachung von An-sprüchen ausreichend.[72] Ob eine E-Mail den gesetzlichen Anforderungen gerecht wird, ist umstritten.[73] Die Einhaltung der Schriftform oder der elektronischen Form (§ 126a BGB) genügt erst recht. Die Schriftform wird auch durch eine gerichtliche Klage gewahrt. § 167 ZPO findet Anwendung, so dass der rechtzeitige Eingang der Klage bei Gericht genügt, wenn die Klage »demnächst« zugestellt wird.[74] In den Fällen, in denen der Fristbeginn nicht feststeht, muss der Arbeitgeber, der sich auf einen früheren Fristbeginn beruft, diesen darlegen und beweisen (s. Rn. 36).

Ansprüche sind beim Arbeitgeber geltend zu machen, nicht bei Dritten. Wird bei der Ausschreibung von Stellen ein Personalvermittler eingeschaltet, haftet dieser für solche Ansprüche nicht.[75] Soweit der Arbeitgeber nicht bekannt ist, steht insoweit dem abgelehnten Bewerber ein Auskunftsanspruch zu.[76] Hat der Arbeitgeber Dritte mit der Bewerbersuche beauftragt, muss vom Dritten zumindest innerhalb der Frist verlangt werden, die Identität des Arbeitgebers preiszugeben.[77] Außerdem beginnt die Frist des § 15 Abs. 4 Satz 1 AGG im Falle einer Bewerbung erst dann zu laufen, wenn der Bewerber von »der« Ablehnung Kenntnis erlangt, wozu auch gehört, wer ihn als Arbeitgeber abgelehnt hat. Auch insoweit ist der wirksame Schutz vor Diskriminierungen nicht infrage gestellt.[78] Wenn der Arbeitgeber eine Beschwerdestelle einrichtet, wird man zumindest von einer Empfangsbotenschaft ausgehen müssen, so dass die Frist (erst) gewahrt ist, wenn nach dem gewöhnlichen Lauf der Dinge mit einer Weiterleitung an den Arbeitgeber zu rechnen ist.[79] Es empfiehlt sich deshalb unabhängig von der Beschwerde eine Geltendmachung direkt beim Arbeitgeber.[80]

---

72 BAG 19.8.10 – 8 AZR 530/09 – NZA 10, 1412 (1414f.).
73 Bejahend Däubler/Bertzbach-Däubler, AGG, § 15 Rn. 110. a.A. Annuß, BB 06, 1629 (1635).
74 BAG 22.5.14 – 8 AZR 662/13 unter Aufgabe der früher als obiter dictum geäußerten gegenteiligen Auffassung BAG 21.6.12 – 8 AZR 188/11.
75 BAG 23.1.14 – 8 AZR 118/13.
76 LAG Berlin 30.3.06 – 10 Sa 2395/05.
77 OLG Karlsruhe 13.9.11 – 17 U 99/10 – NZA-RR 11, 632 (633).
78 BAG 23.1.14 – 8 AZR 118/13.
79 BGH NJW-RR 1989, 757.
80 Däubler/Bertzbach-Däubler, AGG, § 15 Rn. 111a.

Das BAG hat nach den Vorgaben des EuGH die **Vereinbarkeit** der kurzen Ausschlussfristen von zwei Monaten **mit EU-Recht** bejaht und überdies klargestellt, dass diese kurze Frist auch für die Geltendmachung von Schadensersatzansprüchen aufgrund anderer Rechtsgrundlagen anwendbar ist, wenn die Ansprüche sich auf einen Sachverhalt beziehen, bei dem eine Diskriminierung wegen der AGG-Merkmale gerügt wird.[81] **32a**

Inhaltliche Anforderungen an die Geltendmachung: die schriftliche Geltendmachung muss die Angabe enthalten, dass die Ansprüche auf eine bestimmte Diskriminierung wegen eines der Merkmale des § 1 gestützt werden.[82] Wegen der Verwendung des unbestimmten Artikels »ein Anspruch« genügt es, einen Anspruch auf eine angemessene Entschädigung beispielsweise wegen Benachteiligung auf Grund einer Behinderung geltend zu machen, ohne dass es einer Bezifferung bedarf.[83] **32b**

2. Gerichtliche Geltendmachung

Zusammen mit dem neuen § 61 b ArbGG, der eine Klagefrist von drei Monaten nach schriftlicher Geltendmachung des Anspruchs nach Abs. 4 vorsieht, ergibt sich eine **zweistufige Ausschlussfrist** für die Geltendmachung einer **Entschädigung**. Die Vorschrift des bisherigen § 61 b ArbGG wurde angepasst und umfasst nun alle Klagen auf Entschädigung wegen einer Benachteiligung aus einem in § 1 genannten Grund. Trotz des allgemeinen Verweises auf § 15 ist durch den Begriff »Entschädigung« klargestellt, dass sich der neue § 61 b ArbGG nur auf Abs. 2 und 3 bezieht und nicht auf den Schadensersatzanspruch nach Abs. 1. Für Ansprüche auf **materiellen Schadensersatz** gilt daher nur die **einstufige Ausschlussfrist** des Abs. 4. Eine Zusammenfassung der Klagen bei einem Arbeitsgericht auf Antrag des Arbeitgebers ist nach § 61 b ArbGG auch künftig möglich. Außerdem gilt bei einer benachteiligenden Kündigung die materielle Ausschlussfrist des **§ 4 KSchG**. Hiernach muss die Unwirksamkeit einer Kündigung wegen eines Verstoßes gegen das Benachteiligungsverbot (§ 134 BGB i. V. m. Abs. 1) von Arbeitnehmern oder Arbeitnehmerinnen als anderer Grund für die Unwirksamkeit einer Kündigung innerhalb von **drei Wochen nach deren Zugang** gerichtlich geltend gemacht werden. Für einen Entschädigungsanspruch gem. Abs. 2 ist der Rechtsweg zu den Arbeitsgerichten gemäß § 2 Abs. 1 Nr. 3 c **33**

---

81 EuGH 8. 7. 10 – C-246/09 – [Bulicke], NJW-Spezial 10, 500, BAG 15. 3. 12 – 8 AZR 160/11, NZA 12, 1211.
82 Weitergehend LAG Düsseldorf 12. 11. 08 – 12 Sa 1102/08 – ZTR 09, 271, das für die ordnungsgemäße Geltendmachung einer Entschädigung nach Abs. 2 die erkennbare Reklamation der Verletzung des Persönlichkeitsrechts verlangt.
83 BAG 3. 4. 07 – 9 AZR 823/06 – NZA 07, 1098 zu § 81 Abs. 2 Satz 2 Nr. 4 SGB IX a. F., m. w. N.

ArbGG eröffnet, wenn sich die Klage gegen den Arbeitgeber richtet. Schaltet der Arbeitgeber einen Dritten ein (hier Veröffentlichung einer Stellenanzeige durch einen beauftragten Anwalt) sind die Arbeitsgerichte nicht zuständig, wenn der Bewerber den Dritten auf Auskunft über die Identität des Auftraggebers oder gemäß § 15 Abs. 2 AGG auf Entschädigung in Anspruch nimmt. Weder das AGG noch flankierende Normen führen zu einer erweiterten Zuständigkeit der Gerichte für Arbeitssachen.[84]

Zur Fristwahrung genügt eine Leistungsklage, die auch **mit unbeziffertem Klageantrag** eingereicht werden kann[85] oder ein Mahnbescheid. Allerdings begibt sich der Antragsteller damit der Möglichkeit, die Höhe der Entschädigung in das Ermessen des Gerichts zu stellen.[86]

3. Tarifvertragliche Ausschlussfristen

34 Gem. Abs. 4 Satz 1, 2. HS bleibt die bisher in § 611 a Abs. 4 BGB enthaltene **Möglichkeit einer Verkürzung der Frist durch Tarifvertrag** bestehen. Kürzere Fristen bleiben damit den Tarifvertragsparteien vorbehalten. Arbeitsvertragliche Ausschlussfristen dürfen hingegen nicht zuungunsten der Beschäftigten von den ohnehin sehr kurzen Fristen abweichen. Bei Formulararbeitsverträgen sind Ausschlussfristen nur zulässig, wenn sie mindestens einen Zeitraum von drei Monaten für die Geltendmachung vorsehen.[87]

4. Dokumentationspflicht für den Arbeitgeber?

35 Den Arbeitgeber treffen nach dem AGG keine Dokumentationspflichten: weder hinsichtlich des Nachweises des Beginns der Ausschlussfristen, noch hinsichtlich einer benachteiligungsfreien Durchführung von Personalmaßnahmen. Zwar hat nach dem Willen des Gesetzgebers die kurze Ausschlussfrist den Zweck, dem Arbeitgeber angesichts der in § 22 geregelten Beweislastverteilung keine allzu lange Dokumentation über Einstellungsverfahren oder andere Maßnahmen bis zum Ablauf der allgemeinen Verjährungsfrist von 3 Jahren zuzumuten.[88] Der Arbeitgeber ist aber frei, Kosten und Nutzen einer Dokumentation abzuwägen und eine für ihn passende Lösung zu finden. Sinn machen kann vor allem die Dokumentation des Zugangs einer Stellenabsage und die benachteiligungsfreie Durchführung von Personalmaßnahmen.

36 **Welchen Nutzen hat die Dokumentation des Zugangs einer Stellenabsage?** Fristbeginn für die Ausschlussfrist ist bei erfolglosen Bewerbungen (Ein-

---

84 BAG 27. 8. 08 – 5 AZB 71/08 – NZA 08, 1259.
85 BAG 16. 9. 08 – 9 AZR 791/07.
86 S. a. Däubler/Bertzbach-Däubler, AGG, § 15 Rn. 121.
87 BAG 28. 9. 05 – 5 AZR 52/05 – NZA 06, 149.
88 BT-Drs. 16/1780 S. 38.

Entschädigung und Schadensersatz § 15

stellung und beruflicher Aufstieg) regelmäßig der **Zugang der Ablehnung**. Wenn der oder die Beschäftigte behauptet, er oder sie habe innerhalb der Ausschlussfrist erst Kenntnis von der Benachteiligung erhalten oder das Ablehnungsschreiben nicht oder verspätet erhalten, kann sich der Arbeitgeber nur dann erfolgreich auf die Ausschlussfrist berufen, wenn er darlegen und im Streitfall auch beweisen kann, dass die Ablehnung des Bewerbers oder der Bewerberin vor mehr als 2 Monaten zugegangen ist oder die abgelehnte Person auf andere Weise Kenntnis von der Ablehnung hatte (zum Fristbeginn und zum Zugangsnachweis s. Rn. 38). Dann obliegt es den Betroffenen einzuwenden, dass sie trotz Zugang der Ablehnung keine oder erst eine spätere Möglichkeit der Kenntnisnahme hatten (s. zum Fristbeginn Rn. 32 c). Anderenfalls greift die Anschlussfrist nicht, so dass in einem Gerichtsverfahren zu überprüfen ist, ob materiell die Anspruchsvoraussetzungen vorliegen. Der Arbeitgeber muss in einem solchen Fall nur dann darlegen, dass keine Benachteiligung wegen eines Merkmals des § 1 erfolgt oder eine solche gerechtfertigt ist, wenn der oder die Betroffene Vermutungstatsachen für eine Benachteiligung i. S. des § 22 vortragen und im Streitfall beweisen kann (s. Rn. 16 ff. zu § 22). In diesem Fall besteht der Nachteil für den Arbeitgeber darin, dass er Forderungen nicht allein damit abwenden kann, dass er sich auf die Ausschlussfrist beruft.

Welchen Nutzen hat die Dokumentation der benachteiligungsfreien Durchführung einer Personalmaßnahme? Wenn die Ausschlussfrist nicht greift und ein Beschäftigter Vermutungstatsachen für eine Benachteiligung darlegen und beweisen kann, muss der Arbeitgeber seinerseits darlegen können, dass entgegen dem Anschein keine Benachteiligung wegen eines Merkmals des § 1 erfolgt oder eine solche gem. §§ 8 bis 10 gerechtfertigt ist. In einem solchen Fall ist eine Dokumentation hilfreich. 37

> **Beispiel:**
> In der Stellenausschreibung des A hat sich ein Tippfehler eingeschlichen. Der Text lautet: »Sekretärin gesucht« statt »Sekretär/in gesucht«. A stellt Frau B als geeignete Bewerberin ein.

Die Stellenausschreibung verstößt in diesem Fall gegen § 11 und begründet die Vermutung, dass männliche Bewerber im Einstellungsverfahren benachteiligt worden sind. In einem solchen Fall sollte A zum einen den Zugang des Ablehnungsschreibens bei männlichen Bewerbern dokumentieren (z. B. Einwurfeinschreiben, s. auch Rn. 38 zu anderen Möglichkeiten), um den Beginn der Ausschlussfrist dokumentieren zu können. Zum anderen ist es sinnvoll, die Berücksichtigung von männlichen Bewerbern im Einstellungsverfahren zu dokumentieren (z. B. Einladung zum Vorstellungsgespräch auch von männlichen Bewerbern), um im Streitfall den Gegenbeweis gem. § 22 führen zu können, dass keine Benachteiligung wegen des Geschlechts erfolgt ist.

5. Fristbeginn bei Bewerbung und beruflichem Aufstieg

38 Der **Fristbeginn** ist bei erfolglosen Bewerbungen (Einstellung und beruflicher Aufstieg) grundsätzlich der **Zugang der Ablehnung**. Die Vorschrift ist jedoch europarechtskonform dahingehend auszulegen, dass der Fristbeginn **nicht vor** dem Zeitpunkt liegt, ab dem der Bewerber oder die Bewerberin **Kenntnis von der Benachteiligung** erlangt hat.[89] Der Zugang ist damit lediglich der frühestmögliche Zeitpunkt für den Beginn der Ausschlussfrist. Zugegangen ist die Ablehnung unter Anwesenden mit deren Erklärung oder im Falle eines Schriftstücks mit dessen Aushändigung. Gegenüber Abwesenden geht die Ablehnung zu, wenn sie so in den Bereich des Empfängers gelangt ist, dass dieser unter normalen Verhältnissen die Möglichkeit hat, vom Inhalt der Erklärung Kenntnis zu nehmen (auch E-Mail, Briefkasten, Postfach und Anrufbeantworter sind ausreichend) und dies entweder tut, oder seine Kenntnisnahme nach den Umständen zu erwarten ist.[90] Wenn der oder die Beschäftigte eine rechtzeitige Geltendmachung von Ansprüchen gem. Abs. 1 oder 2 behauptet, ist der **Arbeitgeber** für den Ablauf der **Ausschlussfrist** und damit auch für den Beginn der Frist mit dem Zugang des Ablehnungsschreibens darlegungs- und **beweisbelastet**, da die Ausschlussfrist zu seinen Gunsten wirkt. Wenn der Arbeitgeber die Ausschlussfrist nutzen möchte, sollte er eine Zugangsform wählen, die einen Nachweis erlaubt (z. B. Einwurfeinschreiben [besser als ein Einschreiben, das erst bei Übergabe oder Abholung zugeht] oder eine andere Form der Dokumentation [Faxbericht, Botenbestätigung etc.]). Bei dem üblichen Verfahren, bei dem mit einfachem Brief die Ablehnung mitsamt den Bewerbungsunterlagen an die Bewerber zurückgeschickt wird, ist kein Zugangsnachweis vorhanden.

Allerdings kann der Zeitpunkt der Kenntnisnahme bzw. des »Kennen müssen« einer Diskriminierung wesentlich später liegen, als der Zugang einer Absage. Zur Absage einer Bewerbung in EU-rechtskonformer Auslegung von Abs. 4 muss daher die Kenntnis von dem Umstand hinzukommen, dass die Auswahlentscheidung im Hinblick auf ein verpöntes Merkmal erfolgte.[91] Damit ist für den Fall einer Bewerbung oder eines beruflichen Aufstiegs Abs. 4 Satz 2, 1. Alt. dahin auszulegen, dass die Ausschlussfrist mit dem Zeitpunkt beginnt, zu dem dem Beschäftigten die Ablehnung **zugegangen ist und** er **zusätzlich Kenntnis von der Benachteiligung** erlangt hat. Der Zeitpunkt des Zugangs der Ablehnung stellt damit nur den frühestmöglichen Zeitpunkt des Fristbeginns dar.[92] Hinsichtlich der Frage, wann Kenntniserlangung von der Benachteiligung vorliegt, kann auf die Maßstäbe des § 199

---

89 BAG 15. 3. 12 – 8 AZR 37/11.
90 Palandt-Ellenberger, § 130 Rn. 5.
91 LAG München 21. 1. 09 – 5 Sa 385/08; Revision anhängig unter 8 AZR 377/09.
92 BAG 15. 3. 12 – 8 AZR 37/11.

Abs. 1 Nr. 2 BGB mit der Maßgabe zurückgegriffen werden, dass wegen des Wortlauts von § 15 Abs. 4 Satz 2 eine grob fahrlässige Unkenntnis nicht genügt. Kenntnis von der Benachteiligung hat der Beschäftigte daher dann, wenn er **Kenntnis von den anspruchsbegründenden Tatsachen** hat. Für Schadensersatzansprüche ist anerkannt, dass es für den Beginn der Verjährungsfrist darauf ankommt, ob der Geschädigte aufgrund der ihm bekannten Tatsachen gegen eine bestimmte Person eine Schadensersatzklage – sei es auch nur in der Form einer Feststellungsklage – erheben kann, die bei verständiger Würdigung der ihm bekannten Tatsachen so viel Aussicht auf Erfolg bietet, dass sie für ihn zumutbar ist. Neben der **Kenntnis des Anspruchsgegners**, hier des Arbeitgebers, ist Voraussetzung eines Entschädigungsanspruchs, dass der Benachteiligte auch Kenntnis von der Benachteiligung hat. Eine positive Kenntnis von den Motiven des Benachteiligenden ist nicht erforderlich; vielmehr reicht die **Kenntnis von Vermutungstatsachen** i. S. des § 22, um die Frist in Gang zu setzen.[93]

6. Fristbeginn in sonstigen Fällen

Insbesondere in Fällen, bei denen die Betroffenen keine Mitteilung über eine Ablehnung ihrer **Bewerbung** erhalten, kann es vorkommen, dass sie erst wesentlich nach Durchführung einer Maßnahme von Tatsachen **Kenntnis** erlangen, die die Vermutung einer Benachteiligung begründen. Für die Frage, wann eine ausreichende Kenntnis erlangt ist, kann auf die Regelung des § 199 Abs. 1 Nr. 2 BGB zurückgegriffen werden. Maßgeblich ist hiernach die Kenntnis von den Umständen, die den Anspruch begründen. **Grob fahrlässige Unkenntnis steht der Kenntnis gleich.**

In **Fällen fortgesetzter Benachteiligungen** oder Belästigungen kann es schwierig sein, den Fristbeginn zu bestimmen. Auch hier kann auf die bei einer Verjährung geltenden Grundsätze zurückgegriffen werden: Bei Dauerhandlungen kann der Lauf der Ausschlussfrist nicht beginnen, solange der Eingriff andauert. Bei wiederholten Handlungen setzt jede Handlung eine neue Ausschlussfrist in Lauf. Bei einer dauernden Beeinträchtigung ist für den Beginn der Ausschlussfrist maßgeblich, wann die Beeinträchtigung entstanden ist.[94] Der Arbeitgeber kann wegen der Unsicherheit des Fristbeginns nicht damit rechnen, dass nach Ablauf von zwei Monaten nach Durchführung einer Maßnahme keine Ansprüche mehr geltend gemacht werden. Wenn er sichergehen will, dass er seiner Darlegungslast nach § 22 nachkommen und nachweisen kann, dass keine Benachteiligung vorliegt, sollte er eine vorhandene Dokumentation vorsorglich bis zum Ablauf der dreijährigen

---

93 BAG 15. 3. 12 – 8 AZR 37/11.
94 Palandt-Ellenberger, § 199 Rn. 21, m. w. N.

Verjährungsfrist gem. § 195 BGB aufbewahren. Bei **Belästigungen** beginnt die Ausschlussfrist wegen der systematischen, sich aus mehreren einzelnen Handlungen zusammensetzenden Verletzungshandlung regelmäßig erst mit der zeitlich letzten Belästigungs-Handlung.[95]

VI. Ansprüche außerhalb des AGG

41 Abs. 5 stellt klar, dass sich aus sonstigen allgemeinen Rechtsvorschriften ergebende Ansprüche gegen einen benachteiligenden Arbeitgeber unberührt bleiben. Verstößt eine Vereinbarung gegen das Benachteiligungsverbot, ist diese gem. § 7 Abs. 2 nichtig. **Erfüllungsansprüche**, die sich aus der ergänzenden Vertragsauslegung ergeben, stehen in einem solchen Fall genauso neben einem Anspruch auf Entschädigung und Schadensersatz wie **Ansprüche auf Gleichbehandlung** nach dem allgemeinen arbeitsrechtlichen Gleichbehandlungsgrundsatz (s. hierzu ausführlich § 7 Rn. 32f. und 46). Für einen **Auskunftsanspruch** gem. § 242 BGB, der die Geltendmachung von Ansprüchen nach dem AGG erst ermöglichen soll, gelten die von der Rechtsprechung entwickelten Grundsätze. Er kommt dann in Betracht, wenn der eine Teil einer Rechtsbeziehung entschuldbar über das Bestehen oder den Umfang eines Rechts im Ungewissen ist und der Verpflichtete die zur Beseitigung der Ungewissheit erforderliche Auskunft unschwer geben kann (s. hierzu im Einzelnen § 22 Rn. 21f.). Wirkt die Benachteiligung weiter, kann gem. § 7 Abs. 1 i.V.m. § 1004 BGB analog eine **Beseitigung** der Benachteiligung und bei Besorgnis zukünftiger Beeinträchtigungen auch **Unterlassung** verlangt werden.

42 Auch andere **Schadensersatzansprüche** bleiben neben § 15 Abs. 1 relevant, da die kurze Ausschlussfrist von zwei Monaten gem. § 15 Abs. 4 nur Ansprüche gem. § 15 Abs. 1 und 2 erfasst. Als Anspruchsgrundlage für Schadensersatz kommt insbesondere ein **Anspruch wegen Verletzung eines Schutzgesetzes** gem. § 823 BGB i.V.m. § 7 Abs. 1 (Benachteiligungsverbot als Schutzgesetz) in Betracht. Das Benachteiligungsverbot ist wie der frühere § 611a Abs. 1 BGB als Schutzgesetz i.S.d. § 823 Abs. 2 BGB zu verstehen.[96] In diesem Zusammenhang haftet der Arbeitgeber auch für das Verschulden von Verrichtungsgehilfen gem. § 831 BGB. Anders als beim Erfüllungsgehilfen, der in seinem Verhalten nicht notwendig einem Weisungsrecht unterliegt (s. Rn. 7), ist **Verrichtungsgehilfe** regelmäßig nur der dem Arbeitgeber weisungsgebundene Beschäftigte. Für das Weisungsrecht gegenüber dem Verrichtungsgehilfen ist es ausreichend, wenn der Geschäftsherr die Tätigkeit des Handelnden jederzeit beschränken, untersagen

---

95 So BAG 16.5.07 – 8 AZR 709/06 – NZA 07, 1154 im Fall von Mobbing.
96 LAG Hamm 21.11.96 – 17 Sa 987/96 – BB 97, 844.

Entschädigung und Schadensersatz § 15

oder nach Zeit und Umfang bestimmen kann. Die Haftung umfasst jedes Verschulden im Kreis oder allgemeinen Rahmen der dem Gehilfen anvertrauten Aufgaben.[97] Eine Haftung kommt daher in Betracht, wenn der Arbeitgeber im Rahmen seines Weisungsrechts Arbeitgeberfunktionen an andere Beschäftigte als Vorgesetzte des oder der Betroffenen weitergegeben hat. Allerdings kann der Arbeitgeber sich dadurch vor einer Haftung gem. § 823 BGB schützen, dass er gem. § 831 Abs. 1 Satz 2 BGB beweist, dass er den Verrichtungsgehilfen unter Beachtung der erforderlichen Sorgfalt eingestellt und überwacht hat.

> **Beispiel:**
> P leitet die Personalabteilung des U. P gibt eine Stellenanzeige auf, in der er eine »große, blonde Sekretärin« für die Personalabteilung sucht. P ist in diesem Fall sowohl Erfüllungsgehilfe, als auch Verrichtungsgehilfe des U. Sein Verstoß gegen § 7 Abs. 1 und § 11 ist dem U daher gem. § 278 BGB zuzurechnen, auch wenn dieser den P sorgfältig ausgesucht und überwacht hat. U haftet folglich auf Entschädigung und Schadenersatz.

Eine Haftung des Arbeitgebers kommt auch bei schuldhafter Verletzung einer **Fürsorgepflicht** gem. § 280 Abs. 1 BGB im Zusammenhang mit den nunmehr **in § 12 geregelten Pflichten** des Arbeitgebers in Betracht (insbesondere Informations- und Schulungspflichten oder mangelnder Schutz vor Benachteiligungen durch andere Beschäftigte oder Dritte gem. § 12). Ein Verstoß gegen diese Verpflichtungen stellt als solcher noch keinen Verstoß des Arbeitgebers gegen das Benachteiligungsverbot des § 7 Abs. 1 dar. Hervorzuheben ist in diesem Zusammenhang die Pflicht des Arbeitgebers, Benachteiligungen (einschließlich Belästigungen), die von anderen Arbeitnehmern ausgehen, im Rahmen seiner Möglichkeiten zu unterbinden (s. zum Mobbing Rn. 32 zu § 3).[98] Ist die Benachteiligung gleichzeitig von einem Dritten verschuldet, besteht insofern eine Gesamtschuld gem. § 421 BGB der in § 426 Abs. 1 BGB vorgesehene Gesamtschuldnerausgleich in Betracht. Gegenüber anderen Beschäftigten, die eine Benachteiligung verursachen, kann der Arbeitgeber Ansprüche gem. § 280 Abs. 1 BGB i. V. m. § 7 Abs. 3 geltend machen. Im Verhältnis Arbeitgeber – Arbeitnehmer gelten allerdings die von der Rechtsprechung entwickelten Haftungsbeschränkungen.[99]

43

Ohne Verschulden haftet der Arbeitgeber gem. § 670 BGB für Sach- und Vermögensschäden, soweit sich dabei ein vom Arbeitgeber zu tragendes und nicht abgegoltenes Risiko verwirklicht hat.

44

---

97 Palandt-Thomas, § 831 Rn. 6, m. w. N.
98 S. zur zunehmenden Problematik des Stalking und die sich daraus im Zusammenhang mit dem AGG ergebenden Haftungsfragen: Göpfert/Siegrist, NZA 07, 473.
99 Küttner-Griese, Nr. 30, Arbeitnehmerhaftung, Rn. 12 ff., m. w. N.

VII. Ausschluss des Anspruchs auf einen Arbeitsplatz

45 Abs. 6 greift die frühere Regelung des § 611 a Abs. 2 und 5 BGB auf und beschränkt Benachteiligte auf Entschädigung und Schadensersatz. Ein Anspruch auf Begründung eines Beschäftigungsverhältnisses oder auf einen beruflichen Aufstieg besteht ausdrücklich nicht. Hiervon bleiben Rechtsansprüche auf einen beruflichen Aufstieg, die sich aus anderen Gründen ergeben, unberührt. In Frage kommen neben einem tariflichen Bewährungsaufstieg insbesondere vertragliche Ansprüche auf Einstellung oder Aufstieg, oder solche aus Art. 33 Abs. 2 GG.[100]

Anders ist die Rechtslage **im öffentlichen Dienst**. Hier kommt gem. Art. 33 Abs. 2 GG ein Anspruch des Bewerbers auf Übertragung einer ausgeschriebenen Stelle in Betracht, wenn diese noch nicht besetzt ist. Es gilt eine abgestufte Darlegungs- und Beweislast. Für den Arbeitgeber des öffentlichen Dienstes besteht die Verpflichtung zur Darlegung für alle Vorgänge aus seinem Verantwortungs- und Verfügungsbereich, die dem Einblick des Bewerbers entzogen sind. Verletzt der öffentliche Arbeitgeber im Auswahlverfahren das Dokumentationsgebot, sodass der Bewerber oder die Bewerberin keine oder nur unzureichende Kenntnisse über die Entscheidungsgrundlagen hat, vereitelt der Arbeitgeber die Inanspruchnahme einstweiligen Rechtsschutzes, so dass auch noch bei einer zwischenzeitlich erfolgten Stellenbesetzung ein Anspruch auf Einstellung besteht.[101]

§ 16 Maßregelungsverbot

(1) **Der Arbeitgeber darf Beschäftigte nicht wegen der Inanspruchnahme von Rechten nach diesem Abschnitt oder wegen der Weigerung, eine gegen diesen Abschnitt verstoßende Anweisung auszuführen, benachteiligen. Gleiches gilt für Personen, die den Beschäftigten hierbei unterstützen oder als Zeuginnen oder Zeugen aussagen.**

(2) Die Zurückweisung oder Duldung benachteiligender Verhaltensweisen durch betroffene Beschäftigte darf nicht als Grundlage für eine Entscheidung herangezogen werden, die diese Beschäftigten berührt. Abs. 1 Satz 2 gilt entsprechend.

(3) § 22 gilt entsprechend.

1 Abs. 1 setzt Art. 9 der Richtlinie 2000/43/EG (Antirassismus-Richtlinie), Art. 11 der Richtlinie 2000/78/EG (Rahmenrichtlinie Beschäftigung) und

---

100 Düvell, BB 06, 1741 (1744), s. hierzu auch BAG 5. 3. 96 – 1 AZR 590/92 (A) – NZA 96, 751 zum insoweit bestehenden Beurteilungsspielraum des öffentlichen Dienstherrn.
101 LAG Hessen 23. 4. 10 – 19/3 Sa 47/09 – AuR 10, 272.

§ 16 Maßregelungsverbot

Art. 7 der Richtlinie 76/207/EWG (Gender-Richtlinie) um und entspricht dem bereits in § 612 a BGB und § 5 TzBfG enthaltenen Grundsatz, dass Beschäftigte wegen der Inanspruchnahme ihrer gesetzlichen Rechte nicht benachteiligt werden dürfen.

Der **persönliche Geltungsbereich** des Maßregelungsverbots bezieht sich zunächst auf Beschäftigte gem. § 6. Entsprechend den Vorgaben der EG-Richtlinien erstreckt Abs. 1 Satz 2 den Schutz außerdem auf Personen, die Beschäftigte unterstützen, sowie auf Zeugen. Dies verbessert die Chancen eines Betroffenen auf den Nachweis der Tatsachen, die eine Benachteiligung vermuten lassen, da andere Beschäftigte nunmehr aussagen können, ohne selbst Sanktionen fürchten zu müssen. 2

Der **sachliche Geltungsbereich** des Maßregelungsverbots bezieht sich zum einen auf die Ausübung von Rechten aus dem AGG wegen einer selber erfahrenen Benachteiligung und zum anderen auf die Weigerung, eine benachteiligende Anweisung des Arbeitgebers oder Vorgesetzten auszuführen. Als **Ausübung von Rechten** aus diesem Gesetz kommen insbesondere die Beschwerde gem. § 13, das Leistungsverweigerungsrecht gem. § 14 und Geltendmachung von Ansprüchen auf Entschädigung oder Schadensersatz nach § 15 in Betracht. Die **Ausführung einer Anweisung**, die andere Beschäftigte benachteiligt, ist nach § 7 Abs. 1 ebenso rechtswidrig wie die Erteilung der Anweisung selbst. Zum Schutz von Mitarbeitern, die weisungsgebunden sind und sich einer rechtswidrigen, weil benachteiligenden Weisung verweigern, stellt Satz 1 deshalb ausdrücklich klar, dass auch ein solches Verhalten vom Arbeitgeber nicht mit Sanktionen belegt werden darf. 3

Vom sachlichen Geltungsbereich der Vorschrift wird nur die **zulässige Rechtsausübung** durch Beschäftigte erfasst, auch wenn dies entgegen dem Wortlaut des § 612 a BGB nicht ausdrücklich im Gesetz festgehalten ist. Abs. 1 entspricht insoweit dem Wortlaut von § 5 TzBfG. Die »Inanspruchnahme von Rechten« setzt voraus, dass das in Bezug genommene Recht nach dem AGG auch tatsächlich besteht. Dementsprechend muss die Ausübung des Rechtes, das dem Maßregelungsverbot unterliegt, objektiv rechtmäßig sein. Kommt der oder die Beschäftigte hingegen den arbeitsvertraglichen Pflichten nicht nach, ohne dass hierfür ein ausreichender Grund besteht, kann der Arbeitgeber zu Sanktionen berechtigt sein, ohne gegen das Maßregelungsverbot zu verstoßen. 4

Verweigert der oder die Beschäftigte beispielsweise aufgrund einer subjektiv empfundenen, vom Gericht später aber nicht bestätigten Belästigung gem. § 3 Abs. 3 die Arbeitsleistung, werden die daraufhin verhängten Sanktionen des Arbeitgebers, wie z.B. Entgeltkürzung, Abmahnung oder Kündigung gegenüber dem Beschäftigten vom Maßregelungsverbot nicht erfasst. Die Rechtmäßigkeit solcher Maßnahmen ist dann allein an den einschlägigen gesetzlichen Regelungen, wie z.B. dem KSchG zu messen. Insbesondere bei 5 einer Kündigung ist im Rahmen der Interessenabwägung zu berücksichtigen, ob der Beschäftigte gutgläubig war und der Arbeitgeber ihn vorher ausreichend auf die Rechtswidrigkeit seines Verhaltens und die von ihm geplante Kündigung (etwa durch vorherige Erteilung einer Abmahnung) hingewiesen hat. Dennoch trägt der oder die Beschäftigte letztlich das Risiko der Berechtigung einer Leistungsverweigerung. Bei einer **unberechtigten Leistungsverweigerung** besteht kein Vergütungsanspruch (s. zur Rechtmäßigkeit einer Leistungsverweigerung Rn. 1 ff. zu § 14).

6 Das gleiche gilt, wenn die **Ausführung einer Anweisung zu Unrecht verweigert** wird, z. b. weil sich im Nachhinein herausstellt, dass kein Verstoß gegen das Benachteiligungsverbot gem. § 7 vorliegt. Etwaige Sanktionen des Arbeitgebers wegen der damit verbundenen, unzulässigen Arbeitsverweigerung werden dann ebenfalls nicht vom Maßregelungsverbot erfasst.

7 In der **Einlegung einer Beschwerde** dagegen ist **immer** eine **zulässige Rechtsausübung** zu sehen. Sie ist bereits dann zulässig, wenn sich Betroffene gem. § 14 Abs. 1 benachteiligt »fühlen«. Liegt diese subjektive Voraussetzung vor, darf der Beschäftigte wegen der Einlegung der Beschwerde nicht benachteiligt werden. Ein Widerrufsanspruch des Beschwerdegegners wegen Behauptungen im Beschwerdeverfahren kommt daher nur dann in Betracht, wenn diese bewusst unwahr sind oder jedenfalls leichtfertig aufgestellt wurden.[1]

8 Ferner liegt in der **Geltendmachung von Ansprüchen auf Entschädigung oder Schadensersatz** gem. § 15 bei der subjektiven Annahme einer Benachteiligung regelmäßig eine **zulässige Rechtsausübung**, auch wenn eine entsprechende Klage keinen Erfolg haben sollte. Ausgenommen hiervon ist ein rechtsmissbräuchliches Verhalten, das aber vom Arbeitgeber dargelegt und bewiesen werden muss.

9 Problematisch sind die Fälle, in denen **Beschäftigte irrtümlich, aber ohne Verschulden, vom** Bestehen des geltend gemachten, objektiv aber **nicht bestehenden Rechts ausgehen**.[2] Ist für den Arbeitgeber erkennbar, dass der Beschäftigte gutgläubig von einem tatsächlich nicht bestehenden Recht ausgeht, muss er den Beschäftigten vor einer belastenden Maßnahme anhören und ihn darauf hinweisen, dass er sich über das Vorliegen eines Rechtes geirrt hat, um die Verhältnismäßigkeit zu wahren.[3]

---

1 LAG Hessen 28. 6. 00 – 8 Sa 195/99 – DB 00, 2616; ErfK-Schlachter, § 4 BeschSchG Rn. 6.
2 Für eine zulässige Rechtsausübung in diesem Fall zu § 612 a BGB: Erman/Hanau, § 612 a BGB Rn. 3; zu § 5 TzBfG: Holwe/Kossens/Pielenz/Räder, § 5 TzBfG Rn. 4; a. A. die wohl h. M.: APS-Linck, § 612 a BGB Rn. 7; KR-Pfeiffer, § 612 a Rn. 6; ErfK-Preis, § 612 a BGB Rn. 5; Meinel/Heyn/Herms, § 5 TzBfG Rn. 5.
3 Zu § 612 a BGB: ErfK-Preis, § 612 a BGB Rn. 5; zu § 5 TzBfG: Boecken/Joussen- Jacob/ Joussen, Teilzeit- und Befristungsgesetz, 3. Auflage 2012, Rn 9.

Auch eine **Unterstützung durch andere Personen** nach Abs. 2 Satz 2 wird nur geschützt, soweit es sich um rechtmäßiges Verhalten handelt. Deshalb dürfen beispielsweise andere Beschäftigte Unterlagen an Betroffene regelmäßig nur herausgegeben, soweit Datenschutzbestimmungen oder berechtigte Pflichten zur Geheimhaltung nicht entgegenstehen. Pflichtwidriges Verhalten kann der Arbeitgeber auch hier durch nachteilige Maßnahmen beantworten.

Das Maßregelungsverbot setzt eine **Kausalität zwischen der zulässigen Inanspruchnahme eines Rechts nach diesem Gesetz und der getroffenen Sanktion** voraus; die Inanspruchnahme des Rechts durch den oder die Beschäftigte muss also der tragende Beweggrund für die Benachteiligung sein. Ist dies der Fall, liegt ein Verstoß gegen das Maßregelungsverbot auch dann vor, wenn der Arbeitgeber die Vereinbarung oder Maßnahme auch auf einen anderen Sachverhalt hätte stützen können. Eine dem Maßregelungsverbot widersprechende Maßnahme kann also auch dann vorliegen, wenn an sich ein Sachverhalt gegeben ist, der die Maßnahme des Arbeitgebers gerechtfertigt hätte.[4]

Ein Verstoß gegen das Maßregelungsverbot hat als **Rechtsfolge** die **Nichtigkeit der Maßnahme oder der Vereinbarung gem. § 134 BGB**. Beschäftigte sind nicht verpflichtet, Weisungen, die gegen das Maßregelungsverbot verstoßen, zu befolgen. Geht es um Leistungen, die andere Beschäftigte erhalten, die aber einem oder einer Beschäftigten, der oder die sich auf eine Benachteiligung beruft, wegen einer berechtigten Rechtswahrnehmung nicht gewährt werden, besteht unabhängig von Ansprüchen aus dem AGG regelmäßig ein Anspruch auf die Leistung aus dem arbeitsrechtlichen Gleichbehandlungsgrundsatz.[5] Auf die Frage, ob tatsächlich eine Benachteiligung gem. § 3 wegen eines Merkmals des § 1 vorliegt, kommt es dann nicht mehr an.

Abs. 2 stellt klar, dass es für Entscheidungen des Arbeitgebers keinen Unterschied machen darf, ob Benachteiligte die **Benachteiligung dulden oder zurückweisen**. Der oder die Beschäftigte ist also weder verpflichtet, sofort gegen Benachteiligungen vorzugehen, noch ist es ihm oder ihr zumutbar, mit der berechtigten Wahrnehmung ihrer Rechte zuzuwarten. Unabhängig von der Art der Reaktion von Beschäftigten gilt bei Vorliegen der Voraussetzungen gem. Abs. 1 das Maßregelungsverbot. Gleiches gilt gegenüber Personen, die Beschäftigte unterstützen oder als Zeugen aussagen.

Abs. 3 erstreckt die **Regelung über die Beweiserleichterung** des § 22 auf den Fall eines Verstoßes des Arbeitgebers gegen das Maßregelungsverbot. Die Beweislast für den kausalen Zusammenhang zwischen der Rechtsausübung

---

4 BAG 2. 4. 87 – 2 AZR 227/86 – NZA 88, 18.
5 BAG 2. 4. 87 – 2 AZR 227/86 – NZA 88, 18.

und der getroffenen Sanktion trägt damit zwar grundsätzlich der oder die Beschäftigte. Dies gilt allerdings nur für die Tatsachen, die eine Vermutung für den Verstoß gegen das Maßregelungsverbot begründen. Die Kausalität der berechtigten Rechtsausübung für die nachteilige Maßnahme ist zu vermuten, wenn es keinen anderen sachlichen Grund für die Maßnahme des Arbeitgebers gibt, der sie rechtfertigen könnte. Legt der Beschäftigte z. B. den offensichtlichen, zeitlichen Zusammenhangs zwischen seiner Rechtsausübung und der nachteiligen Maßnahme dar, begründet dies die Vermutung für die Kausalität. Der Arbeitgeber muss dann seinerseits substantiiert darlegen und ggf. beweisen, dass er die Maßnahme aus anderen sachlichen Gründen getroffen hat.

> **Beispiel:**
> Der Beschäftigte X wird nach einer erstinstanzlichen Verurteilung des Arbeitgebers, ihm eine Entschädigung gem. § 15 Abs. 1 zu zahlen, an einen Arbeitsplatz gesetzt, der räumlich von den anderen Arbeitnehmern abgetrennt ist, erhält sinnlose Beschäftigungen und muss sich als einziger Arbeitnehmer bei jedem Verlassen des Arbeitsplatzes mündlich an- und abmelden.[6]

Unterabschnitt 4
Ergänzende Vorschriften

§ 17 Soziale Verantwortung der Beteiligten

(1) Tarifvertragsparteien, Arbeitgeber, Beschäftigte und deren Vertretungen sind aufgefordert, im Rahmen ihrer Aufgaben und Handlungsmöglichkeiten an der Verwirklichung des in § 1 genannten Ziels mitzuwirken.

(2) In Betrieben, in denen die Voraussetzungen des § 1 Abs. 1 Satz 1 des Betriebsverfassungsgesetzes vorliegen, können bei einem groben Verstoß des Arbeitgebers gegen Vorschriften aus diesem Abschnitt der Betriebsrat oder eine im Betrieb vertretene Gewerkschaft unter der Voraussetzung des § 23 Abs. 3 Satz 1 des Betriebsverfassungsgesetzes die dort genannten Rechte gerichtlich geltend machen; § 23 Abs. 3 Satz 2 bis 5 des Betriebsverfassungsgesetzes gilt entsprechend. Mit dem Antrag dürfen nicht Ansprüche des Benachteiligten geltend gemacht werden.

1   Abs. 1 setzt Art. 11 Abs. 2 der Richtlinie 2000/43/EG (Antirassismus-Richtlinie), Art. 2 Abs. 5 und Art. 13 Abs. 2 der Richtlinie 2000/78/EG (Rahmenrichtlinie Beschäftigung) und Art. 8 b Abs. 2 und 3 der Richtlinie

---

6 Nach LAG Schleswig-Holstein 25. 7. 89 – 1 (3) Sa 557/88 – LAGE § 612 a BGB Nr. 4.

Soziale Verantwortung der Beteiligten § 17

76/207/EWG (Gender-Richtlinie) um. Der Gesetzgeber fordert die Tarifvertragsparteien, Arbeitgeber, Beschäftigten und deren Vertretungen auf, ihren Beitrag zum Schutz der Beschäftigten vor Benachteiligung zu leisten und sich aktiv dafür einzusetzen, dass das Ziel des Gesetzes gem. § 1 in der Praxis umgesetzt wird. In der Begründung führt der Gesetzgeber aus, dass das Gesetz zum Anlass genommen werden kann, Personalprozesse in Unternehmen und Betrieben unter dem Gesichtspunkt des Benachteiligungsschutzes zu überprüfen und gegebenenfalls neu zu definieren oder Verhaltenskodizes zu vereinbaren.[1] Eine ausdrückliche Verpflichtung zum Handeln normiert Abs. 1 nicht. Im Zusammenhang mit den Verpflichtungen des Arbeitgebers aus § 12 ergibt sich jedoch aus der Aufforderung des § 17, dass ein **bewusstes Zusammenwirken von allen Beteiligten zur praktischen Umsetzung des Gesetzes** erwartet wird. Ob der Gesetzgeber damit seiner EG-rechtlichen Verpflichtung ausreichend nachkommt, Maßnahmen zur Förderung des sozialen Dialogs, zur Verwirklichung des Gleichbehandlungsgrundsatzes durch die Überwachung der betrieblichen Praxis, durch Tarifverträge, Verhaltenskodizes, Forschungsarbeiten oder den Erfahrungsaustausch zu treffen, ist zweifelhaft.[2]

Für die **Tarifvertragsparteien** bedeutet dies, dass sie zunächst aufgefordert 2
sind, die Vereinbarkeit bestehender Tarifverträge mit den Bestimmungen des AGG zu überprüfen. Insbesondere kommt in Betracht, dass hinsichtlich der Anknüpfung bestimmter tarifvertraglicher Bestimmungen an das Merkmal Alter über die Grenzen des § 10 hinaus Änderungen erforderlich sein können. Viel diskutiert wird außerdem die Frage, inwieweit tarifliche Entgeltsysteme dazu beitragen, dass der prozentuale Unterschied im durchschnittlichen Bruttostundenverdienst zum Nachteil des weiblichen Geschlechts über 23 % liegt. In diesem Zusammenhang wird vorgeschlagen, dass die Tarifvertragsparteien Lohngleichheitskommissionen einsetzen, um die kollektiven Entgeltsysteme auf diskriminierende Elemente zu überprüfen und umzugestalten.[3] Außerdem kann daran gedacht werden, auf tariflicher Ebene ein Schlichtungsverfahren für Fälle zu etablieren, in denen sich Beschäftigte benachteiligt fühlen, oder gem. § 86 BetrVG Regelungen für das Beschwerdeverfahren zu treffen. Mit solchen Maßnahmen könnte ein Angebot zur wirksamen Prävention an die Betriebsparteien herangetragen werden.

Als **Vertretung** der Beschäftigten sind Betriebs- und Personalräte genauso 3
wie die Jugend- und Auszubildendenvertretung, Sprecherausschuss und Schwerbehindertenvertretung aufgefordert, das AGG mit Leben zu füllen. Es gehört zu den originären Aufgaben des **Betriebsrates und des Personal-**

---

1 S. Begründung zum Gesetzentwurf BT-Drs. 16/1780 S. 39.
2 ErfK-Schlachter, § 17 Rn. 1.
3 Kocher, djbZ 10, 128, m. w. N.; Pfarr, Festschrift 50 Jahre BAG, 2004, 779.

§ 17 Soziale Verantwortung der Beteiligten

rates, darüber zu wachen, dass alle Arbeitnehmer nach den Grundsätzen von Recht und Billigkeit behandelt werden und jede unterschiedliche Behandlung, die an ein Merkmal des § 1 anknüpft, unterbleibt. Die Mitbestimmungsrechte des Betriebsrats sind ausschließlich im BetrVG geregelt, die des Personalrats im BPersVG bzw. den entsprechenden Personalvertretungsgesetzen der Länder. § 17 enthält kein darüberhinausgehendes, eigenständiges Mitbestimmungsrecht. Folgende Bestimmungen regeln schon jetzt Mitbestimmungsrechte des Betriebsrates bzw. Personalrates im Zusammenhang mit Benachteiligungen:

§ 75 Abs. 1 BetrVG, § 67 Abs. 1 BPersVG: originäre Aufgabe des Betriebsrats zu überwachen, dass jede unterschiedliche Behandlung, die an ein Merkmal des § 1 anknüpft, unterbleibt.

§ 87 Abs. 1 Nr. 1 BetrVG, § 75 Abs. 3 Nr. 15 BPersVG: erzwingbares Mitbestimmungsrecht bei Fragen der Ordnung und des Verhaltens der Beschäftigten und damit für Regelungen zur Vermeidung von Benachteiligungen und zum Umgang mit diskriminierenden Vorgängen (auch Initiativrecht). In diesem Rahmen besteht ein Mitbestimmungsrecht über die **Einführung und Ausgestaltung eines Beschwerdeverfahrens** für die Beschwerdemöglichkeit gem. § 13 Abs. 1.[4] Die Entscheidung, **wo** der Arbeitgeber die Beschwerdestelle errichtet und **wie** er diese **personell besetzt,** ist hingegen mitbestimmungsfrei (s. auch Rn. 3 zu § 13).[5]

§ 99 Abs. 2 Nr. 1 BetrVG, § 75 Abs. 1 Nr. 1 und § 77 Abs. 2 Nr. 1 BPersVG: Widerspruch gegen Einstellung bei diskriminierender Stellenausschreibung oder sonstigem Verstoß gegen das Benachteiligungsverbot (s. §§ 7 Abs. 1, 11).

§ 99 Abs. 2 Nr. 6 BetrVG, § 77 Abs. 2 Nr. 3 BPersVG: Widerspruch bei Einstellung einer Person, die die Rechte anderer Arbeitnehmer aus dem AGG bedroht.

§ 36 Abs. 6 BetrVG, § 46 Abs. 6 BPersVG: Anspruch auf Schulung über die neue Rechtslage, die verschiedenen Ansprüche der Beschäftigten und die Handlungsmöglichkeiten des Betriebsrates. Die Frage, in welchem Umfang ein Schulungsanspruch besteht, folgt den allgemeinen Grundsätzen. Das LAG Hessen hat ein knapp viertägiges Betriebsratsseminar zum Thema: »Das neue Allgemeine Gleichbehandlungsgesetz«, das sich u. a. mit Hand-

---

4 BAG 21.7.09 – 1 ABR 42/08 – NZA 09, 1049 und entsprechend für § 75 Abs. 3 Nr. 15 BPersVG bzw. die entsprechende Vorschrift in Hessen: Hess. VGH 20.3.08 – 22 TL 2257/07 – PersR 08, 337; ausführlich zu den Inhalten, zu denen das Mitbestimmungsrecht besteht s. Biere, AiB 10, 84.

5 BAG 21.7.09 – 1 ABR 42/08 – NZA 09, 104; LAG Hamburg 29.10.08 – 5 TaBV 5/08 – EzA-SD 09, Nr. 4, 18; Rechtsbeschwerde eingelegt unter 1 ABR 101/08; LAG Rheinland-Pfalz 17.4.08 – 9 TaBV 9/09 – DB 08, 1636; a. A. noch LAG Hamburg 17.4.07 – 3 TaBV 6/07 – DB 07, 1417.

lungsmöglichkeiten des Betriebsrats im Rahmen des AGG und der Ausarbeitung einer Musterbetriebsvereinbarung befasst, unabhängig davon für erforderlich i. S. der §§ 37 Abs. 6, 40 BetrVG gehalten, ob konkrete Diskriminierungen oder Ungleichbehandlungen im Betrieb nicht festgestellt werden konnten oder nicht.[6]

§ 98 BetrVG, § 78 Abs. 2 Nr. 6 BPersVG: Mitbestimmung bei betrieblichen Bildungsmaßnahmen, auch solchen gem. § 12 Abs. 2.

Die Betriebspartner waren daher schon vor dem Inkrafttreten des AGG dazu verpflichtet, bestehende Betriebsvereinbarungen auf diskriminierende Vorschriften hin zu überprüfen und auf betrieblicher Ebene aktiv Maßnahmen zu ergreifen, die zur Verhinderung und Beseitigung von Benachteiligungen beitragen. Durch § 17 Abs. 1 wird diese Verpflichtung verstärkt. Ein sinnvoller Ansatz zur Ausfüllung dieser Verpflichtung besteht darin, in einer Betriebsvereinbarung ein Schlichtungsverfahren für Fälle zu regeln, in denen sich ein Beschäftigter benachteiligt fühlt, oder gem. § 86 BetrVG Regelungen für das Beschwerdeverfahren zu treffen.

Das erzwingbare Mitbestimmungsrecht des § 87 Abs. 1 Nr. 1 BetrVG bei Fragen der Ordnung des Betriebes und des Verhaltens der Arbeitnehmer, das ein Initiativrecht für den Betriebsrat mit einschließt, umfasst Regelungen zur Vermeidung von Benachteiligungen und zum Umgang mit diskriminierenden Vorgängen, nicht aber die Entscheidung, **wo** der Arbeitgeber eine Beschwerdestelle gem. § 13 errichtet und **wie** er diese **personell besetzt**.[7] Dabei können sich Regelungen zur Verhinderung von Diskriminierung an vorhandene Betriebsvereinbarungen zur Verhinderung sexueller Belästigungen am Arbeitsplatz anlehnen.[8] Wie auch beim BeschSchG ist demgegenüber die Aufstellung einer Betriebsbussenordnung bzw. die Aufnahme von Benachteiligungen in den Sanktionskatalog einer bereits vorhandenen Betriebsbussenordnung wenig empfehlenswert. Bei der Sanktionierung bedarf es einer wertenden Einzelfallentscheidung (s. Rn. 11 ff. zu § 12), der eine starre Bußordnung nicht gerecht werden kann.[9]   4

Der Betriebsrat ist außerdem gem. **§ 75 BetrVG** verpflichtet, gegen eine unzulässige Diskriminierung auch ohne eine Beschwerde des Betroffenen vorzugehen, sobald er hiervon Kenntnis erlangt. Der Betriebsrat kann danach   5

---

6 LAG Hessen 25. 10. 07 – 9 TaBV 84/07 – AuA 08, 442.
7 BAG 21. 7. 09 – 1 ABR 42/08 – NZA 09, 104; zu den möglichen Inhalten s. Biere, AiB 10, 84; zum erzwingbaren Abschluss einer Betriebsvereinbarung zum »Schutz der Arbeitnehmer vor Mobbing und sexueller Belästigung« s. auch ArbG Köln 21. 11. 00 – 12 BV 227/00 – AiB 02, 374 mit Besprechung Wolmerath, AiB 02, 475; a. A. LAG Hamburg 15. 7. 98 – 5 TaBV 4/98 – NZA 98, 1245, das von einer abschließenden, gesetzlichen Regelung gem. §§ 75 und 82 ff. BetrVG und damit einem Gesetzesvorbehalt i. S. von § 87 Abs. 1 BetrVG ausgeht.
8 Vgl. Schiek, AiB 97, 441 mit Muster-Betriebsvereinbarung.
9 Küttner-Kreitner, Nr. 379, Sexuelle Belästigung, Rn. 3.

einer Einstellung **nach § 99 Abs. 2 Nr. 1 BetrVG** mit der Begründung widersprechen, dass die Stellenausschreibung diskriminierend war[10] und gem. **§ 99 Abs. 2 Nr. 6 BetrVG** schon im Einstellungsverfahren dafür Sorge tragen, dass Beschäftigte vor neuen Mitarbeitern geschützt werden, die eine Gefahr für ihre Rechte aus dem AGG darstellen.

6 Erfolgt eine Diskriminierung oder Belästigung durch einen Arbeitnehmer, kann der Betriebsrat in gravierenden Fällen nach **§ 104 BetrVG** von seinem Recht Gebrauch machen, die Versetzung oder Entlassung eines Beschäftigten, der andere Beschäftigte gem. § 3 benachteiligt, zu verlangen.

7 Eine **Schulung von Betriebsratsmitgliedern** zum Thema der Umsetzung des allgemeinen Gleichbehandlungsgesetzes ist gem. 37 Abs. 6 BetrVG erforderlich.[11] Der Betriebsrat wacht gem. §§ 75 und 80 Abs. 1 Nr. 1, 2, 2 a, 4, 6 und 7 BetrVG allgemein über die Verpflichtung des Arbeitgebers gem. § 12 Abs. 1 und 2 Maßnahmen zum Schutz vor Benachteiligung vorzusehen und kann gem. § 99 BetrVG bei personellen Einzelmaßnahmen auf ein diskriminierungsfreies Verhalten des Arbeitgebers hinwirken. Außerdem kommt gem. § 87 Abs. 1 Nr. 1 BetrVG ein Initiativrecht zum Abschluss einer Betriebsvereinbarung in Betracht, soweit es um Fragen der Ordnung des Betriebs und des Verhaltens der Arbeitnehmer im Betrieb geht. Im Hinblick auf die in der Begründung zum Gesetzentwurf belegte, weite Verbreitung von Diskriminierung[12] ist der Betriebsrat gem. Abs. 1 explizit aufgefordert, an der Verwirklichung der Ziele des AGG mitzuwirken. Auch ohne einen konkreten Anhaltspunkt für Benachteiligungen im Betrieb hat der Betriebsrat daher gem. § 36 Abs. 6 BetrVG einen Anspruch auf Schulung über die neue Rechtslage, die verschiedenen Ansprüche der Arbeitnehmer und die Handlungsmöglichkeiten des Betriebsrats.[13]

8 Zusätzlich kann der Betriebsrat Strategien entwickeln, um die Umsetzung des AGG zu begleiten. Dazu gehört z. B. die Erinnerung des Arbeitgebers an seine Pflicht zur **Bekanntmachung** (§ 12 Abs. 5) oder die Einberufung einer **Betriebsversammlung** nach § 43 BetrVG zur Information über das AGG. Der Betriebsrat hat außerdem einen **Anspruch auf Errichtung einer Beschwerdestelle** durch den Arbeitgeber. Bestehen innerhalb eines Unternehmens mehrere Betriebe, kann der Arbeitgeber entweder in jedem seiner Betriebe eine Beschwerdestelle einrichten, oder diese überbetrieblich im Un-

---

10 LAG Hessen 13. 7. 99 – 4 TaBV 192/97 – NZA-RR 99, 641, das bei einem Verstoß einer innerbetrieblichen Ausschreibung gegen die Verpflichtung aus § 611 b, das Recht des Betriebsrats zu einer Verweigerung der Zustimmung wegen unterbliebener Ausschreibung gem. § 99 Abs. 2 Nr. 5 BetrVG bejaht.
11 LAG Hessen 25. 10. 07 – 9 TaBV 84/07 – AuA 08, 442: Betriebsrat-Seminar von knapp 4 Tagen.
12 BT-Drs. 16/1780 S. 23f.
13 LAG Hessen 25. 10. 07 – 9 TaBV 84/07 – AuA 08, 442.

Soziale Verantwortung der Beteiligten § 17

ternehmen ansiedeln.[14] Deshalb ist es nicht relevant ob der Betriebsbegriff i. S. v. Abs. 1 Satz 1 AGG identisch ist mit demjenigen des Betriebsverfassungsrechts. Ferner sollten vorhandene **Betriebsvereinbarungen** auf mögliche Benachteiligungen überprüft werden. Bei der Überwachung des Grundsatzes der **Entgeltgleichheit** (§ 8 Abs. 2 i. V. m. § 7 Abs. 1, § 1 und § 2 Abs. 2) kommt ggf. die statistische Auswertung der Höhe der Vergütung für gleiche Arbeit gem. den Kriterien des § 1 in Betracht. Dazu steht dem Betriebsrat ein Einblicksrecht in die Bruttoentgeltlisten (einschließlich dem Fertigen von Notizen) gem. § 80 Abs. 2 Satz 2 BetrVG zu. Dieses wird wahrgenommen durch den Betriebsausschuss (ab 201 Arbeitnehmer) oder den gem. § 28 BetrVG gebildeten Ausschuss (ab 101 Arbeitnehmer) oder den oder die Betriebsratsvorsitzende/Stellvertreter(in).[15] Eine Verpflichtung zur Bildung bestimmter Ausschüsse zum Schutz von Beschäftigten wegen eines Merkmals gem. § 1 besteht nicht.[16]

Abs. 2 eröffnet den Betriebsräten und den im Betrieb vertretenen Gewerkschaften in Betrieben, auf die das BetrVG Anwendung findet, die Möglichkeit, unter der Voraussetzung des § 23 Abs. 3 Satz 1 BetrVG die dort genannten Rechte gerichtlich geltend zu machen (Klagerecht). **Voraussetzung** ist zunächst die **Anwendbarkeit des BetrVG**. Liegen die Voraussetzungen von § 1 Abs. 1 Satz 1 BetrVG vor, muss kein Betriebsrat gewählt sein, um den Anspruch gem. Abs. 2 geltend zu machen. In diesen Fällen ist dann allein eine im Betrieb vertretene Gewerkschaft antragsberechtigt. Betriebe mit weniger als fünf Arbeitnehmern sind von dem Anwendungsbereich ausgeschlossen. Da aber in diesen Betrieben auch kein Betriebsrat vorhanden und der Organisationsgrad der Gewerkschaften ebenfalls gering ist, dürfte die praktische Konsequenz dieser Beschränkung unbedeutend sein. Relevant ist die Einschränkung hingegen im Hinblick auf Personalräte, Mitarbeitervertretungen oder den Sprecherausschuss für leitende Angestellte, denen **kein Klagerecht** zusteht. In Betrieben, auf die Personalvertretungsrecht Anwendung findet, oder in kirchlichen Einrichtungen ist wegen der Voraussetzung der Geltung des BetrVG auch das Klagerecht der im Betrieb vertretenen Gewerkschaft ausgeschlossen. 9

Außerdem muss ein **grober Verstoß** des Arbeitgebers **gegen die Vorschriften des zweiten Abschnitts** vorliegen, damit das Klagerecht ausgelöst wird. Die Singularform macht deutlich, dass auch ein **einmaliger Verstoß** ausreicht, um das Verfahren einzuleiten. Der grobe Verstoß kann sich auf alle Beschäftigten beziehen, die unter den persönlichen Anwendungsbereich des 10

---

14 LAG Hamburg 17. 4. 07 – 3 TaBV 6/07 – DB 07, 1417; Schiek-Kocher, AGG, § 13 Rn. 12; Oetker, NZA 08, 264, (266).
15 Kleinebrink, FA 07, 295 ff.
16 LAG Niedersachsen 24. 4. 09 – 10 TaBV 55/08 – NZA-RR 09, 532, (534) zur Frage eines Ausschusses für die Belange ausländischer Arbeitnehmer.

§ 17 Soziale Verantwortung der Beteiligten

AGG nach § 6 fallen, also auch auf **leitende Angestellte** und **Organmitglieder**. Wegen des insoweit eindeutigen Wortlauts der Vorschrift kommt für leitende Angestellte kein eigenständiges Klagerecht des Sprecherausschusses in Betracht.

11 Ein grober Rechtsverstoß, der den Betriebsrat oder die im Betrieb vertretene Gewerkschaft zum Antrag berechtigt, setzt zunächst einen Verstoß gegen das Benachteiligungsverbot des § 7 Abs. 1, das Unterlassen von Schutzmaßnahmen gem. § 12, die fehlende Gewährleistung des Beschwerdeverfahrens gem. § 13 durch Errichtung/Benennung einer Beschwerdestelle oder einen Verstoß gegen das Maßregelungsverbot gem. § 16 voraus. Ein **grober Verstoß** ist regelmäßig zu bejahen, wenn der Arbeitgeber mehrfach und erkennbar gegen seine sich aus dem AGG ergebenden Pflichten verstoßen hat.[17] Ein »grober Verstoß« liegt beispielsweise vor, wenn der Arbeitgeber öffentlich äußert, dass er keine Beschäftigten einer bestimmten ethnischen Herkunft einstellt[18] oder homophobe Äußerungen eines Entscheidungsträgers auf eine diskriminierende Einstellungspraxis schließen lassen.[19] Aber auch ein mittelbarer Verstoß gegen das Verbot einer Benachteiligung wegen des Alters durch eine Stellenausschreibung stellt bereits einen groben Verstoß dar und löst einen Unterlassungsanspruch für den Betriebsrat aus, wenn der Arbeitgeber seine Ausschreibungspraxis trotz der hiergegen vom Betriebsrat erhobenen Einwendungen fortsetzt.[20] Demgegenüber hat das Sächsische LAG[21] keine Diskriminierung einer russischen Arbeitnehmerin wegen der Einfügung der Buchstaben »TR« (= Trade restricted) in die innerbetriebliche E-Mail-Adresse gesehen, weil dies US-amerikanischen Sicherheitsbestimmungen des Konzerns Rechnung getragen hat, und einen Unterlassungsanspruch des Betriebsrats verneint.

Das BAG nimmt Bezug auf die bisherige Rechtsprechung zu § 23 Abs. 3 BetrVG und führt aus, dass ein grober Verstoß gem. Abs. 2 dann vorliegt, wenn es sich um eine objektiv erhebliche und offensichtlich schwerwiegende Pflichtverletzung handelt, wobei es auf ein Verschulden nicht ankommt. Indiziert wird die Schwere der Pflichtverletzung durch ihre Wiederholung, die aber wiederum keine Voraussetzung für die grobe Pflichtverletzung ist. Auch ein einmaliger Verstoß kann eine grobe Pflichtverletzung darstellen.[22]

---

17 Sächsisches LAG 17.9.10 – 3 TaBV 2/10.
18 EuGH 10.7.08 – C-54/07 – [Feryn], NZA 08, 929.
19 EuGH 25.4.13 – C-81/12 – [Asociatia ACCEPT] homophobe Äußerungen eines »Patrons« eines Profifußballvereins.
20 BAG 18.8.09 – 1 ABR 47/08 – AuR 09, 310 und LAG Saarland 11.2.09 – 1 TaBV 73/08: Stellenausschreibungen, die sich ausschließlich an »Mitarbeiter im ersten Berufsjahr« richten, als mittelbare Altersdiskriminierung.
21 Sächsisches LAG 17.9.10 – 3 TaBV 2/10.
22 BAG 14.11.89 – 1 ABR 87/88 – NZA 90, 357.

Soziale Verantwortung der Beteiligten § 17

Kein grober Verstoß liegt vor, wenn der Arbeitgeber in einer schwierigen und ungeklärten Rechtsfrage nach einer vertretbaren Rechtsansicht handelt. Eine solche Ausnahme kommt dann nicht in Betracht, wenn die diskriminierende Maßnahme offensichtlich untauglich ist, legitime Ziele zu sichern.[23] Wie bei der betriebsverfassungsrechtlichen Norm ist Sinn und Zweck der Regelung, rechtswidriges Verhalten des Arbeitgebers zu verhindern. Ein Verschulden des Arbeitgebers ist deshalb nicht erforderlich.

Ist diese Voraussetzung erfüllt, kann der **Betriebsrat** oder **eine im Betrieb vertretene Gewerkschaft** einen Antrag auf Handlung, Duldung oder Unterlassung des Arbeitgebers gerichtlich geltend machen, um die Benachteiligungen wirksam zu unterbinden bzw. die Erfüllung der Verpflichtungen des Arbeitgebers aus § 12 herbeizuführen.[24] Hierdurch können Betriebsrat und Gewerkschaft erheblich dazu beitragen, dass Benachteiligungen unterbleiben. Dies zeigt beispielhaft ein Verfahren, das sich auf der Grundlage von § 17 Abs. 2 mit der Frage der Rechtfertigung der Anwendung unterschiedlicher Tarifverträge für Männer und Frauen befasste. Der Betriebsrat konnte dort erreichen, dass der Arbeitgeber sich zunächst zu einem gerichtlichen Vergleich und anschließend durch eine betriebliche Vereinbarung zur Aufgabe dieser Praxis bereitfand. Daraufhin stellte das ArbG das Verfahren durch Beschluss ein.[25] Auch bei sexuellen Belästigungen des weiblichen Personals im Sinne des § 3 Abs. 4 durch den Geschäftsführer hat der Betriebsrat einen Unterlassungsanspruch.[26]

12

Das **Antragsrecht** steht neben den Betriebsräten nur Gewerkschaften, also tariffähigen Vereinigungen von Arbeitnehmern zu, die im Betrieb vertreten sind, bei denen also mindestens ein Arbeitnehmer oder eine Arbeitnehmerin Mitglied ist. Wird dies vom Arbeitgeber bestritten, kann der Nachweis auch mittels einer notariellen Erklärung geführt werden, ohne dass Namen der Gewerkschaftsmitglieder offen gelegt werden müssen.[27]

13

Welche Art der Handlung, Duldung oder Unterlassung Betriebsrat oder Gewerkschaft verlangen können, wird beispielhaft auch in der Begründung zum Änderungsantrag der Fraktionen von CDU/CSU und SPD vom 27.6.06[28] erläutert. Danach kann dem Arbeitgeber mit der Klage aufgegeben werden, gegen das AGG verstoßende Handlungen, wie eine bestimmte Einstellungspraxis oder eine diskriminierende Praxis der Stellenausschreibungen zu unterlassen, vom AGG vorgesehene Handlungen, wie die Beschwerde

14

---

23 BAG 18.8.09 – 1 ABR 47/08 – AuR 09, 310.
24 BAG 18.8.09 – 1 ABR 47/08 – AuR 09, 310; s auch die ausführliche Erläuterung bei Däubler/Bertzbach-Buschmann, § 17 Rn. 27.
25 ArbG Hamburg. 24.8.07 – 17 BV 2/07.
26 ArbG Berlin 27.1.12 – 28 BV 17992/11.
27 BAG 25.3.92 – 7 ABR 65/90 – NZA 93, 134.
28 Ausschussdrucksache 16[11]337.

nach § 13 zu dulden oder auch Handlungen wie solche zur Prävention nach § 12 vorzunehmen. **Das gesamte Maßnahmenspektrum des AGG wird also von dem Klagerecht erfasst.**

15 Ausgenommen sind nach Abs. 2 Satz 2 lediglich **die individuellen Ansprüche des Benachteiligten auf Schadensersatz und Entschädigung**, da es sich nicht um eine Regelung zur Prozessstandschaft handeln soll.[29] Eine Erstreckung auf diese Klagemöglichkeit wäre im Übrigen auch wenig sinnvoll. Zweck des Klagerechts für Betriebsräte und Gewerkschaften ist die Möglichkeit, Rechtsverstöße des Arbeitgebers zu beenden, ohne dass (betroffene) Arbeitnehmer in Konflikt mit dem Arbeitgeber geraten, weil sie Forderungen geltend machen. Die Übernahme von Klagen auf Schadensersatz und Entschädigung würde genau diese Schutzfunktion zunichte machen, weil der betroffene Arbeitnehmer notwendigerweise benannt werden müsste.

16 Das Verfahren wird entsprechend § 23 Abs. 3 Satz 2–5 BetrVG eingeleitet. Insofern handelt es sich um eine eigenständige, prozessuale Antragsbefugnis im **Beschlussverfahren** für den Betriebsrat oder eine im Betrieb vertretene Gewerkschaft. Das Verfahren wird **ohne Beteiligung betroffener Beschäftigter** durchgeführt und es erfordert auch nicht die Zustimmung des oder der Betroffenen.

§ 18 Mitgliedschaft in Vereinigungen

(1) **Die Vorschriften dieses Abschnitts gelten entsprechend für die Mitgliedschaft oder die Mitwirkung in einer**
1. Tarifvertragspartei,
2. Vereinigung, deren Mitglieder einer bestimmten Berufsgruppe angehören oder die eine überragende Machtstellung im wirtschaftlichen oder sozialen Bereich innehat, wenn ein grundlegendes Interesse am Erwerb der Mitgliedschaft besteht,
sowie deren jeweiligen Zusammenschlüssen.
(2) **Wenn die Ablehnung einen Verstoß gegen das Benachteiligungsverbot des § 7 Abs. 1 darstellt, besteht ein Anspruch auf Mitgliedschaft oder Mitwirkung in den in Abs. 1 genannten Vereinigungen.**

1 Die Vorschrift setzt Art. 3 Abs. 1 d) der Richtlinien 2000/43/EG (Antirassismus-Richtlinie), 2000/78/EG (Rahmenrichtlinie Beschäftigung) und 76/207/EWG (Gender-Richtlinie) um.

2 Der Begriff »**Tarifvertragspartei**« in Abs. 1 Nr. 1 beschränkt die Vorschrift auf die für den Abschluss von Tarifverträgen maßgeblichen Arbeitgeber-

---

[29] BT-Drs. 16/1780 S. 39.

Mitgliedschaft in Vereinigungen § 18

und Beschäftigtenvereinigungen.[1] Die Mitwirkungsmöglichkeit muss auch für Betriebsrentner offen sein, da sich die Regelungsbefugnis der Tarifvertragsparteien auf diese erstreckt. Gewerkschaftsmitglieder, die Betriebsrentner sind, haben deshalb grundsätzlich einen Anspruch darauf, an den sie betreffenden Entscheidungen tarifpolitisch ebenso mitzuwirken, wie Gewerkschaftsmitglieder, die noch aktive Arbeitnehmer sind.[2]

Abs. 1 Nr. 2 erstreckt die Geltung der Regelungen über die Benachteiligungsverbote im Beschäftigungsverhältnis und deren Rechtsfolgen auf Mitgliedschaft und Mitwirkung in Berufsorganisationen und in Vereinigungen, die eine überragende Machtstellung im wirtschaftlichen oder sozialen Bereich innehaben. 3

Berufsverbände sind freiwillige Zusammenschlüsse von Beschäftigten oder Selbständigen der gleichen oder ähnlicher Berufsgruppen, (wie zum Beispiel Deutscher Anwaltsverein), die durch ihre Tätigkeit die Arbeit der jeweiligen Berufsgruppe auch durch öffentliche Verlautbarungen beeinflussen können. 4

Was unter Vereinigungen zu verstehen ist, die eine überragende Machtstellung im wirtschaftlichen oder sozialen Bereich haben, wird aus den Gesetzesmaterialien nicht deutlich. Zu denken wäre etwa an Vereinigungen wie Rotary oder Lions, die durch ihre gesellschaftliche Stellung ein Netzwerk bilden, dass berufliche Vorteile mit sich bringen kann. Ob damit auch eine überragende Machtstellung verbunden ist, scheint zumindest fraglich. 5

Ebenso wenig wird aus den Gesetzesmaterialien klar, was ein **grundlegendes Interesse an einer Mitgliedschaft** begründen kann. Während in Berufsvereinigungen sich dieses Interesse unmittelbar aus der beruflichen Tätigkeit ergibt, kann sich bei den übrigen Vereinigungen aus der spezifischen Aufgabenstellung der Vereinigung und der beruflichen Tätigkeit desjenigen, der die Aufnahme begehrt, das grundlegende Interesse ergeben. 6

Abs. 2 enthält einen **Anspruch auf Aufnahme** bzw. auf **Mitwirkung in Vereinigungen** nach Abs. 1. Der Gesetzentwurf[3] begründet dies mit der monopolartigen Stellung von Berufsvereinigungen bei der Wahrnehmung beruflicher Interessen. Die mit einer Ablehnung der Aufnahme verbundene Benachteiligung kann in Abweichung von § 15 Abs. 5 nur in der Weise behoben werden, dass den Benachteiligten ein Anspruch auf Aufnahme bzw. auf Inanspruchnahme der satzungsmäßigen Leistungen zugebilligt werde, soweit die übrigen vereinsrechtlichen und satzungsmäßigen Voraussetzungen dafür erfüllt sind. 7

---

1 S. zur Tariffähigkeit einer Gewerkschaft: BAG 14.12.04 – 1 ABR 51/03 – NZA 05, 697.
2 BAG 17.6.08 – 3 AZR 409/06 – NZA 08, 1244.
3 BT-Drs. 16/1780 S. 39.

Abschnitt 3
Schutz vor Benachteiligung im Zivilrechtsverkehr
Vor §§ 19–21

1 In Abschnitt 3 wird über arbeitsrechtliche Vertragsverhältnisse hinaus auch für den Bereich des allgemeinen Zivilrechts das Verbot von Benachteiligungen aus den in § 1 genannten Gründen geregelt.

2 Damit geht die gesetzliche Regelung weiter, als die zugrunde liegenden Richtlinien 2000/43/EG und 2004/113/EG, die lediglich für die Merkmale Rasse, Ethnie und Geschlecht auch für das allgemeine Zivilrecht einen Schutz vor Benachteiligung vorsehen. Im Sinne eines gesamtgesellschaftlichen Konzeptes der Beseitigung von Benachteiligung ist dieser horizontale Ansatz jedoch richtig. Der Eindruck, es gäbe Merkmale, aufgrund derer Benachteiligungen (im zivilrechtlichen Geschäftsverkehr) grundsätzlich gerechtfertigt seien, würde eine Schieflage auch im Hinblick auf Benachteiligungen im Arbeitsverhältnis erzeugen. Es ist kaum zu vermitteln, dass einem Behinderten zwar der Aufenthalt in einem Hotel verwehrt werden kann, er aber bei einer Bewerbung um eine Stelle in dem gleichen Hotel nicht wegen seiner Behinderung benachteiligt werden darf.

3 Darüber hinaus sind nur mit der Aufnahme aller Kriterien sachgerechte Lösungen in den Fällen zu finden, in denen in einer Person nicht ein sondern mehrere Merkmale vorliegen. So wäre ohne die jetzt gewählte Lösung der Fall denkbar, dass einer Afroamerikanerin und ihrer Lebensgefährtin der Abschluss eines Mietvertrages zwar nicht deswegen verweigert werden darf, weil »Schwarze« nicht erwünscht sind, wohl aber mit der Begründung, man lehne gleichgeschlechtliche Beziehungen ab.

4 Schließlich ist auch zu bedenken, dass das Grundgesetz in Art. 3 die Benachteiligung aus allen Gründen des § 1 untersagt. Es wäre widersprüchlich (und möglicherweise auch mit der Verfassung nicht zu vereinbaren), wenn der Gesetzgeber selbst im Rahmen seiner Normsetzung gegen dieses Verbot der Benachteiligung verstößt, indem er für die unterschiedlichen Merkmale einen unterschiedlichen Maßstab anlegt.

5 Da dieser Kommentar sich auf den arbeitsrechtlichen Teil beschränkt, werden im Folgenden zu den einzelnen Vorschriften dieses Abschnittes nur kurze Erläuterungen gegeben.

§ 19 Zivilrechtliches Benachteiligungsverbot

(1) Eine Benachteiligung aus Gründen der Rasse oder wegen der ethnischen Herkunft, wegen des Geschlechts, der Religion, einer Behinderung, des Alters oder der sexuellen Identität bei der Begründung, Durchführung und Beendigung zivilrechtlicher Schuldverhältnisse, die

Zivilrechtliches Benachteiligungsverbot § 19

1. typischerweise ohne Ansehen der Person zu vergleichbaren Bedingungen in einer Vielzahl von Fällen zustande kommen (Massengeschäfte) oder bei denen das Ansehen der Person nach der Art des Schuldverhältnisses eine nachrangige Bedeutung hat und die zu vergleichbaren Bedingungen in einer Vielzahl von Fällen zustande kommen oder
2. eine privatrechtliche Versicherung zum Gegenstand haben,

ist unzulässig.

(2) Eine Benachteiligung aus Gründen der Rasse oder wegen der ethnischen Herkunft ist darüber hinaus auch bei der Begründung, Durchführung und Beendigung sonstiger zivilrechtlicher Schuldverhältnisse im Sinne des § 2 Abs. 1 Nr. 5 bis 8 unzulässig.

(3 Bei der Vermietung von Wohnraum ist eine unterschiedliche Behandlung im Hinblick auf die Schaffung und Erhaltung sozial stabiler Bewohnerstrukturen und ausgewogener Siedlungsstrukturen sowie ausgeglichener wirtschaftlicher, sozialer und kultureller Verhältnisse zulässig.

(4) Die Vorschriften dieses Abschnitts finden keine Anwendung auf familien- und erbrechtliche Schuldverhältnisse.

(5) Die Vorschriften dieses Abschnitts finden keine Anwendung auf zivilrechtliche Schuldverhältnisse, bei denen ein besonderes Nähe- oder Vertrauensverhältnis der Parteien oder ihrer Angehörigen begründet wird. Bei Mietverhältnissen kann dies insbesondere der Fall sein, wenn die Parteien oder ihre Angehörigen Wohnraum auf demselben Grundstück nutzen. Die Vermietung von Wohnraum zum nicht nur vorübergehenden Gebrauch ist in der Regel kein Geschäft im Sinne des Absatzes 1 Nr. 1, wenn der Vermieter insgesamt nicht mehr als 50 Wohnungen vermietet.

Abs. 1 legt fest, dass eine Benachteiligung aus einem in § 1 genannten Grund, mit Ausnahme des Merkmals der Weltanschauung, das mit dem Änderungsantrag der Koalitionsfraktionen aus dem Anwendungsbereich ausgenommen wurde, unzulässig ist, wenn die Begründung, Durchführung und Beendigung des entsprechenden Schuldverhältnisses typischerweise ohne Ansehen der Person zu Stande kommt. Die **Herausnahme der Weltanschauung** wurde damit begründet, es solle verhindert werden, dass sich Anhänger rechtsradikalen Gedankengutes Zugang zu Geschäften verschaffen können, obwohl ihnen der Zugang mit guten Gründen verweigert wird.[1] Allerdings fällt politische Betätigung nicht unter den Schutz der Weltanschauung, so dass das AGG ohnehin für rechtsradikale Betätigung keinen Schutz bietet (s. Rn. 15f. zu § 1). Auch ist die Herausnahme der »Weltanschauung«

1

---

1 Änderungsantrag der CDU/CSU- und SPD-Fraktion, Ausschuss-Drs. 16 [11] 337, S. 2f.

und damit deren Schlechterstellung im Vergleich zur »Religion« im Hinblick auf Art. 3 Abs. 3 und Art. 4 Abs. 1 GG problematisch.

2 Die in **Nr. 1, 1. Alt.** als **Massengeschäfte** bezeichneten Vertragsverhältnisse, die immer wieder gleich gelagert abgeschlossen werden, ohne dass es dem Anbieter darauf ankommt, mit wem er den Vertrag schließt (solange der andere Teil willig und in der Lage ist, seinen Vertragsteil, in der Regel die Bezahlung, zu erfüllen), **rechtfertigen generell keine unterschiedliche Behandlung** aufgrund der genannten Merkmale.

3 Der typische Fall ist ein Discounter, dem die Person des Kunden völlig gleichgültig ist. Damit bleibt das Recht des Anbieters von Waren oder Dienstleistungen, Vertragspartner auch aus irrationalen Gründen, etwa auf der Grundlage von Kleidungsvorschriften in bestimmten Restaurants, weiterhin gewahrt. Mit dem Begriff **»ohne Ansehen einer Person«** ist lediglich gemeint, dass die Entscheidung für oder gegen einen Vertragspartner in der Regel unabhängig von individuellen Eigenschaften zustande kommt und deshalb auch nicht von Vorurteilen aufgrund der in § 1 genannten Merkmale getragen sein darf. Das AGG schützt aber auch bei Massengeschäften nur vor einer Benachteiligung wegen eines Merkmals des § 1 und nicht vor anderen subjektiven Gründen bei der Entscheidung für oder gegen einen Vertragspartner. Die Freiheit der Wahl des Vertragspartners bleibt damit grundsätzlich gewahrt.[2]

4 Den Massegeschäften gleichgestellt sind gem. **Nr. 1, 2. Alt. Schuldverhältnisse, bei denen das Ansehen der Person eine nachrangige Bedeutung hat**. Hier spielt das Ansehen der Person also eine Rolle, tritt aber in den Hintergrund. Der Gesetzgeber nennt in der Begründung als Beispiel hierfür einen großen Wohnungsanbieter, der eine Vielzahl von Wohnungen anbietet.[3] Nach der Begründung des Gesetzgebers ist daher die »nachrangige Bedeutung« weit auszulegen, denn üblicherweise wird ein Mietverhältnis immer im Ansehen einer Person abgeschlossen. Ebenso setzt jedes auf Dauer angelegte Schuldverhältnis für beide Vertragsparteien eine gewisse Zuverlässigkeit des anderen Vertragsteils voraus. Von der zweiten Alternative sollen daher solche Fallgestaltungen erfasst werden, bei denen angesichts der hohen Anzahl gleichartiger Schuldverhältnisse die individuellen Eigenschaften des Vertragspartners kaum noch Bedeutung haben, solange die Zahlungsfähigkeit gewährleistet ist. Sind die individuellen Eigenschaften typischerweise nachrangig, darf auch nicht an ein Merkmal des § 1 angeknüpft werden.

5 Gleichermaßen werden gem. **Nr. 2 Versicherungsinstitute** in die Pflicht genommen, bei privatrechtlichen Versicherungen den Gleichbehandlungsgrundsatz anzuwenden. Der EuGH hat die insoweit in Art 5 Abs. 2 der

---

2 BT-Drs. 16/1780 S. 40.
3 BT-Drs. 16/1780 S. 42.

RL 2004/113/EG vorgesehene Ausnahme hinsichtlich der Gleichbehandlung wegen des Geschlechts für ungültig erklärt.[4] Dies hat zur Streichung des früheren § 20 Abs. 2 Satz 1 geführt. Die frühere Ausnahme gilt nach § 33 Abs. 5 nur noch für Versicherungsverhältnisse, die vor dem 21. Dezember 2012 begründet wurden (s. im Einzelnen Rn. 6 f. zu § 20).

Der für Massengeschäfte und privatrechtliche Versicherungen festgelegte Grundsatz wird in **Abs. 2** für die **Merkmale Rasse und ethnische Herkunft** außerdem **auch** auf **andere zivilrechtliche Schuldverhältnisse im Sinne des § 2 Abs. 1 Nr. 5–8** ausgedehnt. Damit soll sichergestellt werden, dass Vertragsabschlüsse, die beispielsweise Gesundheitsversorgung, Pflegeleistungen, außerschulische Bildung oder auch schlicht das Anmieten einer Wohnung oder den Ankauf eines Autos zum Inhalt haben, nicht aus Gründen der Rasse und Ethnie verweigert werden dürfen. Dies gilt in Abgrenzung zu der Regelung des Abs. 1 **auch, wenn diese Angebote nicht als Massengeschäfte ausgestaltet sind**, sondern im Einzelfall (öffentlich) angeboten werden. So kann beispielsweise weder der Kauf eines gebrauchten Fahrrades noch die Gewährung von Musikunterricht verweigert werden, weil der Käufer oder Schüler afrikanischer Abstammung ist und der Verkäufer oder der Musiklehrer grundsätzlich keine Geschäfte mit »Schwarzen« macht. Auch wenn im Zweifel der oder die Zurückgewiesene sicherlich lieber auf den Vertragsabschluss verzichten wird: es besteht immerhin die Möglichkeit, Schadensersatz und Entschädigung geltend zu machen, wenn der Vertrag nicht zustande kommt. Zumindest offener Rassismus wird so wirksam bekämpft. 6

Abs. 3 schränkt das Benachteiligungsverbot für Vermietungen ein, indem es generell für alle Benachteiligungsmerkmale eine unterschiedliche Behandlung mit der Begründung zulässt, bestimmte Bewohner – oder Siedlungsstrukturen – nicht nur zu erhalten, sondern auch neu zu schaffen. Selbstverständlich ist eine generationenübergreifende Mischung in einer Wohnanlage ein ebenso lobenswertes Ziel, wie die Verhinderung einer Gettoisierung. Die Begründung zum Gesetzesentwurf[5] stellt aber klar, dass mit Abs. 3 **keine Unterrepräsentanz bestimmter Gruppen** zu rechtfertigen ist. Gleichwohl bergen die gewählten unbestimmten Rechtsbegriffe eine nicht unerhebliche Gefahr, genau dieses zu bewirken. Vor allem die Tatsache, dass die Ausnahme nicht mehr als Kann-Vorschrift ausgestaltet ist, sondern die Berufung auf bestimmte Strukturen bei der Wohnraumvermietung die unterschiedliche Behandlung grundsätzlich zulässt, engt den Interpretationsspielraum deutlich ein und ist in Bezug auf die ordnungsgemäße Umsetzung der Richtlinien bedenklich. 7

---

4 EuGH 1.3.11 – C-236/09 – [Association belge des Consommateurs Test-Achats ASBL u. a./Conseil des ministres], NJW 11, 907.
5 BT-Drs. 16/1780 S. 42.

8 Abs. 4 sieht für **familien- und erbrechtliche Schuldverhältnisse** eine **Ausnahme** vom Verbot der Diskriminierung vor. Diese Regelung ist zwar mit den Wertungen des Gesetzes und der Richtlinie vereinbar und für die Praxis vermutlich folgenlos. Gleichwohl ist sie im Sinne einer gesellschaftlichen Ächtung von Benachteiligung aufgrund von Vorurteilen bedenklich, besagt sie doch: im persönlichen Umfeld dürfen Vorurteile weiter bestehen.

9 Abs. 5 regelt eine tatbestandliche Ausnahme vom Benachteiligungsverbot für zivilrechtliche Schuldverhältnisse, bei denen ein **besonderes Nähe- oder Vertrauensverhältnis** der Parteien oder ihrer Angehörigen begründet wird. Angesprochen ist hier die Notwendigkeit eines engen persönlichen Verhältnisses der Parteien selbst oder ihnen verwandter Personen. So kann fraglos eine ältere Dame ihren Wunsch, nur eine Frau mittleren Alters als Untermieterin in ihrer Wohnung aufzunehmen durch das besondere Nähe- oder Vertrauensverhältnis begründen. Nach dem Gesetz ist in solchen Fällen gar keine Begründung für die Auswahl einer bestimmten Person, bzw. die Ablehnung anderer Personen erforderlich, weil durch das Wohnen in einer Wohnung die Auswahl des Vertragspartners typischerweise stark subjektiv geprägt ist.

10 Beispielhaft für ein besonderes Nähe- oder Vertrauensverhältnis wird im Gesetzestext ein Mietverhältnis aufgeführt, bei dem **Wohnraum auf demselben Grundstück** genutzt wird. Allerdings ist nicht bei jeder Wohnraumnutzung auf demselben Grundstück ein entsprechendes Nähe- oder Vertrauensverhältnis gegeben. So wird beispielsweise der Vermieter, der auf einem Grundstück zwei Mehrfamilienhäuser besitzt, sich schwerlich auf ein besonderes Nähe- oder Vertrauensverhältnis berufen können. Der Gesetzestext trägt dem Rechnung, indem er durch das Wort »kann« lediglich die Möglichkeit eines solchermaßen engen, persönlichen Verhältnisses beschreibt. Die Rechtsprechung wird Definitionen zur Ausfüllung dieser unbestimmten Rechtsbegriffe entwickeln müssen.

11 Satz 3 enthält eine nähere Bestimmung im Hinblick auf die Vielzahl von Geschäften, die ein Massengeschäft oder ein solches, bei dem das Ansehen der Person nachrangig ist, gem. Abs. 1 Nr. 1 ausschließt. Die generelle Ausnahme von Vermietungen, wenn der **Vermieter nicht mehr als 50 Wohnungen besitzt,** ist willkürlich und mit den europäischen Vorgaben nicht zu vereinbaren. **Diese Begrenzung gilt** allerdings **nicht** für das **Verbot**, beim Zugang zu Wohnraum Menschen **aus Gründen der Rasse oder wegen der ethnischen Herkunft zu benachteiligen**, da für diesen Fall gem. Abs. 2 die Häufigkeit der Vermietung keine Rolle spielt.

§ 20 Zulässige unterschiedliche Behandlung

(1) Eine Verletzung des Benachteiligungsverbots ist nicht gegeben, wenn für eine unterschiedliche Behandlung wegen der Religion, einer Behin-

derung, des Alters, der sexuellen Identität oder des Geschlechts ein sachlicher Grund vorliegt. Das kann insbesondere der Fall sein, wenn die unterschiedliche Behandlung
1. der Vermeidung von Gefahren, der Verhütung von Schäden oder anderen Zwecken vergleichbarer Art dient,
2. dem Bedürfnis nach Schutz der Intimsphäre oder der persönlichen Sicherheit Rechnung trägt,
3. besondere Vorteile gewährt und ein Interesse an der Durchsetzung der Gleichbehandlung fehlt,
4. an die Religion eines Menschen anknüpft und im Hinblick auf die Ausübung der Religionsfreiheit oder auf das Selbstbestimmungsrecht der Religionsgemeinschaften, der ihnen zugeordneten Einrichtungen ohne Rücksicht auf ihre Rechtsform sowie der Vereinigungen, die sich die gemeinschaftliche Pflege einer Religion zur Aufgabe machen, unter Beachtung des jeweiligen Selbstverständnisses gerechtfertigt ist.
(2) Kosten im Zusammenhang mit Schwangerschaft und Mutterschaft dürfen auf keinen Fall zu unterschiedlichen Prämien oder Leistungen führen. Eine unterschiedliche Behandlung wegen der Religion, einer Behinderung, des Alters oder der sexuellen Identität ist im Falle des § 19 Abs. 1 Nr. 2 nur zulässig, wenn diese auf anerkannten Prinzipien risikoadäquater Kalkulation beruht, insbesondere auf einer versicherungsmathematisch ermittelten Risikobewertung unter Heranziehung statistischer Erhebungen.

Abs. 1 beschränkt das Benachteiligungsverbot des § 19 auf ein **Willkürverbot**. Eine Ungleichbehandlung ist dementsprechend nur dann nicht berechtigt, wenn es an einem sachlichen Grund fehlt. Zur Rechtfertigung genügt dabei nach der Rechtsprechung des EuGH nicht jeder abstrakt anerkennenswerte **sachliche Grund**, sondern dieser **muss in angemessenem Verhältnis zum Grad der Ungleichbehandlung stehen**.[1] 1

Abs. 1 Satz 1 nennt Beispiele für das Vorliegen eines sachlichen Grundes, der eine Ungleichbehandlung rechtfertigt. Nach **Nr. 1** ist eine unterschiedliche Behandlung gerechtfertigt, die der **Vermeidung von Gefahren und** der Verhütung von **Schäden** oder anderen Zwecken vergleichbarer Art dient. Hierunter zu fassen sind beispielsweise das Verbot von Verkauf alkoholischer Getränke oder Tabakwaren an Kinder und Jugendliche, Zugangsvorschriften zu Filmen oder zu Gasthäusern. 2

Geschützt sind außerdem in **Nr. 2** die **Intimsphäre** und die **persönliche Sicherheit** und in **Nr. 3** die **Möglichkeit**, besondere **Vorteile zu gewähren**, wenn kein Interesse an der Durchsetzung der Gleichbehandlung besteht. 3

---

[1] EuGH 22.11.05 – C-144/04 – [Mangold/Helm], NZA 05, 1345.

Dies verdeutlicht, dass die sachlichen Gründe, die die unterschiedliche Behandlung rechtfertigen, sowohl in der Person desjenigen liegen können, der die Unterscheidung trifft, als auch in der Sphäre desjenigen, der von der Benachteiligung betroffen wird. Insgesamt ist die Abwägung und Berücksichtigung aller Besonderheiten des Einzelfalles erforderlich.

4 Nr. 4 nennt als sachlichen Grund für eine Ungleichbehandlung wegen der Religion den **Schutz der Ausübung der Religionsfreiheit** und das **Selbstbestimmungsrecht der Religionsgemeinschaften**. Insbesondere geht es nach der Gesetzesbegründung um den an eine bestimmte Religion gebundenen Zugang zu Einrichtungen, die kirchlich sind. Ob dies bei konfessionell getragenen Schulen oder Kindergärten, die durch Beiträge oder durch den Staat finanziert werden, gerechtfertigt ist, ist zumindest fraglich. Die Abgrenzung kann in der Weise erfolgen, dass nur dann eine unterschiedliche Behandlung im Hinblick auf die Religionszugehörigkeit gerechtfertigt ist, wenn in der Gewährung von Zugang zu einer Einrichtung oder im Abschluss eines Vertrages mit einer Person selbst eine religiös oder weltanschaulich motivierte Handlung zu sehen ist. Tangiert jedoch der Vertrag selbst nicht das weltanschaulich oder religiös motivierte Handeln, sondern ist lediglich ein Teil der (auch wirtschaftlichen) Betätigung der Religionsgemeinschaft oder der Person, die sich auf ihre Religionsfreiheit beruft, oder lediglich mit einem geringen Bezug zum religiösen Bekenntnis, rechtfertigt der Hinweis auf die Religion nicht die Ungleichbehandlung. Insofern ist das in der Begründung zum Gesetzesentwurf[2] aufgeführte Beispiel hilfreich: Ein islamischer Metzger kann sich auf seinen Glauben berufen, wenn es um die Art der Schlachtung geht, nicht aber seine Kunden nach deren Religion aussuchen. Ein Glaubenskonflikt als Konsequenz aus dem Zwang der eigenen Glaubensüberzeugung zuwider zu handeln muss konkret substantiiert und objektiv nachvollziehbar dargelegt werden.

5 Folgerichtig zum Wegfall des Schutzes der »**Weltanschauung**« in § 19 Abs. 1 bedarf es im zivilrechtlichen Teil keiner Regelung mehr zur Möglichkeit einer unterschiedlichen Behandlung wegen der Weltanschauung, weil diese generell nicht mehr vom Schutzbereich des Gesetzes erfasst wird, auch wenn sie in Abs. 1 Satz 1 noch enthalten ist.

6 **Abs. 2** bezieht sich im Wesentlichen auf **private Versicherungsverträge** und stellt klar, dass Mehrkosten, die durch Schwangerschaft und Geburt entstehen, niemals zu unterschiedlichen Prämien oder Leistungen führen dürfen. Damit ist geklärt, dass die vor allem bei der Krankenversicherung übliche Praxis, diese Kosten allein Frauen aufzubürden, unzulässig ist. Dies führt auch dazu, dass das Verschweigen früherer Schwangerschaftskomplikationen beim Abschluss eines Krankenversicherungsvertrages den Versicherer

---

2 BT-Drs. 16/1780 S. 45.

nicht zum Rücktritt vom oder zur Kündigung des Vertrages berechtigen. Vielmehr stellt der Rücktritt oder die Kündigung in diesen Fällen einen Verstoß gegen das Benachteiligungsverbot des 1 19 dar und kann zu Entschädigungsansprüchen der Diskriminierten führen.[3]

Eine **Differenzierung nach dem Geschlecht** aufgrund einer höheren Lebenserwartung von Frauen ist in **Versicherungsverträgen, die ab dem 21.12.2012** abgeschlossen wurden, **nicht mehr zulässig** und darf nicht zu allgemein höheren Prämien in der privaten Kranken- und Rentenversicherung oder zu niedrigeren Prämien in der Risikolebensversicherung führen. Die eine solche Unterscheidung ermöglichende Klausel in Art. 5 Abs. 2 der RL 2004/113/EG ist vom EuGH mit Wirkung vom 21.12.2012 für ungültig erklärt worden[4] und hat zur Streichung des früheren Abs. 2 Satz 1 geführt. Aus den gleichen Gründen darf die geringere Unfallwahrscheinlichkeit bei Frauen ab diesem Zeitpunkt nicht mehr pauschal zu günstigeren Tarifen in der Auto-Haftpflichtversicherung führen.[5] Für Versicherungsverhältnisse, die vor dem 21. Dezember 2012 begründet wurden, gilt nach § 33 Abs. 5 genauso, wie für eine unterschiedliche Behandlung aus Gründen des Alters, der sexuellen Identität, der Religion oder einer Behinderung, dass diese nur dann gerechtfertigt sein kann, wenn der Grund, auf dem die Benachteiligung beruht, ein bestimmender Faktor bei einer auf relevanten und genauen versicherungsmathematischen und statistischen Daten beruhenden Risikobewertung ist, wie z. B. bei einer höheren Kfz-Unfallwahrscheinlichkeit junger Erwachsener. 7

§ 21 Ansprüche

(1) **Der Benachteiligte kann bei einem Verstoß gegen das Benachteiligungsverbot unbeschadet weiterer Ansprüche die Beseitigung der Beeinträchtigung verlangen. Sind weitere Beeinträchtigungen zu besorgen, so kann er auf Unterlassung klagen.**

(2) **Bei einer Verletzung des Benachteiligungsverbotes ist der Benachteiligende verpflichtet, den hierdurch entstandenen Schaden zu ersetzen. Dies gilt nicht, wenn der Benachteiligende die Pflichtverletzung nicht zu vertreten hat. Wegen eines Schadens, der nicht Vermögensschaden ist, kann der Benachteiligte eine angemessene Entschädigung in Geld verlangen.**

(3) **Ansprüche aus unerlaubter Handlung bleiben unberührt.**

---

3 Schulze-Ebert, BGB, § 20 AGG, Rn 6, m. w. N.
4 EuGH 1.3.11 – C-236/09 – [Association belge des Consommateurs Test-Achats ASBL u. a./Conseil des ministres], NJW 11, 907.
5 Schulze-Ebert, BGB, § 20 AGG Rn 6.

(4) Auf eine Vereinbarung, die von dem Benachteiligungsverbot abweicht, kann sich der Benachteiligende nicht berufen.
(5) Ein Anspruch nach Absatz 1 und 2 muss innerhalb einer Frist von zwei Monaten geltend gemacht werden. Nach Ablauf der Frist kann der Anspruch nur geltend gemacht werden, wenn der Benachteiligte ohne Verschulden an der Einhaltung der Frist verhindert war.

1   In § 21 werden die Rechtsfolgen bei Verstößen gegen das Benachteiligungsverbot geregelt. Neben den Primäransprüchen auf Beseitigung und Unterlassung der Benachteiligung bestehen Ansprüche auf Schadensersatz und Entschädigung neben den allgemeinen Ansprüchen aus unerlaubter Handlung, die allerdings innerhalb der kurzen Ausschlussfrist von 2 Monaten geltend gemacht werden müssen. Vereinbarungen, die gegen das Benachteiligungsverbot verstoßen, sind unwirksam.

2   **Abs. 1** legt fest, dass die **Beseitigung der Beeinträchtigung** verlangt werden kann und für die Zukunft deren Unterlassung. Die Regelung lehnt sich an § 1004 BGB an und erfordert einen rechtswidrigen Verstoß gegen das Benachteiligungsverbot oder für den Anspruch auf Unterlassung die Gefahr einer konkret bevorstehenden Benachteiligung. Wird beispielsweise einem Behinderten rechtswidrig der Zugang zu einem Restaurant verwehrt, hat er Anspruch auf Beseitigung der Beeinträchtigung, also der Benachteiligung, was in diesem Fall auch damit verbunden ist, dass er Anspruch auf Abschluss eines Vertrages hat, also er nicht nur Zugang zum Lokal, sondern auch ein Essen erhält.

3   Darüber hinaus ist der Benachteiligende gemäß **Abs. 2** zum **Schadensersatz** verpflichtet. Die Schadensersatzpflicht setzt **Verschulden** voraus. Unabhängig vom Verschulden besteht zusätzlich ein Anspruch auf Ersatz des immateriellen Schadens, der regelmäßig in der Verletzung des Persönlichkeitsrechts besteht. Anders als beim arbeitsrechtlichen Verbot der Benachteiligung ist für keine Fallgestaltung eine Begrenzung in der Höhe vorgesehen.

4   **Abs. 4** sieht vor, dass sich der Benachteiligende nicht auf eine **Vereinbarung** berufen kann, **die gegen das Benachteiligungsverbot verstößt**. Die Vereinbarung ist vielmehr gem. § 19 Abs. 1 und 2 i. V. m. § 134 BGB unwirksam, auch wenn diese Rechtsfolge anders als in § 7 Abs. 2 nicht noch einmal ausdrücklich im Gesetz genannt ist. Die hierdurch entstehende Vertragslücke ist grundsätzlich zugunsten des Benachteiligten dahingehend zu schließen, dass für die Zukunft die gleichen Konditionen gelten, wie für andere Personen. Für die Vergangenheit entsteht ein Schadensersatzanspruch. (s. hierzu im Einzelnen Rn. 46 zu § 7).

5   **Abs. 5** regelt die Ausschlussfrist für die Geltendmachung der Ansprüche gem. Abs. 1 und 2. Diese beträgt zwei Monate. Eine Schriftform für die Geltendmachung ist nicht vorgesehen. Der Beginn der Frist ist im Gesetz nicht

näher definiert, kann aber erst mit Kenntnis der Benachteiligung beginnen. Die entsprechende Vorschrift zum Verjährungsbeginn gem. § 199 Abs. 1 Nr. 2 BGB kann zur Auslegung herangezogen werden. Im Fall einer schuldlosen Verhinderung an der Einhaltung der Frist, kann ein Anspruch auch nach deren Ablauf geltend gemacht werden.

Abschnitt 4
Rechtsschutz

§ 22 Beweislast

Wenn im Streitfall die eine Partei Indizien beweist, die eine Benachteiligung wegen eines in § 1 genannten Grundes vermuten lassen, trägt die andere Partei die Beweislast dafür, dass kein Verstoß gegen die Bestimmungen zum Schutz vor Benachteiligungen vorgelegen hat.

Inhaltsübersicht	Rn.
I. Europarechtliche Vorgaben	1
II. Notwendigkeit einer Beweiserleichterung	2, 3
III. Fortgeltung der früheren Rechtsprechung	4, 5
IV. Vermutung für eine diskriminierende Benachteiligung	6, 7
V. Beweiserleichterung im gerichtlichen Verfahren	8, 9
VI. Beispiele für Vermutungstatsachen	10–15
VII. Beweislast des Anspruchsgegners	16–20
VIII. Auskunftsanspruch	21, 22

I. Europarechtliche Vorgaben

Die Vorschrift geht auf Art. 8 der Richtlinie 2000/43/EG (Antirassismusrichtlinie), Art. 10 der Richtlinie 2000/78/EG (Rahmenrichtlinie Beschäftigung) und Art. 4 der Richtlinie 97/80/EG (Beweislastrichtlinie) zurück und berücksichtigt, wenn auch im Wortlaut abweichend vom dort verwendeten Begriff der »Glaubhaftmachung«, die EU-rechtlichen Vorgaben.[1] Die Richtlinien sehen vor, dass bei einer Geltendmachung der Verletzung des Gleichbehandlungsgrundsatzes bei einem Gericht oder einer anderen zuständigen Stelle die Glaubhaftmachung von Tatsachen, die das Vorliegen einer unmittelbaren oder mittelbaren Diskriminierung vermuten lassen, dazu führt, dass es dem Beklagten obliegt zu beweisen, dass keine Verletzung des Gleichbehandlungsgrundsatzes vorgelegen hat. Erwägungsgrund Nr. 17 der

1

---

[1] So auch Däubler/Bertzbach-Bertzbach, AGG, § 22 Rn. 3; Düwell, BB 06, 1741 (1744); a. A. Thüsing, Arbeitsrechtlicher Diskriminierungsschutz, Rn. 645, der aber zu einer richtlinienkonformen Auslegung kommt.

Richtlinie 97/80/EG (Beweislastrichtlinie) begründet dies damit, dass der klagenden Partei sonst unter Umständen kein wirksames Mittel der Rechtsdurchsetzung bliebe, wenn der »Beweis des Anscheins einer Diskriminierung« nicht zur Beweislast der Gegenseite führt. Nach EU-Recht müssen also die anspruchsbegründenden Tatsachen nicht zur überzeugenden Wahrscheinlichkeit bewiesen werden, sondern nur **zur überwiegenden Wahrscheinlichkeit**.[2]

II. Notwendigkeit einer Beweiserleichterung

2 Das Vorliegen einer **Benachteiligung** ist **Voraussetzung** für die Geltendmachung von Verstößen gegen das Benachteiligungsverbot gem. §§ 7 und 19 und die daraus resultierenden **Ansprüche**, insbesondere auf Beseitigung der Benachteiligung und Unterlassung sowie auf Schadensersatz und Entschädigung gem. §§ 15, 21 und die allgemeinen zivilrechtlichen Ansprüche. Die **Beweislast** für eine Benachteiligung trägt in einem Rechtsstreit grundsätzlich der oder die klagende Betroffene, weil es sich um eine **anspruchsbegründende Tatsache** handelt. Der oder die von einer Benachteiligung **Betroffene** hat damit die prozessual schwierigere Ausgangsposition, zumal es regelmäßig um den Nachweis von Tatsachen geht, die in der Sphäre des Anspruchsgegners liegen und den Benachteiligten z. T. gar nicht oder jedenfalls nicht im Einzelnen bekannt sein können.

3 Das **europäische Recht verlangt** deshalb eine **Beweiserleichterung** für die klagende Partei (s. Rn. 1). **Ausreichend** ist auf Seiten der Betroffenen der Nachweis von Tatsachen, die eine Benachteiligung vermuten lassen. Ist dieser Nachweis geführt, trägt der **Prozessgegner** die Pflicht zum Gegenbeweis und damit die **Beweislast, dass sein Verhalten in Wirklichkeit nicht diskriminierend ist**.[3] Liegen also Tatsachen vor, die eine Benachteiligung aus einem der in § 1 genannten Merkmale wahrscheinlich erscheinen lassen, hat der Anspruchsgegner den vollen (Gegen-)beweis zu erbringen, dass kein Verstoß gegen die Bestimmungen zum Schutz vor Benachteiligungen vorgelegen hat.

III. Fortgeltung der früheren Rechtsprechung

4 Inhaltlich **entspricht die jetzige Regelung den früheren § 611 a Abs. 1 Satz 3 BGB und § 81 Abs. 2 Nr. 1 Satz 3 SGB IX**, obwohl die Formulierung geändert wurde, so dass die frühere Rechtsprechung weiterhin herangezogen werden kann.[4] Die Rechtsprechung hat die bislang geltenden Normen so

---

2 EuGH 27. 10. 93 – C-127/92 – [Enderby], NZA 94, 797.
3 Erwägungsgrund 17 und Art. 4 Abs. 1 der Richtlinie 97/80/EG (Beweislastrichtlinie) und noch vor deren Erlass: EuGH 27. 10. 93 – C-127/92 – [Enderby], NZA 94, 797.
4 So auch Grobys, NZA 06, 898.

Beweislast § 22

verstanden, dass die erforderliche **Glaubhaftmachung** von Tatsachen, die eine Benachteiligung vermuten lassen, keine Glaubhaftmachung i. S. von § 294 ZPO bedeutete, sondern lediglich eine Beweiserleichterung in dem Sinne, dass der klagende Arbeitnehmer oder die klagende Arbeitnehmerin eine Beweislast des Arbeitgebers dadurch herbeiführen konnte, dass er oder sie Hilfstatsachen darlegt und ordnungsgemäß unter Beweis stellt, die eine Benachteiligung vermuten lassen. Bei § 611 a Abs. 1 Satz 3 BGB genügte dann die **Überzeugung des Gerichts von der überwiegenden Wahrscheinlichkeit** für die Kausalität zwischen Geschlechtszugehörigkeit und Nachteil. Solche Vermutungstatsachen konnten in Äußerungen des Arbeitgebers bzw. anderen Verfahrenshandlungen begründet sein, die die Annahme einer Benachteiligung wegen des Geschlechts nahe legen.[5]

Durch den nunmehr **geänderten Wortlaut** wollte der Gesetzgeber lediglich sprachlich klarstellen, dass es für den Arbeitnehmer nicht ausreicht, durch die bloße Glaubhaftmachung einer Benachteiligung i. S. d. § 294 ZPO die Beweislast für das Gegenteil auf den Arbeitgeber abzuwälzen[6] und damit der bisherigen Rechtsprechung Rechnung tragen. Auch das Europarecht fordert nicht, dass »Glaubhaftmachung« von Tatsachen i. S. von § 294 ZPO zu verstehen ist (in der englischen Fassung der Beweislastrichtlinie heißt es »established facts«). Der **Beweis von Indizien**, also Hilfstatsachen, ist nichts anderes als die in den EG-Richtlinien und deren Umsetzung in § 611 a Abs. 1 Satz 3 BGB und § 81 Abs. 2 Nr. 1 Satz 3 SGB IX normierte **Glaubhaftmachung**, die gleichermaßen dazu dienen, das Gericht von der **überwiegenden Wahrscheinlichkeit** einer diskriminierenden Benachteiligung zu überzeugen. Bei den Indizien/Hilfstatsachen geht es nicht um den Beweis der diskriminierenden Benachteiligung selbst. 5

> **Beispiel:**
> Aus der feststehenden Tatsache einer diskriminierenden Stellenausschreibung (§ 11) ergibt sich ein Indiz für eine Benachteiligung wegen eines Merkmals des § 1, das im Streitfall von der oder dem Betroffenen durch Vorlage des Ausschreibungstextes bewiesen werden muss. Die diskriminierende Stellenausschreibung ist aber nicht geeignet zu beweisen, dass tatsächlich eine Benachteiligung aus diesem Grund vorliegt. Umgekehrt fehlt es an der überwiegenden Wahrscheinlichkeit einer Diskriminierung, wenn ein schwerbehinderter Bewerber lediglich geltend macht, er habe auf seine den Anforderungen entsprechende Bewerbung eine Stelle nicht erhalten, wenn keine weiteren (unstreitigen oder aufgrund Beweis feststehenden) Tatsachen vorliegen, die auf einen Zusammenhang zwischen Ablehnung und Schwerbehinderung schließen lassen.

---

5 BVerfG 16. 11. 93 – 1 BvR 258/86 – NZA 94, 745; BAG 5. 2. 04 – 8 AZR 112/03 – NZA 04, 540.
6 Änderungsantrag der CDU/CSU und SPD Fraktionen vom 27. 6. 2006, Ausschussdrucksache 16[11]337 S. 3.

IV. Vermutung für eine diskriminierende Benachteiligung

6 Nach § 22 genügt der von einer Benachteiligung Betroffene seiner Darlegungs- und Beweislast, wenn er **Tatsachen** (Indizien) vorträgt und im Bestreitensfall beweist, die eine Diskriminierung vermuten lassen (sog. »**Vermutungstatsachen**«). Gefordert ist, dass Beschäftigte, die sich benachteiligt fühlen, Indizien auf die sie sich berufen, zunächst substantiiert darlegen[7] und – im Bestreitensfall – in vollem Umfang beweisen. Behauptungen »ins Blaue hinein« stellen keinen ausreichenden Tatsachenvortrag dar und sind deshalb nicht geeignet, die Vermutung einer unzulässigen Benachteiligung zu begründen.[8] Erst dann muss der andere Teil den (vollen) Gegenbeweis führen. **Indizien** (vom lateinischen indicare = anzeigen) sind Hinweise, die für sich allein oder in einer Gesamtheit von Indizien den Rückschluss auf das Vorliegen einer Tatsache zulassen. Insofern ist ein Indiz mehr als eine Behauptung, aber regelmäßig weniger als ein Beweis für die Benachteiligung. So begründet beispielsweise die **öffentliche Äußerung** eines Arbeitgebers, er werde keine Beschäftigten einer bestimmten ethnischen Herkunft oder Rasse einstellen, eine Vermutung für das Vorliegen einer unmittelbar diskriminierenden Einstellungspolitik. Es obliegt dann dem Arbeitgeber zu beweisen, dass keine Verletzung des Gleichbehandlungsgrundsatzes vorgelegen hat. Dazu kann er nachweisen, dass die tatsächliche Einstellungspraxis des Unternehmens diesen Äußerungen nicht entspricht.[9]

An die Vermutungsvoraussetzungen des § 22 ist kein zu strenger Maßstab anzulegen. Es ist nicht erforderlich, dass die Tatsachen einen zwingenden Indizienschluss für eine Verknüpfung der Benachteiligung mit einem Benachteiligungsmerkmal zulassen. Vielmehr reicht es aus, wenn **nach allgemeiner Lebenserfahrung eine überwiegende Wahrscheinlichkeit für eine Diskriminierung besteht**.[10] Werden von Beschäftigten Tatsachen vorgetragen, welche jeweils für sich allein betrachtet nicht ausreichen, um die Vermutungswirkung herbeizuführen, ist vom Tatsachengericht eine **Gesamtbetrachtung** vorzunehmen, ob diese Tatsachen im Zusammenhang gesehen geeignet sind, die Vermutungswirkung zu begründen.[11]

> **Beispiele:**
> 1. Der dunkelhäutige A arbeitet als einer von 20 Boten in der Verwaltung eines großen Unternehmens. Er erfährt, dass die anderen Boten, die alle hellhäutig sind, erheblich mehr verdienen, als er. Im Klageverfahren um gleiches Entgelt muss er darlegen und beweisen, dass mit ihm eine geringere Vergütung ver-

---

7 BAG 19. 8. 10 – 8 AZR 530/09.
8 LAG Rheinland-Pfalz 17. 6. 09 – 8 Sa 639/08.
9 EuGH 10. 7. 08 – C- 54/07 – [Feryn], NZA 08, 929.
10 BAG 17. 12. 09 – 8 AZR 670/08 – NZA 10, 383.
11 BAG 24. 4. 08 – 8 AZR 257/07 – NZA 08, 1351.

einbart wurde als mit den Angehörigen einer anderen Ethnie, die gleiche oder gleichwertige Arbeit leisten. Um die Gleichwertigkeit zweier Tätigkeiten darzulegen, muss der Vortrag von Indizien genügen, die dem Betroffenen aus eigener Anschauung zugänglich sind, da der volle Nachweis typischerweise nicht erbracht werden kann. Stehen Tatsachen fest, die eine Ungleichbehandlung wegen der ethnischen Zugehörigkeit als wahrscheinlich erscheinen lassen, muss der Arbeitgeber daraufhin beweisen, dass eine Benachteiligung nicht vorliegt, dass sie nicht ethnisch bedingt ist oder dass eine Benachteiligung gerechtfertigt ist.[12]

2. Bewirbt sich eine schwangere Arbeitnehmerin um eine Stelle und besetzt der Arbeitgeber, dem die Schwangerschaft bekannt ist, diese Stelle mit einem männlichen Mitbewerber, so stellt dies für sich allein betrachtet keine Tatsache dar, die eine Benachteiligung der Arbeitnehmerin wegen ihres Geschlechts vermuten lässt. Die klagende Arbeitnehmerin muss weitere Tatsachen darlegen und gegebenenfalls beweisen, die eine Benachteiligung wegen ihres Geschlechts vermuten lassen. Solche Vermutungstatsachen können in Äußerungen des Arbeitgebers bzw. anderen Verfahrenshandlungen begründet sein, welche die Annahme einer Benachteiligung wegen des Geschlechts nahe legen. Es genügen Indizien, die aus einem regelhaft einem Geschlecht gegenüber geübten Verhalten auf eine solchermaßen motivierte Entscheidung schließen lassen.[13]

Aus den Beispielen wird klar, dass **allein das Vorliegen eines Diskriminierungsmerkmals in der Person** von Benachteiligten für die Annahme eines Kausalzusammenhangs gem. § 22 prinzipiell **nicht ausreicht**.[14]

Die Beweiserleichterung bezieht sich sowohl auf das **Bestehen einer Benachteiligung**, als auch darauf, dass die Benachteiligung auf einem **Merkmal des § 1** beruht (Benachteiligung i. S. des § 3 Abs. 1 bis 5). Dies ergibt sich zum einen aus dem Wortlaut des Gesetzes und zum anderen aus der Notwendigkeit einer europarechtskonformen Auslegung der Vorschrift, da nach EU-Recht die Beweiserleichterung den gesamten Diskriminierungstatbestand einschließlich dem Vorliegen einer Benachteiligung umfasst.[15] So

---

12 Allgemein zum Nachweis von Entgeltdiskriminierungen: Tondorf, AiB 03, 78 ff.
13 BAG 24. 4. 08 – 8 AZR 257/07 – NZA 08, 1351.
14 BAG 22. 10. 09 – 8 AZR 642/08 – NZA 10, 280: keine hinreichende Indiztatsache für die Vermutung der Benachteiligung eines Behinderten allein wegen des Ausspruchs einer personenbedingten Kündigung wegen häufiger, wiederkehrender Arbeitsunfähigkeit (zur Unterscheidung der Begriffe »Krankheit« und Behinderung s. § 1 Rn. 26); LAG Schleswig-Holstein 23. 12. 09 – 6 Sa 158/09 – AuR 10, 82: keine Belästigung allein durch die Aufforderung an einen Arbeitnehmer, der nicht deutscher »Muttersprachler« ist, einen Deutschkurs zu besuchen.
15 EuGH 27. 10. 93 – C-127/92 – [Enderby], NZA 94, 797, sowie EuGH 17. 10. 89 – C-109/88 – [Danfoss], NZA 90, 772, s. a. Däubler/Bertzbach-Bertzbach, AGG, § 22 Rn. 15 ff. und Zwanziger in Appel u. a., Handbuch, Rn. 230; APS-Linck, § 611 a Rn. 87; anders die h. M zu den früheren Vorschriften in § 611 a Abs. 1 Satz 3 BGB und § 81 Abs. 2 Nr. 1 Satz 3 SGB IX.

kann eine Beschäftigte eine unmittelbare Benachteiligung wegen des Geschlechts schon dann geltend machen, wenn das Entlohnungssystem des Arbeitgebers nicht durchschaubar ist und ein statistisch relevanter Unterschied in der durchschnittlichen Vergütung von vergleichbaren männlichen und weiblichen Beschäftigten besteht, ohne dass sie den vollen Beweis einer eigenen Benachteiligung erbringen muss.[16] Bezogen auf das Beispiel in Rn. 6 kann also A eine Vermutung für seine Benachteiligung ggf. auch durch die Tatsache begründen, dass ohne nachvollziehbare Kriterien für eine unterschiedliche Entlohnung hellhäutige Arbeitnehmer statistisch relevant mehr verdienen, als dunkelhäutige (zur statistischen Relevanz s. Rn. 13). Allerdings wird in den meisten Fällen eine überwiegende Wahrscheinlichkeit für eine Diskriminierung nur dann bestehen, wenn zumindest die Benachteiligung feststeht.

> **Beispiel:**
> A behauptet, er habe sich bei B schriftlich beworben und sei trotz hervorragender Qualifikation wegen seiner ethnischen Zugehörigkeit zur Volksgruppe der Roma nicht eingestellt worden. Ist nicht nachweisbar, ob die Bewerbung des A überhaupt bei B eingegangen ist, kommt eine überwiegende Wahrscheinlichkeit für eine Benachteiligung im Einstellungsverfahren schon deshalb regelmäßig nicht in Betracht.

V. Beweiserleichterung im gerichtlichen Verfahren

8 Die Beweiserleichterung greift im arbeitsgerichtlichen Urteilsverfahren. In Beschlussverfahren, in denen die Frage einer Benachteiligung wegen eines Merkmals des § 1 eine Rolle spielt (§§ 17 Abs. 2, 23 Abs. 3, 75 BetrVG), findet gem. § 83 ArbGG eine Beweiserhebung von Amts wegen statt. Allerdings kann auch in diesen Verfahren bei Nichtaufklärbarkeit des Sachverhalts die Beweiserleichterung des § 22 für die objektive Beweislast herangezogen werden.[17] Im Urteilsverfahren müssen solche Vermutungstatsachen für eine diskriminierende Benachteiligung **zunächst konkret dargelegt werden**. Dazu muss der Betroffene als Kläger die aus seiner Sicht erfolgten **Benachteiligungen nach Zeit, Situation und sonstigen Umständen möglichst genau vortragen**.[18] Die Regelung des § 22 enthält keine vollständige Beweislastumkehr i. S. v. § 292 ZPO. Indizien, auf die sich der Anspruchsteller beruft, müssen substantiiert dargelegt und im vollen Umfang bewiesen werden. Behauptungen »ins Blaue hinein« stellen keinen ausreichenden Tatsachenvortrag dar und sind deshalb nicht geeignet, die Vermutung einer unzulässigen Be-

---

16 EuGH 27.10.93 – C-127/92 – [Enderby], NZA 94, 797.
17 Schiek-Kocher, § 22 Rn. 9.
18 LAG Berlin 7.11.02 – 16 Sa 938/02 – AiB 04, 108 zum erforderlichen Vortrag bei Mobbing.

nachteiligung zu begründen.[19] Eine Benachteiligung setzt außerdem notwendigerweise voraus, dass eine andere Person oder Gruppe eine bessere Behandlung erfahren hat. Ist eine Ungleichbehandlung überwiegend wahrscheinlich, muss sich aus dem Sachverhalt außerdem der Schluss ziehen lassen, dass die Ungleichbehandlung mit überwiegender Wahrscheinlichkeit auf einem in § 1 genannten Merkmal oder einer damit zusammenhängenden gesetzwidrigen Motivation beruht.[20] Es reicht also weder die Behauptung aus, schlechter behandelt worden zu sein, noch genügt es, die schlechtere Behandlung nachzuweisen, wenn es keine Anhaltspunkte dafür gibt, dass die schlechtere Behandlung wegen eines Merkmals nach § 1 erfolgt ist.

Beispiel:
Ein behinderter Arbeitnehmer wird nachweislich wiederholt nicht zu Fortbildungen zugelassen und fühlt sich diskriminiert. Sind vergleichbare, nicht behinderte Kollegen ebenfalls in ähnlicher Häufigkeit nicht zu Fortbildungsveranstaltungen zugelassen worden, liegen keine Anhaltspunkte dafür vor, dass die schlechtere Behandlung auf der Behinderung beruht.

Der Beklagte hat im nächsten Schritt zum Vortrag des Klägers gemäß § 138 ZPO konkret Stellung zu nehmen. Soweit einzelne Tatsachen nicht oder nicht ausreichend bestritten werden, gelten diese als zugestanden. Auf Beweisfragen kommt es dann nicht mehr an.

Ein **Beweis** muss also nur dann **durch die oder den** klagenden **Betroffenen** geführt werden, wenn Vermutungstatsachen vorgetragen und streitig sind. Der Beweis bezieht sich auf die Tatsachen, die nach allgemeiner Lebenserfahrung eine überwiegende Wahrscheinlichkeit für die Benachteiligung aufgrund eines Merkmals gem. § 1 ergeben. In diesem Fall hat die klagende Partei sie mit den in der Zivilprozessordnung vorgesehenen Beweismitteln nachzuweisen. Stehen ihr dabei keine anderen Beweismittel, insbesondere Zeugen oder schriftliche Unterlagen, zur Verfügung, hat das Gericht alle zulässigen Möglichkeiten der Anhörung (§ 141 ZPO) und Vernehmung (§ 448 ZPO) der Klagepartei auszunutzen.[21]

9

---

19 LAG Rheinland-Pfalz 17.6.09 – 8 Sa 639/08; LAG Saarland 3.12.08 – 1 Sa 71/08 – ZBVR online 2009, Nr. 12, 26, Revision anhängig unter 8 AZR 679/09.
20 LAG Niedersachsen 12.3.10 – 10 Sa 583/09 – ArbR 10, 301; Revision anhängig unter 8 AZN 576/10.
21 BAG 6.12.01 – 2 AZR 396/00 – NZA 02, 731; BVerfG 21.2.01 – 2 BvR 140/00 – NJW 01, 2531.

VI. Beispiele für Vermutungstatsachen

10 Eine **Vermutung** für eine Benachteiligung kann sich aus **Äußerungen** des Arbeitgebers bzw. des zivilrechtlichen Vertragspartners ergeben oder durch andere **Verfahrenshandlungen** begründet sein, die die Annahme einer Benachteiligung nahe legen. Wird z. B. die Bewerbung eines Menschen mit Sprechstörung wegen fehlender »Kommunikationsstärke« und »großer Kommunikationsprobleme« abgelehnt, so kann die Vermutung gerechtfertigt sein, es liege eine Benachteiligung wegen seiner Behinderung vor.[22] Eine Stellenausschreibung, die sich gezielt an Berufsanfänger richtet, kann ein Indiz für eine Benachteiligung eines älteren Bewerbers wegen seines Alters sein,[23] so z. b. bei einer Beschränkung des Bewerberkreises in einer innerbetrieblichen Stellenausschreibung auf Beschäftigte im ersten Berufs-/Tätigkeitsjahr[24] oder der Hinweis auf ein »junges Team«.[25] Demgegenüber knüpft die Bezeichnung »Junior Personalreferent Recruiting« weder unmittelbar noch mittelbar an das Alter an, sondern bezieht sich vielmehr auf die Stellung in der betrieblichen Hierarchie.[26] Im Zusammenhang mit einer Absage kann ein Unterstreichen des Arbeitgebers bei der von der Beschäftigten stammenden Angabe »ein Kind« auf dem zurückgesandten Lebenslauf zusammen mit dem Vermerk »7 Jahre alt!« beim Familienstand ein Indiz für eine Benachteiligung aufgrund des Geschlechts sein.[27] Dabei reicht es aus, wenn in dem **Motivbündel**, das der Entscheidung des Arbeitgebers zugrunde liegt, die verbotene Anknüpfung an ein Merkmal des § 1 als eines von mehreren Kriterien enthalten ist.[28] Falsche, wechselnde oder in sich widersprüchliche Begründungen für eine benachteiligende Maßnahme können für die Vermutung einer Diskriminierung ausreichend sein.[29] Bei der

---

22 LAG Köln 26. 1. 12 – 9 Ta 272/11.
23 BAG 24. 1. 13 – 8 AZR 429/11: Stellenanzeige für ein Traineeprogramm »Hochschulabsolventen/Young Professionals«.
24 BAG 18. 8. 09 – 1 ABR 47/08 – NZA 10, 222: mittelbare Benachteiligung wegen des Alters.
25 LAG Hamburg 23. 6. 10 – 5 Sa 14/10 und LAG Schleswig-Holstein 29. 10. 13 – 1 Sa 142/13: Die Bezeichnung »junges und motiviertes Team« lässt darauf schließen, dass sich der Begriff »jung« auf die Mitglieder des Teams bezieht und nicht darauf, dass das Team erst vor kurzem zusammengestellt wurde; a. A. LAG Nürnberg 16. 5. 12 – 2 Sa 574/11 und LAG München 13. 11. 12 – 7 Sa 105/12 für den Fall, dass es sich um eine reine Selbstdarstellung des Arbeitgebers losgelöst von den folgenden Beschreibungen der Stellenanzeige handelt.
26 LAG Berlin-Brandenburg 21. 7. 11 – 5 Sa 847/11.
27 BAG 18. 9. 14 – 8 AZR 753/13.
28 LAG Niedersachsen 12. 3. 10 – 10 Sa 583/09 – ArbR 10, 301; BVerfG 16. 11. 93 – 1 BvR 258/86 – NZA 94, 745; BAG 12. 9. 06 – 9 AZR 807/05 – NZA 07, 507 (512); BAG 5. 2. 04 – 8 AZR 112/03 – NZA 04, 540.
29 BAG 21. 6. 12 – 8 AZR 364/11.

Einstellung ergibt sich eine solche Vermutung, wenn auf Seiten des Arbeitgebers ein Verstoß gegen gesetzliche Vorschriften zum Schutz von Beschäftigten, die ein Merkmal des § 1 tragen, vorliegt.

Schutzvorschriften bestehen insbesondere für **Schwerbehinderte**. Nach § 81 Abs. 1 Satz 2 SGB IX ist jeder Arbeitgeber verpflichtet, vor der Besetzung einer freien Stelle frühzeitig mit der Agentur für Arbeit Verbindung aufzunehmen. Nach § 82 Satz 1 SGB IX hat jede Dienststelle der öffentlichen Arbeitgeber den Agenturen für Arbeit frühzeitig frei werdende und neue Arbeitsplätze zu melden. Dadurch soll gewährleistet werden, dass der Arbeitgeber von der Bundesagentur für Arbeit Kenntnis über geeignete schwerbehinderte Bewerber und ihnen gleichgestellten Menschen für die freie Stelle erhält, damit diese in eine Arbeitsstelle vermittelt werden können. Die Tatsache der **Nichteinschaltung der Agentur für Arbeit** ist geeignet, die Vermutung einer Benachteiligung wegen der Schwerbehinderung zu begründen.[30] Unterrichtet der Arbeitgeber die **Schwerbehindertenvertretung** entgegen § 81 Abs. 1 Satz 4 SGB IX nicht über die eingegangene Bewerbung von Schwerbehinderten, so ist eine Benachteiligung wegen der Schwerbehinderteneigenschaft zu vermuten.[31] Nach § 82 Satz 2 SGB IX hat der öffentliche Arbeitgeber schwerbehinderte Bewerber und Bewerberinnen zu einem **Vorstellungsgespräch** zu laden, wenn diesen die fachliche Eignung nicht offensichtlich fehlt. Ein Verstoß hiergegen begründet die Vermutung einer Benachteiligung.[32] Nach § 81 Abs. 1 Satz 9 SGB IX ist jeder Arbeitgeber Schwerbehinderten gegenüber verpflichtet, die **Gründe für die Ablehnung einer Bewerbung unverzüglich mitzuteilen**. Auch hier kann ein Verstoß zu der Vermutung einer Benachteiligung führen, wenn der Arbeitgeber der Pflicht zur Beschäftigung von schwerbehinderten Menschen nach § 71 SGB IX nicht hinreichend nachkommt.[33] Hinzu kommt, dass es dem Arbeitgeber im Rahmen einer gerichtlichen Prüfung grundsätzlich verwehrt ist, sich auf sachliche Gründe für die Ablehnung zu berufen, die er dem betroffenen Bewerber bei seiner Unterrichtung nach § 81 Abs. 1 Satz 9 SGB IX nicht mitgeteilt hat.[34]

10a

Die Indizwirkung für das Vorliegen einer Benachteiligung wegen einer Behinderung wird nur ausgelöst, wenn dem Arbeitgeber die **Behinderung bekannt ist** oder – etwa bei sichtbaren Behinderungen – z.B. aufgrund eines Vorstellungsgespräches bekannt sein muss. In allen anderen Fällen können

10b

---

30 BAG 13.10.11 – 8 AZR 608/10; BAG 12.9.06 – 9 AZR 807/05 – NZA 07, 507.
31 BAG 15.2.05 – 9 AZR 635/03 – NZA 05, 870; BAG 22.8.13 – 8 AZR 574/12: dies gilt auch dann, wenn sich sowohl der Schwerbehindertenvertreter als auch sein Stellvertreter auf Beförderungsstellen beworben haben.
32 BAG 22.8.13 – 8 AZR 563/12; BAG 12.9.06 – 9 AZR 807/05 – NZA 07, 507.
33 BAG 21.2.13 – 8 AZR 180/12.
34 LAG Hessen 7.11.05 – 7 Sa 473/05 – ArbuR 06, 213.

Verstöße gegen gesetzliche Vorschriften eine Indizwirkung nur auslösen, wenn Beschäftigte den Arbeitgeber entsprechend **informieren**. Das hat regelmäßig im Bewerbungsschreiben selbst unter Angabe des GdB (Grad der Behinderung), gegebenenfalls einer Gleichstellung zu geschehen, da der Arbeitgeber jedenfalls gehalten ist, bei jeder Bewerbung das eigentliche Bewerbungsschreiben zur Kenntnis zu nehmen. Wird die Information im Lebenslauf gegeben, so hat dies an hervorgehobener Stelle und deutlich, etwa durch eine besondere Überschrift hervorgehoben, zu geschehen. »Eingestreute« oder unauffällige Informationen, indirekte Hinweise in beigefügten amtlichen Dokumenten, oder eine in den weiteren Bewerbungsunterlagen befindliche Kopie des Schwerbehindertenausweises etc. sind keine ordnungsgemäße Information.[35] Die Mitteilung hat bei jeder einzelnen Bewerbung erneut zu erfolgen.[36] Ebenso wenig reicht die Vorlage eines abgelaufenen Schwerbehindertenausweises.[37] Die trotz ordnungsgemäßer Information unterlassene Kenntniserlangung der in seinem Einflussbereich eingesetzten Personen wird dem Arbeitgeber als objektive Pflichtverletzung zugerechnet ohne dass es auf ein Verschulden der handelnden Personen ankommt.[38] Anfängliche **Verstöße** gegen die Verpflichtungen aus § 82 SGB IX **sind auch dann nicht heilbar**, wenn das Bewerbungsverfahren noch nicht abgeschlossen ist und die Bewerbung Schwerbehinderter nach anfänglicher Absage noch rechtzeitig ordnungsgemäß in das Verfahren eingeschlossen wird. Ein Verfahrensfehler kann nicht »rückgängig« und quasi »ungeschehen« gemacht werden. Durch eine nachträgliche Einladung wird die ursprüngliche Nichteinladung – und schriftliche Absage – nicht zu einem rechtlich unbeachtlichen »nullum«. Weder eine später vorgenommene Einstellung noch eine tatsächliche Beschäftigung vermag eine einmal erfolgte ungünstigere Behandlung »aufzuheben« und damit einen Entschädigungsanspruch zu beseitigen.[39] Veröffentlicht ein Arbeitgeber über einen längeren Zeitraum eine größere Anzahl von Stellenanzeigen und unterlässt er dabei in Einzelfällen den gesetzlich nicht vorgeschriebenen Hinweis auf erwünschte Bewerbungen schwerbehinderter Menschen, so stellt dies kein im Rahmen des § 22 erhebliches Indiz für ein diskriminierendes Verhalten dar.[40]

10c Ob ein Verstoß gegen die Verpflichtung gem. § 7 Abs. 1 TzBfG, einen Arbeitsplatz als **Teilzeitarbeitsplatz** auszuschreiben, eine Vermutung für eine mittelbare Benachteiligung von Frauen begründet, wird durch die Rechtsprechung zu klären sein. Jedenfalls im öffentlichen Dienst, für den nach § 6

---

35 BAG 26. 9. 13 – 8 AZR 650/12.
36 BAG 18. 9. 14 – 8 AZR 759/13.
37 LAG Köln 2. 11. 12 – 4 Sa 248/12.
38 BAG 16. 9. 08 – 9 AZR 791/07 – NZA 09, 79.
39 BAG 22. 8. 13 – 8 AZR 563/12; BAG 18. 3. 10 – 8 AZR 1044/08.
40 LAG Köln 21. 1. 09 – 3 Sa 1369/08 – PersV 10, 113.

Beweislast § 22

Abs. 1 Satz 2 BGleiG und den entsprechenden Regelungen in den Gleichstellungsgesetzen der Länder die Verpflichtung zu einer Prüfung von Teilzeitbeschäftigung und einer entsprechenden Ausschreibung besteht, kann bei Verstoß hiergegen eine Benachteiligung vermutet werden.

Wird im Verfahren zur Besetzung eines Arbeitsplatzes das **Gebot der diskriminierungsfreien Ausschreibung** gem. § 11 verletzt, begründet dies die Vermutung für eine Benachteiligung. Eine Benachteiligung wegen des Alters wird vermutet, bei der Suche nach »jüngeren« oder »jungen« Bewerbern[41] und der Beschränkung des Bewerberkreises auf Beschäftigte im ersten Berufs-/Tätigkeitsjahr,[42] sowie der Selbstdarstellung des Arbeitsbereichs als »junges Team«.[43] Eine Stellenausschreibung ist hingegen kein hinreichendes Indiz für eine Benachteiligung wegen des Geschlechts, wenn sie zwar in der Positionsbezeichnung in der Überschrift eine männliche Bezeichnung enthält (»Assistent Planung«), aber im weiteren Text nicht zu übersehen und durch Fettdruck hervorgehoben »Hinweise für Bewerber/innen« steht.[44] Eine diskriminierende Ausschreibung durch einen Dritten, wie z. B. die Agentur für Arbeit, ist dem Arbeitgeber zuzurechnen.[45] Die Vermutung kann widerlegt werden z. B. durch Einstellung eines Bewerbers, der nicht dem ausdrücklich benannten Geschlecht angehört.[46]

11

> **Beispiel:**
> Der schwerbehinderte A bewirbt sich bei B auf eine Stelle und hört ein paar Wochen später, dass die Stelle besetzt wurde: A fühlt sich diskriminiert. Im Verfahren muss er zunächst darlegen und gegebenenfalls beweisen, dass seine Bewerbung bei B eingegangen ist. Außerdem muss er Tatsachen vortragen, die die Vermutung einer Benachteiligung wegen seiner Behinderung stützen, wie diskriminierende Äußerungen z. B. im Gespräch, Telefonat etc. oder die Formulierung der Ausschreibung oder eine statistisch relevante, fehlende bzw. weit unterdurchschnittliche Beschäftigung Schwerbehinderter im Betrieb. Nur, wenn ihm dies gelingt, muss B darlegen und beweisen, dass die Nichteinstellung des A nicht auf seine Behinderung zurückgeht

Eine Vermutung für eine Benachteiligung ergibt sich außerdem aus einer **unzulässigen Frage nach einem Merkmal des § 1** (s. hierzu § 2 Rn. 10 ff.). Dies gilt jedoch nicht für eine gegebenenfalls unzulässige Frage nach der Schwerbehinderteneigenschaft, solange ein Arbeitgeber im Hinblick auf die

12

---

41 BAG 19.8.10 – 8 AZR 530/09; LAG Schleswig-Holstein 9.12.08 – 5 Sa 286/08 – AuA 09, 619.
42 BAG 18.8.09 – 1 ABR 47/08 – NZA 10, 222.
43 LAG Hamburg 23.6.10 – 5 Sa 14/10.
44 LAG Hessen 3.2.09 – 12 Sa 28/08.
45 BVerfG 21.9.06 – 1 BvR 308/03 – NZA 07, 195.
46 LAG Berlin 16.5.01 – 3 Sa 393/01 – PflR 01, 439; ArbG Frankfurt 19.3.03 – 7 Ca 8038/01 – ArbRB 02, 190.

geltende BAG Rechtsprechung auf deren Zulässigkeit vertrauen kann. Jedenfalls ist die Frage allein keine ausreichende Indiztatsache für eine spätere Benachteiligung durch Freistellung, Anfechtung und Kündigung.[47] Im mindestens sechs Monate bestehenden Arbeitsverhältnis ist die Frage nach der Schwerbehinderung zulässig,[48] so dass eine Indizwirkung schon aus diesem Grund zu verneinen ist. Zur Zulässigkeit der Frage s. im Einzelnen § 2 Rn. 14. Die Frage an Schwerbehinderte nach der Fähigkeit Überstunden zu leisten stellt ebenso wenig ein Indiz für eine Benachteiligung dar, wie die Frage nach einem Bedarf an Hilfsmitteln, da in aller Regel ein Arbeitgeber mit letzterer erkennbar seine Pflichten aus dem § 81 Abs. 4 Satz 1 Nr. 5 SGB IX erfüllen will.[49] Wird für eine schriftliche Bewerbung ein **Lichtbild** verlangt, lässt diese allgemein übliche Praxis noch keinen Schluss auf eine beabsichtigte Benachteiligung wegen der Ethnie oder wegen des Alters zu. In der Rechtsprechung wurde eine Vermutung für eine Benachteiligung bejaht bei einem **engen zeitlichen Zusammenhang** zwischen einer benachteiligenden Maßnahme und der Anzeige einer **Schwangerschaft**,[50] der Nichtverlängerung des befristeten Arbeitsverhältnisses einer Arbeitnehmerin nach Mitteilung der Schwangerschaft, während die befristeten Arbeitsverhältnisse aller vergleichbaren Arbeitnehmer verlängert worden sind;[51] der Einladung vergleichbarer Beschäftigter zu einem Gespräch über einen bestimmten Beförderungsposten unter Auslassung der Träger eines Merkmals des § 1,[52] sowie die unterlassene Höhergruppierung des Trägers eines Merkmals des § 1.[53] Demgegenüber stellt die Erklärung eines Arbeitgebers gegenüber einer älteren Stellenbewerberin, die von ihr angegebenen EDV-Kenntnisse seien veraltet, keinen Umstand dar, der eine Benachteiligung wegen Alters vermuten lässt.[54]

13 Auch die Ergebnisse von **Statistiken oder so genannten Testing-Verfahren** sind Tatsachen, die eine Vermutung für eine Benachteiligung begründen können.[55] Insbesondere bei der **mittelbaren Benachteiligung** sind **Statistiken** von erheblicher Bedeutung, da die Benachteiligung nur an ihrer Wirkung festgemacht werden kann. Ist der statistische Nachweis für eine Schlechterbehandlung bei Vorliegen eines Merkmals gem. § 1 erbracht, ohne dass hierfür ein ersichtlicher Grund besteht, wird hierdurch außerdem

---

47 BAG 7.7.11 – 2 AZR 396/10, das offen gelassen hat, ob die Frage nach der Schwerbehinderung bei der Einstellung zulässig ist.
48 BAG 16.2.12 – 6 AZR 553/10.
49 BAG 21.2.13 – 8 AZR 180/12.
50 LAG Hamm 6.6.91 – 16 Sa 1558/90 – BB 91, 1865 m. Anmerkung Maurer, 1867.
51 LAG Köln 6.4.09 – 5 Ta 89/09 – NZA 09, 1148.
52 LAG Köln 10.5.90 – 8 Sa 462/89 – LAGE § 611 a BGB Nr. 5.
53 BAG 23.2.00 – 10 AZR 1/99 – NZA 01, 680.
54 LAG Köln 27.8.08 – 9 Sa 649/08 – AuR 09, 102.
55 BT-Drs. 16/1780 S. 47.

eine Vermutung für eine fehlende Rechtfertigung begründet.[56] Gem. § 291 ZPO kann das Gericht ohne Parteibehauptung statistische Daten aus öffentlich zugänglichen Statistiken entnehmen (so auch Krankenstände von Arbeitnehmern aus einschlägigen Publikationen der Krankenkassen), um den gem. § 3 Abs. 2 notwendigen statistischen Vergleich vorzunehmen.[57] Eine Benachteiligung »in besonderer Weise« gem. § 3 Abs. 2 wird durch einen statistischen Nachweis belegt, wenn im Vergleich ein wesentlich höherer Anteil der Gruppe, die ein geschütztes Merkmal aufweist, durch eine Regelung benachteiligt wird.[58] Die bisherige Rechtsprechung legt keine eindeutige Grenze für einen statistischen Nachweis fest. Bislang wurden nur eindeutige Fälle entschieden, in denen Frauen mit durchschnittlich mehr als 90 % betroffen waren.[59] In der Literatur wird ein Wert von 75 % für ausreichend erachtet.[60] Allerdings ist auch dieser Wert nicht näher begründet. Statistiken müssen »aussagekräftig« sein, also eine relevante Aussage für die Verhältnisse in einem bestimmten Betrieb oder Unternehmen zulassen.[61] Eine Vermutung für ein regelhaft die Merkmalsträgergruppe benachteiligendes Verhalten kann sich aus statistischen Daten aber nur dann ergeben, wenn sie sich konkret auf den betreffenden Arbeitgeber beziehen und aussagekräftig sind, was sein Verhalten gegenüber der Merkmalsträgergruppe anbelangt. Soweit dabei von in der Vergangenheit erfolgten Diskriminierungen auf die Gegenwart geschlossen wird, spricht dies nicht gegen die Berücksichtigung von Statistiken, weil ein regelhaft geübtes Verhalten gerade nur durch die Betrachtung der Vergangenheit ausgemacht werden kann.[62] So kann sich eine Vermutung für eine Benachteiligung bei der Einstellung daraus ergeben, dass Personen mit einem bestimmten Merkmals des § 1 zu einem weit unterdurchschnittlichen Anteil beschäftigt werden, wenn die Zusammensetzung der Bewerbungen eine andere Beschäftigungsstruktur nahe legt (z.B. Beschäftigung nur von Männern, aber Bewerbungen auch von Frauen,[63] oder Beschäftigung von Arbeitnehmern nur unter 40, aber Bewerbungen aller Altersgruppen). Ob allein die Tatsache, dass in einem Unternehmen alle Führungspositionen (im konkreten Fall 27 an der Zahl) nur mit Männern besetzt sind, obwohl Frauen 2/3 der Belegschaft stellen, ein ausreichendes Indiz für die Benachteiligung einer abgelehnten Bewerberin wegen des Ge-

---

56 So auch Schiek-Kocher, § 22 Rn. 40.
57 LAG Baden-Württemberg 18.6.07 – 4 Sa 14/07 – AuA 07, 624.
58 EuGH 27.10.93 – C-127/92 – [Enderby], NZA 94, 797.
59 S. zur Statistik BAG 20.11.90 – 3 AZR 613/89 – NZA 91, 635.
60 ErfK-Schlachter, § 611 a BGB Rn. 16, m.w.N.
61 EuGH 31.5.95, AP Nr. 68 zu Art. 119 EWG-Vertrag [Royal Copenhagen]; EuGH 27.10.93 – C-127/92 – [Enderby], NZA 94, 797.
62 BAG 21.6.12 – 8 AZR 364/11.
63 So auch LAG Berlin-Brandenburg 12.2.09 – 2 Sa 2070/08 – BB 09, 437.

schlechts darstellt, ist umstritten: bejahend LAG Berlin-Brandenburg,[64] verneinend LAG Berlin-Brandenburg[65] mit dem Argument, dass allein die Geschlechterverteilung in der Gesamtbelegschaft im Verhältnis zu der Geschlechterverteilung in den Führungspositionen keinen entsprechenden Aussagewert hat, weil diese nichts über die Frage der Qualifikation für und die Anzahl von Bewerbungen auf Führungspositionen aussage; das zurückverweisende Urteil des BAG[66] stellt klar, dass es beim statistischen Beweis auf eine Gesamtschau der relevanten Zahlen ankommt und im konkreten Fall zu klären ist, ob von der weiblichen Mehrheit der Belegschaft ein nennenswerter Anteil für Führungspositionen qualifiziert ist. Zahlen und Auswertungen, die lediglich Aufschluss über bestimmte allgemeine Verhältnisse des Arbeitsalltags z. B. in Deutschland wiedergeben, begründen regelmäßig noch keine Vermutung dafür, dass diese Verhältnisse auch im konkreten Beschäftigungsverhältnis bestehen.[67] Für die Frage der Benachteiligung einer Beschäftigten als Mutter eines siebenjährigen Kindes bei einer konkreten Bewerbung ist die Statistik (Mikrozensus) für den Anteil von Ehefrauen mit Kind an der Gesamtzahl der Vollbeschäftigten nicht aussagekräftig.[68]

14 Maßgeblich ist das **prozentuale Verhältnis der Personen** in beiden Gruppen, die das Merkmal tragen. Die absoluten Zahlen der betroffenen Personen sind kein hinreichend aussagekräftiges Indiz.[69] Allein durch die zahlenmäßig wesentlich größere nachteilige Betroffenheit der Angehörigen einer Gruppe, die ein Merkmal des § 1 trägt, wird die Vermutung für eine Benachteiligung bei der Entlohnung nur dann belegt, wenn die Kriterien für die Entlohnungspraxis des Arbeitgebers für die Arbeitnehmer nicht durchschaubar sind. Die Beweislast für erforderliche Tatsachen, die eine Benachteiligung wegen eines Merkmales widerlegen, verlagert sich in diesem Fall auf den Arbeitgeber.[70] **Unabhängig von der Statistik** besteht auch dann eine ausreichende Vermutung für eine Benachteiligung, wenn die mittelbare Benachteiligung einer geschützten Gruppe offensichtlich und der Nachweis tatsächlich ungleicher Betroffenheit schwer zu führen ist (Rn. 14 zu § 3 Abs. 2).[71]

> **Beispiel:**
> Die Versicherung V verbietet ihren Mitarbeitern, in geschlossenen Räumen Kopftuch zu tragen. Auch wenn es keine Zahlen über den Anteil der betroffenen

---

64 LAG Berlin-Brandenburg 26. 11. 08 – 15 Sa 517/08 – NZA 09, 43.
65 LAG Berlin-Brandenburg 12. 2. 09 – 2 Sa 2070/08 – BB 09, 437.
66 BAG 22. 7. 10 – 8 AZR 1012/08 – [GEMA].
67 S. auch Grobys, NZA 06, 898 (902).
68 BAG 18. 9. 14 – 8 AZR 753/13.
69 BAG 2. 12. 92 – 4 AZR 152/92 – NZA 93, 367; BAG 18. 2. 03 – 9 AZR 272/01 – DB 03, 1961.
70 BAG 23. 9. 92 – 4 AZR 30/92 – NZA 93, 891.
71 Thüsing, NZA Sonderbeilage zu Heft 22/2004, 3 (7).

Beweislast § 22

Mitarbeiter hinsichtlich ihrer geschlechtlichen und religiösen Zuordnung gibt, ist offensichtlich, dass in der Praxis von dieser Regelung fast ausschließlich muslimische Mitarbeiterinnen betroffen werden.

Auch **Testing-Verfahren** sind geeignet, eine Vermutung für eine Benachteiligung zu begründen. Bei Testing-Verfahren wird z. b. eine Vergleichsperson eingesetzt, um zu überprüfen, ob ein Verhalten gegenüber einer Person, bei der eines der in § 1 genannten Merkmale vorliegt, gleichermaßen auch gegenüber der Vergleichsperson erfolgt, bei der dies nicht der Fall ist.[72]

> **Beispiel:**
> A trägt einen arabisch klingenden Namen. Auf Wohnungssuche macht er die Feststellung, dass er auf seinen Anruf hin nie einen Besichtigungstermin erhält und alle Wohnungen stets bereits vergeben sind. Ein Anruf bei V wegen einer Wohnung führt zu dem gleichen Ergebnis. Auf seine Bitte hin ruft eine viertel Stunde danach sein deutscher Freund an und erhält sofort einen Besichtigungstermin. Diese Tatsache begründet die Vermutung, dass A wegen seiner ethnischen Herkunft benachteiligt wird.

VII. Beweislast des Anspruchsgegners

Stehen Tatsachen fest, die die Vermutung für eine Benachteiligung aufgrund eines Merkmals des § 1 begründen, hat **die andere Seite die Beweislast** dafür, dass nicht auf ein Merkmal des § 1 bezogene, **ausschließlich andere Gründe** eine unterschiedliche Behandlung rechtfertigen[73] **oder** die unterschiedliche Behandlung wegen eines in § 1 genannten Grundes nach Maßgabe dieses Gesetzes **gem. §§ 8, 9 10 oder 21 zulässig** ist. Insofern muss darauf abgestellt werden, dass die **Rechtfertigungsgründe** in der Sphäre desjenigen liegen, der möglicherweise die Benachteiligung begangen hat. Folglich ist es an ihm, sich bei nachgewiesener Benachteiligung dadurch zu exkulpieren, dass er Rechtfertigungsgründe nachweisen kann. Der Beweis, dass das verbotene Merkmal überhaupt keine Rolle bei der Ablehnung gespielt hat, kann z. B. hinsichtlich des Alters im Bewerbungsverfahren dadurch geführt werden, dass der potentielle Arbeitgeber vorträgt und gegebenenfalls beweist, einen Bewerber mit ähnlichem Lebensalter des abgelehnten Bewerbers eingestellt, oder altersgleiche Bewerber zu Einstellungsgesprächen eingeladen zu haben. Der Arbeitgeber kann auch andere Tatsachen vortragen, aufgrund derer das Gericht zu der Überzeugung gelangt, dass **ausschließlich** andere Gründe, wie der bisherige berufliche Werdegang oder die Ausbildung für die Nichtberücksichtigung maßgeblich waren.[74]

---

[72] BT-Drs. 16/1780 S. 47.
[73] BAG 13.10.11 – 8 AZR 608/10.
[74] LAG Schleswig-Holstein 22.11.12 – 4 Sa 246/12.

17 Im Einstellungsverfahren ist ein **nachträglich vorgebrachtes Auswahlkriterium**, das nicht in der Ausschreibung genannt ist, nur dann geeignet, die unterschiedliche Behandlung zu rechtfertigen, wenn besondere Umstände erkennen lassen, dass dieser Grund nicht nur vorgeschoben ist.[75] Das Gleiche gilt für die Behauptung, dass eine Einstellung nicht erfolgt ist, weil der Bewerber oder die Bewerberin eine formale Ausbildungsvoraussetzung nicht erfüllt hat. Der Arbeitgeber muss in einem solchen Fall beweisen, dass die Ausbildung des Bewerbers oder der Bewerberin im Hinblick auf die Anforderungen der zu besetzenden Stelle nicht gleichwertig ist.[76] Auch für die **Behauptung, dass der Bewerber oder die Bewerberin ohne die Benachteiligung nicht eingestellt worden wäre** und deshalb der Anspruch gem. § 15 Abs. 2 Satz 2 auf 3 Monatsvergütungen beschränkt ist, ist der Arbeitgeber beweispflichtig, da es sich um eine **anspruchseinschränkende Tatsache** handelt. Dem Arbeitgeber ist es im Rahmen einer gerichtlichen Prüfung grundsätzlich verwehrt, sich auf sachliche Gründe für die Ablehnung zu berufen, die er dem betroffenen Bewerber bei seiner Unterrichtung nach § 81 Abs. 1 Satz 9 SGB IX nicht mitgeteilt hat.[77]

18 Eine Besonderheit besteht bei der **mittelbaren Diskriminierung** darin, dass die fehlende Rechtfertigung gem. § 3 Abs. 2 zum Tatbestand gehört. Grundsätzlich muss deshalb der oder die betroffene Beschäftigte auch Tatsachen vortragen und beweisen, die die **Vermutung einer fehlenden Rechtfertigung** begründen. Statistisch relevante Abweichungen auf der Grundlage einer größeren Zahl von Arbeitnehmern, die den Nachweis für eine Schlechterbehandlung bei Vorliegen eines Merkmals gem. § 1 erbringen, ohne dass hierfür ein ersichtlicher Grund besteht, begründen eine solche Vermutung für die fehlende Rechtfertigung der mittelbaren Benachteiligung.[78] In den Fällen, in denen sich nicht bereits durch die Art der Benachteiligung eine Vermutung für eine fehlende Rechtfertigung ergibt, ist zu berücksichtigen, dass in der Praxis die Betroffenen regelmäßig nicht in der Lage sind, im Einzelnen das Fehlen einer sachlichen Rechtfertigung darzulegen. Sie müssten sonst zu einem Punkt vortragen, zu dem sie in den meisten Fällen allenfalls Vermutungen äußern können (zu den Anforderungen des EU-Rechts an eine Beweiserleichterung s. Rn. 1 ff.). Insoweit besteht gegenüber dem Arbeitgeber nach den allgemeinen Regeln ein Auskunftsanspruch, der im Verfahren zu einer **abgestuften Darlegungs- und Beweislast** führt. Die Interessenlage ist vergleichbar der von der Rechtsprechung entwickelten, abgestuften Darlegungs- und Beweislast bei der Sozialauswahl, für deren Fehlerhaftigkeit der Arbeitnehmer bzw. die Arbeitnehmerin gem. § 1 Abs. 3 Satz 3

---

75 BVerfG 16.11.93 – 1 BvR 258/86 – NZA 94, 745.
76 BAG 12.9.07 – 9 AZR 807/05 – NZA 07, 507 (511).
77 LAG Hessen 7.11.05 – 7 Sa 473/05 – AuR 06, 213.
78 So auch Schiek-Kocher, § 22 Rn. 40.

KSchG die Beweislast trägt.[79] Dementsprechend ist es ausreichend, wenn der oder die **Betroffene** zunächst das **Fehlen einer sachlichen Rechtfertigung behauptet**. Dann muss wegen der größeren Sachnähe der Arbeitgeber im Einzelnen seine Gründe darlegen, aus denen sich eine sachliche Rechtfertigung und Erforderlichkeit der gewählten Kriterien ergibt. Legt der Arbeitgeber keine Gründe für eine sachliche Rechtfertigung dar, geht das Gericht von einer fehlenden Rechtfertigung aus, ohne dass es auf Beweisfragen ankommt. Sind Rechtfertigungsgründe dargelegt, muss der Betroffene detailliert hierzu vortragen und Tatsachen beweisen, die trotz der erfolgten Darlegung durch den Arbeitgeber eine fehlende Rechtfertigung vermuten lassen. Der Arbeitgeber trägt sodann die Beweislast dafür, dass keine rechtswidrige Benachteiligung vorliegt.

Die Beweiserleichterung des § 22 erfasst nur den Nachweis einer Benachteiligung wegen eines Merkmals des § 1, **nicht** aber den Nachweis eines **Verschuldens**, der **Kausalität zwischen Benachteiligung und geltend gemachtem Schaden oder den Nachweis der Schadenshöhe**. Für Schadensersatzansprüche gem. § 15 Abs. 1 ist ein Verschulden ohnehin nicht erforderlich (s. § 15 Rn. 9ff.). Folgt man dieser Ansicht nicht, ist bei einer schuldhaften Verletzung vertraglicher Pflichten oder einem schuldhaften Verstoß gegen das Benachteiligungsverbot, die Beweislast bereits gem. § 280 Abs. 1 Satz 2 BGB bzw. § 15 Abs. 1 Satz 2 oder § 21 Abs. 2 Satz 2 auf den Schädiger verlagert. Daneben findet für die Frage, ob ein Schaden entstanden ist und in welcher Höhe, die Beweiserleichterung des § 287 ZPO Anwendung.[80]

Die **Beweiserleichterung** findet nicht nur Anwendung auf Anspruchsgrundlagen, die im AGG normiert sind (insbesondere Ansprüche auf Schadensersatz und Entschädigung gem. § 15 Abs. 1 und 2), sondern nach dem Wortlaut des Gesetzes auf alle »**Bestimmungen zum Schutz vor Benachteiligung**«. Nur ein solch weites Verständnis ist europarechtskonform, da auch die zugrunde liegenden EG-Richtlinien hinsichtlich der erforderlichen Beweiserleichterung nicht nach den Anspruchsgrundlagen differenzieren. Damit ist § 22 auf die Geltendmachung von allen Ansprüchen anzuwenden, die auf eine unzulässige Diskriminierung gestützt werden. Dies schließt zunächst Ansprüche aus § 280 BGB i. V. m. § 7 Abs. 3 AGG oder Unterlassungsforderungen gem. § 1004 BGB analog mit ein.[81] Aber auch für einen Streit über die Feststellung der Unwirksamkeit einer benachteiligenden Vereinbarung gem. § 7 Abs. 2 kommt den Betroffenen die Beweiserleichterung zugute. Zu anderen Anspruchsgrundlagen s. auch § 15 Rn. 41 ff.

---

79 BAG 21.7.88 – 2 AZR 75/88 – NZA 89, 264; BAG 10.2.99 – 2 AZR 716/98, NZA 99, 702.
80 Schiek-Kocher, AGG, § 22 Rn. 13; KR-Pfeiffer, AGG, Rn. 138.
81 Thüsing, Arbeitsrechtlicher Diskriminierungsschutz, Rn. 647.

VIII. Auskunftsanspruch

21 Abgelehnte Bewerber und Bewerberinnen, die die Voraussetzungen für eine ausgeschriebene Stelle erfüllen, haben **keinen generellen Auskunftsanspruch** gegenüber dem Arbeitgeber über Mitbewerber, die Kriterien für eine Auswahlentscheidung oder die Bezahlung anderer Mitarbeiter oder eine spezifische Möglichkeit der Einsichtnahme in Informationen, um Tatsachen glaubhaft machen zu können, die das Vorliegen einer Diskriminierung vermuten lassen. Allerdings kann die Verweigerung jeden Zugangs zu Informationen ein Gesichtspunkt sein, der im Rahmen des Nachweises der Tatsachen heranzuziehen ist, die das Vorliegen einer Diskriminierung vermuten lassen.[82]

22 Für den Fall dass Betroffene aufgrund der bekannten Tatsachen eine Vermutung für eine Benachteiligung gem. § 22 darlegen können, bedarf es keines (zusätzlichen) Auskunftsanspruchs mehr, da sie ihre Rechte aus dem AGG unmittelbar geltend machen können. Der Arbeitgeber kann dann wählen, ob er in einem Gerichtsverfahren die näheren Umstände offenlegt, um eine Vermutung zu entkräften und ggf. einen Gegenbeweis zu führen oder ob er die nur ihm bekannten Tatsachen für sich behält und damit sein Unterliegen in Kauf nimmt. Der Auskunftsanspruch kann in einem solchen Fall aber nicht als »Minus« zu der nach § 22 bestehenden Beweiserleichterung bejaht werden, weil er von der Sache her etwas wesentlich anderes darstellt.[83]

Die Frage eines Auskunftsanspruchs nach den allgemeinen Rechtsgrundsätzen stellt sich dennoch in den Fällen, in denen nach feststehenden Umständen (z. B. Statistiken) eine Benachteiligung wegen eines Merkmals des § 1 wahrscheinlich ist und nicht nur behauptet wird, für die Darlegung der Vermutung einer konkreten Benachteiligung i. S. von § 22 aber **weitere Informationen erforderlich** sind. Ein Auskunftsanspruch ist unter diesen Voraussetzungen **nach Treu und Glauben** (§ 242 BGB) zu bejahen, wenn die Auskunftserteilung für den Arbeitgeber nicht mit einem unverhältnismäßigen Aufwand verbunden oder aus anderen Gründen unzumutbar ist.[84]

> **Beispiel:**
> P ist nach Abschluss ihres Betriebswirtschaftsstudiums bei U als Praktikantin tätig und erhält monatlich 400,00 Euro. Außer ihr sind im Betrieb zwei männliche Praktikanten mit gleicher Ausbildung tätig. Aufgrund einer wissenschaftlichen

---

82 BAG 25.4.13 – 8 AZR 287/08; EuGH 19.4.12 – C-415/10 [Meister]; EuGH 21.7.11 – C-104/10 [Kelly]; LAG Rheinland-Pfalz 17.6.09 – 8 Sa 639/08.
83 A. A. Thüsing, Arbeitsrechtlicher Diskriminierungsschutz, Rn. 648.
84 Palandt-Heinrichs, § 261 Rn. 8 ff., m. w. N., s. auch BAG 1.12.04 – 5 AZR 664/03 – NZA 05, 289; s. auch die nach wie vor relevanten Erwägungen von Hanau, FS Gnade, S. 351 (362) und Wisskirchen, Mittelbare Diskriminierung von Frauen im Erwerbsleben, 1994, 171 ff.

> Studie steht fest, dass in Deutschland weibliche Praktikantinnen im Schnitt 543 Euro im Monat erhalten, während der Durchschnitt für männliche Praktikanten bei 741,00 Euro liegt.[85] P möchte gleiche Vergütung für gleiche Arbeit. Eine konkrete Vermutung für eine Benachteiligung wegen des Geschlechts wird durch die vorliegenden Zahlen nicht belegt. Eine persönliche Benachteiligung steht nicht fest, weil unklar ist, was die anderen Praktikanten verdienen. Weil aber durch die wissenschaftliche Untersuchung die statistisch relevante Benachteiligung von weiblichen Praktikantinnen feststeht und U ohne jeden Aufwand die Höhe der Vergütung der anderen Praktikanten mitteilen kann, die für die Prüfung eines Anspruchs der P Voraussetzung ist, hat sie einen entsprechenden Auskunftsanspruch.

Für einen Auskunftsanspruch gegenüber dem potenziellen Arbeitgeber ist der **Rechtsweg** zu den Arbeitsgerichten gemäß § 2 Abs. 1 Nr. 3 c ArbGG eröffnet. Wird ein vom Arbeitgeber beauftragter Dritter auf Auskunft in Anspruch genommen, besteht der Rechtsweg zur Zivilgerichtsbarkeit.[86] Der Auskunftsanspruch ist mit dem Zwang des Vollstreckungsrechts durchsetzbar.

§ 23 Unterstützung durch Antidiskriminierungsverbände

(1) Antidiskriminierungsverbände sind Personenzusammenschlüsse, die nicht gewerbsmäßig und nicht nur vorübergehend entsprechend ihrer Satzung die besonderen Interessen von benachteiligten Personen oder Personengruppen nach Maßgabe von § 1 wahrnehmen. Die Befugnisse nach den Absätzen 2 bis 4 stehen ihnen zu, wenn sie mindestens 75 Mitglieder haben oder einen Zusammenschluss aus mindestens sieben Verbänden bilden.
(2) Antidiskriminierungsverbände sind befugt, im Rahmen ihres Satzungszwecks in gerichtlichen Verfahren, als Beistände Benachteiligter in der Verhandlung aufzutreten. Im Übrigen bleiben die Vorschriften der Verfahrensordnungen, insbesondere derjenigen nach denen Beiständen weiterer Vortrag untersagt werden kann, unberührt.
(3) Antidiskriminierungsverbänden ist im Rahmen ihres Satzungszwecks die Besorgung von Rechtsangelegenheiten Benachteiligter gestattet.
(4) Besondere Klagerechte und Vertretungsbefugnisse von Verbänden zu Gunsten von behinderten Menschen bleiben unberührt.

§ 23 regelt entsprechend den Vorgaben von Art. 7 Abs. 2 der Richtlinie 2000/43/EG (Antirassismus-Richtlinie), Art. 9 Abs. 2 der Richtlinie 2000/78/EG (Rahmen-Richtlinie Beschäftigung), Art. 6 Abs. 3 der Richtlinie 2002/73/EG (Änderung der Gender-Richtlinie), Art. 8 Abs. 3 der Richtlinie

1

---

85 Grün/Hecht, Berlin 2007.
86 BAG 27.8.08 – 5 AZB 71/08 – NZA 08, 1259.

2004/113/EG (Gleichbehandlungsrichtlinie wegen des Geschlechts außerhalb der Arbeitswelt) die Mitwirkungsbefugnisse von Verbänden, die sich die Bekämpfung von Benachteiligungen zur Aufgabe gemacht haben. Sie können sich zu deren Unterstützung und mit deren Einwilligung an den zur Durchsetzung der Ansprüche vorgesehenen Verfahren beteiligen. Erklärtes Ziel des Gesetzgebers ist es, ein weiteres, richtlinienkonformes Instrument zur effektiven Durchsetzung des Gleichbehandlungsgrundsatzes zur Verfügung zu stellen, das die individualrechtlichen Ansprüche (§§ 15, 21), die Möglichkeiten der betrieblichen Interessenvertreter (§ 17) und die Tätigkeit der Antidiskriminierungsstelle (§§ 25 ff.) ergänzt.

2 Abs. 1 Satz 1 enthält eine **Legaldefinition der Antidiskriminierungsverbände**. Es muss sich um **Personenzusammenschlüsse** handeln, die **nicht gewerbsmäßig** und **nicht nur vorübergehend** die besonderen Interessen benachteiligter Personen oder Personengruppen wahrnehmen. Dadurch wird sichergestellt, dass sich nicht Vereine gründen, die ein eigenes wirtschaftliches Interesse an der Rechtswahrnehmung haben, wie bei Verstößen gegen das Wettbewerbsverbot. Es muss sich nach Abs. 1 um Personenzusammenschlüsse handeln, die nicht gewerbsmäßig und nicht nur vorübergehend die besonderen Interessen benachteiligter Personen und Personengruppen wahrnehmen.

3 Denkbar sind alle **Vereine**, die sich um Personengruppen besonders kümmern, die eines der Merkmale des § 1 tragen, wie etwa Vereine, die sich um die besonderen Interessen von Migrantinnen und Migranten kümmern, aber auch **Verbände**, die sich spezifisch für die Rechte von Frauen oder Männern, für die besonderen Interessen älterer Menschen, für Menschen mit Behinderungen oder für gleichgeschlechtliche Lebensweisen engagieren. Fraglich ist, ob hierunter auch die großen Wohlfahrtsverbände fallen, die sich unter anderem für den Schutz von Personengruppen einsetzen, die eines der Merkmale tragen, wie z. B. im Rahmen der Schwangerenberatung für die Anliegen von Frauen oder im Rahmen einer Ausländerberatung für die Interessen ethnischer Gruppen. Hier wird es auf die Regelung in der Satzung ankommen und auch darauf, wie Satzungsbestimmungen auszulegen sind, die nicht eindeutig nur den Schutz einer bestimmten benachteiligten Gruppe zum Inhalt haben, aber bestimmte Dienstleistungen für eine benachteiligte Gruppe vorsehen. Auch Gewerkschaften sind Antidiskriminierungsverbände, soweit ihre Satzungen den besonderen Schutz von Personengruppen, die Merkmale des § 1 tragen, vorsehen.

4 Durch das Tatbestandsmerkmal »**nicht gewerbsmäßig**« sollen Verbände ausgeschlossen werden, die (auch) eigene gewerbliche Interessen haben und nicht nur die Interessen der Benachteiligten vertreten.[1]

---

1 So zu § 4 Abs. 2 UKlaG VG Köln 10.3.03 – 1 L 361/03.

Unterstützung durch Antidiskriminierungsverbände § 23

Abs. 1 Satz 2 normiert als Voraussetzungen für die Wahrnehmung der Befugnisse nach den Absätzen 2 bis 4 eine **Mindestgröße** für die Antidiskriminierungsverbände und fordert mindestens 75 Mitglieder oder bei Dachverbänden die Mitgliedschaft von 7 Verbänden. Der Gesetzgeber hat wegen der großen Heterogenität der in Frage kommenden Verbände von einem Listenverfahren entsprechend § 4 UKlaG oder einem Anerkennungsverfahren gem. § 13 Abs. 3 des Gesetzes zur Gleichstellung behinderter Menschen abgesehen und überlässt es den Gerichten, im Einzelfall die Voraussetzungen für die Vertretungsbefugnis zu prüfen.[2] Die Prüfung kann sich im Einzelfall schwierig gestalten, da ungeklärt ist, in welcher Form im Bestreitensfall der Nachweis über die Mitgliedschaft geführt werden muss.

Abs. 2 gibt den Antidiskriminierungsverbänden die Befugnis, bei **Verfahren ohne Anwaltszwang** als Beistände Benachteiligter in der Verhandlung aufzutreten. Die Bestimmung gilt nicht für das Strafverfahren. Die Vorschriften der Verfahrensordnungen, nach denen ungeeigneten Beiständen der weitere Vortrag untersagt werden kann, bleiben unberührt. Damit besteht die Möglichkeit, sich in der mündlichen Verhandlung vor dem **Amtsgericht** durch einen Verband als Beistand gem. § 90 ZPO vertreten zu lassen. Diese Vertretung ist nicht gem. § 157 Abs. 1 ZPO ausgeschlossen. Das Gericht kann nach § 157 Abs. 2 ZPO den weiteren Vortrag untersagen, wenn sich herausstellt, dass der Verband zu einem geeigneten Vortrag nicht in der Lage ist.

Auch vor dem **Arbeitsgericht** können die Verbände nach Abs. 2 lediglich als Beistand die oder den Betroffenen begleiten und nicht als Prozessbevollmächtigte auftreten. Die ursprünglich in Abs. 2 ausdrücklich vorgesehene Möglichkeit der Prozessvertretung wird demnächst mit dem zu erwartenden Korrekturgesetz entfallen. Der Gesetzgeber hat übersehen, die gleichzeitig mit der Verabschiedung des AGG beschlossene Änderung des ArbGG rückgängig zu machen, so dass derzeit eine Vertretung vor dem Arbeitsgericht für die Antidiskriminierungsverbände gem. § 11 Abs. 1 Satz 6 ArbGG ausdrücklich zulässig ist. Eine Aufhebung dieser Bestimmung ist geplant.

Nicht geregelt ist die Frage, ob die Verbände im Rahmen ihres Satzungszwecks alle Personen vertreten dürfen, für deren Interessen sie eintreten, oder ob die Vertretung auf ihre Mitglieder beschränkt ist. Bei den vergleichbaren Regelungen im Gesetz gegen unlauteren Wettbewerb können die Verbände nur Mitglieder vertreten. Da der Wortlaut von § 23 keine solche Einschränkung vorsieht, können die Verbände grundsätzlich **auch Nichtmitglieder** vertreten.

Nach **Abs. 3** können die Antidiskriminierungsverbände im Rahmen ihres Satzungszwecks unter **Freistellung vom Rechtsberatungsverbot** benachteiligte Personen außergerichtlich und gerichtlich beraten. Im Gegensatz zum

---

2 BT-Drs. 16/1780 S. 48.

§ 24 Sonderregelung für öffentlich-rechtliche Dienstverhältnisse

früheren Entwurf eines Antidiskriminierungsgesetzes ist die Möglichkeit, abgetretene Forderungen durch die Verbände geltend zu machen, nicht mehr im Gesetzestext enthalten. Nach § 398 BGB kann aber eine Forderung durch Vertrag mit einem anderen auf diesen übertragen werden, ohne dass es einer besonderen Regelung bedarf. Damit ist auch weiterhin die Möglichkeit für Benachteiligte gegeben, ihre Geldforderungen an Dritte, also auch an die Verbände abzutreten, die die Forderungen für sie geltend machen können.

10 Über die ausdrücklich in Abs. 2 und 3 beschriebenen Möglichkeiten der Beratung und Interessenvertretung hinaus haben die Verbände schon nach geltendem Recht **weitere Möglichkeiten**, sich aktiv für die Belange Benachteiligter einzusetzen. Die Möglichkeit einer Zusammenarbeit mit spezialisierten Rechtsanwältinnen und Rechtsanwälten, die in ihrer Prozessvertretung nicht beschränkt sind, bleibt von der Regelung des § 23 unberührt. Auch können die Verbände Verstöße gegen zivilrechtliche Benachteiligungsverbote nach dem UKlaG und dem UWG verfolgen, wenn sie die Voraussetzungen für die Eintragung in die Liste der qualifizierten Einrichtungen erfüllen.[3]

11 Mit **Abs. 4** wird klargestellt, dass die **Sonderstellung von Behindertenverbänden** auch und gerade in Bezug auf die Prozessstandschaft nach § 63 SGB IX erhalten bleibt.[4]

Abschnitt 5
Sonderregelungen für öffentlich-rechtliche Dienstverhältnisse

§ 24 Sonderregelung für öffentlich-rechtliche Dienstverhältnisse

Die Vorschriften dieses Gesetzes gelten unter Berücksichtigung ihrer besonderen Rechtsstellung entsprechend für
1. **Beamtinnen und Beamte des Bundes, der Länder, der Gemeinden, der Gemeindeverbände sowie der sonstigen der Aufsicht des Bundes oder eines Landes unterstehenden Körperschaften, Anstalten und Stiftungen des öffentlichen Rechts,**
2. **Richterinnen und Richter des Bundes und der Länder,**
3. **Zivildienstleistende sowie anerkannte Kriegsdienstverweigerer, soweit ihre Heranziehung zum Zivildienst betroffen ist.**

1 Entsprechend den Vorgaben der EU-Richtlinien werden auch die öffentlich-rechtlichen Dienstverhältnisse, die in den Nr. 1 bis 3 abschließend aufgezählt

---

3 BT-Drs. 16/1780 S. 48.
4 BT-Drs. 16/1780 S. 48.

Sonderregelung für öffentlich-rechtliche Dienstverhältnisse § 24

sind, von den Regelungen des AGG erfasst. Dies gilt sowohl für das Verbot der Benachteiligung, als auch die Ausnahmeregelungen und die Rechtsfolgen wie Anspruch auf Schadensersatz und Entschädigung.
Eingeschränkt wird diese grundsätzliche Geltung allerdings dadurch, dass die Vorschriften nur »unter besonderer Berücksichtigung ihrer Rechtsstellung **entsprechend**« Anwendung finden sollen. Nach der Begründung zum Gesetzesentwurf soll dies insbesondere für das Leistungsverweigerungsrecht Auswirkungen haben, das für die Beschäftigten des Öffentlichen Dienstes keine Geltung erlangen soll, soweit dienstliche Belange entgegenstehen. Als Grund hierfür wird die Notwendigkeit der sachgerechten und kontinuierlichen Erfüllung öffentlicher Aufgaben mit Blick auf die Gemeinwohlverpflichtung angegeben.[1] Die Vorschriften bezüglich der Verpflichtungen der Arbeitgeber finden jedenfalls uneingeschränkt Anwendung.[2]
Nach dieser Begründung muss für die Beschäftigten im öffentlichen Dienst gem. Nr. 1–3 genauso, wie bei den Beschäftigten gem. § 6 in jedem Einzelfall eine **Güter- und Interessenabwägung** unter Berücksichtigung der jeweiligen konkreten Umstände erfolgen (s. hierzu Rn. 2 ff. zu § 14). Bei einer individuellen Benachteiligung dürfte in aller Regel keine andere Behandlung des Sachverhaltes in Betracht kommen, als bei Beschäftigungsverhältnissen außerhalb des öffentlichen Dienstes.

2

3

> **Beispiel:**
> Eine Beamtin im Finanzamt wird sexuell belästigt. Der Dienstherr unterbindet die Belästigung nicht. Somit steht auch der Beamtin in aller Regel das Leistungsverweigerungsrecht neben dem Anspruch auf Schadensersatz oder Entschädigung zu. Es ist kaum anzunehmen, dass durch die Leistungsverweigerung die kontinuierliche und sachgerechte Erfüllung öffentlicher Aufgaben mehr gefährdet würde, als wenn die Betroffene weiter der Belästigung ausgesetzt bliebe. Zudem hat es der Dienstherr selbst in der Hand, den rechtswidrigen Zustand abzustellen.[3]

Deshalb kann angenommen werden, dass nur ausnahmsweise und nur wenn damit eine Gefahr für die Funktionsfähigkeit der öffentlichen Verwaltung oder der Gerichte verbunden wäre, Beamtinnen und Beamte und Richterinnen und Richter im Falle einer Benachteiligung anders zu behandeln sind als andere Beschäftigte. Für Zivildienstleistende sind solche Ausnahmesituationen kaum vorstellbar.

4

---

1 BT-Drs. 16/1780 S. 49.
2 So auch OVG Lüneburg 10. 1. 12 – 5 LB 9/10 für das Auswahlverfahren um die Stelle eines kommunalen Wahlbeamten.
3 Für die Frage, welche Disziplinarmaßnahmen im Falle einer sexuellen Belästigung angemessen sind s. BVerwG 16. 7. 09 – 2 AV 4/09, das ohne nähere Begründung das AGG heranzieht.

Abschnitt 6
Antidiskriminierungsstelle

Vor §§ 25–30

1 **Abschnitt 6** regelt die Ausgestaltung und Organisation der erforderlichen unabhängigen Stelle, deren Einrichtung nach Art. 13 der Richtlinie 2000/43/EG Antirassismusrichtlinie und Art. 8 a der Richtlinie 2002/73/EG (Änderung der Genderrichtlinie), sowie Art. 12 der Richtlinie 2004/113/EG (Gleichbehandlungsrichtlinie wegen des Geschlechts außerhalb der Arbeitswelt) vorgeschrieben ist.

2 Gem. § 25 Abs. 1 wird die **Antidiskriminierungsstelle** bei dem Bundesministerium für Familie, Senioren, Frauen und Jugend angesiedelt und von diesem mit Personal und Sachmitteln ausgestattet.

3 Die **Leitung der Antidiskriminierungsstelle** wird gem. § 26 auf Vorschlag der Bundesregierung durch das Bundesministerium für Familie, Senioren, Frauen und Jugend jeweils für den Zeitraum bis zur Wahl eines neuen Bundestages bestellt und ist unabhängig, das heißt keinen Weisungen (auch nicht solchen der Bundesregierung oder des Bundestages) unterworfen.

4 Aufgabe dieser Stelle ist es, gem. § 27 **Untersuchungen allgemeiner Art** zum Thema Diskriminierung durchzuführen und durch Informationen für das Thema zu sensibilisieren. Zusätzlich zu den Verbänden soll die Stelle neben den Beauftragten der Bundesregierung auch in konkreten Einzelfällen durch Beratung, konkrete Hilfe und Schlichtung Unterstützung bieten. Hierzu kann sie die **Beteiligten** gem. § 28 Abs. 1 um eine freiwillige **Stellungnahme** ersuchen.

5 Die Leitung der Antidiskriminierungsstelle steht neben den **Beauftragten der Bundesregierung und des Bundestages,** soll mit diesen zusammenarbeiten und alle vier Jahre mit diesen zusammen einen **Bericht** erstellen.

6 Die Antidiskriminierungsstelle soll eine breitere Wirkung durch Zusammenarbeit mit **Nichtregierungsorganisationen** gem. § 29 sowie **Einrichtungen auf nationaler und europäischer Ebene** erzielen. Dem gleichen Zweck dient gem. § 30 die Beiordnung eines **Beirates** mit beratender Funktion, der aus maximal 16 Personen besteht, die die gesellschaftlichen Gruppen und Organisationen repräsentieren sollen und in den außerdem Expertinnen und Experten in Benachteiligungsfragen berufen werden.

Während der Start der Antidiskriminierungsstelle zunächst schwierig war und ihre Existenz in der Öffentlichkeit kaum wahrgenommen wurde, hat sich dies inzwischen geändert. Der zunächst angestrebte »Pakt mit der Wirtschaft« ist nie zustande gekommen.[1] Neuerdings widmet sich die Stelle ver-

---

1 Kritisch zur Bedeutung der ADS für die Effizienz des Diskriminierungsschutzes Wenckebach in AuR 08, 340, mit einem Vergleich zu den in GB und Österreich geltenden Regelungen.

stärkt der Einzelfallberatung und der Aufbereitung der Rechtsprechung. Beides wird übersichtlich auf der homepage unter **www.antidiskriminierungsstelle.de** dokumentiert. Mit einem gut konzipierten Newsletter, der kostenlos auf der Seite abonniert werden kann, ergänzt die Stelle ihr deutlich verbessertes Serviceangebot. Darüber hinaus versucht die Stelle aber auch durch Projekte, wie der anonymisierten Bewerbung oder einer einheitlichen Datenerfassung in Diskriminierungsfällen den effektiven Schutz vor Diskriminierung zu verbessern und die Rechtsdurchsetzung zu erleichtern.

§ 25 Antidiskriminierungsstelle des Bundes

(1) Beim Bundesministerium für Familie, Senioren, Frauen und Jugend wird unbeschadet der Zuständigkeit der Beauftragten des Deutschen Bundestages oder der Bundesregierung die Stelle des Bundes zum Schutz vor Benachteiligungen wegen eines in § 1 genannten Grundes (Antidiskriminierungsstelle des Bundes) errichtet.

(2) Der Antidiskriminierungsstelle des Bundes ist die für die Erfüllung ihrer Aufgaben notwendige Personal- und Sachausstattung zur Verfügung zu stellen. Sie ist im Einzelplan des Bundesministeriums für Familie, Senioren, Frauen und Jugend in einem eigenen Kapitel auszuweisen.

§ 26 Rechtsstellung der Leitung der Antidiskriminierungsstelle des Bundes

(1) Die Bundesministerin oder der Bundesminister für Familie, Senioren, Frauen und Jugend ernennt auf Vorschlag der Bundesregierung eine Person zur Leitung der Antidiskriminierungsstelle des Bundes. Sie steht nach Maßgabe dieses Gesetzes in einem öffentlich-rechtlichen Amtsverhältnis zum Bund. Sie ist in Ausübung ihres Amtes unabhängig und nur dem Gesetz unterworfen.

(2) Das Amtsverhältnis beginnt mit der Aushändigung der Urkunde über die Ernennung durch die Bundesministerin oder den Bundesminister für Familie, Senioren, Frauen und Jugend.

(3) Das Amtsverhältnis endet außer durch Tod
1. mit dem Zusammentreten eines neuen Bundestages,
2. durch Ablauf der Amtszeit mit Erreichen der Altersgrenze nach § 51 Abs. 1 und 2 des Bundesbeamtengesetzes,
3. mit der Entlassung.

Die Bundesministerin oder der Bundesminister für Familie, Senioren, Frauen und Jugend entlässt die Leiterin oder den Leiter der Antidiskriminierungsstelle des Bundes auf deren Verlangen oder wenn Gründe vorliegen, die bei einer Richterin oder einem Richter auf Lebenszeit die Entlassung aus dem Dienst rechtfertigen. Im Falle der Beendigung des

Amtsverhältnisses erhält die Leiterin oder der Leiter der Antidiskriminierungsstelle des Bundes eine von der Bundesministerin oder dem Bundesminister für Familie, Senioren, Frauen und Jugend vollzogene Urkunde. Die Entlassung wird mit der Aushändigung der Urkunde wirksam.

(4) Das Rechtsverhältnis der Leitung der Antidiskriminierungsstelle des Bundes gegenüber dem Bund wird durch Vertrag mit dem Bundesministerium für Familie, Senioren, Frauen und Jugend geregelt. Der Vertrag bedarf der Zustimmung der Bundesregierung.

(5) Wird eine Bundesbeamtin oder ein Bundesbeamter zur Leitung der Antidiskriminierungsstelle des Bundes bestellt, scheidet er oder sie mit Beginn des Amtsverhältnisses aus dem bisherigen Amt aus. Für die Dauer des Amtsverhältnisses ruhen die aus dem Beamtenverhältnis begründeten Rechte und Pflichten mit Ausnahme der Pflicht zur Amtsverschwiegenheit und des Verbots der Annahme von Belohnungen oder Geschenken. Bei unfallverletzten Beamtinnen oder Beamten bleiben die gesetzlichen Ansprüche auf das Heilverfahren und einen Unfallausgleich unberührt.

§ 27 Aufgaben

(1) Wer der Ansicht ist, wegen eines in § 1 genannten Grundes benachteiligt worden zu sein, kann sich an die Antidiskriminierungsstelle des Bundes wenden.

(2) Die Antidiskriminierungsstelle des Bundes unterstützt auf unabhängige Weise Personen, die sich nach Absatz 1 an sie wenden, bei der Durchsetzung ihrer Rechte zum Schutz vor Benachteiligungen. Hierbei kann sie insbesondere

1. über Ansprüche und die Möglichkeiten des rechtlichen Vorgehens im Rahmen gesetzlicher Regelungen zum Schutz vor Benachteiligungen informieren,
2. Beratung durch andere Stellen vermitteln,
3. eine gütliche Beilegung zwischen den Beteiligten anstreben.

Soweit Beauftragte des Deutschen Bundestages oder der Bundesregierung zuständig sind, leitet die Antidiskriminierungsstelle des Bundes die Anliegen der in Absatz 1 genannten Personen mit deren Einverständnis unverzüglich an diese weiter.

(3) Die Antidiskriminierungsstelle des Bundes nimmt auf unabhängige Weise folgende Aufgaben wahr, soweit nicht die Zuständigkeit der Beauftragten der Bundesregierung oder des Deutschen Bundestages berührt sind:

1. Öffentlichkeitsarbeit,
2. Maßnahmen zur Verhinderung von Benachteiligungen aus den in § 1 genannten Gründen,

3. Durchführung wissenschaftlicher Untersuchungen zu diesen Benachteiligungen.

(4) Die Antidiskriminierungsstelle des Bundes und die in ihrem Zuständigkeitsbereich betroffenen Beauftragten der Bundesregierung und des Deutschen Bundestages legen gemeinsam dem Deutschen Bundestag alle vier Jahre Berichte über Benachteiligungen aus den in § 1 genannten Gründen vor und geben Empfehlungen zur Beseitigung und Vermeidung dieser Benachteiligungen. Sie können gemeinsam wissenschaftliche Untersuchungen zu Benachteiligungen durchführen.

(5) Die Antidiskriminierungsstelle des Bundes und die in ihrem Zuständigkeitsbereich betroffenen Beauftragten der Bundesregierung und des Deutschen Bundestages sollen bei Benachteiligungen aus mehreren der in § 1 genannten Gründe zusammenarbeiten.

§ 28 Befugnisse

(1) Die Antidiskriminierungsstelle des Bundes kann in Fällen des § 27 Abs. 2 Satz 2 Nr. 3 Beteiligte um Stellungnahmen ersuchen, soweit die Person, die sich nach § 27 Abs. 1 an sie gewandt hat, hierzu ihr Einverständnis erklärt.

(2) Alle Bundesbehörden und sonstigen öffentlichen Stellen im Bereich des Bundes sind verpflichtet, die Antidiskriminierungsstelle des Bundes bei der Erfüllung ihrer Aufgaben zu unterstützen, insbesondere die erforderlichen Auskünfte zu erteilen. Die Bestimmungen zum Schutz personenbezogener Daten bleiben unberührt.

§ 29 Zusammenarbeit mit Nichtregierungsorganisationen und anderen Einrichtungen

Die Antidiskriminierungsstelle des Bundes soll bei ihrer Tätigkeit Nichtregierungsorganisationen sowie Einrichtungen, die auf europäischer, Bundes-, Landes- oder regionaler Ebene zum Schutz vor Benachteiligungen wegen eines in § 1 genannten Grundes tätig sind, in geeigneter Form einbeziehen.

§ 30 Beirat

(1) Zur Förderung des Dialogs mit gesellschaftlichen Gruppen und Organisationen, die sich den Schutz vor Benachteiligungen wegen eines in § 1 genannten Grundes zum Ziel gesetzt haben, wird der Antidiskriminierungsstelle des Bundes ein Beirat beigeordnet. Der Beirat berät die Antidiskriminierungsstelle des Bundes bei der Vorlage von Berichten und Empfehlungen an den Deutschen Bundestag nach § 27 Abs. 4 und kann

hierzu sowie zu wissenschaftlichen Untersuchungen nach § 27 Abs. 3 Nr. 3 eigene Vorschläge unterbreiten.

(2) Das Bundesministerium für Familie, Senioren, Frauen und Jugend beruft im Einvernehmen mit der Leitung der Antidiskriminierungsstelle des Bundes sowie den entsprechend zuständigen Beauftragten der Bundesregierung oder des Deutschen Bundestages die Mitglieder dieses Beirats und für jedes Mitglied eine Stellvertretung. In den Beirat sollen Vertreterinnen und Vertreter gesellschaftlicher Gruppen und Organisationen sowie Expertinnen und Experten in Benachteiligungsfragen berufen werden. Die Gesamtzahl der Mitglieder des Beirats soll 16 Personen nicht überschreiten. Der Beirat soll zu gleichen Teilen mit Frauen und Männern besetzt sein.

(3) Der Beirat gibt sich eine Geschäftsordnung, die der Zustimmung des Bundesministeriums für Familie, Senioren, Frauen und Jugend bedarf.

(4) Die Mitglieder des Beirats üben die Tätigkeit nach diesem Gesetz ehrenamtlich aus. Sie haben Anspruch auf Aufwandsentschädigung sowie Reisekostenvergütung, Tagegelder und Übernachtungsgelder. Näheres regelt die Geschäftsordnung.

Abschnitt 7
Schlussvorschriften

§ 31 Unabdingbarkeit

Von den Vorschriften dieses Gesetzes kann nicht zuungunsten der geschützten Personen abgewichen werden.

§ 32 Schlussbestimmung

Soweit in diesem Gesetz nicht Abweichendes bestimmt ist, gelten die allgemeinen Bestimmungen.

§ 33 Übergangsbestimmungen

(1) Bei Benachteiligungen nach den §§ 611 a, 611 b und 612 Abs. 3 des Bürgerlichen Gesetzbuchs oder sexuellen Belästigungen nach dem Beschäftigtenschutzgesetz [vom 24. Juni 1994 (BGBl. I S. 1406, 1412)] ist das vor dem 18. August 2006 maßgebliche Recht anzuwenden.

(2) Bei Benachteiligungen aus Gründen der Rasse oder wegen der ethnischen Herkunft sind die §§ 19 bis 21 nicht auf Schuldverhältnisse anzuwenden, die vor dem 18. August 2006 begründet worden sind. Satz 1 gilt nicht für spätere Änderungen von Dauerschuldverhältnissen.

Übergangsbestimmungen § 33

(3) Bei Benachteiligungen wegen des Geschlechts, der Religion, einer Behinderung, des Alters oder der sexuellen Identität sind die §§ 19 bis 21 nicht auf Schuldverhältnisse anzuwenden, die vor dem 1. Dezember 2006 begründet worden sind. Satz 1 gilt nicht für spätere Änderungen von Dauerschuldverhältnissen.

(4) Auf Schuldverhältnisse, die eine privatrechtliche Versicherung zum Gegenstand haben, ist § 19 Abs. 1 nicht anzuwenden, wenn diese vor dem 22. Dezember 2007 begründet worden sind. Satz 1 gilt nicht für spätere Änderungen solcher Schuldverhältnisse.

(5) Bei Versicherungsverhältnissen, die vor dem 21. Dezember 2012 begründet werden, ist eine unterschiedliche Behandlung wegen des Geschlechts im Falle des § 19 Absatz 1 Nummer 2 bei den Prämien oder Leistungen nur zulässig, wenn dessen Berücksichtigung bei einer auf relevanten und genauen versicherungsmathematischen und statistischen Daten beruhenden Risikobewertung ein bestimmender Faktor ist. Kosten im Zusammenhang mit Schwangerschaft und Mutterschaft dürfen auf keinen Fall zu unterschiedlichen Prämien oder Leistungen führen.

Musterbetriebsvereinbarung[1]

Vereinbarung zur Förderung von Gleichbehandlung und zum Schutz vor Benachteiligung Beschäftigter

Zwischen
Arbeitgeber und
Betriebsrat
wird folgende Vereinbarung zur Förderung von Gleichbehandlung und zum Schutz Beschäftigter vor Benachteiligung abgeschlossen:

Präambel

Benachteiligungen aufgrund von Vorurteilen, Belästigungen und sexuelle Belästigungen entsprechen nicht der übereinstimmenden Auffassung der vertragsschließenden Parteien von der Achtung der Würde aller Mitarbeiter. Sie wirken sich zudem negativ auf Gesundheit, Leistungsfähigkeit und Motivation von Arbeitnehmerinnen und Arbeitnehmern aus. Sie schädigen das Betriebsklima und das Ansehen des Unternehmens und sind deshalb eine Gefahr für die wirtschaftliche Leistungsfähigkeit.

Die vertragsschließenden Parteien lehnen deshalb jegliche Benachteiligung und Belästigung aus Gründen der Rasse, ethnischen Herkunft, Abstammung, ihrer Nationalität, des Alters, eine Behinderung, des Geschlechts, der sexuellen Identität, wegen einer Religion und Weltanschauung oder ihrer gewerkschaftlichen oder demokratisch orientierten politischen Einstellung sowie wegen der sozialen Herkunft oder der Familienverhältnisse ab.

Sie achten gemeinsam darauf, dass Benachteiligungen und Belästigungen nicht toleriert werden und der Grundsatz der Gleichbehandlung von allen

---

[1] Ein Mitbestimmungsrecht ist nach § 87 Abs. 1 1. HS BetrVG ausgeschlossen, soweit eine abschl. gesetzl. Regelung besteht (BAG 22.7.08 – 1 ABR 40/07 – AiB 08, 669: Dies betrifft § 1, soweit sich dieser auf Merkmale des § 1 AGG bezieht, und die Hinweispflicht in § 2. Die Regelungen sind insoweit sinnvoll, als dass sie der Klarstellung und dem Bekenntnis von Arbeitgeber und Betriebsrat zum Verbot jeglicher Diskriminierung dienen, sind aber im Streitfall nicht durchsetzbar.

Musterbetriebsvereinbarung

und für alle Mitarbeiter, Kunden und mit dem Unternehmen sonst in Kontakt tretenden Personen beachtet wird.

§ 1 Verbot der Benachteiligungen, Belästigung und sexuellen Belästigung

Die Benachteiligung und (sexuelle) Belästigung aus Gründen der Rasse, der ethnischen Herkunft, Abstammung, ihrer Nationalität, des Alters, einer Behinderung, des Geschlechts, der sexuellen Identität, wegen einer Religion und Weltanschauung oder ihrer gewerkschaftlichen oder demokratisch orientierten politischen Einstellung sowie wegen der sozialen Herkunft oder der Familienverhältnisse ist verboten. Das Verbot gilt für bestehende Arbeitsverhältnisse einschließlich Beförderungen, Stellenausschreibungen, Einstellungsverfahren, die Ausgestaltung der Arbeitsbedingungen und die Beendigung und Abwicklung der Arbeitsverhältnisse.

Verboten ist ebenso die direkte Zurücksetzung aus einem der genannten Gründe (unmittelbare Benachteiligung), wie eine an sich neutrale Entscheidung, Anweisung oder Praxis, die indirekt eine schlechtere Behandlung wegen eines der genannten Merkmale zur Folge hat (mittelbare Benachteiligung).

(Sexuelle) Belästigungen sind Verhaltensweisen, die objektiv unter Berücksichtigung der konkreten Situation oder Umstände als von dem/der Betroffenen unerwünscht beurteilt werden können.

Benachteiligungen und Belästigungen stellen eine Verletzung vertraglicher Pflichten dar und führen entsprechend der Schwere des Verstoßes zu einer Abmahnung, einer Umsetzung, einer Versetzung oder einer gegebenenfalls auch fristlosen Kündigung.

Benachteiligungen und Belästigungen durch und von betriebsfremde(n) Dritte(n) (Kunden, Leiharbeitskräfte(n), Mitarbeiter(n) von Fremdfirmen) werden vom Arbeitgeber unterbunden.

§ 2 Informations- und Schulungsmaßnahmen

Die vertragsschließenden Parteien sorgen dafür, dass an geeigneter Stelle auf das Allgemeine Gleichbehandlungsgesetz hingewiesen wird. Der Text des Gesetzes wird im Intranet veröffentlicht. Außerdem liegt das Gesetz sowohl in der Personalabteilung als auch im Betriebsratsbüro zur jederzeitigen Einsichtnahme aus.

Der Arbeitgeber bietet jährlich Schulungen zum Schutz der Arbeitnehmer vor Benachteiligungen an (*während der Arbeitszeit*). Für Mitarbeiter mit Vorgesetztenfunktion ist die Teilnahme (*mindestens alle drei Jahre*) verpflichtend. Die Schulungen sollen neben Informationen zur Gesetzeslage Strategien zur Vermeidung und Beseitigung von Benachteiligungen und Belästigung vermitteln und die Aufmerksamkeit für Benachteiligungen und Belästigungen

Musterbetriebsvereinbarung

schärfen. Die mit den Schulungen erworbenen Kenntnisse werden im Rahmen von Abteilungszusammenkünften den Mitarbeitern vermittelt.

Ist eine Benachteiligung oder Belästigung durch einen Mitarbeiter erfolgt, besteht neben den übrigen personellen Maßnahmen für diesen die Verpflichtung zur Teilnahme an einer entsprechenden Schulung.

§ 3 Positive Maßnahmen

Arbeitgeber und Betriebsrat beraten regelmäßig über Maßnahmen gem. § 80 Abs. 1 Nr. 2, 2 a, 2 b, 4, 6 und 7 BetrVG.

Der barrierefreie Zugang zum Arbeitsplatz und zur jeweiligen Tätigkeit wird für behinderte Arbeitnehmer und Arbeitnehmerinnen sichergestellt (*Installierung von Rampen, optische Signale für Gehörlose, Spezialbildschirme für Sehbehinderte, besonderes Mobiliar für Körperbehinderte etc.*). Zur Integration ausländischer Mitarbeiter werden regelmäßig Sprachkurse durchgeführt. Die Möglichkeit der Verbesserung der Vereinbarkeit von Familienpflichten und beruflicher Tätigkeit werden geschaffen (*Arbeitslatzteilung, Job-sharing, Rückkehrrecht auf Vollzeit, Zuschuss zur Kinderbetreuung*).

Betriebsrat und Geschäftsführung überprüfen bestehende Vereinbarungen und Zusagen auf mögliche Benachteiligungen und passen sie gegebenenfalls an.

§ 4 Beschwerderecht

Beschäftigte können, sofern sie sich benachteiligt oder ungerecht behandelt fühlen, bei (*die zuständige(n) Stelle(n) des Betriebes nennen*) den Sachverhalt schildern. Ein Mitglied des Betriebsrates kann zur Unterstützung oder Vermittlung hinzugezogen werden. Wegen der Erhebung einer solchen Beschwerde entstehen den Beschäftigten keine Nachteile.

Von (*zuständige Stelle(n) nennen*) wird der Sachverhalt in Abstimmung mit dem/der Beschwerdeführer/in geprüft und gegebenenfalls aufgeklärt. Beteiligte sind zu hören.

Über das Ergebnis der Überprüfung erhält der/die Mitarbeiter/in, der/die die Beschwerde geführt hat spätestens innerhalb eines Monats eine Mitteilung. Ist die Prüfung noch nicht abgeschlossen, erhält der/die Mitarbeiter/in einen Zwischenbescheid unter Nennung der Gründe, die zur Verzögerung geführt haben und des voraussichtlichen Termins, zu dem die Prüfung abgeschlossen sein wird.

Stellt die Beschwerdestelle eine Benachteiligung oder Belästigung fest, unterbreitet sie in Abstimmung mit der/dem Betroffenen dem/der Personalverantwortlichen und dem Betriebrat einen Vorschlag zum weiteren Vorgehen.

Die Beschwerdestelle erstellt einen jährlichen Bericht über ihre Tätigkeit. Beschwerdeführende Mitarbeiter sind in dem Bericht zu anonymisieren.

Musterbetriebsvereinbarung

§ 5 Schlussbestimmungen

Diese Vereinbarung tritt zum ... (*Zeitpunkt einfügen*) in Kraft. Sie kann mit einer Frist von 6 Monaten zum Ende des Kalenderjahres gekündigt werden.

Stichwortverzeichnis

Die halbfett gedruckten Zahlen verweisen auf die jeweiligen Paragrafen des AGG, die mager gedruckten Zahlen auf die jeweiligen Randnummern.

Abgestufte Darlegungs- und Beweislast **3**, 17
Ablehnung der Bewerbung **2**, 6
Abfindung **2**, 43; **15**, 3
Abmahnungen **2**, 33; **7**, 22; **12**, 11
– Entfernung aus der Personalakte **2**, 33
– Verstoß gegen das Benachteiligungsverbot **2**, 33
– Voraussetzung für eine verhaltensbedingte Kündigung **2**, 33
Absicht einer Benachteiligung **7**, 7
Abwicklungsvertrag **7**, 30; **15**, 3
Allgemeiner arbeitsrechtlicher Gleichbehandlungsgrundsatz s. *Arbeitsrechtlicher Gleichbehandlungsgrundsatz*
Allgemeiner gemeinschaftsrechtlicher Gleichheitssatz
– Anknüpfung an das Alter **1**, 33
Allgemeines Persönlichkeitsrecht
– Geringfügigkeitsschwelle **3**, 29
– Schutz der Würde **3**, 29
Alter **1**, 32 ff.; **10**, 4
– Altersgrenzen **1**, 35; **2**, 41 a; **10**, 24 ff.
– Altersgrenzen bei den betrieblichen Systemen der sozialen Sicherheit **2**, 52 ff.; **10**, 22
– Altersgruppenbildung bei betriebsbedingten Kündigungen **1**, 35; **10**, 7, 12
– Altersstufen beim tariflichen Entgelt **1**, 35; **10**, 19
– Arbeitszeitverkürzung **10**, 19
– befristet oder auflösend bedingter Arbeitsvertrag **2**, 41; **10**, 24 ff.
– Dienstalter **10**, 19
– Höchstalter **10**, 21
– höhere Vergütung **10**, 19
– Sozialauswahl **1**, 35; **10**, 11, 12
– Sozialpläne **10**, 26
– Unkündbarkeit älterer Beschäftigter **10**, 13
– Verhältnismäßigkeit einer Ungleichbehandlung **10**, 6 ff.
– Zusatzurlaub **10**, 19
Amtsgericht **23**, 6
– Beistand **23**, 6
– Vertretung durch Verbände **23**, 6
Anfechtung **1**, 12; **2**, 16, 35; **7**, 29
– wegen Schwangerschaft **1**, 12
– wegen Schwerbehinderung **2**, 16
Angestellte, leitende **6**, 5
Anspruch
– auf Aufnahme bzw. auf Mitwirkung in Vereinigungen **18**, 7
– auf Begründung eines Beschäftigungsverhältnisses **15**, 45
– auf Beseitigung der Benachteiligung **15**, 41
– auf Einstellung oder beruflichen Aufstieg **15**, 45

323

Stichwortverzeichnis

- auf Entschädigung 15, 13 ff.
- auf Schadensersatz **Vor** 13–16, 1 ff.; **15**, 4
- auf Schulung des Betriebsrates 17, 7
- auf Unterlassung **Vor** 13–16, 4; 15, 41
- des Arbeitgebers **Vor** 13–16, 7
- gegenüber anderen Beschäftigten und Dritten 7, 51
- wegen Verletzung des allgemeinen Persönlichkeitsrechts 15, 22 ff.
- wegen Verletzung eines Schutzgesetzes gem. § 823 BGB 15, 42

Antidiskriminierungsstelle **Vor 25–30**, 2
- Beirat **Vor 25–30**, 6
- Bericht **Vor 25–30**, 5
- Leitung **Vor 25–30**, 3
- Stellungnahme **Vor 25–30**, 4
- Untersuchungen **Vor 25–30**, 4
- Zusammenarbeit mit Nichtregierungsorganisationen **Vor 25–30**, 6

Antidiskriminierungsverbände 23, 2, 3
- abgetretene Forderungen 23, 9
- Freistellung vom Rechtsberatungsverbot 23, 9
- Mindestgröße 23, 5
- Mitglieder 23, 8
- nicht gewerbsmäßig 23, 4
- Vertretung von Nichtmitgliedern 23, 8
- Vereine 23, 3
- Verfahren ohne Anwaltszwang 23, 6

Antirassismus-Richtlinie **Einl.**
Anwendungsbereich des AGG 2, 1 ff.
Arbeitgeber 6, 14

Arbeitnehmer 2, 3; **6**, 1 ff.
- persönliche Abhängigkeit 6, 2
- arbeitnehmerähnliche Personen 2, 3; **6**, 7
- wirtschaftliche Abhängigkeit 6, 8 f.

Arbeitnehmervertretungen 13, 12
Arbeitsbedingungen 2, 20
Arbeitsentgelt 2, 20 ff.
Arbeitsgericht 6, 21; **12**, 14; **Vor 13–16**, 8
- Beistand 23, 7
- Verbände 23, 7

Arbeitsrechtlicher Gleichbehandlungsgrundsatz 2, 1, 56; **7**, 33; **15**, 33; **16**, 12
Arbeitsrechtliches Benachteiligungsverbot 2, 1; **3**, 46
Arbeitsunfähigkeit 1, 30 f.
Arbeitsvertrag 2, 22; **7**, 36, 46
Arbeitsvertragliche Einheitsregelung 7, 41
Arbeitsverweigerung 16, 6
- aus Gewissensgründen 1, 20

Arbeitswert 2, 26 f
- tarifliche Lohngruppe 2, 28

Arglistige Täuschung 1, 12; **2**, 16
Aufgaben des Betriebsrates 17, 3
s. auch *Betriebsrat*
Aufhebungsverträge 7, 30; **15**, 3
Auskunftsanspruch 2, 6; **22**, 21 f.
Auslegung, europarechtskonform 2, 59
Ausschlussfrist 15, 32
- einstufige 15, 32
- fortgesetzte Benachteiligungen 15, 40
- Fristbeginn 15, 38 f.
- Kenntnis 15, 39
- Zugang der Ablehnung 15, 38
- zweistufige 15, 33

Auswahlentscheidung 2, 6

Stichwortverzeichnis

Auswahlkriterien **2**, 5; **7**, 13
- Motivbündel **7**, 14
- Nachschieben von Einstellungsvoraussetzungen **7**, 14

Auswahlverfahren **2**, 10

Beamte **6**, 14 f.

Beendigung eines Arbeitsverhältnisses **2**, 43, 58 ff.

Beförderung **2**, 3, 31; **7**, 23 f.

Befristung
- aus Gründen des § 1 **2**, 40 ff.
- bei Schwangerschaft **2**, 40
- Klagefrist **2**, 42
- Schwerbehinderung **2**, 40
- wegen des Alters **2**, 41; **10**, 9

Behinderte **1**, 26 ff.; **5**, 3; **6**, 12; **7**, 15
- Arbeitsunfähigkeit **1**, 26 a
- Ausübung eines Berufes/Einstellung **2**, 17, 19; **3**, 4; **7**, 16
- angemessene Vorkehrungen zur Ermöglichung einer Beschäftigung **1**, 27; **2**, 19
- Beendigung des Arbeitsverhältnisses **1**, 28 ff.
- Frage nach einer Behinderung bei der Einstellung **2**, 17
- Zugang zur Erwerbstätigkeit **3**, 4

Bekanntmachung des AGG **12**, 3, 22

Belästigung **3**, 27 ff.; **7**, 25 f.
- Haftung **3**, 34
- Mitbestimmung **3**, 35
- Rechtfertigung **3**, 33
- Rechtserheblichkeit **3**, 29
- Schaffung eines feindlichen Umfeldes **3**, 28
- unerwünschte Verhaltensweise **3**, 30

Benachteiligung **1**, 2 f.; **3**, 1, 3, 12, 44; **7**, 4, 17, 18, 19, 24; **14**, 1; **15**, 1
- Absicht **7**, 7
- Anweisung **3**, 43
- aus Gründen der Rasse **1**, 4 ff.
- aus mehreren Gründen **4**, 1 f.
- Begriff der **3**, 1 ff.
- Behinderung **3**, 26
- bei der Herausgabe der Arbeitspapiere **2**, 44
- bei der Zeugniserteilung **2**, 44
- Beweiserleichterung **7**, 16 f.; **22**, 10 ff.
- durch Anfechtung **2**, 35
- durch Abmahnung **7**, 22
- durch Befristung **2**, 35, 40
- durch Dritte **12**, 18 f.
- durch Kündigung **2**, 36
- durch Unterlassen **3**, 4
- durch Erteilung einer Anweisung **3**, 44; **7**, 8, 22
- im Einstellungsverfahren **2**, 6
- in kollektivrechtlichen Vereinbarungen **15**, 29
- Möglichkeit einer Benachteiligung **7**, 7
- nach Beendigung eines Beschäftigungsverhältnisses **2**, 44
- Sozialplanleistungen **7**, 30 a
- unmittelbare **3**, 3 ff.
- Verletzung vertraglicher Pflichten **12**, 10
- Verhältnismäßigkeit **8**, 11 ff.; **9**, 6; **10**, 5 ff.
- Vermutung einer **7**, 16 f.
- Vorruhestandsregelung **7**, 30 a
- wegen der Abstammung **1**, 4
- wegen der ethnischen Herkunft **1**, 4
- wegen der Hautfarbe **1**, 4
- wegen der Nationalität **1**, 4
- wegen der Religion oder Weltanschauung **1**, 15, **9**, 1
- wegen der sexuellen Identität **1**, 41
- wegen der Sprache **1**, 4
- wegen des Alters **1**, 32; **10**, 1 f.

Stichwortverzeichnis

- wegen des Geschlechts **1**, 10 ff.; **2**, 16, 28 f.; **3**, 8 ff.; **8**, 4, 12.
- wegen einer Behinderung **1**, 26
- wegen Elternzeit **2**, 29 a
- wegen Lebenspartnerschaft **2**, 29 b
- wegen Teilzeit **2**, 29
- wegen Schwangerschaft und Mutterschaft **1**, 12

Benachteiligungsverbot, arbeitsrechtliches **7**, 1, 6
- bei der Beendigung des Beschäftigungsverhältnisses **2**, 34; **7**, 27
- bei der Einstellung **7**, 11
- bei der Kündigung **2**, 35 f.
- Betriebsrat **7**, 5
- bezüglich der Mitgliedschaft in einer beruflichen Vereinigung **7**, 31
- für andere Beschäftigte **7**, 4
- für den Arbeitgeber **7**, 4
- für Dritte **7**, 4
- im laufenden Beschäftigungsverhältnis **7**, 21
- Rechtsfolgen einer benachteiligenden Vereinbarung **7**, 32
- Tarifvertragsparteien **7**, 5

Benachteiligungsverbot, zivilrechtliches **21**, 1 f.
- Ausschlussfrist **21**, 1
- Beseitigung **21**, 2
- Schadensersatz **21**, 3
- Rechtfertigung **20**, 1
- Vereinbarung **21**, 4
- Willkürverbot **20**, 1

Beruflicher Aufstieg **2**, 30; **7**, 23
Berufsausbildung **6**, 7
Berufsberatung **2**, 44, 51
Berufsbezogene Vereinigungen **2**, 46
Berufsbildung **2**, 45; **6**, 7
- berufliche Fortbildung **2**, 45; **6**, 7
- berufliche Umschulung **6**, 7

Berufsorganisationen **18**, 3
Berufsverbände **18**, 4
Beschäftigte **6**, 1
- Beschäftigtenbegriff, im Sozialrecht **6**, 1
- in Werkstätten für behinderte Menschen **6**, 12

Beschäftigungsbedingungen **2**, 20 ff.

Beschwerde **13**, 1 ff.
- Anspruch auf Hinzuziehung eines Betriebsratsmitglieds **13**, 11
- Beschwerdeverfahren **13**, 10
- betriebsratslose Betriebe **13**, 1
- betriebsverfassungsrechtliches Beschwerdeverfahren **13**, 1
- Form und Frist **13**, 10
- Grundsatz der Verhältnismäßigkeit **13**, 4
- inhaltliche Prüfung **13**, 4
- Mitbestimmung des Betriebsrats **13**, 13
- Rücknahme **13**, 10
- Sachverhaltsaufklärung **13**, 6
- zulässige Rechtsausübung **16**, 8
- zuständige Stelle **13**, 2
- Zwangsmittel **13**, 6

Beseitigung **7**, 47; **15**; 41

Betriebliche Altersversorgung **2**, 24, 52 ff.
- Altersabstandsklauseln **2**, 52
- Berechnung von Prämien und Leistungen ab 21.12.07 **2**, 55
- unterschiedliches Zugangsalter **2**, 55
- vorgezogene Altersgrenze für Frauen **2**, 53
- vorrangiges EG-Recht **2**, 52
- Witwenversorgung **2**, 52
- Zugang zu Versorgungssystemen **2**, 54

Stichwortverzeichnis

Betriebliche Übung 2, 20
Betriebsbußenordnung 17, 4
Betriebsrat, s. auch *Mitbestimmung*
– Aufgaben gem. § 75 BetrVG
  17, 5
– Klagerecht 17, 8 f.
– erzwingbares Mitbestimmungsrecht 17, 4
– Mitbestimmung bei der Versetzung oder Entlassung 17, 6
– Schulung 17, 7
– Zustimmung zur Einstellung
  8, 8; 17, 5
Betriebsvereinbarung 1, 14, 31, 40;
  3, 35; 7, 35; 12, 4; 15, 29 f.
– Beschwerdeverfahren 13, 10
– Diskriminierungsverbot 2, 20
– erzwingbare 17, 4
– freiwillige 1, 8, 31, 40
– Haftungsbeschränkung 15, 29 f.
– Schlichtungsverfahren 17, 3
Betriebsversammlung 12, 3
Beurteilung 2, 31
Beweiserleichterung 15, 8
– Nachweis von Tatsachen, die eine Benachteiligung vermuten lassen
  22, 4
– Indizien 22, 7
Beweislast 3, 16; 22, 3, 7
Beweismittel 22, 9
Bewerber 2, 6; 6, 13
– Auswahl 2, 6
– Bewerbungsfoto 2, 12; 22, 12
– Ernsthaftigkeit der Bewerbung
  2, 6 a; 3, 3 b; 6, 14; 7, 12;
  15, 27
Bewohner oder Siedlungsstrukturen 19, 7
Bezahlte Freistellung 2, 24
Bildung 2, 2, 47
– öffentlich-rechtliche Regelungen
  2, 47
Bildungsmaßnahmen 12, 4

Bisexuelle 1, 41
Dauerschuldverhältnis 19, 4
Dienstleistungen 2, 49
Dienstvertrag 6, 7
Direktionsrecht 7, 22
Diskriminierung 3, 1
Dokumentation 15, 35
– des Zugangs einer Stellenablehnung 15, 36
– der benachteiligungsfreien Durchführung von Personalmaßnahmen 15, 37
Durchführung eines Beschäftigungsverhältnisses 2, 30
Ehefrauenzulage 2, 28
Eigenkündigung **Vor 13–16**, 5;
  15, 3
Eignung 2, 6 a, 9; 3, 3 b; 15, 27
Einigungsstelle 13, 6
Einstellung
– Anforderungskriterien 2, 10
– behinderter Menschen 2, 7 f.
– Frage nach der Religion oder Weltanschauung 1, 16; 2, 15
– Frage nach der Schwangerschaft
  1, 12; 2, 16
– Frage nach einer Behinderung
  1, 227; 2, 17
– Fragerecht des Arbeitgebers
  2, 11; 22, 12
Einstellungsbedingungen 2, 10
Einstellungsverfahren 2, 6; 7, 11
– Auswahlkriterien 2, 5; 7, 13
– ernsthafte Bewerbung 2, 6 a;
  3, 3 b; 7, 12; 15, 27
– Motivbündel 7, 14
– Nichteinbeziehung in Auswahl
  7, 6, 11
– objektive Eignung 2, 6 a, 9;
  3, 3 b; 7, 12; 15, 27
Elternzeit 2, 29 a, 3, 24
Entgeltfortzahlung **vor 13–16**, 7
Entlassungsbedingungen 2, 34

Stichwortverzeichnis

Entschädigung
- Beispiele **15**, 25
- bisherige Rechtsprechung zu § 611 a BGB **15**, 25
- Höhe **15**, 21 ff., 25
- Kriterien für die Angemessenheit **15**, 21
- Persönlichkeitsverletzung **15**, 22
- verschuldensunabhängige Haftung **15**, 19
- nicht ernsthaft gemeinte Bewerbung **15**, 27
- Obergrenze **15**, 28
- Rechtsmissbrauch **15**, 26

Erbrechtliche Schuldverhältnisse **19**, 8
Erfüllungsgehilfe **15**, 7
Ergebnishaftung **15**, 19
Ermahnung **2**, 33, **7**, 22; **12**, 11
Ernsthaftigkeit einer Bewerbung **2**, 6 a; **3**, 3 b; **6**, 14; **7**, 12; **15**, 26 f.
Ethnische Herkunft **1**, 6
Familienrechtliche Schuldverhältnisse **19**, 8
Firmentarifvertrag **15**, 25
Frage bei der Einstellung
s. *Einstellung*
Frageverbot, des Arbeitgebers **2**, 10; **22**, 12
Freie Mitarbeiter **2**, 3
Frist, zur Geltendmachung aller Ansprüche **15**, 32 ff. (s. auch *Ausschlussfrist*)
- Form **15**, 32
- gerichtliche Geltendmachung **15**, 33
- inhaltliche Anforderungen **15**, 32 b
- Vereinbarkeit mit EU-Recht **15**, 32 a

Fürsorgepflicht **12**, 16
Gefährdung des Betriebsfriedens **1**, 24

Gender-Richtlinie **Einl.**
Gerichtliche Geltendmachung **6**, 21; **7**, 27; **12**, 14; **Vor 13–16**, 8; **23**, 6
Gesamtschuld **15**, 13
Gesamtzusage **2**, 20
Geschäftsbesorgungsvertrag **2**, 48
Geschäftsführer **6**, 20
Geschlecht **1**, 10; **2**, 16; **3**, 20 ff.; **8**, 13
Gewerkschaften **23**, 3; **17**, 2
- Klagerecht **17**, 9
Gewissensfreiheit **1**, 19
Glauben **1**, 15
Glaubhaftmachung einer Benachteiligung **22**, 5
- statistische Vergleichsgruppenbildung **2**, 29; **22**, 13
Gleichbehandlungsgrundsatz **1**, 2
- absolutes Gleichbehandlungsgebot **7**, 2
- allgemeiner arbeitsrechtlicher **2**, 56; **7**, 1
- Grundsatz der Entgeltgleichheit **7**, 3
- Privilegierungen **7**, 2
Gleichbehandlungs-Richtlinie **Einl.**
Gleiche Vergütung **2**, 20 f., **7**, 21; **8**, 18
- gleiche Arbeit **2**, 22
- gleichwertige Arbeit **2**, 23
Gratifikationen **2**, 21; **7**, 37
Grober Verstoß **17**, 9
Haftung
- Arbeitgeber **12**, 16
- Betriebsrat **15**, 29
- Erfüllungsgehilfe des Arbeitgebers **15**, 7
- Fürsorgepflicht **15**, 43
- Tarifvertragsparteien **15**, 29
- Vorgesetzte **3**, 45
Haftungsbeschränkungen **15**, 30
Handelsvertreter **6**, 10

Stichwortverzeichnis

Haushaltszulage **2**, 28
Heimarbeit **6**, 11
Heterosexuelle **1**, 41
Hinterbliebenenversorgung **10**, 22
HIV-Infektion **1**, 26 a
Homosexuelle **1**, 41
Höchstaltersgrenze **1**, 35
Immaterielle Schäden **15**, 19
Individualrechtliche Vereinbarungen **7**, 36
Intersexuelle **1**, 10
Junges Team **11**, 3; **22**, 10, 11
Kaufvertrag **6**, 19
Kirchen und ihre Einrichtungen **9**, 2
Klage **6**, 21; **7**, 27; **12**, 14; **Vor 13–16**, 8; **23**, 6
Klagefrist **7**, 27
Klagerecht für Betriebsrat oder Gewerkschaft **17**, 8
– Antrag auf Handlung, Duldung oder Unterlassung **17**, 11
– grober Verstoß **17**, 9
– Prozessstandschaft **17**, 13
Kopftuch **8**, 8
Koalitionsfreiheit **2**, 46
Krankheit **1**, 28
Krankheitsbedingte Fehlzeiten **2**, 36
Kreditvertrag **2**, 48
Kündigung **1**, 21; **2**, 36 ff., 58 ff.; **7**, 27; **12**, 11, 13 ff.; **16**, 5
– Abmahnung **12**, 12
– des Störers **12**, 12
– Entschädigung **15**, 19 a
– krankheitsbedingt **1**, 28
– Klagefrist **2**, 37
– wegen einer Behinderung **1**, 30
  wegen Schwangerschaft **7**, 27
– wegen der Weltanschauung **1**, 21
Kündigungsfristen **1**, 36
Kündigungsschutzgesetz **2**, 36 ff., 58 ff.

Leasingvertrag **2**, 48
Lebenspartnerschaft **1**, 43; **2**, 29 b
Leiharbeitnehmer **6**, 6
Leistungsbeurteilung **7**, 23
Leistungsverweigerungsrecht **7**, 47; **14**, 1; **16**, 5
– aus Gewissensgründen **1**, 18
– Darlegungs- und Beweislast **14**, 8
– Erforderlichkeit **14**, 6
– Unterlassung ausreichender Schutzmaßnahmen **14**, 2
– Verhältnismäßigkeit **14**, 5
– Voraussetzungen **14**, 1
– Wiederholungsgefahr **14**, 3
Leistungszulagen **7**, 37
– Ungleichbehandlung durch Widerruf **7**, 37
leitende Angestellte **6**, 5
Lichtbild **2**, 12; **22**, 12
Lohnabschlagsklausel **1**, 11
Maßnahmen
– bei der Beendigung eines Beschäftigungsverhältnisses **2**, 35
– des Arbeitgebers **12**, 2
– innerbetriebliche **12**, 20
– Kunden gegenüber **12**, 19
Maßregelungsverbot **14**, 8; **16**, 2 ff.
– Ausführung einer Anweisung **16**, 3
– Beweiserleichterung **16**, 14
– Kausalität **16**, 11
– persönlicher und sachlicher Geltungsbereich **16**, 2 f.
– Rechtsfolge **16**, 12
– Unterstützung durch andere Personen **16**, 10
– zulässige Rechtsausübung **16**, 4
Massengeschäfte **19**, 2, 4
– ohne Ansehen einer Person **19**, 3
Mietverhältnis **19**, 4
Mietvertrag **2**, 48

Stichwortverzeichnis

Mitbestimmung 1, 9
- Auswahlrichtlinien 2, 31; 7, 20, 24
- Beförderung 7, 24
- Bekämpfung von Rassismus und Fremdenfeindlichkeit 1, 8
- Berufsbildung 2, 45
- Beschäftigung älterer Arbeitnehmer 1, 40
- betriebliche Bildungsmaßnahmen 12, 9
- Betriebsvereinbarung 1, 14; 2, 19; 3, 35; 7, 35; 12, 4; 13, 10; 15, 29f.; 17, 4
- Eingliederung Schwerbehinderter und sonstiger schutzbedürftiger Personen 1, 31
- Einstellung 7, 19
- Frauenförderplan 7, 19
- Gleichstellung von Frauen und Männern 1, 14
- personelle Einzelmaßnahmen 2, 31; 12, 17; 13, 13
- rassistische oder fremdenfeindliche Betätigung 7, 20
- Umgruppierung 7, 24
- Versetzung 7, 24
- Zustimmung 7, 19; 7, 24
Mittelbare Benachteiligung 3, 12ff., 7, 21
- Benachteiligung »in besonderer Weise« 3, 13
- Beweislast 3, 15ff.
- Eingruppierungssystem 3, 21
- Fehlen sachlich rechtfertigender Gründe 3, 15
- geschlechtsbedingt hinsichtlich der Lohnhöhe 3, 22
- gesetzliche Definition 3, 12
- höhere Bezahlung körperlich schwerer Arbeit 3, 26
- Inanspruchnahme von Elternzeit 3, 24
- Möglichkeit einer Benachteiligung 3, 18
- ohne statistischen Nachweis 3, 14
- Rechtfertigung 3, 19
- Statistik 3, 13; 22, 13
- Teilzeitarbeit 3, 23
- Vergleichsgruppen 3, 12
- wegen des Geschlechts 2, 29
Mittelbare Geltung der Grundrechte 2, 35, 39
Mitwirkungsbefugnisse, von Verbänden 23, 1
Mobbing 3, 32
Motivbündel 7, 13, 15; 22, 10
Muster-Betriebsvereinbarung **Anhang**
Mutterschaft 2, 38
Nähe- oder Vertrauensverhältnis 19, 9
Offenbarungspflicht 1, 11; 2, 11, 18
Öffentlich-rechtliche Dienstverhältnisse 24, 1
Öffentlich-rechtliche Schutzvorschriften 2, 57
Öffentliches Angebot 2, 50
Öffentlichkeit 2, 49
Organmitglieder 6, 17, 20
Personenbedingte Kündigung 2, 35
Personenschäden, Haftungsausschluss 15, 5
Persönlicher Anwendungsbereich 2, 3; 6, 1
Politische Parteien 9, 5
Politische Überzeugung 1, 18
Positive Maßnahmen 1, 39, 5, 1ff.
- Abwägung mit Rechtspositionen der von ihnen negativ Betroffenen 5, 3
- zum Schutz besonderer Altersgruppen 10, 16
Prämien 2, 20

Stichwortverzeichnis

Prävention **12**, 1; **12**, 5
– durch Schulung **12**, 5
Privatrechtliche Schuldverhältnisse **2**, 48
Quoten **5**, 7
Rahmenrichtlinie Beschäftigung **Einl.**
Rasse und ethnische Herkunft **1**, 4f.; **19**, 6
Rechtfertigung **3**, 17; **8**, 2, 9; **9**, 6; **10**, 3
– Abwägung der Interessen **8**, 7
– Auslegung i. S. des EG-Rechts **8**, 5
– Grundsatz der Verhältnismäßigkeit **8**, 11ff.; **9**, 6; **10**, 9
– mittelbare Benachteiligung **8**, 2
– Rechtfertigungsmaßstab **8**, 4
– Ungleichbehandlung wegen des Alters **10**, 1ff.
– Ungleichbehandlung wegen Religion oder Weltanschauung **9**, 6
– unmittelbare Benachteiligung **8**, 2
– Unvermögen **8**, 7
– wesentliche und entscheidende berufliche Anforderung **8**, 3
Rechtsfolge der Nichtigkeit einer kollektiven Vereinbarung **7**, 38
– für die Vergangenheit **7**, 42
– für die Zukunft **7**, 39
– rückwirkende Gleichstellung **7**, 44
Rechtsschutz **12**, 14
– Beschwerde **13**, 10
– Beweiserleichterung **22**, 1ff.
– gegen Sanktion des Arbeitgebers **12**, 14
– vor dem Arbeitsgericht **12**, 14
– zur Unterbindung der Benachteiligung **12**, 15
Rehabilitanten **6**, 12
Religion **1**, 15; **9**, 2

Religions- oder Weltanschauungsgemeinschaft **1**, 15
– Behinderte **9**, 8
– Loyalitätspflichten **9**, 7
Richter **6**, 13
Richtlinien **Einl.**
– Antirassismus-Richtlinie **Einl.**
– Gender-Richtlinie **Einl.**
– Gleichbehandlungs-Richtlinie wegen des Geschlechts außerhalb der Arbeitswelt **Einl.**
– Rahmenrichtlinie Beschäftigung **Einl.**
Sachleistungen **2**, 20
Schadensersatzanspruch **12**, 21; **Vor 13–16**, 1ff.; **15**, 2ff.; **19**, 3
– gegenüber dem Staat wegen fehlender innerstaatlicher Umsetzung der Richtlinien **2**, 62
– für eigenes und fremdes Verschulden **15**, 2
– Personenschäden **15**, 5
– Verdienstausfall **15**, 14
– verschuldensunabhängig **15**, 9
– zulässige Rechtsausübung **16**, 8
Schmerzensgeld **15**, 19
Schulung von Betriebsräten **3**, 36, 43; **17**, 7
Schutzvorschriften **8**, 16
Schwangerschaft **1**, 12; **2**, 16, 38
– Frage nach der Schwangerschaft **2**, 16
– Zugang zum Beschäftigungsverhältnis **2**, 16
– Vermutung einer Benachteiligung **22**, 10 a f.
Schwerbehinderung **1**, 26; **2**, 7ff., 17, 28; **6**, 12; **7**, 18; **22**, 10 a f.
– angemessene Vorkehrungen zur Ermöglichung einer Beschäftigung **2**, 19
– Frage nach einer Schwerbehinderung **2**, 17

Stichwortverzeichnis

- Vermutung einer Benachteiligung **2**, 7, 7 a; **22**, 10a f.
- Verstoß gegen Schutzvorschriften **22**, 10 a

Scientology **1**, 16; **9**, 3
Selbständige **2**, 4; **6**, 4, 17
Sexuelle Belästigung **3**, 36 ff.
- Definition **3**, 37
- durch Schaffung eines feindlichen Umfeldes **3**, 38
- Handlungsmöglichkeiten **3**, 41; **12**, 12
- Handlungspflichten für Arbeitgeber **12**, 7 ff.
- Kündigung des Benachteiligers **12**, 12
- Rechtfertigung **3**, 40
- unerwünschtes Verhalten **3**, 38
- Verletzung der Würde einer Person **3**, 39

Sexuelle Identität **1**, 41
Sondervergütung **2**, 24
Sozialauswahl **1**, 35; **2**, 34; **10**, 11, 20
- Benachteiligung wegen des Alters **10**, 12
- unkündbare Arbeitnehmer **10**, 13

Soziale Rechte **2**, 51
Soziale Verantwortung **17**
Sozialpläne **1**, 35; **2**, 41; **10**, 20, 26
- Anknüpfung an Lebensalter und Berechtigung zum Rentenbezug **7**, 30 a

Sozialschutz **2**, 2, 47, 51
Spätehenklausel **1**, 35
Sperrzeit **15**, 3
Staatsangehörigkeit **1**, 8
Stalking **12**; **15**, 43
Statistischer Nachweis **3**, 13, 14; **22**, 13
Stellenausschreibung **7**, 11, 16; **8**, 15; **11**, 1

- Aufforderung zur Bewerbung **11**, 1
- Bundesagentur für Arbeit **11**, 2
- geschlechtsbezogene **1**, 11
- Personalberatungsunternehmen **11**, 2
- Vermutung für das Vorliegen einer Benachteiligung **11**, 4

Steuer- und Sozialversicherungsfreiheit **15** 3
Tarifvertrag **2**, 20; **7**, 34, 40; **13**, 10; **15**, 29 f.; **10**, 13 f.
- Ausschlussfrist **15**, 34

Tarifvertragspartei **17**, 2; **18**, 2
Teilzeitarbeit **2**, 8 a, 29; **3**, 23; **22**, 10 c
- Ausschluss von Freizeitausgleich für die Teilnahme an einer Betriebsratsschulung **3**, 23
- Jahressonderzuwendung **3**, 23
- Sonderkonditionen bei Arbeitgeberdarlehen **3**, 23
- tarifliches Übergangsgeld **3**, 23
- Vermutung für Benachteiligung **22**, 10 c
- Zuschläge für Spät- und Nachtarbeit **3**, 23

Transsexuelle **1**, 10, 41
Umgruppierung **2**, 5, 31
Umsetzung **2**, 31
Ungleichbehandlung s. *Benachteiligung*
Unmittelbare Benachteiligung
- Definition **3**, 3
- durch Anfechtung **2**, 35
- Eigenschaft, die untrennbar mit einem in § 1 genannten Merkmal verbunden ist **3**, 5
- hypothetische Vergleichsperson **3**, 7
- Rechtfertigung **3**, 11
- verdeckte Diskriminierung **3**, 5

Stichwortverzeichnis

- wegen des Geschlechts **1**, 10; **2**, 28
- wegen einer Kombination von Merkmalen **3**, 10
- wegen Schwerbehinderung **2**, 28
- Unterlassung
- benachteiligender Weisungen **7**, 47
- diskriminierender Ausschreibung **7**, 12
- Verbände **23**, 7f.
- Verdachtskündigung **12**, 14
- Verdienstausfallschaden **15**, 14
- Vereinbarungen s. auch *Arbeitsvertrag, Betriebsvereinbarung, Tarifvertrag*
- kollektive **7**, 34, 38f.; **15**, 29
- individualrechtliche **2**, 20; **7**, 36, 46
- Rechtsfolge bei einem Verstoß gegen das Benachteiligungsverbot **7**, 32
- Vereinigungen, überragende Machtstellung **18**, 5
- Vergütung, gleiche **7**, 21
- Vergütungsanspruch, Verweigerung der Arbeitsleistung **14**, 7
- Verhältnismäßigkeitsprüfung **8**, 11ff.; **9**, 6; **10**, 6; **14**, 5
- bisherige Rechtsprechung zur geschlechtsbedingten Benachteiligung **8**, 12
- Verkehrswesentliche Eigenschaft, Merkmale des § 1 **2**, 36
- Vermietung **19**, 7
- Vermutung für eine Benachteiligung
- abgestufte Darlegungs- und Beweislast **22**, 16
- Äußerungen des Arbeitgebers **22**, 10
- Ausschreibung **27**, 10
- Behinderung **2**, 7
- Kausalität **22**, 17
- mittelbare Diskriminierung **22**, 16
- Rechtfertigungsgründe **22**, 14
- Statistik **22**, 13f.
- Testing-Verfahren **22**, 11, 13
- Teilzeit **2**, 8 a
- Verstoß gegen Schutzvorschriften **2**, 7, 8 a; **22**, 21
- Vermutungstatsachen **22**, 7
- Verrichtungsgehilfe **15**, 34
- Verschlechterungsverbot, Kündigung **2**, 33f.
- Versetzung **2**, 5, 28; **12**, 11
- Versicherungsverträge **2**, 48; **19**, 5; **20**, 6
- Vertragsauslegung **7**, 39
- Verwirkung **7**, 28
- Vorlage an den EuGH **2**, 62
- Vorrang von EG-Recht **2**, 37, 60
- Vorruhestandsregelung **7**, 30 a
- Weisungen **2**, 30; **7**, 22, 47
- Weisungsrecht **6**, 2
- Weltanschauung **1**, 15f., 20
- extremistische Gruppen **1**, 20
- politische Programme **1**, 16
- Weltanschauungsgemeinschaft **1**, 15; **9**, 2
- Werkverträge **6**, 19
- Widerrufsvorbehalt, Inhaltskontrolle **7**, 41
- Wirtschaftliche Abhängigkeit **6**, 1
- Wohlfahrtsverbände **23**, 3
- Wohnraum **19**, 10
- Wohnungsanbieter **19**, 4
- Zeugen **13**, 6
- Zielvereinbarung **2**, 31
- Zivilrechtliche Zurechnungsnormen **3**, 47
- Zivilrechtliches Benachteiligungsverbot **2**, 2, 48; **Vor 19–21**, 1f.; **19**, 1ff.

Stichwortverzeichnis

Zugang zur Beschäftigung **1**, 27; **2**, 4, 12; **10**, 21
– Anknüpfung an das Lebensalter **10**, 21
– Behinderung **1**, 8

Zulagen **2**, 21, 26; **3**, 23
Zurechnungsnorm **3**, 47
Zurückbehaltungsrecht **14**, 9

Kompetenz verbindet

Michael Kittner

Arbeits- und Sozialordnung 2015

Gesetze/Verordnungen • Einleitungen
• Checklisten/Übersichten • Rechtsprechung
40., aktualisierte Auflage
2015. 1.790 Seiten, kartoniert
€ 28,-
ISBN 978-3-7663-6416-6

Gesetze plus Erläuterungen – das ist die Erfolgsformel der jährlich neu aufgelegten »Arbeits- und Sozialordnung«. Die solide Grundlage bilden über 100 für die Praxis relevante Gesetzestexte im Wortlaut oder in wichtigen Teilen – natürlich auf dem neuesten Stand. Die Ausgabe 2015 ist weiter optimiert durch eine allgemeine Einführung in die Arbeits- und Sozialordnung sowie 80 Checklisten und Übersichten zur praxisgerechten Anwendung und raschen Orientierung über komplexe Gesetzesinhalte. Bei wichtigen Gesetzen erklären Übersichten die seit der Vorauflage publizierte höchstrichterliche Rechtsprechung – mit Verweis auf eine Fundstelle.

Fazit: Der »Kittner« ist unerlässlich für alle, die über das Arbeits- und Sozialrecht auf aktuellem Stand informiert sein wollen.

Zu beziehen über den gut sortierten Fachbuchhandel oder
direkt beim Verlag unter E-Mail: kontakt@bund-verlag.de

Bund-Verlag